Der Autor dankt aus tiefstem Herzen allen Journalisten und Reportern weltweit, die ihr Leben bei der Kriegsberichterstattung in den Kriegen des 20. Jahrhunderts verloren haben.

Das Jahrhundert der Kriege

KARL ■ MÜLLER

1
Kuwait, Operation „Wüstensturm“ 1991. Die Augen dieses US-Marines scheinen Stärke und Entschlossenheit auszudrücken, gleichzeitig aber auch Angst.

2–3
Ypern, 22. April 1915: Ein britischer Soldat erstickt an Gelbkreuz, versprüht von den Deutschen, die damit alle Kriegsregeln verletzten und die chemische Kriegführung einläuteten, eines der schrecklichsten Kapitel im Ersten Weltkrieg.

4–5
Phnom-Penh, Hauptstadt von Kambodscha, 1974. Die Rote Khmer hat ihren Angriff auf die Stadt begonnen. Frauen und Kinder fliehen in einem Hurrikan aus Eisen und Feuer.

7
Ein verwundeter sowjetischer Soldat auf dem Schlachtfeld während des Widerstands gegen die Deutschen, die am 22. Juni 1941 die Sowjetunion angegriffen hatten.

8–9
Khe Sanh, Vietnam, 1968: Ein Munitionslager explodiert in unmittelbarer Nähe von US-Marines, die verzweifelt versuchen, sich zu schützen.

TEXT
LUCIANO GARIBALDI

PROJEKTMANAGERIN UND CHEFREDAKTEURIN
VALERIA MANFERTO DE FABIANIS

GESTALTUNG
CLARA ZANOTTI

REDAKTIONSTEAM
FABIO BOURBON
CRISTINA LENZI
MARIA VALERIA URBANI GRECCHI

ÜBERSETZUNG
BARBARA JAX
SUSANNE KATTENBECK

INHALT

Einleitung

Das 20. Jahrhundert war das blutigste in der Geschichte der Menschheit – zwei Weltkriege und unzählige regionale Konflikte prägten die Historie. Es war das Jahrhundert der Genozide, die eine unvorstellbare Dimension annahmen, komplettiert mittels höchst effizienter Techniken auf dem neuesten Stand der Entwicklung. Stellvertretend möchte ich hier an den Holocaust erinnern, bis heute der destruktivste Akt des Völkermords. Doch der Aufruf „Nie wieder!“ verhallte ungehört – der Völkermord kennzeichnet das 20. Jahrhundert. Dieses Jahrhundert war auch jenes der Entwicklung und des Einsatzes von Atombomben, die erstmals von den Vereinigten Staaten im Zweiten Weltkrieg eingesetzt wurden.

Als ich gebeten wurde, diese Einleitung zu schreiben, reagierte ich sofort, denn letztendlich hatten die Kriege des Jahrhunderts meine Generation geprägt. Ich wurde nach dem Zweiten Weltkrieg geboren und war einer dieser mit sich selbst nachsichtigen Babyboomer, der die Schrecken des Kriegs nur aus den Medien kannte. Meine Großeltern – väterlicher- und mütterlicherseits – lebten zur Zeit des Ersten Weltkriegs in Europa. Sie wurden Opfer des Holocaust. Meine Eltern überlebten und emigrierten in die Vereinigten Staaten wie so viele andere Flüchtlinge vor und nach ihnen. Dort konnten sie sich erfolgreich niederlassen. Ihre persönlichen Kriegserlebnisse hatten sie stark geprägt, deshalb erzogen sie mich zu einem grundsoliden Kriegsverachter, der den Frieden über alles stellt.

Aufgewachsen in den 50er- und 60er-Jahren war ich zwar auch vom Kalten Krieg betroffen, der erste Krieg, mit dem ich jedoch persönlich konfrontiert wurde, war der Vietnamkrieg. Dieser Konflikt drohte mich 1970 zu verschlingen. Ich hatte graduiert und meine militärische Einstufung war automatisch 1-A. Dies war jedoch auch jenes Jahr, in dem die Regierung begann, ihre Soldaten nach einem Losverfahren einzuziehen. Ich hatte Glück. Meine Losnummer war so hoch, dass ich nicht eingezogen wurde. Ich blieb verschont und konnte die Schule ohne Unterbrechung beenden. Viele meiner Freunde hatten jedoch weniger Glück. Einige bezahlten den höchsten Preis für ihren Einsatz im Krieg. Ich denke oft an sie, wenn ich die Mauer am Vietnam War Memorial in Washington D.C. besuche.

Der Sechstagekrieg 1967 hatte ebenfalls eine dramatische Wirkung auf mein Denken, ungeachtet der Tatsache, dass ich im Hinterland des Staates New York lebte, tausende von Kilometern entfernt. Ich erinnere mich noch, als ich an einem Tag im Juni von einem Ferienjob in den Catskill Mountains nach Hause kam und meine Mutter weinend in der Küche fand. Sie war überzeugt, die Juden in Israel würde das gleich Schicksal ereilen, das die Juden im Zweiten Weltkrieg in Europa erlitten hatten. Dies bewahrheitete sich zwar nicht, doch ich werde nie den Ausdruck furchtbarer Angst auf dem Gesicht meiner Mutter vergessen.

Nun bin ich seit beinahe 30 Jahren Reporter und habe viele Kriege miterlebt. Ich war 1981 während der Invasion der Israelis in Beirut und habe von unzähligen Terroranschlägen im Nahen Osten berichtet. Im Golfkrieg war ich Korrespondent für militärische Angelegenheiten beim CNN – die meisten von Ihnen werden in diesem Zusammenhang vermutlich erstmals meinen Namen gehört haben. Dies war ein historischer Moment, denn zum ersten Mal wurde das Kriegsgeschehen teilweise live übertragen Das Pentagon zeigte jedoch, wie allgemein bekannt, lediglich eine höchst sterile Version des Kriegs. So eindrucksvoll die Videoaufnahmen auch waren, die von Kameras auf Gewehren übertragen wurden, sie gaben nur einen winzigen Ausschnitt dieses Konflikts wieder.

In den vielen Jahren als Reporter wurde ich auch Augenzeuge der verheerenden Hinterlassenschaften von Kriegen, die ich nicht vor Ort miterlebt hatte. Es mag vielleicht klischeehaft klingen, aber als ich 1998 mit Präsident Clinton nach Afrika reiste und die Hutu und Tutsi sah, die das Blutbad in Ruanda und Burundi überlebt hatten, konnte ich noch immer riechen, dass der Tod in der Luft lag. Bei einer Gedenkfeier für die über 500 000 Menschen, die in diesem Krieg getötet worden waren, musste ich um ein Taschentuch bitten. Es ist immer wieder ein Schock, wenn man daran erinnert wird, wie viele Menschen weltweit abgeschlachtet wurden. Ich denke zum Beispiel an die 2 Millionen Menschen, die von der Roten Khmer in Kambodscha getötet wurden, oder an die 1 Million Biafran in Afrika. Traurigerweise setzt sich diese Brutalität auch heute fort. Ich habe mich oft gefragt, wie es möglich war, dass so viele Menschen in so kurzer Zeit getötet wurden. Vielleicht gehöre ich zu jenen, die geglaubt hatten, dass das Töten aufhören würde, wenn die hässliche Fratze des Kriegs in die Wohnzimmer der ganzen Welt gebracht wird.

Andererseits hatte ich aber auch das Glück, im 20. Jahrhundert einigen Ereignissen beizuwohnen, die Hoffnung versprechen. Ich war im Dezember 1991 in Moskau, als die Rote Flagge, die über dem Kreml wehte, zum letzten Mal eingeholt wurde. Damit war das Ende des jahrzehntelangen Regimes der Kommunisten in der Sowjetunion eingeläutet und der Kalte Krieg endgültig beendet. Außerdem durfte ich im März 1979 im Weißen Haus der Vertragsunterzeichnung zwischen Israel und Ägypten beiwohnen. Dieser Vertrag stellte erstmals einen tatsächlichen Friedensvertrag zwischen den Israelis und ihren arabischen Nachbarn dar – wenngleich ein dauerhafter Frieden in diesem Teil der Welt leider bis heute nicht zustande gekommen ist.

Ich hoffe, dieses Buch dient der Aufklärung. Ich hoffe, dass der Leser, wenn er diese schrecklichen Bilder sieht und den Begleittext bewusst liest, in sich geht und sich erinnern wird, dass das Böse mit einer einzigen Person beginnen und sich von dieser Person auf andere übertragen kann. Ich hoffe auch, dass sich eine neue Generation mit diesem Buch auseinander setzt und begreift, dass wir alle die persönliche Verantwortung tragen, alles zu tun, um Kriege zu verhindern. Aber wir sollten uns nicht der Illusion hingeben, dass unsere Bemühungen unmittelbar von Erfolg gekrönt sein werden.

Viele Aufnahmen in diesem Buch werden Sie schockieren. Einige Fotos sind äußerst hässlich und zeigen die ganze Brutalität des Kriegs. Aber ich kann Ihnen versichern, dass diese Bilder nichts im Vergleich zu dem sind, was in einem ausgelöst wird, wenn man vor Ort ist. Lesen Sie dieses Buch mit Ihren Kindern und Enkeln. Wenn Sie selbst den Krieg erlebt haben, erzählen Sie Ihre Geschichte Ihren Nachkommen, damit sie das blutigste Jahrhundert in der Geschichte besser verstehen können.

Wolf Blitzer
Washington, D. C.

1899
1902

DER

BURENKRIEG

DER BEGINN DES 20. JAHRHUNDERTS STAND UNTER DEN OMINÖSEN ZEICHEN DES KRIEGS, HERVORGERUFEN DURCH DEN KONFLIKT ZWISCHEN GROSSBRITANNIEN UND EINEM STAAT AM ANDEREN ENDE DER WELT: SÜDAFRIKA.

Die Burenrepubliken Oranjefreistaat und Südafrikanische Republik (bis 1860 Transvaal) wurden im Kampf gegen die britischen Kolonien Natal und Kapland, die Königin Viktoria unterstanden, zum Schlachtfeld der Kolonisten, die sich tausende von Kilometern von ihrer Heimat entfernt gegenseitig niedermetzelten. Die Buren („Bauern"), Nachkommen weißer Siedler meist niederländischer Herkunft, waren gegen Ende des 17. Jahrhunderts nach Südafrika emigriert, um dort ihr Glück zu suchen. Sie besiedelten weite Teile dieses riesigen Staates, ließen sich mit Farmen nieder und betrieben Viehzucht. Vor allem aber begannen sie, die reichen Vorkommen an Gold und Diamanten zu exploitieren.

Der Konflikt zwischen den Burenrepubliken und den britischen Kolonien wurde durch den Imperialismus der Briten ausgelöst. Im Jahr 1877 hatte Großbritannien die Südafrikanische Republik annektiert. 1881 schlugen die Buren jedoch die britischen Streitkräfte und die britische Regierung musste die Unabhängigkeit der Republik erneut anerkennen. Kurz darauf wurden reiche Goldfelder in der Südafrikanischen Republik entdeckt und der Goldrausch begann, der britische Siedler aus Kapland und Natal in die Republik brachte. Tausende von Briten ließen sich in der Region nieder und forderten das volle Bürgerrecht, das ihnen jedoch verweigert wurde.

Die Situation war äußerst angespannt. In Pretoria zeigte Paulus Kruger, seit 1883 Präsident der Südafrikanischen Republik, keine Kompromissbereitschaft und Sir Alfred Milner (Viscount Milner), Gouverneur von Kapstadt, Hauptstadt der Kolonie Kapland, antwortete mit Provokation und scharfer Kritik. Letztendlich ging es darum, dass sowohl die Briten als auch die Buren danach trachteten, die Kontrolle über die Goldfelder und die Diamantminen zu erlangen. Der Showdown gipfelte schließlich in einem Ultimatum, das Präsident Kruger am 9. Oktober 1899 an Sir Milner stellte. Milner ließ das Ultimatum verstreichen und am 12. Oktober brach der Krieg aus. Zu Beginn des Kriegs (bis Januar 1900) waren die Buren, die eine 40 000 Mann starke Armee mobilisiert hatten, in der Offensive. Nachdem sie die britischen Truppen, die nur über 20 000 Mann verfügten, vertrieben hatten, belagerten sie Ladysmith, Kimberley und Mafeking.

Die letzte Woche des Jahres 1899 war für die Briten äußerst demoralisierend: Londoner Zeitungen sprachen von „the black

10
Hauptgrund für den Krieg war, dass die Buren und die britischen Siedler aus den Kolonien Kapland und Natal die Goldfelder und Diamantminen in der Südafrikanischen Republik kontrollieren wollten.
Oben *und* unten: *Uniformen und Waffen der Briten.*
Mitte: *Uniformen und Waffen der Buren.*

11
Britischer Hinterhalt in der zweiten Phase des Kriegs, die im Oktober 1899 begann. Mit der Entsendung von 60 000 britischen Soldaten in das Krisengebiet wurde der Konflikt grausam und blutig. Lord Roberts und Lord Kitchener, beide fronterfahrene Kolonialisten, wurde die Befehlsgewalt übertragen.

Der Burenkrieg
1899–1902

week“ und für die europäische Presse war die Vertreibung der Briten die Schlagzeile der Stunde. Königin Viktoria war gezwungen, zu reagieren. London entsandte zwei fronterfahrene Kolonialisten, die für das Expeditionskorps verantwortlich waren: Lord Roberts als Kommandeur und Lord Kitchener als Generalstabschef. Außerdem erreichten Verstärkungstruppen den Krisenherd: 60 000 britische Soldaten landeten in Kapstadt, Port Elizabeth und East London. Am 28. Februar gelang es General Buller mit 26 000 Mann, Ladysmith zu befreien. Am 31. März kam es in Kimberley zur Wende: Das Armeekorps von Lord French marschierte mit 40 000 Mann in die Stadt ein, angeführt von der Kavallerie, die von einem überwältigenden Angriff auf Bloemfontein zurückgekehrt war. Der Oranjefreistaat wurde von Großbritannien annektiert und Pretoria fiel am 5. Juni. Kurz darauf war das Schicksal der Südafrikanischen Republik ebenfalls besiegelt.

Doch damit sollte der Friede noch nicht wiederkehren. Es begannen zwei Jahre, in denen die Buren den Briten im Kleinkrieg erbitterten Widerstand leisteten. Die Zivilbevölkerung war brutalen Überfällen und erbarmungsloser Unterdrückung ausgesetzt. Nach der Niederlage der Burenarmee war Präsident Kruger auf Hilfe hoffend nach Europa gegangen. Die Macht in den Republiken teilten sich nun Vizepräsident Burger und der Generalissimus Botha. Botha akzeptierte die Niederlage niemals und übte massive Vergeltung. Er wagte schnelle Vorstöße mit einer kampferprobten berittenen Infanterie, die selbst für Verpflegung und Nachschub sorgte. Die Antwort der Briten war unbarmherzig. Lord Roberts ließ zunächst die Farmen niederbrennen, die Viehherden abschlachten und die Ernte vernichten. Doch Anfang 1901 wurde er nach London zurückbeordert und Lord Kitchener übernahm den Oberbefehl über die britischen Truppen. Ihm lag viel daran, den Krieg rasch zu beenden, denn er wollte seinen Rang als Oberbefehlshaber nicht verlieren. Kitchener ließ Konzentrationslager errichten, in denen Tausende Frauen und Kinder zugrunde gingen. Er ordnete Massenexekutionen an und warb 10 000 Natives an, obwohl sich Buren und Briten zu Beginn des Kriegs formell verpflichtet hatten, die einheimische Bevölkerung nicht in den Konflikt zu involvieren.

Die Buren beantworteten dieses Vorgehen damit, dass sie die bewaffneten Natives, die ihnen in die Hände fielen, erschossen, woraufhin Kitchener die Buren dafür verantwortlich machte, dass die Briten ihrerseits ihre Gefangenen exekutierten. Am Ende waren über 30 000 Ziviltote zu beklagen, von den zahllosen militärischen Verlusten ganz zu schweigen. Die Grausamkeit der Briten wurde in der gesamten zivilisierten Welt verurteilt, aber solange Königin Viktoria regierte, konnte Lord Kitchener kein Erbarmen mit Südafrika zeigen. Erst mit der Thronbesteigung Eduards VII., dem ältesten Sohn der Regentin, wurde der Griff der Unterdrückung gelockert.

Zu diesem Zeitpunkt waren 250 000 britische Soldaten in Südafrika stationiert. Sie kämpften gegen 30 000 Rebellen, die am 31. Mai 1902 endgültig bezwungen waren. An diesem schicksalsschweren Tag unterzeichneten die Buren das Abkommen von Vereeniging. Die besiegte Bevölkerung musste die britische Staatsbürgerschaft anerkennen, im Gegenzug dafür durfte sie die niederländische Sprache und ihre Traditionen beibehalten.

12
Zwei burische Soldaten (einer trägt die Flagge seines Staates) leisten der britischen Offensive Widerstand. Mit der Übernahme von Oranjefreistaat sowie der Südafrikanischen Republik und seiner Hauptstadt Pretoria (5. Juni 1900), zeichnete sich der Sieg der Briten über die Buren ab.

13
Erbitterter Widerstand der Buren in der Südafrikanischen Republik. Die Artillerie (oben) *und mit Gewehren bewaffnete Einheiten* (unten) *versuchen, den Vormarsch Lord Kitcheners aufzuhalten. Nach Beilegung des offenen Konflikts begann ein zermürbender zweijähriger Kleinkrieg, in dessen Verlauf über 30 000 Zivilisten getötet wurden. 250 000 britische Soldaten waren am Burenkrieg beteiligt. Darunter der junge Offizier und Kriegsberichterstatter Winston Churchill, einer der zukünftigen Sieger des Zweiten Weltkriegs.*

1899
1900

DER

BOXERAUFSTAND

Bei diesem Konflikt, der als „Aufstand" in die Geschichte einging, handelt es sich tatsächlich um einen Krieg, den China im ersten Jahr des 20. Jahrhunderts führte. Acht Grossmächte erhoben sich gegen China, das unter der Herrschaft der Kaiserinwitwe Ts'ehsi stand.

Die Kaiserin war eine erbitterte Gegnerin moderner Technologien und hatte die neumodischen „Teufelswerke" wie Telefon und Fahrrad aus der Verbotenen Stadt (der kaiserlichen Zitadelle in Peking) verbannt. Aus gutem Grund hasste sie die Einmischungen des Westens, der, wenngleich Rivale, Allianzen eingegangen war, um an den Gewinnen des Kaiserreichs teilzuhaben und Vorteile aus dem geschwächten Staat zu ziehen. China hatte in der zweiten Hälfte des 19. Jahrhunderts zwei entscheidende Kriege verloren: gegen die Briten und gegen die Japaner. Im Japanisch-Chinesischen Krieg ergriff Japan Besitz von Formosa (Taiwan) und Korea erhielt seine Unabhängigkeit. Außerdem wurde Port Arthur russisches Pachtgebiet und das Amurgebiet sowie die Küstenprovinz in der Mandschurei wurden an Russland abgetreten. An Großbritannien verpachtete man Weihaiwei und an Deutschland Kiautschou im Süden der Halbinsel Schantung.

Mit dieser territorialen Expansion gingen katholische und protestantische Missionen einher. Beide Religionen etablierten sich in ganz China, das 1900 etwa 340 Millionen Einwohner hatte. Tausende folgten den Aufrufen der Konfessionen, was zu Spaltungen und Streitigkeiten innerhalb der Gemeinschaften führte.

Auch der Rassismus des Westens stellte eine große Gefahr dar. Er ging so weit, dass an den Eingängen zu den europäischen Vierteln in Schanghai und anderen Städten des Kaiserreichs Schilder aufgestellt wurden mit der Aufschrift „Kein Zutritt für Hunde oder Chinesen". Diese aggressive Haltung resultierte in der Gründung und Konsolidierung nationalistischer Gruppierungen. Die militanteste dieser Gruppen war die „Vereinigung für Recht und Eintracht", deren Mitglieder vor allem Kleinbauern aus dem Norden bildeten, wenngleich sich auch Adelige und Höflinge der Kaiserin anschlossen. Ihre Begeisterung für das Boxen brachte den Mitgliedern den Namen „Boxer" ein. Ihre ersten Opfern waren jene Chinesen, die zum Christentum konvertiert waren. Mit seltsamen Hauben und roten Tuniken bekleidet, bewaffnet mit Revolvern und Säbeln, attackierten die Boxer die Missionsstationen und massakrierten die Gläubigen, wobei sie immer wieder „Sha! Sha!" („Tötet sie! Tötet sie!") riefen.

14
Kurz nach Beginn der Offensive der Großmächte, die die Antwort auf die Ermordung des deutschen Botschafters durch einen Boxer darstellte. Tientsin war die erste Stadt, die die Großmächte eroberten.
Oben links *und* unten: *Blockaden der Franzosen und der Japaner.*
Oben rechts: *Chinesen verwüsten das Diplomatenviertel in Peking.*

15
Entlang der Stadtmauer von Peking liegen getötete Chinesen, die gegenüber der Kaiserin Ts'ehsi Loyalität bewahrt hatten. Peking wurde vom internationalen Expeditionskorps unter dem Oberbefehl des Feldmarschalls Graf von Waldersee erobert.

DER BOXERAUFSTAND

1899–1900

Der Wendepunkt kündigte sich am 31. Dezember 1899 an. Bis zu jenem Zeitpunkt hatten die Boxer nicht gewagt, ihre Waffen gegen einen westlichen Missionar zu erheben. An diesem Tag jedoch wurde ein weißer katholischer Missionar in Peking getötet. Dies war nur der Anfang: Innerhalb weniger Monate töteten die Fanatiker 200 Priester und Nonnen. 500 Ausländer, darunter Gesandte und Angestellte der Botschaft, lebten mit ihren Familien im Diplomatenviertel von Peking. Sie kamen aus den Vereinigte Staaten, Japan, Deutschland, Frankreich, Großbritannien, Italien, Belgien, Österreich-Ungarn, den Niederlande, Russland und Spanien. Die Situation wurde für die Europäer immer gefährlicher. Die Boxer hassten die Eisenbahnlinie und die Telegrafenmasten, die dem Fengshui widersprachen. Deshalb brannten sie die Bahnstationen rund um die Hauptstadt nieder.

Am 20. Juni wurde der deutsche Gesandte Klemens Freiherr von Ketteler, der sich in einer Sänfte auf dem Weg zum Ministerium für Auswärtige Angelegenheiten befand, von einem chinesischen Soldat durch einen Kopfschuss getötet. Panik ergriff das Diplomatenviertel und man stellte Soldaten zum Schutz der Botschaften auf.

Die Großmächte formierten in Tientsin, wo die Kriegsschiffe vor Anker lagen, ein internationales Expeditionskorps aus 2 129 Seeleuten und Offizieren unter dem Kommando des britischen Admirals Eduard Seymour. 40 km von Peking entfernt trafen die Truppen auf chinesische Soldaten. Die Schlacht endete mit 62 Toten und hunderten von Verletzten. Einigen Soldaten gelang es, die Straße freizumachen, und sie bahnten sich einen Weg in das Diplomatenviertel, um dort die amerikanischen, europäischen und japanischen Soldaten zu unterstützen. Im Juli konnten die ausländischen Mächte endlich ein Agreement treffen. Die Vereinigten Staaten, Österreich-Ungarn, Großbritannien, Frankreich, Italien, Deutschland, Japan und Russland erklärten China den Krieg. Kriegsschiffe wurden nach Tientsin entsendet. In Peking brannten die Boxer alle Botschaftsgebäude nieder, mit Ausnahme der britischen Botschaft, in der sich die Delegationsmitglieder verbarrikadiert hatten. Die Belagerung dauerte 55 Tage – 55 Tage der Angst. Es gab keinen Proviant und die Belagerten mussten Pferde, Hunde und Katzen töten, um ihren Nahrungsbedarf zu decken. Wer in Gefangenschaft geriet, wurde enthauptet.

Schließlich entsandte man von Tientsin eine internationale Armee: fünf Divisionen mit 20 000 Mann. Die Order an den deutschen Oberbefehlshaber Graf von Waldersee lautete: „Lassen Sie keine Gnade walten!“ Journalisten der renommiertesten Zeitungen folgten seinen Streitkräften. Die indischen Sikhs der britischen Division rückten als Erste in Peking ein. Sie erstürmten die Stadtmauer am 12. August 1900 und eroberten Straße um Straße. In der Nacht zum 15. August attackierte der amerikanische General Adna Chaffee, ein Veteran der Kriege gegen die Indianer, die Verbotene Stadt. Kaiserin Ts'ehsi konnte fliehen, nachdem sie den Favoriten ihres Sohnes in einen Brunnen hatte werfen lassen, weil er sich geweigert hatte, ihrem Befehl Folge zu leisten. Damit begannen Racheakte und Plünderungen. Chinesische Familien begingen Selbstmord, um die Schande zu sühnen, die sie erlitten hatten. Die Journalisten waren schockiert, wie Berichte in den Zeitungen „Le Figaro“ und „Corriere della Sera“ bestätigten.

Am ersten Weihnachtsfeiertag 1900 waren die Boxer besiegt. An diesem Tag zogen die Alliierten im Triumph durch die Straßen von Peking. Hunderte von Boxern wurden geköpft und man stellte ihre Köpfe tagelang in hölzernen Käfigen auf Straßen und Plätzen zur Schau. Die Kaiserin musste mit ansehen, wie ihre als Kriegsverbrecher (dieser Begriff wurde hier erstmals verwendet) bezeichneten Favoriten bestraft wurden. Dutzende höfische Würdenträger wurden exekutiert und Dutzende wurden gezwungen, Selbstmord zu begehen. Der Kaiserin wurde auferlegt, Fürst Tuan, Minister für Auswärtige Angelegenheiten, zu exilieren, um Deutschland ihre offizielle Entschuldigung zu überbringen, Monumente in den ausländischen Friedhöfen aufzustellen, die von den Boxern entweiht worden waren, und Reparationen in Höhe von 450 Millionen Silberdollar zu leisten, die innerhalb von 40 Jahren zu bezahlen waren.

China sollte nie wieder an die Macht kommen. Nach dem Tod von Ts'ehsi bestieg deren Neffe Pu-Yi, der letzte Herrscher aus der Dynastie der Manchu, den Thron. Er wurde 1912 von Sun Yat-sen abgesetzt. Pu-Yi wurde 1932 Kaiser des japanischen Satellitenstaates Mandschukuo. 1945 geriet er in sowjetische Gefangenschaft, wurde 1950 an China ausgeliefert und blieb bis 1959 inhaftiert. Bis zu seinem Tod im Jahr 1967 war Pu-Yi Arbeiter und Angestellter in Peking.

17

Blutrache.
Oben: *Vor den Augen des indischen Truppenkontingents der Briten und chinesischer Soldaten köpfen japanische Soldaten gefangen genommene Boxer.*
Mitte: *In Gefangenschaft geratene Boxer vor der Exekution.*
Unten: *Ein zum Tod durch Exekution verurteilter Boxer. Die Mitglieder dieses Geheimbundes begingen schwerwiegende Verbrechen gegen die ausländischen Gemeinschaften, vor allem gegen christliche Missionare und gegen Chinesen, die konvertiert hatten.*

1899
1900

904
1905

Der Russisch-Japanische Krieg

Zu Beginn des 19. Jahrhunderts erhielt Russland die Erlaubnis zum Bau einer Eisenbahnlinie, die den Nachschub für den Flottenstützpunkt in Port Arthur gewährleisten sollte. Außerdem besetzten die Russen die Mandschurei und fielen in Korea ein.

Die Expansionsbestrebungen Russlands verwirrten Japan, das niemals versucht hatte, seine jahrhundertealten Traditionen Korea überzustülpen. Der despotische Prinz Yevgeny Aleksejew, russischer Vizekönig der Mandschurei, trug maßgeblich zum Aufbau der Spannungen bei, denn er war überzeugt, eine heilige Mission erfüllen zu müssen: Russland sollte im Fernen Osten eine unbesiegbare Macht werden.

Am 3. Oktober 1903 traten die unterschwelligen Spannungen offen zutage. Aleksejew bat den Kaiser von Japan in einer diplomatischen Note, die Interessen Russlands an Nordkorea nördlich des 38. Breitengrads anzuerkennen. Tokio antwortete höflich, aber bestimmt: keine Anerkennung der russischen Interessen. Damit begann eine Zeit gegenseitiger Beleidigungen und Provokationen, wobei die Japaner mehrmals in Südkorea Präsenz zeigten. Schließlich verließ der japanische Botschafter am 6. Februar 1904 Sankt Petersburg. Er beendete die diplomatischen Beziehungen mit dem Zar und kehrte nach Japan zurück.

Trotz dieser offensichtlichen Warnung trafen die nachfolgenden Ereignisse Russland völlig unerwartet. Am 8. Februar lief ein japanisches Dampfschiff in Port Arthur ein und vor den Augen tausender russischer Seeleute, die den Vorgang von den vor Anker liegenden Kriegsschiffen aus beobachteten, nahm das Schiff japanische Staatsbürger an Bord, die erst seit kurzem in der Stadt lebten. Unter ihnen war ein Geheimagent, der auf einer Karte die exakte Position der russischen Schiffe eingetragen hatte: 13 Kreuzer und Schlachtschiffe, die vor Anker lagen. Außerdem befanden sich vier Zerstörer auf hoher See, die eine militärische Übung absolvierten. Sie sollten nach Abschluss des Manövers in den Hafen von Dalnij einlaufen. Die Order kam direkt vom Vizekönig, unter Umgehung Admiral Starks, des Kommandanten der Flotte.

Diese Entscheidung stellte sich später als folgenschwerer Fehler heraus, der tragische Konsequenzen nach sich ziehen sollte. In der Nacht vom 8. auf den 9. Februar glaubten die wachhabenden russischen Seeleute, die Silhouetten der Kriegsschiffe, die sie am Horizont ausmachten, seien ihre Zerstörer, die zur Basis zurückkehrten. Ein fataler Irrtum, denn es handelte sich um drei Gruppen japanischer Zerstörer. Sie torpedierten und versenkten die russischen Kriegsschiffe *Tsarevich* und *Retvizan* sowie den Kreuzer *Pallada*. Die Russen feuerten ununterbrochen zurück, doch in

18
Oben: *Japanische Truppen überqueren einen Fluss in der Mandschurei. Mit dem Angriff auf Port Arthur im Februar 1904 begann die Invasion der Japaner in die Mandschurei, die Russland als sein Territorium betrachtete. Anschließend marschierten mehrere japanische Verbände in die Mandschurei ein.*

Unten: *Japanische Soldaten verbrennen die Körper ihrer gefallenen Kameraden. Das Foto entstand am 26. August 1904 während der langen Belagerung der russischen Basis in Port Arthur. Der Flottenstützpunkt fiel am 2. Januar 1905 mit der Kapitulation des russischen Generals Stößel.*

19
Schützengraben der Russen in der Schlacht von Mukden (20. Februar bis 10. März 1905). Die Schlacht, die die Japaner für sich entscheiden konnten, kostete tausende von Soldaten das Leben. Während der Schlacht wurde General Stößel abkommandiert und in seiner Heimat zu zehn Jahre Haft verurteilt, weil er Port Arthur aufgegeben hatte.

DER RUSSISCH-JAPANISCHE KRIEG
1904–1905

der Dunkelheit konnten sie den japanischen Schiffen keinen großen Schaden zufügen.

Bei Tagesanbruch tauchte eine gewaltige Abordnung der japanischen Flotte in Küstennähe auf und eröffnete das Feuer. Für die russischen Seeleute war es ein Massaker. Zur gleichen Zeit attackierten und versenkten neun japanische Bataillone zwei russische Kreuzer im koreanischen Hafen von Tschemulpo (Intschön), während drei Armeen, die in Kwantung gelandet waren, in die Mandschurei einfielen.

Der Krieg hatte begonnen. Vizekönig Aleksejew wurde nach Mukden (Schenjang) gebracht und Admiral Makarow, der bei den Seeleuten hohes Ansehen genoss, kam aus Sankt Petersburg, um den Oberbefehl zu übernehmen. Unglücklicherweise wurde jedoch das Flaggschiff der Russen, die *Petropavlosk,* von einer japanischen Mine getroffen, kurz nachdem Makarow an Bord gegangen war. Das Munitionslager explodierte, das Kriegsschiff sank wie ein Stein und riss Makarow und alle Seeleute an Bord mit sich in die Tiefe. Und das Pech sollte die Russen weiter verfolgen. Admiral Togo verhängte eine Blockade über die russische Flotte und vereitelte alle Versuche der Russen, diese zu durchbrechen. Im Verlauf mehrerer Schlachten, die bis in den Oktober andauerten, brachten die japanischen Armeen den Soldaten des Zaren schwere Verluste bei.

In Port Arthur bereiteten sich die belagerten Russen darauf vor, gegen die Armee von General Nogi bis zum letzten Mann zu kämpfen. Sie hoben Gräben aus und legten Bunker rund um die Stadt an. Die Garnison kämpfte mit Bajonetten gegen die Feinde, die versuchten, die Landdefensive zu durchbrechen. Es kam zum Stellungskrieg, ein Vorgeschmack darauf, was sich an der europäischen Front im Ersten Weltkrieg ereignen sollte. Man kann den Russisch-Japanischen Krieg tatsächlich als blutiges Experiment mit neuen Waffen und neuen Angriffs- und Verteidigungsstrategien betrachten – die Vorbereitung auf die wesentlich verheerenderen Krisen, die noch folgen sollten.

Port Arthur fiel am 2. Januar 1905 mit der Kapitulation des russischen Generals Stößel. Nach der Rückkehr in seine Heimat wurde er wegen „Feigheit vor dem Feind“ zehn Jahre inhaftiert. General Nogi, der Sieger, beging Selbstmord, gequält von Gewissensbissen, weil er hunderte seiner Soldaten im Kampf um Port Arthur in den Tod geschickt hatte.

Der Krieg endete mit zwei verheerenden Auseinandersetzungen, die an Land als Schlacht von Mukden (20. Februar bis 10. März 1905) und zur See als Schlacht von Tsuschima (27. bis 28. Mai 1905) in die Geschichte eingingen. In einem verzweifelten Versuch, das Kriegsgeschehen zu seinen Gunsten zu wenden, beorderte der Zar die Ostseeflotte in das Kriegsgebiet. Unter dem Kommando von Admiral Rozhdestvensky, stachen die Geschwader in See. Sie erreichten den Fernen Osten jedoch erst nach Monaten. Am 27. Mai 1905 griffen die Japaner die Flotte bei Tsuschima an. Admiral Togo konnte die nur zwei Tage dauernde Seeschlacht für sich entscheiden. 22 russische Schiffe wurden versenkt, sechs gekapert und weitere sechs in die Flucht geschlagen. Damit hatte Russland den Krieg endgültig verloren.

Der Friedensvertrag zwischen Japan und Russland wurde am 5. September 1905 unter Vermittlung von Präsident Theodore Roosevelt in Portsmouth unterzeichnet. Russland musste den Süden der Insel Sachalin an Japan abtreten, Port Arthur aufgeben, die Mandschurei verlassen und den Japanern freie Hand in Korea gewähren. Diesem Sieg verdankte Japan seinen Aufstieg zur Großmacht.

20
Japanische Truppen marschieren nach der Kapitulation Russlands in Port Arthur ein. General Nogi, Befehlshaber der Japaner, ereilte ein tragischeres Schicksal als seinen russischen Gegenspieler General Stößel. Er konnte sich nicht verzeihen, hunderte seiner Soldaten in die russischen Bajonette getrieben zu haben, und beging Harakiri.

21
Fotos der historischen Seeschlacht von Tsuschima (27./28. Mai 1905), in der die russische Flotte endgültig besiegt wurde. 22 russische Schiffe wurden versenkt, sechs gekapert und weitere sechs in die Flucht geschlagen.
Oben: *Der russische Kreuzer* Orel.
Mitte: *Japanische Schiffe bilden eine Seeblockade.*
Unten: *Die Überreste russischer Schiffe, die bei Tsuschima versenkt wurden.*

1904
1905

1911
1912

Der
Italienisch-Türkische Krieg

In Italien sprach man von der Übernahme Libyens und der Krieg war allgemeines Gesprächsthema. Der Sieg der jungen mediterranen Nation machte die Niederlage wett, die sie bei Adua in Ostafrika gegen Ende des 19. Jahrhunderts erlitten hatte.

Die Italiener hatten am Rand des Spielfelds die konstante Expansion anderer europäischer Mächte im Mittelmeerraum und auf dem Balkan beobachtet. Nachdem die Franzosen Tunesien und Algerien in Besitz genommen hatten, marschierten sie in Marokko ein, während Großbritannien Zypern, Ägypten und Suez kontrollierte. Die Besetzung von Tripolitanien, das formell unter türkischer Herrschaft stand, wurde daher von den mächtigen Nationalisten in Italien als einzige Möglichkeit propagiert, um das Gleichgewicht im Mittelmeerraum wiederherzustellen. Man benötigte nur noch einen Grund für die geplante Aktion, irgendeinen Vorwand, und sollte er noch so dubios sein. Am 27. September 1911 sandte die italienische Regierung unter dem Liberalen Giovanni Giolitti ein Ultimatum an Mohammed V. Reschad. Darin wurde der Sultan aufgefordert, sein Wohlwollen gegenüber der Okkupation von Tripolis durch die italienische Armee zu zeigen, die geschickt worden war, um die örtlichen italienischen Gemeinden zu schützen, die von muslimischen Berbern unterdrückt wurden. Konstantinopel wies das Ultimatum nicht zurück und die türkische Regierung beschränkte sich darauf, Italien aufzufordern, die formelle Herrschaft der Türken zu respektieren. Dieses Ersuchen wurde abgelehnt und am 29. September um 14:30 Uhr erklärte Italien der Türkei den Krieg.

In den Tagen nach der Kriegserklärung wurde die italienische Armee versprengt und die nationalistische Presse schrieb unaufhörlich von einer militärischen Niederlage. Doch dies sollte sich nicht bestätigen. Zwischen dem 10. und dem 20. Oktober landeten unter General Caneva in zwei Etappen 20 000 italienische

22
Drei Schlüsselereignisse des Kriegs.
Oben: *Italienische Flieger bei Tobruk.*
Mitte: *Die Schlacht um die Oase Khufra ging der Eroberung von Tripolis voraus.*
Unten: *Nach dem Sieg Italiens wurden berberische Guerillas in Tripolis erhängt. Neben 8 000 türkischen Soldaten, die in der Cyrenaica und in Tripolitanien stationiert waren, bezahlten 20 000 Angehörige irregulärer Truppen (Berber) ihren Einsatz mit dem Leben. Insgesamt setzte Italien 100 000 Soldaten ein.*

23
Italienische Luftschiffe bombardieren türkische Stellungen auf libyschem Territorium. Im Italienisch-Türkischen Krieg wurden erstmals Luftangriffe geflogen, die den Krieg zugunsten Italiens entschieden.

Der Italienisch-Türkische Krieg 1911–1912

Soldaten in Tripolis. Das türkische Truppenkontingent mit 4 000 Mann, leistete erbitterten Widerstand, vor allem die Kavallerie der Berber. Bei der Landung in Bengasi entbrannte ein heftiger Kampf, bei dem 600 italienische Soldaten getötet wurden. Die invadierende Armee wuchs rasch auf 100 000 Soldaten an, denen 20 000 Libyer und 8 000 Türken gegenüberstanden.

Zum ersten Mal in der Geschichte kam bei einem Konflikt die Luftfahrt zum Einsatz. Italienische Flugzeuge, die ihre Basis auf Sizilien hatten, bombardierten den Feind. Während der Landkrieg zu einem Zermürbungskrieg wurde, führten die Italiener im April 1912 auf See einen Blitzangriff durch: Fünf Zerstörern gelang es, durch die Dardanellen zu manövrieren, während ein Expeditionskorps unter Admiral Millo Rhodos und zwölf weitere türkische Inseln in der Ägäis besetzte (die seither Dodekanes genannt werden). Solche Operationen alarmierten Wien, das seinen Protest an Italien richtete, da es Auswirkungen auf das instabile Gleichgewicht auf dem Balkan befürchtete. Österreichs Bedenken erwiesen sich durchaus als begründet. Am 8. Oktober 1912 erklärte Montenegro der Türkei den Krieg, gefolgt von Bulgarien, Serbien und Griechenland. Damit hatte der erste Balkankrieg begonnen.

Die Großmächte übten Druck auf Rom und Konstantinopel aus und am 18. Oktober 1912 beendete der Friede von Lausanne den Italienisch-Türkischen Krieg. Die Türkei behielt ihre formelle Souveränität, wobei Libyen – mit anderen Worten Italien – in Politik und Verwaltung Autonomie zugestanden wurde. Außerdem wurde dem Staat die richterliche Gewalt gewährt, verkörpert durch die Kadis, die vom Sultan ernannt wurden.

Für Italien erwiesen sich Tripolitanien und die Cyrenaica als problematische Errungenschaften. Bevor Libyen 1931 von Marschall Graziani endgültig besiegt wurde, kam es immer wieder zu Ausschreitungen zwischen dem Militär und der Zivilbevölkerung.

24
Die Bewohner von Tripolis beobachten den Einmarsch italienischer Infanteristen, in die Hauptstadt Libyens. Am 10. und 12. Oktober 1911 landeten die italienischen Truppen in Nordafrika, nachdem die Regierung Giolitti dem Sultan den Krieg erklärt hatte. Die Berber wehrten sich standhaft gegen die Attacken der Italiener, die den Angriffen aus der Luft folgten. Bei der Landung in Bengasi wurden 600 italienische Soldaten getötet.

25
Diese Aufnahmen zeigen die Landung der Italiener in Tripolitanien. Während der Krieg in Libyen andauerte, besetzte Admiral Millo im April 1912 Rhodos und zwölf kleinere Inseln in der Ägäis, die seither als Dodekanes bezeichnet werden. Der Italienisch-Türkische Krieg endete am 18. Oktober 1912 mit dem Frieden von Lausanne. Die Türkei behielt die formelle Souveränität über Libyen, wobei Tripolitanien und die Cyrenaica von Italien verwaltet wurden.

1912
1913

DIE BALKANKRIEGE

DER UNTERGANG DER HOHEN PFORTE.

Die beiden Balkankriege 1912 und 1913 besiegelten das Schicksal des untergehenden Osmanischen Reichs. Der Niedergang hatte bereits 1571 mit der Schlacht bei Lepanto begonnen und setzte sich fort mit der Niederlage der Türken gegen die christlichen Armeen unter Prinz Eugen von Savoyen vor den Toren Wiens. Den Hintergrund der Ereignisse bildete der Krieg zwischen der Hohen Pforte und Russland, eine jahrhundertealte Feindschaft. Dieser Krieg endete 1878 mit dem Einmarsch der zaristischen Truppen in den Kaukasus und den Balkan. Der Berliner Frieden beendete die Feindseligkeiten. Er ist vergleichbar, wenn auch nicht von solcher Tragweite, mit dem geopolitischen Kataklysmus der Europa überschwemmte, als die UdSSR Ende 1991 zerfiel. Aus den ehemaligen Territorien des Osmanischen Reichs auf dem Balkan erwuchsen neue Staaten: Serbien, Montenegro, Bosnien und Herzegowina, Bulgarien und Rumänien, die unter dem Einfluss Russlands standen. In türkischer Hand verblieben lediglich Mazedonien, Nordgriechenland um Saloniki und der südliche Teil des serbischen Territoriums. 1908 kam es auf dem Balkan zu weiteren Umwälzungen, als Österreich-Ungarn Bosnien und Herzegowina annektierte.

Als Italien 1911 die Türkei attackierte, war der Staat bereits geschwächt. Die italienischen Kriegsschiffe waren durch die Dardanellen manövriert, durchstießen den Bosporus und eroberten den Dodekanes. Dieser letzte Affront wirkte sich auf die Innenpolitik der Türkei aus. Die Jungtürken, die 1909 unter Enver Pascha die Macht an sich gerissen hatten, sahen sich gezwungen, eine höchst nationalistische Position einzunehmen. In den Reihen der Jungtürken befand sich auch Mustafa Kemal Pascha, der als Atatürk in die türkische Geschichte eingehen sollte.

26
Oben: *Gefangennahme türkischer Soldaten bei Florina (Mazedonien) im ersten Balkankrieg.*
Unten: *Türkische Bauern erreichen die Tore von Konstantinopel, während sich die Truppen des Sultans bereits im militärischen Desaster befinden.*

27
Nach einer blutigen Belagerung marschieren die griechischen Truppen durch das eroberte Saloniki. Die Armee der Hohen Pforte, die bereits an der Front in Libyen gegen Italien gekämpft hatte, wurde in diesem Fall völlig unvorbereitet getroffen.

Der erste Balkankrieg

Die Veränderung des politischen Klimas, ausgelöst durch die türkische Regierung, alarmierte Russland, das einen Racheakt seitens der Türkei für die Niederlage im Jahr 1878 fürchtete. Dem diplomatischen Geschick Hartwigs, des russischen Repräsentanten in Belgrad, war es zu verdanken, dass sich Serbien, Bulgarien und Griechenland verbündeten (später kam auch Montenegro hinzu), um die Türkei endgültig vom Balkan zu vertreiben und ihr Primat im Bosporus zu untergraben. Am 8. Oktober 1912 erklärte der Balkanbund Sultan Mohammed V. Reschad den Krieg. Der Feldzug verlief für die türkische Armee verheerend. Die Griechen belagerten Saloniki und zwangen Hassan Pascha zur Aufgabe. Die Serben unter Kronprinz Alexander trafen nördlich von Bitola (Monastir) auf Zekki Pascha. Der Krieg endete mit der Niederlage der Türken: 17 000 Tote und Verwundete sowie 10 000 Gefangene lautete die Bilanz der Schlacht. Die größten Siege konnten die Bulgaren verbuchen, die am Vadar bei Kirk-Kilisse und Lüle Burgas die türkischen Truppen niedergemetzelt hatten. Am 30. Mai 1913 vermittelten die Großmächte in London einen Präliminarfrieden. Die Türkei verlor ihre europäischen Besitzungen mit Ausnahme eines Gebietsstreifens um Konstantinopel und es wurde ein unabhängiges Albanien geschaffen.

Die Balkankriege
1912–1913

Der zweite Balkankrieg
Das Ergebnis des ersten Balkankriegs war für alle Beteiligten unbefriedigend. Serbien hatte aufgrund des massiven Widerstands von Österreich-Ungarn und Italien keinen freien Zugang zur Adria erhalten und Griechenland protestierte gegen die Annexion des Dodekanes seitens der Italiener. Vor allem aber fühlte sich Bulgarien betrogen. Es hatte die Hauptlast im ersten Balkankrieg getragen und konnte der Aufteilung der Territorien, die in London beschlossen worden war, nicht zustimmen, sah es darin doch eine Bevorzugung Serbiens. Deshalb wandte sich Bulgarien mit der Bitte um Unterstützung an Wien, das Belgrad seit langem feindlich gesinnt war.

Am 29. Juni 1913 wurde Serbien von Bulgarien angegriffen. Rumänien, Griechenland, Montenegro und die Türkei, die kurz zuvor noch selbst befehdet worden war, stellten sich auf die Seite Serbiens und erklärten Bulgarien den Krieg, das sich plötzlich völlig isoliert sah. Österreich-Ungarn, mit dessen Unterstützung man in Sofia gerechnet hatte, war klug genug, nicht zu intervenieren.

Bulgarien wurde besiegt und musste am 10. August 1913 den demütigenden Frieden von Bukarest unterzeichnen. Die Süd-Dobrudscha mit Silistra ging an Rumänien, das nördliche Mazedonien an Serbien, die ägäische Küste an Griechenland und die Türkei behielt Adrianopel.

Auch im zweiten Balkankrieg war es nicht gelungen, die Zwietracht zu beenden, die zwischen den einzelnen Regionen herrschte. Das unzufriedene Serbien blieb weiterhin eine Bedrohung, vor allem für das benachbarte Österreich-Ungarn. Der Funke, der den Ersten Weltkrieg entfachen sollte, erwuchs aus diesen Spannungen.

28
Bulgarisches Geschütz bei Adrianopel. Knapp einen Monat nach dem Präliminarfrieden von London (30. Mai 1913) brach der zweite Balkankrieg aus. Der Streit um die Aufteilung Mazedoniens führte dazu, dass Bulgarien Serbien angriff. Es wurde daraufhin nicht nur von seinen bisherigen Verbündeten, sondern auch von der Türkei und von Rumänien bekriegt.

29
Oben: *Zivilisten fliehen aus Adrianopel, das von den Bulgaren belagert wird.*
Unten: *Bulgarische Streitkräfte vor dem Sturm auf Adrianopel. Im Frieden von Bukarest (10. August 1913) wurde den Bulgaren dieses blutige Opfer nicht vergolten. Die Türken behielten Adrianopel und Bulgarien musste einen Großteil seiner Gewinne aus dem ersten Balkankrieg wieder abtreten. Aber auch Serbien war mit dem Ausgang des Kriegs unzufrieden und diese Unzufriedenheit sollte letztendlich zum Auslöser für den Ersten Weltkrieg werden.*

Der

Erste Weltkrieg

Aus der Entente cordiale zwischen Frankreich und Grossbritannien entstand im August 1907 nach Einbeziehung Russlands die Tripelentente. Im Dezember 1912 erneuerten Italien, das Deutsche Reich und Österreich-Ungarn den Dreibund.

Europa war damit in zwei Blöcke gespalten, die annähernd die gleiche Macht innehatten. Es schien der diplomatischen Welt, als könnte diese Situation dazu beitragen, die sich abzeichnende Stabilität zu gewährleisten. Man dachte nicht über die offensichtlichen Widersprüche nach, die beide Verträge beinhalteten:

- Italien war seit langem ein Feind Österreich-Ungarns, aber niemand fragte danach, wie sich diese beiden Nationen den Umgang miteinander vorstellten.
- Russland hatte politisch mehr mit Deutschland gemeinsam (die Zarin war eine Deutsche und der Zar ein Cousin des Kaisers) als mit Großbritannien, dem historischen Verbündeten Japans, das wiederum der Erzfeind Russlands war.
- Die Feindschaft zwischen Frankreich und Großbritannien, die ihren Höhepunkt in der napoleonischen Ära erreicht hatte, war kein Geheimnis und die beiden Mächte kollidierten noch vor kurzem aufgrund unterschiedlicher kolonialer Interessen.

Keiner der beiden Verträge berücksichtigte Interventionsklauseln bezüglich Großbritanniens oder Italiens. Beide Nationen würden ihren Vorbehalten Gehör verschaffen können, falls ihre jeweiligen Bündnispartner in einen Konflikt verwickelt würden. Gegen Ende des Jahres 1913, als sich die Situation auf dem Balkan erneut zuspitzte, bekundete Italien zum ersten Mal seine unabhängige Haltung unter Respektierung der Auslandspolitik des Dreibundes. Die Serben hatten die Grenze überschritten, die nach dem ersten Balkankrieg in London festgelegt worden war, und albanisches Territorium besetzt. Österreich stellte daraufhin ein Ultimatum an Belgrad, aber Italien distanzierte sich sofort davon. Die serbischen Truppen zogen schließlich wieder ab, ohne dass die Allianz Gewalt anwenden musste. Diese Episode bestätigte jedoch, dass der Balkan noch immer das Pulverfass Europas war. Um Serbien im Zaum zu halten, ergriff Wien Gegenmaßnahmen: Es besetzte und annektierte Bosnien und Herzegowina. Dieses Vorgehen erwies sich jedoch nicht als Lektion für Serbien, sondern schürte vielmehr noch dessen Hass auf den Nachbarstaat, von dem man wusste, dass er aufgrund der dynastischen Krise der herrschenden Familie verwundbar war. Der alternde Kaiser Franz Joseph I. (1830–1916) hatte mehrere Familientragödien verkraften müssen: die Erschießung seines Bruders Maximilian, Kaiser von Mexiko; den Tod seines Sohnes, Kronprinz Rudolf, der auf Schloss Mayerling gemeinsam mit der Baronesse Mary Vetsera vermutlich den Freitod wählte; und den Meuchelmord an seiner Gattin, Kaiserin Elisabeth, die in Genf durch die Hand eines italienischen Anarchisten starb. Der Kaiser hatte nach dem Tod seines Sohnes keinen direkten Nachkommen, deshalb wurde sein Neffe Franz Ferdinand (1863–1914) Thronfolger. Aus dessen morganatischer Ehe mit Sophie Gräfin Chotek gingen drei Söhne hervor, die jedoch von der Nachfolge ausgeschlossen waren. Das Haus Habsburg-Lothringen würde folglich aussterben und damit wäre der Untergang Österreich-Ungarns besiegelt.

Inzwischen hatten sich die sozialistischen Parteien Europas zur Zweiten Internationale zusammengeschlossen. Diese Vereinigung bekannte sich zum Marxismus und gelobte, nie wieder Krieg gegen die Arbeiter zu führen. Mit Streik und Sabotage widersetzten sich die sozialistischen Parteien der Regierung und die Arbeiter verweigerten den Dienst an der Waffe. Es zeigte sich jedoch, dass dieses Vorgehen falsch war. Schon bald sollten die deutschen und französischen Arbeiter ihr feierliches Versprechen vergessen, dass sie im Namen der Arbeiterklasse gegeben hatten.

30
Verwüstung im Plezzotal: ein italienischer Graben mit Soldaten, die an Giftgas gestorben sind. Diese Szene dokumentiert, was Papst Benedikt XV. als „sinnloses Abschlachten“ bezeichnete.

1914
1918

Der Erste Weltkrieg
1914–1918

28. Juni 1914: Sarajevo
Nach dem Abschluss der Manöver der österreichisch-ungarischen Armee in Bosnien und Herzegowina, stattete Erzherzog Franz Ferdinand Sarajevo einen offiziellen Besuch ab. Er befand sich in Begleitung Conrads von Hötzendorf, Chef des Generalstabs. Die Berichte in den Zeitungen von Belgrad und Sarajevo erfüllten die bosnisch-serbischen Nationalisten mit Wut und Empörung. Diese Empfindungen wurden noch verstärkt, da der 28. Juni – der Tag, an dem die kaiserliche Parade abgehalten werden sollte – der „Vidovdan" ist, der St.-Veits-Tag. An diesem Tag im Jahr 1389 wurden die Serben in der Schlacht auf dem Amselfeld von den Türken besiegt. Ab diesem Zeitpunkt mussten sie alle Hoffnung auf Souveränität aufgeben. Erst nach dem zweiten Balkankrieg, bei dem Serbien zu den Siegern zählte, wurde auch der Festtag des heiligen Veit wieder zu einem bedeutenden Gedenk- und Feiertag. Doch in Sarajevo gab es an diesem Tag im Jahr 1914 keinen Grund zum Feiern, denn die österreichisch-ungarischen Unterdrücker hatte diesen heiligen Tag für die Militärparade ihres Erzherzogs gewählt. Dies war eine Provokation, ein Vergehen, das eine blutige Antwort forderte. Diese Meinung vertrat zumindest eine kleine bosnisch-serbische Extremistengruppe, die von Danilo Illic angeführt wurde. Zwei Anhänger dieser Gruppe waren bereit, alles zu tun, was ihrer Sache diente: Gavrilo Princip, ein 19-jähriger Student, und Nedjelko Cabrinovic, ein 21-jähriger Drucker.

Am Morgen des 28. Juni 1914 übertrugen die Berge um Sarajevo das Echo der Salutschüsse für Erzherzog Franz Ferdinand, der seine Parade abhielt und gemeinsam mit seiner Gattin die Hochrufe der Menge entgegennahm, die Sophie für die Erniedrigungen entschädigen sollten, die sie in Wien hinnehmen musste. In Sarajevo trug sie nicht die Titel „Gräfin Chotek" oder „Herzogin von Hohenberg", jene Titel, die ihr die toleranteren Höflinge auf Schönbrunn zugestanden. In Sarajevo war sie „Ihre Kaiserliche Hoheit". Das kaiserliche Paar saß im dritten Wagen der Parade. Die Menge applaudierte. Plötzlich flog eine Bombe über die Köpfe des Paares hinweg und explodierte unter dem nachfolgenden Wagen. Unruhe und Verwirrung machten sich breit. Es gab mehrere Verwundete. „Weiterfahren!", rief der Erzherzog, der darum bemüht war, die Situation retten.

Die Fahrzeuge erreichten das Rathaus. Es wurde ein kurzer Empfang abgehalten. Die Atmosphäre war gespannt. Immer wieder kam es zu Unterbrechungen und die Militärpolizei erstattete laufend Bericht. Schließlich erhielt der Erzherzog die Nachricht, dass der Attentäter gefasst sei. Sein Name war Nedjelko Cabrinovic. Nachdem er das Attentat verübt hatte, war er in die Miljacka gesprungen. Er hatte eine Zyankalikapsel bei sich, falls er gefasst würde. Vermutlich war ihm dafür jedoch nicht genug Zeit geblieben oder der Mut hatte ihn verlassen.

Die Parade fuhr weiter. Nun war die Zeit für Gavrilo Princip gekommen, der wusste, dass sein Mitstreiter versagt hatte. Er bezog an der Lateiner Brücke Position. Die Wagen näherten sich. Franz Ferdinands Fahrzeug befand sich nun an der Spitze. Princip zog seine Pistole und gab zwei Schüsse ab. Sophie fiel nach vorn. Franz Ferdinand konnte nur noch „Stirb nicht!" rufen, dann brach er über seiner Frau zusammen. Als der Wagen den Sitz des Kommandeurs, erreichte, war Sophie bereits tot. Es blieb nur wenig Zeit für die Letzte Ölung des Erzherzogs.

Österreich-Ungarn war der Todesstoß versetzt worden. In den folgenden Tagen herrschte allgemeine Verwirrung. Es war zwar gelungen, beide Anarchisten festzunehmen, doch die Hintermänner des Komplotts konnten nicht aufgespürt werden. Handelte es sich um eine Einzeltat nationalistischer Fanatiker, wie die beiden jungen Männer behaupteten oder handelte es sich um ein Komplott, das von oberster Stelle in Belgrad ausging? Kaiser Franz Joseph I., der den Sommer in Bad Ischl verbrachte, erhielt die schreckliche Nachricht von seinem Adjutanten. Der Kaiser war unschlüssig, wie er vorgehen sollte. Gleichzeitig wurde Österreich von einer Welle antiserbischer Proteste überrollt. Studenten demonstrierten und Arbeiter traten in ungesetzlichen Streik. Alle, einschließlich der Presse, forderten Repressalien. Im Ministerium für Auswärtige Angelegenheiten auf dem Ballhausplatz lautete der allgemeine Tenor: Je früher etwas gegen Belgrad unternommen wird, desto besser. Generalstabschef Conrad von Hötzendorf stimmte dem zu. Er sah kein ernsthaftes Risiko für die österreichisch-ungarischen Truppen. Eine Strafexpedition musste unternommen werden. Die Reaktionen der anderen europäischen Mächte wiesen darauf hin, dass diese sich auf einen kurzen Protest beschränken würden, ohne weitere Maßnahmen in die Wege zu leiten. Der unentschlossene Kaiser ließ knapp vier Wochen verstreichen, ohne etwas zu unternehmen, obwohl die öffentliche Meinung ihn immer stärker und nachhaltiger bedrängte. Am 23. Juli 1914 übergab Freiherr von Giesl, der österreichische Botschafter in Belgrad, der Regierung von König Peter I. das österreichische Ultimatum. Man forderte die Auflösung aller patriotischen Verbindungen Serbiens, die Auslieferung aller an der Verschwörung beteiligten Personen und die Entlassung aller Lehrer, die ihre Schüler über serbische Territorien unterrichteten, die Österreich unterstanden. Außerdem sollte die österreichische Gendarmerie die Erlaubnis erhalten, in Serbien zu operieren, um die Verschwörer aufzustöbern und zu bestrafen. Serbien hatte 48 Stunden Bedenkzeit.

Der Erste Weltkrieg sollte der blutigste, unerwartetste und paradoxeste Krieg aller Zeiten werden. Niemand glaubte wirklich an die Unvermeidbarkeit eines solchen Kriegs, keine Regierung war wirklich bereit, ihn zu erklären, und noch wenige Stunden vor Ausbruch des Kriegs waren alle Herrscher überzeugt, es würde nicht wirklich passieren. Als der österreichische Botschafter am 23. Juli 1914 um 6:00 Uhr seinen Sitz in Belgrad verließ, um das Ultimatum der serbischen Regierung zu überbringen, wies er seinen Fahrer an, ihn zum Finanzministerium zu bringen, nicht zum Büro des Ministerpräsidenten. Der Finanzminister war an diesem Tag das einzige Regierungsmitglied, das in der serbischen Hauptstadt verweilte. Pasic, der Ministerpräsident, befand sich mitten im Wahlkampf und die anderen Minister, darunter der Minister für Auswärtige Angelegenheiten, waren in Urlaub. Der unglückliche Finanzminister las das Ultimatum, wurde kreidebleich und stotterte, es sei unmöglich das Kabinett innerhalb von 48 Stunden zusammenzurufen, da keiner in der Stadt sei. Freiherr von Giesl zeigte sich unbeeindruckt: „Wir leben im Zeitalter des Telefons, des Zugs und des Autos. Sie werden es schaffen.“ Ein ähnliches Klima herrschte, als der österreichische Botschafter in Berlin am 5. Juli eine vertrauliche Nachricht Kaiser Franz Josephs I. an den deutschen Kaiser überbrachte. Darin informierte der österreichische Herrscher seinen Verbündeten, dass er die Souveränität Serbiens einer Neubeurteilung unterziehen wolle. Die meisten Führungsmitglieder der Regierung waren in Urlaub. Reichskanzler Bethmann Hollweg war bereits auf seinem Landsitz, stand jedoch in ständigem Telefonkontakt. Der Außenminister, der die Situation als unbedenklich einstufte, hatte gerade geheiratet und befand sich auf Hochzeitsreise. Kaiser Wilhelm II. bekräftigte formell seine Loyalität gegenüber dem Bündnis. Er war überzeugt, dass, falls es überhaupt zum Krieg kam, es sich um ein kurzes Geplänkel handeln würde, das man wie üblich lösen konnte, indem man einige Schüsse auf den Balkan abgab. Also begab er sich an Bord seiner Yacht auf die geplante Seereise in der Nordsee. Vor allem aber war der deutsche Kaiser überzeugt, dass der Zar die Serben, die einen Thronfolger gemeuchelt hatten, in einem Krieg niemals unterstützen würde. Wilhelm II. und Nikolaus II. waren Cousins. Sie verkehrten freundschaftlich miteinander, benutzen in Briefen die intime Anrede „du“ und unterzeichneten mit „Willi“ beziehungsweise „Nicki“. Nein, Russland und Deutschland würden sich wegen Sarajevo nicht befehden. Und auch die anderen Unterzeichner der Ententen würden nicht intervenieren. Immerhin war Kaiser Wilhelm II. ein leiblicher Cousin König Georgs V. Aber war die Macht der Souveränen ungebrochen? Oder lag die tatsächliche Macht, die über Krieg oder Frieden entschied, bereits in den Händen der so genannten Repräsentanten des Volkes? Wessen Wort hatte mehr Gewicht, das eines Herrschers oder das eines Präsidenten? Am 20. Juli reiste der französische Präsident Poincaré nach Sankt Petersburg. Drei Tage führte man Gespräche, um die Allianz zwischen Russland und Frankreich zu bekräftigen. Die russischen Minister und Generäle schworen, Serbien nicht beizustehen, falls es tyrannisiert würde. Und Frankreich? Konnte es die schmerzhafte Erinnerung an die Erniedrigung von Sedan ausschalten? Nein. Falls Deutschland Österreich-Ungarn gegen Serbien beistand, würde es feststellen, dass es sich übernommen hatte.

48 Stunden nach der Übergabe des Ultimatums erhielt Österreich-Ungarn ein offensichtliches Versöhnungsschreiben, doch drei Stunden zuvor hatte Belgrad die Gesamtmobilmachung angeordnet. Die Telefone standen nicht still, Zeitungen in aller Welt veröffentlichten die Neuigkeit und Europa hielt den Atem an.

Am 27. Juli zog Frankreich seine Truppen aus Algerien und Marokko ab. Am 28. Juli erklärte Österreich-Ungarn Serbien den Krieg und Frankreich erließ Order für die Gesamtmobilmachung. Am 29. Juli zog Russland nach, folgte aber der Bitte Kaiser Wilhelms II., der seine Seereise unterbrochen hatte. „Unternimm nichts Unüberlegtes, ich bitte dich.“ Nikolaus II. widerrief seinen Befehl, zollte Österreich-Ungarn jedoch Respekt, indem er eine Teilmobilmachung anordnete. Am selben Tag ließ Georg V. die britische Flotte, die zu jenem Zeitpunkt die Seehegemonie innehatte, in Kampfbereitschaft versetzen. Die folgenden Tage waren schrecklich. Aufgrund der Bedrohung von Serbien erließ Russland am 30. Juli erneut die Order zur Gesamtmobilmachung. Die Antwort des Dreibundes ließ nicht lange auf sich warten: Am 31. Juli wurden in Wien die kaiserlichen Truppen mobilisiert. Berlin stellte jeweils ein Ultimatum an Russland und an Frankreich. Deutschland forderte von Russland, „innerhalb von zwölf Stunden nach Erhalt dieses Dokuments“ die Gesamtmobilmachung aufzuheben. Frankreich wurde aufgefordert „innerhalb von achtzehn Stunden“ seine Neutralität für den Fall des Kriegs zwischen Russland und Deutschland zu erklären und zu garantieren, dass die Festungen von Toul und Verdun Deutschland überlassen würden. Russland verzichtete auf eine Antwort. Frankreich antwortete knapp, man würde gemäß seiner eigenen Interessen handeln.

Der Erste Weltkrieg
1914–1918

Am 1. August 1914 erklärte Deutschland Russland den Krieg und am 3. August folgte die Kriegserklärung an Frankreich. Italien erklärte sofort seine Neutralität. Am 3. August rückten die Deutschen in Belgien ein, das sich geweigert hatte, die Truppen des Kaisers durch sein Territorium marschieren zu lassen. Daraufhin stellte Großbritannien am 4. August ein Ultimatum an Deutschland, in dem die Deutschen an die Neutralität Belgiens erinnert wurden. Die verächtliche Antwort des Reichskanzlers Bethmann Hollweg lautete, die Verträge seien nur ein Stück Papier. Großbritannien erklärte Deutschland den Krieg. – Der Erste Weltkrieg hatte begonnen.

Entgegen der Maxime von Georges Benjamin Clemenceau, Krieg sei eine viel zu wichtige Angelegenheit, als dass sie den Generälen überlassen werden könnte, haben gerade diese zum Ausbruch des Kriegs beigetragen. Ende des 19./Anfang des 20. Jahrhunderts ergriff eine neue Generation von Kommandeuren die Macht. Sie kamen in der Regel aus der Mittelschicht, die im Militär wie auch in den Ministerien immer mehr an Bedeutung gewann. Allein im Generalstab der deutschen Armee sank zwischen 1860 und 1910 die Zahl der Adeligen von 60 auf 30 Prozent. Die neuen Befehlshaber waren im Gegensatz zu den blaublütigen Kommandeuren eher pragmatisch als romantisch. Sie bewunderten Napoleon I. und vertraten die Auffassung, dass ein Angriff das beste Mittel zur Lösung eines militärischen Problems sei. Aufgrund dieses Approaches verbuchten sie große Erfolge bei Planspielen, gewannen das Vertrauen der Herrscher und Politiker und konnten auf die Unterstützung der Kriegsindustrie zählen. Defensive Strategien wurden in den Hintergrund gedrängt, wie der „Schlieffenplan" demonstrierte. Alfred Graf von Schlieffen, der Generalstabschef des Kaisers von 1891 bis 1905, hatte diesen Plan entworfen. Zunächst sollte der französischen Armee eine schnelle Niederlage beigebracht werden. Wenn die Franzosen besiegt waren, würde man sich intensiv um Russland kümmern. Dieses Vorgehen würde Deutschland vor einem Zweifrontenkrieg bewahren, dem es aufgrund seiner geographischen Lage ausgeliefert war. Die Macht der neuen „Militärklasse" stand in direktem Zusammenhang mit der Wehrpflicht. Eine umfassende Offensive konnte nur durchgeführt werden, wenn man eine verschwenderische Zahl an Männern zur Verfügung hatte, die bereit waren, ihr Leben zu opfern. Ohne die Wehrpflicht hätte vermutlich weder der Erste noch der Zweite Weltkrieg geführt werden können.

Die Massaker des 20. Jahrhunderts dokumentieren den Einfluss der neuen Kräfte, die im Zuge der Französischen Revolution gesellschaftsfähig wurden. Zu Robespierres Zeiten wurde der Wehrdienst in die Konventionen eingeführt. Napoleon I. ging noch einen Schritt weiter: Er führte die Wehrpflicht in den Staaten ein, die er erobert hatte. Darunter waren Österreich (1805, nach der Niederlage in der Dreikaiserschlacht bei Austerlitz) und Preußen (1806, nach der Schlacht bei Jena). In Großbritannien wurde die Wehrpflicht erst 1916 eingeführt. Bis zur Zeit Napoleons hatten selbst die erbittertsten Kriege nur wenige tausend Tote gefordert. Dies änderte sich mit der Einführung der Wehrpflicht.

Mitte des 19. Jahrhunderts konnte man sich in Frankreich eine Zeit lang die Befreiung von der Wehrpflicht erkaufen, ein System, das Russland und Italien aufgriffen. Nach der Niederlage bei Sedan schaffte Frankreich dieses System wieder ab. Vom ausgehenden 19. Jahrhundert bis zum Vorabend des Ersten Weltkriegs entgingen viele Europäer dem Wehrdienst, indem sie nach Amerika auswanderten, bis die Länder der Neue Welt (vor allem die Vereinigten Staaten) ebenfalls die allgemeine Wehrpflicht einführten. Einige europäische Staaten erließen sogar Gesetze, die Männern im wehrdienstpflichtigen Alter verboten, zu emigrieren. Deshalb war es den politischen und militärischen Mächten Europas möglich, einen verschwenderischen Schlachtplan aufzustellen. Die Wehrpflichtigen waren kräftige, gesunde Männer, die aufgrund ihrer Physis als „geeignet" klassifiziert wurden. Dies waren die Lämmer, die zur Schlachtbank geführt wurden:

– Russland: 5 500 000 Mann
– Deutschland: 4 500 000 Mann
– Österreich-Ungarn: 3 700 000 Mann
– Frankreich: 3 500 000 Mann
– Großbritannien (Freiwilligenarmee): 700 000 Mann,
– Serbien: 400 000 Mann.

Mit Ausnahme Serbiens setzten all diese Nationen Schiffe ein.

35

Viele junge Europäer wurden aufgrund der Intransigenz der militärischen Führungskräfte an der Front zerrieben.
Oben: *Die Soldaten zogen frohen Mutes in den Krieg wie diese britischen Matrosen, die sich auf das europäische Festland einschiffen.*
Mitte: *Dieses Foto entstand nach der Kriegserklärung Deutschlands an Russland. In Berlin strömen die Menschen auf die Straßen und jubeln dem Porträt Kaiser Franz Josephs I. zu.*
Unten: *Wehrpflichtige aus den französischen Provinzen bei der Ankunft auf der Gare du Nord (Paris).*

1914
1918

Am 3. August 1914 fielen die Deutschen in Belgien ein, das sich geweigert hatte, die kaiserlichen Truppen durch sein Territorium marschieren zu lassen.
Oben: *Mit Blockaden versuchen die Belgier, Malines zu verteidigen.*
Mitte: *Die belgische Infanterie an der Front. Die Soldaten sind bereit, den Angriff der Deutschen abzuwehren. Ihr Widerstand sollte jedoch rasch gebrochen werden.*
Unten: *Brüssel nach der Einnahme durch die Deutschen. Die siegreichen Truppen nehmen auf dem Stadtplatz Aufstellung. Der „Schlieffenplan" sah die Verletzung der Neutralität Belgiens vor, ebenso wie den Angriff der Deutschen auf Frankreich von zwei Seiten: von Osten und aus dem Norden.*

Die Invasion in Belgien
1914

Die Schlüsselpunkte im „Schlieffenplan" sahen vor, die fortifizierte Barriere zu durchbrechen, die Frankreich nach 1871 entlang der Grenze zu Deutschland errichtet hatte, in Belgien mit 36 Korps (insgesamt 70 Divisionen) einzurücken und von Metz ausgehend eine Zangenbewegung durchzuführen, die die französische Armee zum Rückzug an die Schweizer Grenze zwingen sollte. Das Risiko, dass die Franzosen Richtung Elsass-Lothringen ausbrechen könnten, war einkalkuliert. Ein Blitzkrieg der rechten Flanke der Deutschen sollte die Franzosen überrumpeln.

Helmuth von Moltke, seit 1906 Generalstabschef, nahm den „Schlieffenplan" zwar an, beschloss jedoch die Einheiten, die Belgien angreifen sollten, auf 26 Korps zu reduzieren und sich auf die Verteidigung von Elsass-Lothringen zu konzentrieren. Diese Entscheidungen sollten zum Scheitern des Plans führen.

Am 2. August 1914 um 7:00 Uhr rückte die deutsche 16. Division im Großherzogtum Luxemburg ein. Um 19:00 Uhr stellte der deutsche Botschafter in Brüssel ein Ultimatum an Belgien. Die deutschen Truppen sollten die Erlaubnis erhalten, das belgische Territorium zu durchqueren. Man hatte 12 Stunden Bedenkzeit. Der belgische Ministerpräsident Broqueville berief in der Nacht das Kabinett ein. Die Regierung beschloss, Widerstand zu leisten, um „die Ehre Belgiens zu retten". König Albert stimmte zu. Am 4. August um 8:00 Uhr fielen die deutschen Truppen in Belgien ein. In diesem Moment erschien das Strategiespiel, das die Welt den Atem anhalten ließ, wie ein böser Traum, der sich auf einem riesigen Schachbrett abspielte. Nun sollte dieser Traum Realität werden, eine Realität aus Blut, Angst, Heroismus und Tod.

Von Moltke nahm zunächst Lüttich ins Visier, das mit zwölf Festungen die Route durch das Maastal blockierte. General von Emmich griff mit 25 000 Mann, 8 000 Kavalleristen und 124 Geschützen an. Die belgische Garnison verfügte über 6 000 Mann. In der Nacht des 4. August traf jedoch Verstärkung ein, so dass nun 30 000 Soldaten unter dem Befehl von General Léman standen. Man ignorierte die Order der Deutschen, aufzugeben, und die Schlacht begann. Doch es geschah etwas, das die Deutschen nicht vorhersehen konnten: Die Zivilbevölkerung kämpfte an der Seite der Soldaten. Tausende von Deutschen starben im Kugelhagel der Maschinengewehre der Belgier.

Von Emmich wurde durch General Erich Ludendorff ersetzt. Er griff Dörfer und einzelne Häuser an. Sein Vorgehen war so grausam, dass die ausländischen Kriegsberichterstatter die Legende von den belgischen Kindern erfanden, denen angeblich die Hände von den grausamen „Boches" abgebissen wurden. Diese Lüge war die erste von vielen, die Instrumente der psychologischen Kriegführung werden sollten. Die Darstellung löste unter den Briten einen solchen Horror aus, dass sich tausende junge Männer zusammenschlossen, um „den Deutschen eine Lektion zu erteilen". Und auch im neutralen Italien breitete sich eine antideutsche Gesinnung aus.

Am 16. August war die Schlacht von Lüttich geschlagen. Die Deutschen hatten den Widerstand der Belgier gebrochen und rückten auf Brüssel vor.

Inzwischen plante der französische Stab eine Offensive gegen Elsass-Lothringen, das Reichsland an der nordöstlichen Front zu Frankreich. Die französische 1. Armee griff am 7. August an und drang bis Mülhausen vor, wurde jedoch sofort wieder zum Rückzug gezwungen. Am 19. und 20. August wurde sie erneut in Schach gehalten, während weitere französische Kräfte in den Schlachten von Morange und Saarbrücken besiegt und hinter die Grenze zurückgedrängt wurden. In diesen Tagen rückte die rechte Flanke der Deutschen in Belgien unaufhaltsam vor. Die Armee König Alberts musste sich nach Antwerpen zurückziehen. Am 20. August marschierten die kaiserlichen Truppen in Brüssel ein.

Die Franzosen begriffen nun, was die rechte Flanke mit dem Vorstoß auf die französisch-belgische Grenze bezweckte. Marschall Joffre, der französische Oberbefehlshaber an der Nord- und Nordostfront berief die 3., 4. und 5. Armee sowie das britische Expeditionskorps an die belgische Grenze. Die feindlichen Truppen griffen am 21. August an. Zwei Tage und Nächte dauerten die blutigen Grenzkämpfe, dann zogen sich die französischen und britischen Truppen zurück. Am 23. August eröffneten die Deutschen gegen Ende der Schlacht von Charleroi das Feuer auf über 150 Häuser, aus denen man auf sie geschossen hatte. Zu diesem Zeitpunkt mussten zwei deutsche Korps an die Ostfront geschickt werden, da die Russen bei Gumbinnen einen Sieg errungen hatten. Von Moltke zog zwei Korps von der rechten Flanke ab. Er war bereit, Elsass-Lothringen bis zum Letzten zu verteidigen, damit die Franzosen nicht in Deutschland einmarschieren konnten. Der Generalstabschef leitete die Operation von seinem Hauptquartier in Luxemburg aus, während Joffre, sein französischer Counterpart, stets an der Front präsent war, um die Lage im Griff zu behalten. Trotzdem waren die deutschen Streitkräfte den französischen überlegen. Dies lag zum Teil auch an der eisernen Disziplin der Männer, die wussten, dass sie wegen Feigheit oder Gehorsamsverweigerung erschossen werden konnten. Das Kriegsgeschehen breitete sich über die gesamte Champagne aus. Die Deutschen rückten unaufhaltsam vor. Sie besetzten Lille, Amiens und Reims. Ihr Ziel war Paris.

Die Marneschlacht: Paris ist gerettet

1914

Der Vormarsch der Deutschen löste in Paris Panik aus. Kriegsminister Millerand befahl in einem Schreiben an Joffre, die feigen Kommandeure vor das Kriegsgericht zu stellen „und zum Tode zu verurteilen wie 1793“. Joffre weigerte sich zwar, Carnot zu kopieren, der 1793 Dumouriez, den Helden von Valmy und Jemappes, zum Tode verurteilt hatte, aber er entließ innerhalb weniger Tage 48 seiner 200 engsten Mitarbeiter.

Am 2. September zog sich die Regierung nach Bordeaux zurück. 2,5 Millionen Menschen waren in Bewegung. Alles hing von den Kommandeuren ab, vor allem von ihrem Prestige, ihrer Kaltblütigkeit und ihrem Weitblick bezüglich der militärischen Ereignisse. Joffre agierte unerbittlich. Er zog die Einheiten von der rechten Flanke zur linken ab und konnte Feldmarschall John French, den britischen Befehlshaber, überzeugen, mit den Franzosen zusammenzuarbeiten. Nach den verheerenden Schlachten von Mons und Le Cateau hatte sich French an den Ärmelkanal zurückgezogen, um seine Männer nach Hause zu bringen. Inzwischen hatte die Regierung in Bordeaux General Gallieni von der Côte d’Azur zurückbeordert und zum Kommandanten und Gouverneur von Paris mit uneingeschränkter Machtbefugnis berufen. Joffre hatte die 6. Armee aufgestellt.

Auf der anderen Seite der Front hatte von Moltke von seinen wenigen Gefangenen erfahren, dass die französische Armee seiner Zangenbewegung ausgewichen war. Von Moltke war ein Oberst der alten Schule, der nicht an der Front verweilte, sondern seine Order per Telefon erließ, nachdem er die Berichte seiner Kommandeure entgegengenommen hatte. Dies hatte zur Folge, dass die Kommandeure in der Praxis ihr Entscheidungen nach eigenem Ermessen trafen. Die militärische Führung konnte sich keinen Überblick über die Gesamtsituation verschaffen. Dies war nur einem stets präsenten Befehlshaber wie Joffre möglich.

Von Moltke befahl seinen Armeen, in südöstlicher Richtung vorzurücken, um die Einkesselung der rechten Flanke auszuweiten. Dies führte jedoch gleichzeitig zu einer Schwächung der Offensivkraft der Armee. General von Kluck, Kommandeur der 1. Armee, unternahm einen Frontalangriff in Richtung Paris. Dies führte die Franzosen zu der Annahme, dass das eigentliche Ziel der gesamten vorrückenden Armee Paris war. Gallieni beschloss daher, eine Gegenoffensive zu starten, und es gelang ihm, den zögernden Joffre zu überzeugen, ihm zu folgen. Die Schlacht sollte an der Marne stattfinden.

Zwischen dem 5. und dem 10. September gelang es der französischen 5. und 9. Armee gemeinsam mit den britischen Streitkräften den Vormarsch der Deutschen aufzuhalten. General Gallieni setzte 700 Pariser Taxis ein, um eine ganze Division an die Front zu bringen, wobei jedes Taxi zweimal fahren musste. Nachrichten, die von Patriotismus und Heldenmut kündeten, machten die Runde. 1800 französische Kavalleristen bezogen Position, um der deutschen 1. Armee in den Rücken zu fallen. Die französische 3. Armee verteidigte Verdun heroisch. Tausende von Leben wurden geopfert. Die 9. Armee unter Foch, nahm in den Reportagen der Kriegsberichterstatter den legendären Status der „Armee, die stets angreift“ ein.

Am Abend des 9. Septembers erhielten die deutschen Truppen die unerwartete Order zum Rückzug. Die überraschten Kommandeure konnten sich nicht erklären, was von Moltke zu dieser Entscheidung veranlasst hatte, doch sie leisteten seinem Befehl Folge. Von Moltke hatte verheerende, jedoch falsche Informationen darüber erhalten, dass der Widerstand einiger französischer Armeen nicht zu brechen sei. Ungläubig, aber enthusiastisch, beobachteten die Franzosen den Rückzug der Deutschen. Paris war gerettet.

Innerhalb eines Monats wurden 500 000 französische und britische Soldaten getötet, verwundet oder gefangen genommen. Die Deutschen verloren 300 000 Mann. Der Bewegungskrieg war vorbei. Ab diesem Zeitpunkt wurde ein schrecklicher Stellungskrieg geführt. Das große Abschlachten hatte begonnen. Jenes Massaker, das Papst Benedikt XV. in einem Brief an die Führungskräfte der sich bekriegenden Länder als „sinnloses Abschlachten“ bezeichnet hatte.

39

Berge von Toten.
Bajonette und Maschinengewehre haben tausende von Toten in den Schützengräben zurückgelassen.

Ein französischer Soldat, der bei einem Bombenangriff ums Leben gekommen ist, liegt in sich zusammengesunken im Morast.

1914

40–41
Dramatische Szenen der Marneschlacht.
Oben: *Zwischen Sovain und Tahire liegen Dutzende getötete Franzosen im Morast.*
Unten: *Die französische Artillerie versucht, die Truppen des Kaisers aufzuhalten.*
Rechts: *Die deutschen Truppen verlassen ihre Schützengräben, um bei Montdidier-Noyon anzugreifen.*

43
Übereinander liegende Tote in einem französischen Schützengraben nahe Flandern. Diese Soldaten hatten an das britische Expeditionskorps unter Feldmarschall French geglaubt, der jedoch wenig Bereitschaft zeigte, Befehle von Joffre entgegenzunehmen. Nach den Niederlagen bei Mons und Le Cateau zog sich French an den Ärmelkanal zurück, um seine Männer in die Heimat zu bringen. Joffre konnte ihn jedoch überzeugen, weiterzukämpfen, und er sollte Recht behalten.

Die Ost- und die Westfront: Vier Jahre Krieg

1914–1917

1914

Nach der Verschwörung von Sarajevo, der Gesamtmobilmachung und der Kriegserklärung kam es an der Westfront zum Angriff auf Belgien, gefolgt von der Marneschlacht und dem Beginn des Stellungskriegs. An der Ostfront siegten die Deutschen nach ihrer Niederlage gegen die Russen bei Gumbinnen unter Generaloberst Paul von Hindenburg bei Tannenberg und an den Masurischen Seen. In Galizien wurde die österreichisch-ungarische Armee in den beiden Schlachten von Lemberg (August bis September) besiegt. Nach dem Verlust von Ostgalizien musste sich die österreichische Armee in den Karpaten zurückziehen. Von Hindenburg kam der Armee zu Hilfe, die von den Russen in Schach gehalten wurde. Er leitete mit der deutschen 9. Armee unter August von Mackensen eine Gegenoffensive ein. Dieses Manöver begann am 11. November und endete kurz vor Weihnachten bei Limanowa-Lapanow mit einer entscheidenden Niederlage der Russen.

1915

An der Westfront gelang es den französischen und britischen Streitkräften nicht, die deutsche Abwehrfront zu durchbrechen (Winterschlacht in der Champagne). In der Schlacht von Ypern (22. April bis 24. Mai) versuchten die Deutschen, den Ypern-Bogen abzuschnüren, was jedoch misslang. Erstmals wurde Giftgas in großem Umfang eingesetzt. Die Angriffe der Franzosen und Briten zwischen Mai und Juli, bekannt als „Schlacht von Nôtre-Dame-de-Lorette", verliefen ergebnislos. Die Offensive in der Herbstschlacht in der Champagne schlug ebenfalls fehl. An der Ostfront brachte von Hindenburg mit der neu zugeführten 10. Armee dem russischen Nordflügel in der Winterschlacht in Masuren (7. bis 27. Februar) eine vernichtende Niederlage bei. 100 000 russische Soldaten gerieten in Gefangenschaft und Ostpreußen wurde zurückerobert. Die deutsche Südarmee, die im Januar in die österreichisch-ungarische Karpatenfront eingeschoben worden war, warf die in Ungarn eingerückten Russen wieder zurück. Im Mai führte der Angriff der österreichisch-ungarischen 4. Armee und der deutschen 11. Armee zur Durchbruchsschlacht bei Gorlice-Tarnów. Die russische Front in Galizien kam zum Einsturz. Inzwischen rückten die Deutschen nach Litauen vor. Am 1. Juli entfesselten die österreichischen und deutschen Armeen eine Offensive entlang der gesamten Front vom Baltikum bis in die Karpaten. Die Mittelmächte nahmen Warschau, Brest-Litowsk und Vilnius ein. In der Schlacht von Tarnopol (6. bis 8. September) kam der Vormarsch der Mittelmächte zum Erliegen. Im Winter 1915–1916 herrschte Waffenruhe. Auf dem Balkan nahmen die österreichischen Truppen Belgrad und Budapest ein.

1916

An der Westfront spielte sich vom 21. Februar bis Anfang Juli das Massaker von Verdun ab. Zunächst waren die Deutschen erfolgreich. Sie nahmen Höhe 304, Fort Douaumont und Fort Vaux ein, konnten jedoch keinen endgültigen Sieg erringen. Die Verluste auf beiden Seiten waren immens. Das Massaker von Verdun zog auf Seiten der Deutschen und der Franzosen einen Wechsel in der militärischen Führung nach sich. Erich von Falkenhayn wurde durch Paul von Hindenburg und Erich Ludendorff ersetzt. Nach dem französischen Debakel in der Schlacht an der Somme (24. Juni bis 26. November) wurde General Joffre durch General Nivelle ersetzt. Nivelle stärkte die Moral seiner Männer und konnte die Forts von Verdun zurückgewinnen. An der Ostfront leitete General Aleksej Brussilow, Kommandeur der russischen 8. Armee eine Offensive ein und konnte unter hohen Verlusten in Galizien Boden gutmachen. Der Kollaps der russischen Armee zeichnete sich bereits bei dieser Offensive ab. Insubordination und die Weigerung ganzer Kampfeinheiten, die Befehle der Offiziere auszuführen, schwächten die Verbände. Während der Offensive Brussilows trat der russische Kriegsminister Alexander Fjodorowitsch Kerenskij in den Vordergrund, der es verstand, in leidenschaftlichen Reden den Siegeswillen der Truppen zu entfachen. Am 27. Juli 1917 wurde Kerenskij Ministerpräsident.

1917

An der Westfront begann am 22. Februar der Vorstoß der Franzosen. Die deutsche Front musste in die Siegfriedstellung zwischen Arras und Soissons zurückgenommen werden. Am 2. April griffen die Briten Arras an, doch die Offensive schlug fehl. Die französische Offensive fand ihr Ende mit den Schlachten an der Aisne und in der Champagne (6. April und 27. Mai). Diese Misserfolge führten zu Meutereien in der französischen Armee, woraufhin General Nivelle am 15. Mai durch General Pétain ersetzt wurde. Er schlug die Aufstände nieder und ließ die Verantwortlichen exekutieren. Die Panzerschlacht bei Cambrai brachte den Briten nicht den erhofften Sieg und auch in der Schlacht in Flandern konnten sie keine nennenswerten Erfolge verbuchen. Am 16. November entschied sich das Parlament in Paris mit der Vertrauensfrage für Georges Benjamin Clemenceau, der mit rücksichtsloser Härte alle französischen Kräfte für den Endkampf formierte. An der Ostfront verzeichneten die Mittelmächte einige Erfolge, während es in den russischen Reihen zum offenen Widerstand kam. Die Eroberung Rigas (3. September) und der baltischen Inseln (12. bis 21. Oktober) besiegelte den Zusammenbruch der russischen Armee.

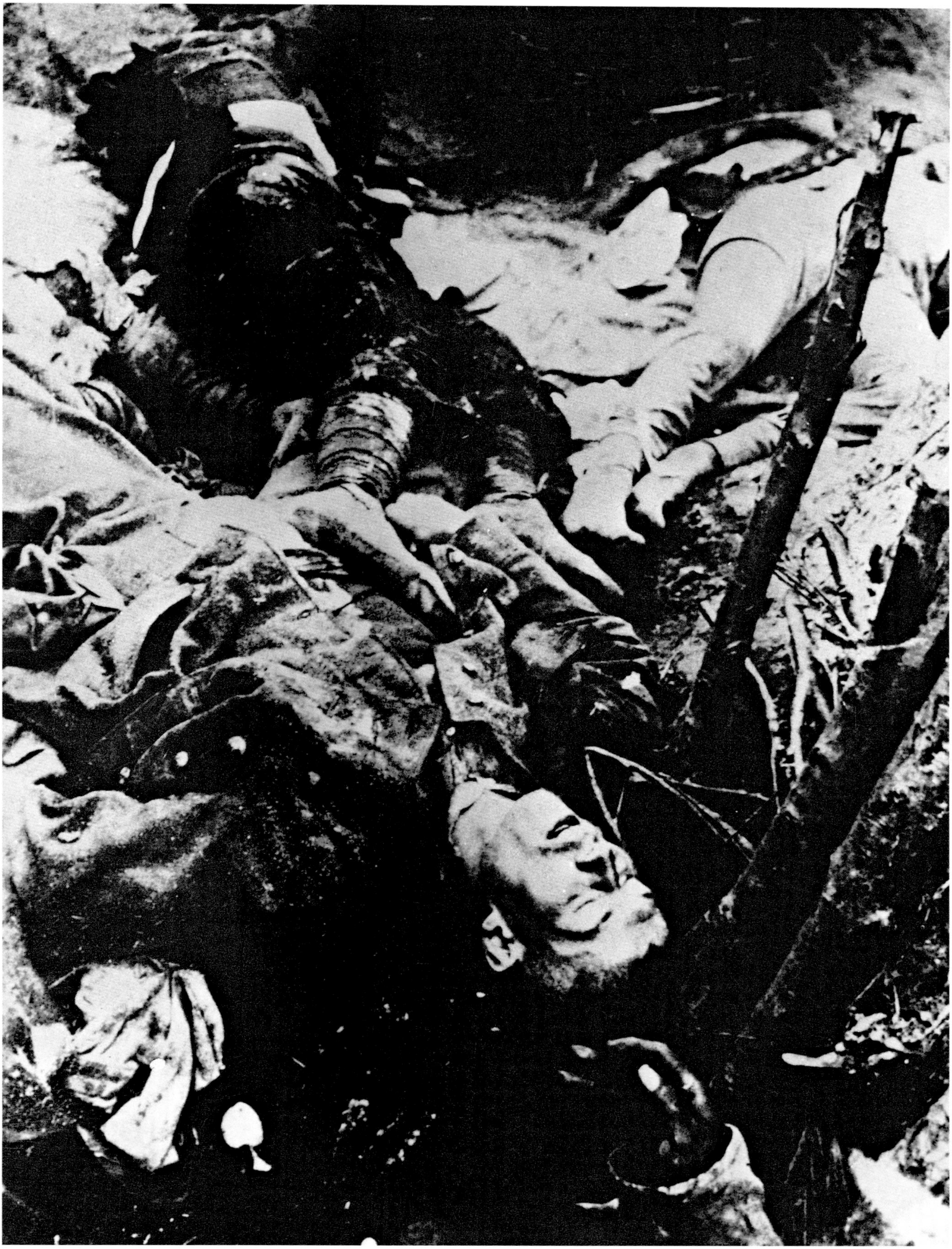

791

Die grossen Massaker: Tannenberg

1914

Nur zwei Tage (19. und 20. August 1914) waren nötig, um das Schicksal Ostpreußens zu besiegeln. In diesen zwei Tagen brachte die russische Armee unter General Narew der deutschen 8. Armee unter General von Prittwitz eine verheerende Niederlage bei. Die Schlacht fand bei Gumbinnen statt, wo die Deutschen vernichtend geschlagen wurde und Ostpreußen bis zur Weichsel dem Feind überlassen mussten. Es ist schwer zu sagen, ob die Niederlage einem Versagens von Prittwitz' anzulasten ist oder der Fehleinschätzung des Hauptquartiers, das nur eine Armee gegen die Russen schickte, die zwei Armeen zur Verfügung hatten.

Selbstverständlich konnte das Hauptquartier diese Schande nicht hinnehmen. Von Prittwitz wurde durch Paul von Hindenburg ersetzt, der 1925 Reichspräsident der Weimarer Republik werden und 1933 Adolf Hitler zum Reichskanzler ernennen sollte. Erich Ludendorff, der Generalstabschef, der ebenfalls in die Geschichte eingehen sollte, stand von Hindenburg zur Seite. Gemeinsam revitalisierten und reorganisierten sie die 8. Armee und führten sie am 26. August bei Tannenberg gegen die Russen. Dieses polnische Dorf spielte in der deutschen Geschichte schon einmal eine entscheidende Rolle: 1410 erlitt das Heer des Deutschen Ordens bei Tannenberg eine vernichtende Niederlage durch Polen und Litauer.

Zahlenmäßig waren die Russen mit 21 Infanteriedivisionen, denen elf deutsche Divisionen gegenüberstanden, weit überlegen. Aber alles schien sich dagegen verschworen zu haben, dass dieser Vorteil genutzt werden konnte. Die russische 2. Armee unter General Samsonow war beispielsweise nicht in der Lage, chiffrierte Mitteilungen zu entschlüsseln, so dass der Generalstabschef gezwungen war, uncodierte Nachrichten zu senden. Die Deutschen fingen diese Nachrichten ab und konnten somit jede Bewegung des Feindes vorhersagen. Es war ein Desaster. Die russische Armee wurde vernichtet. 50 000 Mann und 500 Geschütze fielen in die Hand der Deutschen.

Nach viertägigem Nahkampf errang die deutsche 8. Armee einen überwältigenden Sieg über die Russen, die unter Narews Befehl standen. Dieser Sieg stellte den Ruf der 8. Armee wieder her, die sich damit an Russland gerächt hatte. 93 000 Mann gerieten in Gefangenschaft und die Russen hatten schwere Verluste zu verbuchen: 40 000 Tote und Verwundete. 10 000 Gefallene war die Bilanz in den deutschen Reihen.

Von Hindenburg konnte weitere herausragende Erfolge verbuchen. Zwischen dem 6. und dem 14. September 1914 besiegte er die russische Armee unter General Rennenkampf an den Masurischen Seen. Die erbitterte Schlacht endete mit dem Rückzug der Russen. Damit war es von Hindenburg gelungen, weitere 100 km an der Front gutzumachen und Ostpreußen zurückzuerobern.

Am 1. November 1914 wurde Generaloberst von Hindenburg aufgrund seiner zahlreichen Verdienste, darunter die Schlachten bei Tannenberg und an den Masurischen Seen, mit Zustimmung Kaiser Franz Josephs I. zum Oberbefehlshaber Ost über die 8. und 9. Armee ernannt.

44–45

Aufnahmen der Schlacht bei Tannenberg, der blutigsten Schlacht an der Ostfront, die kurz nach Kriegsausbruch zwischen Deutschland und Russland geschlagen wurde. Die Deutschen siegten unter Paul von Hindenburg und Erich Ludendorff.
Oben: *Am 30. August 1914, knapp einen Monat nach Kriegsausbruch liegt Tannenberg in Trümmern.*
Unten: *Endlose Reihen russischer Gefangener bei Tannenberg.*
Rechts: *Deutsche Soldaten erwarten in einem zerstörten Haus den Feind.*

46–47

Das Foto zeigt einen der dramatischsten Momente des Kriegs: Man schreibt den 22. April 1915. Französische Soldaten erwarten in Schützengräben den Feind. Deutsche Soldaten mit Atemschutzmasken bewegen sich in einer gelbgrünen wallende Wolke auf die Stellungen zu. Dieses Ereignis markiert den Beginn der chemischen Kriegführung. Die französischen Soldaten traf es vollkommen unvorbereitet. Sie starben einen furchtbaren Tod, vor dem es kein Entkommen gab.

DIE GROSSEN MASSAKER: YPERN

1915

Am 22. April 1915 sahen die französischen Soldaten bei Ypern (Belgien) eine gelbgrüne Wolke auf sich zukommen, die einer Nebelwand ähnelte. Zunächst glaubten die Soldaten, es handle sich um einen Nebelvorhang, in dessen Schutz die Deutschen vorrückten. Doch was sie erwartete, war ein schrecklicher Tod. Bald waren die Schützengräben und die Felder von wahnsinnigen Soldaten erfüllt, die in alle Richtungen rannten, sich die Kleider vom Leib rissen, schrien und um Wasser flehten, Blut spuckten und sich nach Luft ringend auf dem Boden wälzten. Die Franzosen nannten es „yperite", die Deutschen „Gelbkreuz" und die Briten „mustard gas". Es gab bereits einen Präzedenzfall: Im Oktober 1914 hatten die Franzosen erstmals Tränengas versprüht. Die Antwort der Deutschen war ein Gas mit Rachenreizstoffen – eine absolute Verletzung der Haager Abkommen. Deutschland hatte praktisch das Monopol zur Gelbkreuzgasherstellung. Produziert wurde bei BASF in Ludwigshafen. Bei dem Angriff von Ypern kamen 5 000 Soldaten ums Leben, 10 000 wurden entstellt oder erblindeten. Zwei Tage später begingen die Deutschen das gleiche Massaker östlich von Ypern an kanadischen Truppen. Wiederum starben 5 000 Soldaten. Doch das deutsche Oberkommando versicherte, man habe lediglich „ein Experiment" durchgeführt. Nach weiteren Angriffen in der Umgebung von Ypern, die im Mai stattfanden, erging die Order, dass nur noch Tränengas, das auch die Franzosen eingesetzt hatten, verwendet werden sollte. Gestand man etwa ein Fehlverhalten ein? Nein. Tatsächlich hatte ein britisch-französisches Team eine Atemschutzmaske entwickelt, die unter Einsatz von Soda und Pottasche die Wirkung des Gelbkreuzes neutralisierte. Es verbreitete sich außerdem die Nachricht, dass britische Ingenieure eine Maschine perfektionierten, um sich für die Angriffe bei Ypern zu rächen. Es handelte sich um eine Stahlröhre mit einer elektrischen Zündvorrichtung, die mit einer Bombe mit Gas gefüllt war. Wenn man die Röhren in einem 45°-Winkel in den Boden steckte, erzielten 100 Behälter das gleiche schreckliche Ergebnis wie das Giftgas bei Ypern. In der Schlacht an der Somme (1916) setzten die Briten diese Behälter großflächig ein. BASF entwickelte im Gegenzug ein flüssiges Gas mit intensivem Knoblauchgeruch. 1917 wurde es über feindlichem Terrain verteilt. Es verursachte Entzündungen, Erblindung und führte zum Tod durch Blutvergiftung, sobald die Gase über die Lunge in die Venen gelangten. Die Briten zählten 3000 Tote, Verletzte und Erblindete. Die Deutschen verwendeten das Gas weiterhin. Im Juni 1918 revanchierten sich die Franzosen. Sie warfen Giftgasbomben auf die Deutschen, die bereits im Rückzug begriffen waren, und töteten tausende von Soldaten.

1915

48–49

Diese Aufnahme hält einen der dramatischsten Momente des Kriegs fest. Man schreibt den 22. April 1915. Französische Soldaten erwarten in ihren Schützengräben den Feind. Deutsche Soldaten mit Atemschutzmasken rücken, eingehüllt in eine gelbgrüne Wolke, vor. Die Schlacht von Ypern markiert den Beginn der chemischen Kriegführung. Die französischen Soldaten wurden völlig unvorbereitet getroffen und hatten keine Chance, diesem Schrecken zu entkommen. Sie starben einen grausamen Tod.

Die grossen Massaker: Verdun

1916

Der Angriff bei Verdun am 21. Februar 1916 war der erste in der Geschichte des Kriegs, der schweres Artilleriebombardement einleitete (ein Vorgehen, das im Zweiten Weltkrieg zum Standard werden sollte). Das Bombardement war entworfen worden, um den Feind zu zermürben und den Tod in die Schützengräben zu bringen, in die Gefechtsstände und zwischen die Blockaden aus Stacheldraht. Bei diesem Angriff wurde die Luftwaffe erstmals großflächig eingesetzt, zur Beobachtung und zur Ausrichtung des Artilleriefeuers.

Zu diesem Zeitpunkt hatte die französische Armee 994 000 Tote und Gefangene und über 1,5 Millionen Verwundete zu beklagen – ein Abschlachten, von dem der deutsche Generalstabschef Erich von Falkenhayn noch nicht genug hatte. Er war entschlossen, sich nicht mit kleinen territorialen Erfolgen zufrieden zu geben (die Erfahrung hatte gezeigt, dass dies nicht zu einer Schwächung des Feindes führte), sondern sich darauf zu konzentrieren, dem Feind die größtmöglichen menschlichen Verluste beizubringen.

Vor dem Beginn des Bombardements ordnete von Falkenhayn ein Täuschungsmanöver an, das Joffre glauben machen sollte, die Deutschen wollten das Elsass in Richtung der Artois angreifen. Nachdem er sich sicher war, dass dieses Manöver die Franzosen aus dem Gleichgewicht gebracht hatte, eröffnete er das Feuer. Am 21. Februar fielen bei Tagesanbruch 2 Millionen Granaten auf ein Gebiet von nur 4 km. Im Abstand von 22 m stellten die Deutschen jeweils schweres Geschütz auf und im Abstand von knapp 18 m platzierten sie leichtes Geschütz. Die Bombardierung dauerte neun Stunden. Verdun wurde beinahe vollständig zerstört. Die Zivilbevölkerung wurde aufgerieben und die Umgebung verwandelte sich in ein Schlachtfeld mit tausenden rauchenden Kratern.

Um 16:00 Uhr erhielt die Infanterie den Befehl zum Angriff. Die deutschen Soldaten rückten in mehreren Angriffswellen vor, begleitet von Divisionen mit Flammenwerfern. Die Franzosen, die durch das Artilleriefeuer bereits stark dezimiert waren, wurden mit Bajonetten niedergemetzelt oder bei lebendigem Leib verbrannt. Der Feind machte 3 km Frontlinie gut und durchbrach drei Verteidigungslinien. Am 24. Februar fiel Fort Douaumont, das man für uneinnehmbar gehalten hatte. Aristide Briand, der Ministerpräsident, sandte eine verärgerte Nachricht an Joffre: „Wenn Sie Verdun verlieren, sind Sie feige!“ Er ernannte Philippe Pétain zum Kommandeur an der Front von Verdun.

Pétain wusste, dass er die beiden Eisenbahnlinien nicht nutzen konnte (sie waren in deutscher Hand), um Verstärkung zu holen, deshalb setzte er alle Reserven in Fahrzeuge und Straßen, die er planieren und erweitern ließ. In kürzester Zeit gelang es ihm ausreichend Artillerie entlang des Ostufers der Maas zu stationieren. Anschließend brachte er sechs Divisionen ein, die die 20 Divisionen ersetzten, die die Deutschen dezimiert hatten. Das 30. Armeekorps hatte allein innerhalb einer Woche 680 Tote und 3 200 Verwundete zu beklagen sowie 16 500 Mann, die in Gefangenschaft geraten waren.

Zwischen dem 27. Februar und dem 6. März wurden auf Lastwagen 190 000 Mann und 23 000 t Munition auf der Straße von Bar-le-Duc nach Verdun transportiert. Ab diesem Zeitpunkt nannten die Franzosen diese Straße „la Voie Sacrée“, „die Heilige Straße“. Nachdem die Kampfeinheiten in Stellung gebracht waren, begann die Schlacht erneut. Beide Seiten setzten verstärkt Flammenwerfer und Giftgas ein. Fort Douaumont und Fort Vaux wurden unter großen Verlusten auf beiden Seiten mehrmals verloren, zurückerobert und wieder besetzt. Ende Juni waren die Fronten verhärtet. Die Franzosen hatten 179 000 Mann verloren (Tote und Gefangene) und 279 000 Verwundete zu beklagen. Anfang Juli wurde die Offensive nach schweren Verlusten auf beiden Seiten eingestellt. Während Millionen Familien um ihre Angehörigen trauerten, klopften sich zwei französische Offiziere für ihren Mut und ihre Fähigkeit auf die Schulter: Georges Robert Nivelle und Charles de Gaulle.

51

Oben: *Die Aufnahme hält einen Moment des tragischen Angriffs der französischen Armee bei Verdun fest.*
Unten: *Verdun liegt in Trümmern. Die deutsche Artillerie hat ganze Arbeit geleistet. Verdun ist in deutscher Hand.*

52–53

Eine Szene des schrecklichen Stellungskriegs, der den Ersten Weltkrieg charakterisierte. Bei Verdun durchbrechen französische Soldaten eine Stacheldrahtbarriere, in der einer ihrer Kameraden den Tod fand.

19

1915

54–55
Bilder der Schlacht von Verdun.
Links: *Ein französisches Geschütz im Einsatz*
Oben rechts: *Französische Soldaten im Schützengraben. Im Vordergrund sind die Holzkreuze zu erkennen, die die letzten Ruhestätten ihrer gefallenen Kameraden kennzeichnen.*
Mitte rechts: *Französische Soldaten begegnen Leichenwagen, die die sterblichen Überreste ihrer gefallenen Kameraden bergen.*
Unten rechts: *Französische Infanterie (Zouaven) in den Wäldern bei Caures. Zwischen dem 27. Februar und dem 6. März transportierten 3 900 Lastwagen 190 000 Mann und 23 000 t Munition an die Front von Verdun. Die Straße, über die die Lastwagen fuhren, nennen die Franzosen heute „la Voie Sacrée", „die Heilige Straße".*

56–57
An der Somme, Sommer 1916.
Links: *Die Truppen des Kaisers nehmen den Feind aus den Schützengräben mit Maschinengewehren unter Beschuss.*
Rechts: *Britische Soldaten verlassen die Schützengräben.*

Die grossen Massaker: An der Somme

1916

Als die Schlacht von Verdun ihren Höhepunkt erreicht hatte, leiteten Frankreich und Großbritannien die Sommeroffensive ein. Bereits im Dezember 1915 hatten die beiden Oberbefehlshaber Joseph Joffre und Douglas Haig dieses Manöver auf dem französisch-britischen Gipfel in Chantilly geplant. Das Unternehmen sollte gleichzeitig mit ähnlichen Offensiven an der italienischen und der russischen Front stattfinden. Ferdinand Foch leitete die Operationen, die die britische 4. Armee und die französische 6. Armee einbezogen.

Die Hauptlast ruhte auf den Briten. 13 britische und fünf französische Divisionen führten den Angriff durch. Die beiden Oberbefehlshaber gingen davon aus, dass die Deutschen gegen Ende 1916 aufgeben müssten. Die Schlacht an der Somme entwickelte sich zu einem klassischen Artilleriegefecht. Aus den geschätzten fünf Tagen für die vorbereitende Bombardierung wurden sieben Tage. Am 24. Juni 1916 wurde die Schlacht eröffnet. In den ersten Tagen feuerten die Briten, die über 1 532 Geschütze und 316 Mörser verfügten, 1,8 Millionen Granaten ab, 32 000 t todbringende Ladung. Die Franzosen feuerten mit 465 Geschützen und 300 Mörsern 380 000 Granaten ab. In regelmäßigen Abständen wurde das Feuer eingestellt, damit die Mündungen abkühlen konnten. Der Granatenhagel sollte die Feinde unter sich begraben, jede Kommunikation in den Schützengräben verhindern, die Maschinengewehre zerstören, die Aussichtspunkte dem Erdboden gleichmachen und vor allem möglichst vielen Feinden den Tod bringen.

Zwei Faktoren sollten die Angreifer jedoch zwingen, ihre Erwartungen einzuschränken. Der erste, der als „Kniff Falkenhayns“ bekannt wurde, vereitelte das Hauptziel der französisch-britischen Truppen, den Feind zu dezimieren. Falkenhayn hatte einen Angriff vorhergesehen und tief unter der Erde Bunker einrichten lassen, so dass die Soldaten vom Artilleriefeuer verschont blieben, mit Ausnahme derer, die sich (freiwillig oder unfreiwillig) entschieden hatten, das höchste Opfer zu bringen. Der zweite Faktor resultierte aus dem mangelnden Informationsfluss zwischen den Kommandeuren, die davon ausgingen, dass die Deutschen zwei Verteidigungslinien errichtet hatten. Tatsächlich waren es jedoch drei.

Am 1. Juli 1916 führten die französisch-britischen Streitkräfte mehrere Angriffswellen durch. Die britischen Infanteristen (Freiwillige) waren ausgestattet mit einem Stahlhelm, einem Spaten, einer Decke und zwei Atemschutzmasken. In ihrer Provianttasche befanden sich Besteck, Seife, Socken und eine Notration. Ihre Jackentaschen bargen eine Erste-Hilfe-Ausrüstung. 220 Gewehrpatronen steckten in ihren Patronengurten und die Patronentasche, die sie über der Schulter trugen, beinhaltete zwei Handgranaten. Die Soldaten hatten ein Gesamtgewicht von ca. 30 kg zu tragen, zuzüglich ihres Enfield-Gewehrs. Außerdem hatten einige noch Spitzhacken, Schaufeln und Drahtschneider im Gepäck. Diese Ausrüstung stellte eine starke Beeinträchtigung dar und erschwerte das Vorwärtskommen erheblich.

Die Briten durchbrachen die erste deutsche Defensivlinie und erreichten die zweite, die ca. 5 km dahinter lag. Darauf vertrauend, dass sie noch nicht auf den Feind treffen würden, fanden sie sich plötzlich den deutschen Einheiten gegenüber, die aus ihren Bunkern aufgetaucht waren, bereit, mit ihren Maschinengewehren auf alles zu feuern, was sich bewegte. Die linke Flanke und die Mitte der britischen Armee waren unter hohen Verlusten zum Rückzug gezwungen. Die rechte Flanke überwand mit den französischen Truppen die zweite Verteidigungslinie, rannte aber direkt in die dritte, die vollkommen intakt war. Am Abend des 1. Juli 1916, waren 20 000 britische Soldaten gefallen.

Die ergebnislosen Kämpfe an der Somme dauerten im Juli und August an. Am 15. September schickten die Briten die ersten Panzer in die Schlacht. Von den 49 Panzern gelang es jedoch nur neun, die vorrückende Infanterie zu schützen, und schließlich wurden sie von der feindlichen Artillerie außer Gefecht gesetzt. Die Schlacht an der Somme, die am 26. November endete, forderte über 1 Million Leben.

58–59
Aufnahmen von der Schlacht an der Somme. Oben links *und* Mitte links: *Britische Soldaten tauchen aus den Schützengräben auf, um dem Feind auf offenem Feld zu begegnen.* Unten links: *Die Panzerschlacht zwischen den Briten und den Deutschen.* Rechts: *Haubitzen des britischen Korps nehmen die feindlichen Linien unter Beschuss.*

Die Schlacht an der Somme
1916

60

Italien trat am 23. Mai 1915 in den Krieg ein, als seine Infanterie den Piave überquerte. Die Italiener trafen auf das österreichisch-ungarische Militär. Zwischen Juni und November 1915 schlugen die Italiener die ersten vier Isonzoschlachten.

Oben: *Die Italiener transportieren Waffen über den Isonzo.*
Mitte: *Österreichische Maschinengewehre feuern von oben auf eine italienische Stellung.*
Unten: *Alpini marschieren durch tiefen Schnee.*

1916

ITALIEN IM KRIEG
1915–1918

Am 3. August 1914 erklärte die italienische Regierung unter dem rechtsliberalen Antonio Salandra ihre Neutralität. Salandra rechtfertigte seine Haltung, indem er erklärte, dass Österreich-Ungarn eindeutig die Vereinbarungen des Dreibunds verletzt hatte, da es Italien nicht konsultiert hatte, bevor es den Krieg erklärte. Tatsächlich hatte Wien nach dem Attentat von Sarajevo Berlin über jeden Schritt auf dem Laufenden gehalten, Rom hingegen völlig im Dunkeln gelassen. Vielleicht war dieses Verhalten unverzeihlich. Es herrschte eine tief reichende Antipathie, ja regelrechter Hass, zwischen den Österreichern und den Italienern. Auf dem Wiener Kongress im Herbst 1814, hatte Fürst Metternich erklärt, Italien würden nicht existieren, es sei lediglich eine „geographische Expression", und Garibaldi befahl 1848 seinen Männern, die sich aus Rom zurückzogen, sofort die verhassten österreichischen „Weißkittel" zu erschießen. Außerdem hatte Italien kürzlich freundschaftliche Signale an Serbien gesandt, das der erbittertste Feind Österreich-Ungarns war.

Gemeinsam mit der katholischen Kirche und der breiten Mehrheit der Bevölkerung sprachen sich die Regierung und die Opposition, darunter Katholiken und Sozialisten, für die Neutralität Italiens aus. Viele andere forderten jedoch den Krieg und beschworen die Regierung die Gunst der Stunde zu nutzen, um das Risorgimento und die Vereinigung Italiens zu vollenden, indem man die Gebiete in Besitz nahm, die noch immer unter Österreichs Souveränität standen. Unter den Kriegsverfechtern waren Nationalisten, Irredentisten (politische Extremisten, die den Anschluss abgetrennter Gebiete an das Mutterland forderten) und Mitglieder der Gewerkschaft mit Kontakten zur Sozialistischen Partei. Filippo Corridoni, eine Hauptfigur unter den Gewerkschaftlern, verpflichtete sich als Freiwilliger und wurde bei einem Angriff getötet. Von den 218 Gewerkschaftsfunktionären, die seinem Beispiel folgten, wurden 70 getötet. Auch unter den Intellektuellen gab es Kriegsverfechter. Sie veröffentlichten literarische Zeitschriften und waren Anhänger des Futurismus, den der Schriftsteller Emilio Filippo Tommaso Marinetti gegründet hatte. Einer der glänzendsten Journalisten Italiens, Benito Mussolini, Direktor des sozialistischen Parteiorgans *Avanti!*, stellte sich überraschenderweise auf die Seite der Befürworter einer Intervention. Als Propagandamittel rief er die Tageszeitung *Il Popolo d'Italia* ins Leben, die später das Hauptsprachrohr der Faschistischen Partei werden sollte, an deren Spitze Mussolini stand.

Vom ersten Tag an waren die Befürworter der Intervention in das Kriegsgeschehen verstrickt. Im August 1914 gründete Peppino Garibaldi, ein Neffe des berühmten italienischen Helden, die Italienische Legion, in der sich etwa 4 000 junge Freiwillige vereinten. Sie kämpften in den Argonnen gegen die Deutschen. Bruno und Costante, Nachkommen Garibaldis, kamen dabei ums Leben.

Mit politischem Opportunismus unterbreitete die Regierung Salandra Österreich-Ungarn einige diskrete Angebote, um die erbitterten Demonstrationen der Nationalisten zu manipulieren. In Wien glaubte man deshalb, Italien versuche verzweifelt, der Tripelentente (Großbritannien, Frankreich und Russland) beizutreten. Italien ließe sich jedoch überzeugen, davon abzusehen, wenn Wien bereit wäre, die Gebiete an Italien zurückzugeben, die Österreich erobert hatte: das Trentino, Triest mit Istrien und Dalmatien, die Grafschaft Görz und Gradisca sowie Pula. Die Antwort Wiens war eindeutig: „Denkt nicht einmal daran, wir werden sie niemals zurückgeben."

Nun gab es keinen Grund mehr für Italien, auf das beharrliche Angebot der Tripelentente nicht zu antworten. Am 26. April 1915 schloss sich Italien im Londoner Vertrag der Entente an. Im Gegenzug für die Kriegserklärung sollte Rom jene Territorien erhalten, die es von Österreich begehrte, einschließlich Südtirol bis zum Brennerpass und Valona in Albanien sowie (im Falle eines Sieges der Entente) einiger Gebiete, die man den deutschen Kolonien in Afrika entreißen würde. Der Dreibund zwischen Italien, Deutschland und Österreich-Ungarn war damit zerbrochen.

Nach der Unterzeichnung des Londoner Vertrags stürzte sich Italien blindlings in den Krieg. Am 5. Mai hielt Gabriele D'Annunzio, der populärste italienische Dichter seiner Zeit, eine glühende Rede in Genua, in der er König Viktor Emanuel III. zum Krieg gegen die Mittelmächte aufrief. Stürmische Demonstrationen in Genua und anderen italienischen Städten verliehen den Worten des Dichters Nachdruck. Am 23. Mai erklärte Italien Österreich-Ungarn den Krieg und die Infanterie überquerte den Piave. General Luigi Cadorna befehligte die königliche Armee. Er war der Sohn von General Raffaele Cadorna, der 1870 die Bersaglieri anführte, die Rom verteidigten.

Unglücklicherweise war Italien jedoch nicht auf den Ersten Weltkrieg vorbereitet, der großen Appetit auf Menschenopfer offenbarte. Die 1,5 Millionen Wehrpflichtigen, waren nicht annähernd für den Kampf ausgerüstet. Die italienische Armee verfügte nur über wenige Geschütze und über Maschinengewehre für zwei Regimenter. Es gab keine Handgranaten und selbst an Gewehren war der Vorrat unzureichend. Hinzu kam, dass diese größtenteils aus dem Jahr 1870 stammten. Viele Offiziere mussten ihre Pistolen selbst bezahlen. Außerdem fehlten Helme, so

Italien im Krieg
1915–1918

dass die Soldaten französische „Modelle“ aufsetzen mussten, die die Aufschrift RF („République Française“) trugen. Es standen weder Gelatinedynamit noch Drahtscheren zur Verfügung, deshalb mussten die italienischen Truppen auf Gartenscheren zurückgreifen, um Barrieren aus Stacheldraht zu durchtrennen.

Diese Schwierigkeiten beeinträchtigten jedoch die Moral der Soldaten nicht, selbst wenn sie zwangsweise eingezogen wurden. Die italienische Front erstreckte sich von den Tridentiner Alpen (mit Trient im Zentrum) bis in die Grafschaft Görz und Gradisca. Mit einer Länge von knapp 700 km stellte diese Front im Ersten Weltkrieg die größte Herausforderung dar. Die erste blutige Schlacht fand bei Carso statt, jenem unfruchtbaren Landstrich aus Felsen, engen Schluchten, Höhlen und militärischen Befestigungsanlagen, der oberhalb von Triest liegt. Von Juni bis November 1915 wurden die ersten vier Isonzoschlachten geschlagen. Der Feind setzte jene Strategie ein, die an anderen Fronten bereits Standard war: den Frontalangriff. Die italienischen Soldaten waren im Kugelhagel der Maschinengewehre der österreichisch-ungarischen Armee gefangen und wurden erbarmungslos niedergemetzelt.

Inzwischen rückten die Alpini über den Tonalepass zwischen Ortler- und Adamellogruppe vor, um von Westen her anzugreifen. David Lloyd George, der im Dezember 1916 Premierminister von Großbritannien werden sollte, lobte den Mut der Italiener. Er erklärte: „Nur couragierte Männer, höchst couragierte Männer, können es gewagt haben, diese gigantischen Festungen einzunehmen, während sie von den Geschützen und Gewehren der Österreicher beschossen wurden.“

Nach einer kurzen Waffenruhe im Winter (11. bis 19. März 1916) fand die fünfte Isonzoschlacht statt. Sie war Teil der Gegenoffensive, die Pétain in Frankreich zur Verteidigung von Verdun eingeleitet hatte. Die Schlacht sollte für die italienischen Truppen keinen günstigen Verlauf nehmen. Nach schweren Verlusten (60 000 Tote und 170 000 Verwundete) mussten sie sich zurückziehen. Conrad von Hötzendorf, der österreichisch-ungarische Generalstabschef, nutzte die Gunst der Stunde und leitete eine Strafexpedition (15. bis 24. Mai) ein. Der erbitterte Widerstand der Italiener bei Pasubio, am Buolepass und in der Hochebene von Asiago verhinderte jedoch den Vorstoß seiner Truppen in das Val Padana.

Am 9. Juni, nach einer heftigen Debatte im Parlament, wurde die Regierung Salandra gestürzt und Paolo Boselli wurde zum Ministerpräsidenten gewählt. Eine Regierung mit starker nationalistischer Neigung ersetzte eine als lethargisch und passiv eingeschätzte. Am 6. August 1916 begann die sechste Isonzoschlacht, die bis 16. September anhielt und mit der Einnahme von Görz durch die 3. Armee unter Herzog Amedeo d'Aosta endete. Am 28. August 1916 erklärte die Regierung Boselli Deutschland den Krieg, nachdem sie erfahren hatte, dass die deutschen Soldaten Seite an Seite mit den österreichisch-ungarischen Truppen kämpften. Das Friedensangebot, das Kaiser Karl I. (der seinem Großonkel Franz Joseph I. am 21. Dezember 1916 auf den Thron gefolgt war) bei seinem Frontbesuch nahe San Giovanni di Mariana unterbreitete, lehnte die Regierung ab.

Daraufhin ging Österreich-Ungarn zum Luftangriff über und bombardierte die Städte Venetiens und Mailands. Ein Vorgeschmack auf das schreckliche Abschlachten der Zivilbevölkerung, das den Zweiten Weltkrieg charakterisieren sollte. Die einzige Möglichkeit zur Verteidigung der Städte bestand darin, den Feind in der Luft abzufangen. Italien war auf diesem Gebiet unerreicht. Es verfügte über ein Geschwader couragierter Piloten, darunter Francesco Baracca. Bevor er selbst am 9. Juni 1917 abgeschossen wurde, hatte er 34 Angriffe auf feindliche Flugzeuge erfolgreich abgeschlossen.

An der Isonzofront war die Lage nach weiteren italienischen Angriffen äußerst gespannt. In der zehnten Isonzoschlacht nahmen die Alpini den Ortigara ein. General Cadorna erließ am 10. Juni 1917 Order zum Angriff. An der knapp 14 km langen Front standen ihm 74 Bataillone (darunter 20 Alpini und sechs Bersaglieri) sowie 1 500 Geschütze zur Verfügung. Die Italiener rückten bis 24. Juni vor. An diesem Tag ging Österreich-Ungarn zum Gegenangriff über, bei dem vor allem Flammenwerfer, Senfgas und brutale Knüppel eingesetzt wurden. Diese mit Nägeln gespickte Knüppel zertrümmerten den Soldaten den Schädel, die sich bereits unter der Wirkung des Giftgases am Boden krümmten. Die Italiener wurden regelrecht abgeschlachtet.

Die elfte Isonzoschlacht endete in einem noch größeren Desaster für die Italiener, ungeachtet der 5 000 Geschütze und 1 700 Mörser sowie der Erkundungen und Kampfpläne Cadornas. Am Morgen des 19. September 1917 griffen 45 italienische Divisionen die deutsch-österreichischen Stellungen an. Deutschland hatte das gefürchtete Alpenkorps entsandt, das an der Seite seiner Verbündeten kämpfen sollte. Nach einer Woche hatten die Italiener die Schlacht verloren. 143 000 italienische Soldaten waren tot oder verwundet. 110 000 österreichische und deutsche Soldaten hatte das gleiche Schicksal ereilt. Italien konnte zwei kleine Siege für sich verbuchen: die Einnahme Bainsizzas und Monte Santos.

Italien im Krieg

1915–1918

Die Zerschlagung der russischen Armee erlaubte es Deutschland, Truppen zur Verstärkung der stark angeschlagenen österreichisch-ungarischen Armee an die italienische Front zu schicken. Unter den jungen deutschen Offizieren des Alpenkorps befand sich auch Erwin Rommel, der später zu Ruhm kommen sollte. Er kommandierte die Alpenbataillons von Württemberg. Die neu formierte 14. Armee unter General von Below, bestehend aus 15 Divisionen, war ebenfalls im Einsatz.

Am 24. Oktober 1917 durchbrach die gut organisierte deutsch-österreichisch Offensive unerwartet die italienischen Linien bei Karfreit (Caporetto) im Friaul. Die italienische 2. Armee wurde zersprengt und ihre Einheiten zogen sich ungeordnet bis fast nach Venedig zurück. Die Österreicher nahmen die Verfolgung auf. Sie sahen sich bereits bei der Siegesfeier in den Gondeln auf dem Canal Grande. Der italienischen 3. Armee gelang ein geordneter Rückzug an die Ufer des Piave und an den Monte Grappa. Dort kämpften sie zwischen dem 10. und dem 26. November 1917, um den Vorstoß der Feinde aufzuhalten. Bei dieser Gelegenheit traten die Freiwilligenkorps wie die Caimani del Piave und die Arditi in den Vordergrund. Diese Bataillone bestanden hauptsächlich aus jungen Männern, darunter viele Studenten, für die der Krieg eine Frage des Nationalstolzes war. Aber auch flüchtige Irredentisten zählten hierzu, die wussten, dass man sie hängen würde, falls sie in Gefangenschaft gerieten.

Die jungen Italiener, die freiwillig in die Armee eintraten, waren inspiriert und ermutigt von dem Opfer, das so viele ihrer Landsmänner gebracht hatten, die ihr Leben im Krieg verloren hatten. Unter den Helden befanden sich unter anderem die Brüder Carlo und Giani Stuparich aus Triest, Cesare Battisti, ein namhafter Journalist aus Trient (er wurde von den Österreichern als Hochverräter zum Tode verurteilt und am 13. Juli 1916 hingerichtet), der Istrier Fabio Filzi, Nazario Sauro, Soldat auf einem U-Boot und Damiano Chiesa, ein Artillerieoffizier. Sie alle erhielten den Orden für Tapferkeit vor dem Feind.

Das Debakel bei Karfreit und der Stellungskrieg am Piave bedeutete für die Italiener 40 000 Tote sowie 300 000 Gefangene und Verletzte. Weitere 300 000 Soldaten der 2. Armee entledigten sich ihrer Uniform und flüchteten zu ihren Familien. Sie wurden von den Karabinieri verfolgt und getötet.

Der militärische Kollaps kostete Paolo Boselli seinen Posten als Ministerpräsident. Er legte sein Amt am 26. Oktober nieder. Am 8. November 1917 kam es in Peschiera zu einem Treffen zwischen Viktor Emanuel III., David Lloyd George, dem britischen Premierminister, und dem französischen Generalstabschef Nivelle. Der König weigerte sich, seine Truppen hinter den Mincio abzuziehen, und überzeugte seine Verbündeten Verstärkungstruppen, Waffen und Flugzeuge zu schicken.

Neuer Ministerpräsident Italiens wurde Vittorio Orlando. Der neue Generalstabschef hieß Armando Diaz. Außerdem erreichte der König, dass Diaz Kommandeur aller verbündeten Streitkräfte wurde, die sechs französische und vier britische Divisionen umfassten. Die Front war wieder stabilisiert und man konnte zum Gegenangriff übergehen. Weitere Truppen erreichten das Kriegsgebiet: die „Ragazzi del ’99“, junge furchtlose Männer, die im letzten Jahr des 19. Jahrhunderts geboren waren und mit 19 Jahren eingezogen wurden. Die italienische Flotte kämpfte ebenso couragiert. Luigi Rizzo, der auf See mit den MAS (jene Zerstörer, die Gabriele D’Annunzio in *Memento audere semper*, „Erinnere dich stets, wagemutig zu sein“, umbenannt hatte) im Einsatz war, hatte bereits das österreichische Kriegsschiff *Wien* versenkt. Am 10. Juni 1918 versenkte er mit den MAS den Stolz der kaiserlichen Flotte Österreichs, die *St. Stephan*. Zur gleichen Zeit erreichte D’Annunzio mit einem Geschwader die Basis bei Aviano. Er flog über Wien, wo er keine Bomben, sondern Flugblätter abwarf, die die Überlegenheit Italiens rühmten und Österreich-Ungarn aufforderten, sich zu ergeben. Ein Vorfall, der in der ganzen Welt Resonanz fand.

Am 15. Juni begann die entscheidende Schlacht am Piave. Die österreichisch-ungarische Armee griff mit 59 Divisionen, 7 500 Geschützen und 600 Flugzeugen an. Diaz begegnete ihnen mit 40 Divisionen, 9 500 Geschützen und 900 Flugzeugen. Die Feinde errangen viele Brückenköpfe am rechten Ufer des Flusses, doch am 19. Juni leiteten die Italiener den Gegenangriff ein. Am 23. Juni war die österreichisch-ungarische Armee zum Rückzug gezwungen. Brücken und Pontons wurden gesprengt und das besetzte Gebiet westlich des Piave wurde zur Todesfalle.

Am 24. Oktober leitete Diaz die endgültige Offensive ein. Die italienische Armee überquerte den Piave an mehreren Stellen. Die Feinde flohen in die Berge. Die Italiener nahmen die Verfolgung auf und besiegten Österreich-Ungarn in der entscheidenden Schlacht von Vittorio Veneto.

Am 3. November unterzeichneten die Generalbevollmächtigten Italiens und Österreich-Ungarns in der Villa Giusti den Waffenstillstand. Italien erhielt Trient und Triest. Dort trafen die Soldaten am 5. November ein und hissten die italienische Flagge. Italien hatte im Ersten Weltkrieg 5 200 000 Soldaten mobilisiert. 680 000 Menschen (600 000 Soldaten und 80 000 Zivilisten) fielen und über 1 Million wurden verletzt oder verstümmelt.

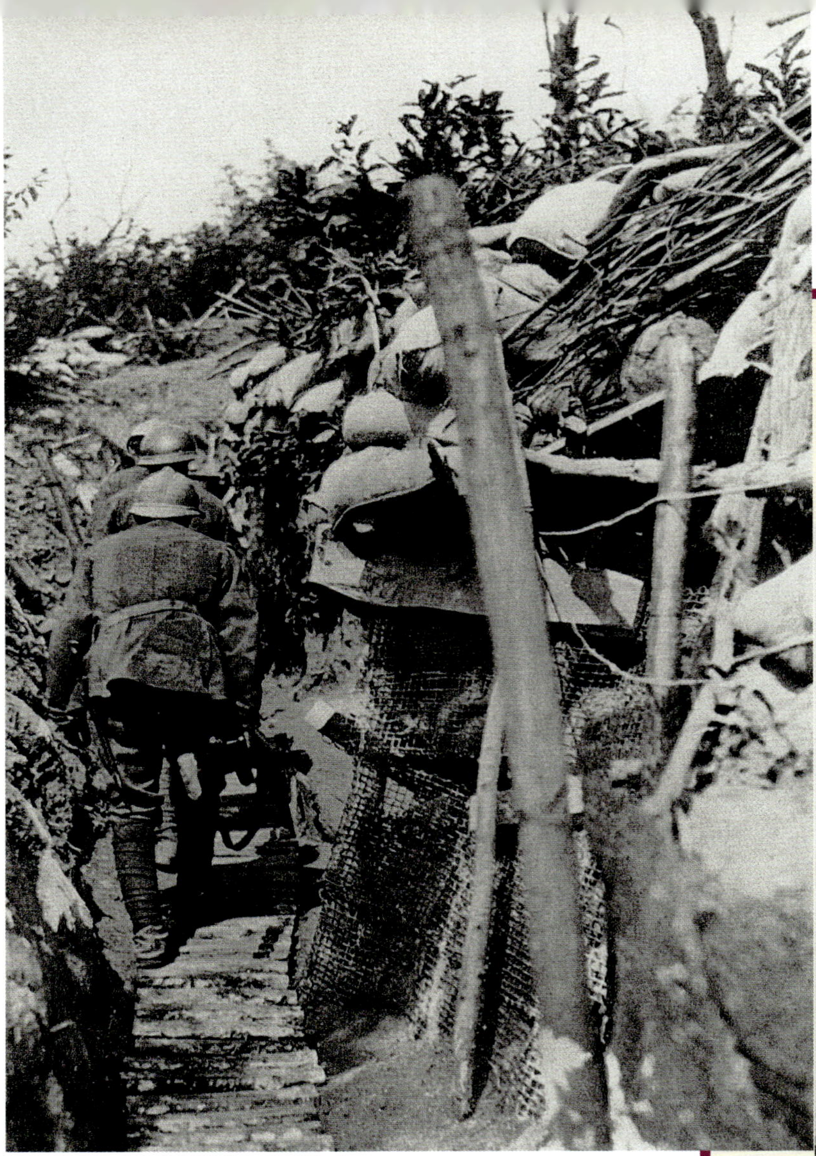

66–67
Oben links: *Nach der entscheidenden Schlacht von Vittorio Veneto, aus der Italien als Sieger hervorging, werden unzählige Gefangene in Sammellager gebracht.*
Unten links: *Die königliche Armee besetzt Trient.*
Rechts: *Die italienischen Truppen ziehen aus Karfreit ab (Oktober 1917). Für die Armee von Viktor Emanuel III. war dies das dramatischste und demütigendste Kapitel im Ersten Weltkrieg.*

64
Oben links: *Italienische Soldaten bewegen sich durch Verbindungsgräben, die während der Operation zur Eroberung von Görz ausgehoben wurden. Die Stadt wurde am 16. September 1916 von der Infanterie der 3. Armee unter Herzog Amedeo d'Aosta eingenommen.*
Oben rechts: *Italienische Truppen erklimmen einen steilen Hang, um eine Stellung im Berg zu erreichen. Von dort sollen die Feinde unter Beschuss genommen werden.*
Unten: *Italienische Infanteristen attackieren eine feindliche Stellung bei Carso (1917).*

65
Alpini bringen ein Geschütz auf einen Berggipfel. Die italienischen Alpenjäger griffen die österreichisch-ungarischen Truppen auch von Westen über den Tonalepass zwischen Ortler- und Adamellogruppe an.

1918

DER KRIEG AUF DEM BALKAN

1915–1918

Auch auf dem Balkan kam es zum Krieg. Mitte August 1914 entsandte Österreich-Ungarn eine Strafexpedition nach Serbien, um das Attentat auf Erzherzog Franz Ferdinand und dessen Gattin zu sühnen. Am 6. November 1914 rückten die kaiserlichen Truppen in Belgrad ein. Am 12. Dezember wurden sie jedoch unter schweren Verlusten zurückgedrängt. Ab diesem Zeitpunkt musste man die Front auf dem Balkan vernachlässigen, denn die österreichisch-ungarische Armee musste sich darauf konzentrieren, den russischen Vorstoß über die Karpaten zu verhindern.

Am 6. September 1915 verpflichtete sich Bulgarien in einer Militärkonvention, an der Seite Deutschlands und Österreich-Ungarns zu kämpfen. Am 6. Oktober zogen die Bulgaren mit ihren Verbündeten in die Schlacht. Bereits am 5. Oktober waren zwei britische Divisionen, unterstützt von französischen Einheiten, bei Saloniki gelandet, um einem Angriff der Bulgaren von Osten zuvorzukommen. Der Plan schlug jedoch fehl. Die bulgarische Armee war bestens auf die gegnerischen Truppen vorbereitet und zwang sie zum Rückzug ans Meer, wobei den Feinden schwere Verluste beigebracht wurden.

Zur gleichen Zeit ordnete der preußische Generalfeldmarschall August von Mackensen eine massive deutsch-österreichische Offensive gegen die Serben an, die bis Dezember entscheidend geschlagen waren. Die überlebenden Soldaten flohen nach Albanien und versuchten, im Schutz der Dunkelheit das Meer zu erreichen. Die deutsch-österreichischen Streitkräfte nahmen die Verfolgung auf und töteten jene, die ihnen in die Hände fielen. Die Überlebenden wurden an Bord italienischer Schiffe genommen und nach Korfu gebracht, das die Franzosen besetzt hatten.

Am 21. August 1915 erklärte Italien der Türkei den Krieg und am 19. Oktober 1915 erging die Kriegserklärung an Bulgarien. Im Januar 1916 fiel Österreich in Montenegro ein und eliminierte die kleine Nation aus dem Krieg. Rumänien, das am 27. August 1916 Österreich-Ungarn den Krieg erklärte, wurde von den österreichisch-ungarischen und den bulgarischen Truppen besiegt. Im Frieden von Bukarest (7. Mai 1918) erhielt Bulgarien die Süd-Dobrudscha von Rumänien zurück.

Am 27. Juni 1917 trat Griechenland an der Seite der Ententemächte in den Krieg ein. Bis September 1918 gelang es den Verbündeten nicht, die Oberhand über die ausdauernden Bulgaren zu gewinnen, die bis zu diesem Zeitpunkt jedem Seeangriff und jedem Angriff, der vom Luftstützpunkt Saloniki ausging, standhalten konnten. Am 29. September 1918 unterzeichnete Bulgarien einen Waffenstillstand mit der Entente, dem sich am 3. November Österreich-Ungarn anschloss.

68–69
Oben links: *Rumänische Soldaten marschieren, begleitet von den Klängen einer Geige, an die Front.*
Unten links: *Spähtrupp der österreichisch-ungarischen Armee.*
Rechts: *Serbische Zivilisten befinden sich auf der Flucht, während die Armee gezwungen ist, sich aus Mazedonien zurückzuziehen.*

70–71
Türkische Front: Landung auf der Halbinsel Gallipoli im April 1915.
Links: *Nach dem Verlassen der Schiffe gehen britische Soldaten sofort zum Angriff über.*
Rechts: *Französische Soldaten, die sich hinter einer Barriere aus Sandsäcken verschanzt haben, nehmen den Gegner unter Beschuss.*

Der Krieg im Nahen Osten 1915–1918

Der wahre Kommandeur der osmanischen Armee im Ersten Weltkrieg war Otto Liman von Sanders, ein preußischer General. Er leitete die Operationen und brachte die Ententemächte immer wieder in Bedrängnis. Kommandeur der britischen Streitkräfte im Mittelmeer war Sir Ian Hamilton, der sich als General bereits im Burenkrieg ausgezeichnet hatte. Er beschloss, einen Angriff auf die Türkei zu wagen, mit dem Ziel, eine Passage durch die Dardanellen zu erzwingen und auf der Halbinsel Gallipoli zu landen. Sir Hamiltons Plan war simpel: die Meeresstraße besetzen und

anschließend Konstantinopel einnehmen. Damit sollten die Versorgungsrouten und die Kommunikation zwischen Russland und den Mittelmeerländern über den Bosporus wiederhergestellt werden.

Winston Churchill, Erster Lord der Admiralität, gab seine volle Zustimmung und beaufsichtigte das Projekt, an dem britische, französische, australische und neuseeländische Truppen teilnahmen. Von 5 Millionen Staatsangehörigen, die der britischen Krone unterstanden, entsandte die Australian Imperial Force 330 000 Freiwillige nach Europa. Neuseeland zeigte sich ebenso großzügig und schickte 220 000 Freiwillige. Am Ende der Operation waren 59 000 Australier und 17 000 Neuseeländer gefallen.

Der Landeplatz erwies sich als schlechte Wahl. Die Soldaten gingen an einem schmalen Küstenstreifen an Land, der von steilen Klippen überragt wurde. Von diesen Klippen aus massakrierten die Türken die Feinde, sobald sie einen Fuß auf den Strand setzten. Unter den türkischen Offizieren, die für den Beschuss verantwortlich waren, befand sich der junge Oberst Mustafa Kemal Pascha, der als Atatürk, „Vater der Türken", in die Geschichte eingehen sollte. Die Landung am 6. August 1915 endete ebenfalls in einem Massaker. Im November mussten die Ententemächte eingestehen, dass die Operation fehlgeschlagen war. 200 000 Mann waren gefallen und die Schlacht sollte als „Gallipolidesaster" traurige Berühmtheit erlangen.

Ebenfalls im November 1915 wurden die Briten, die versucht hatten von Kuwait entlang des Tigris nach Mesopotamien vorzudringen, von den Türken zurückgedrängt und aufgerieben. Die Türkei wurde an einer dritten Front von den Russen im Kaukasus und entlang des Schwarzen Meeres attackiert. Sie verlor in den ersten Monaten des Jahres 1916 die Städte der Provinzen Erzurum und Trabzon.

Im August 1916 griffen die Briten die Türken von Suez aus an und trieben sie bis Palästina zurück. Dies war für Akaba und Jerusalem der Beginn des „Palästinafeldzugs". Thomas Edward Lawrence, ein englischer Arabist, der für den britischen Geheimdienst arbeitete, wurde zur Schlüsselfigur des Araberaufstands gegen die Türken. Am 5. Juni 1916 schickte er Scherif Husain gegen die türkische Festung von Medina. Husain rief sich anschließend zum König von Arabien aus, wurde jedoch nur im Hidjas anerkannt.

In der Zwischenzeit hatte Lawrence mit Guerillas wagemutige Operationen in der Wüste durchgeführt. Die spektakulärste Unternehmung erfolgte im Juli 1917 und endete mit der Einnahme des Hafens von Akaba am Roten Meer. Ab diesem Zeitpunkt unterstützen die arabischen Stämme den Vorstoß der Briten, zunächst in Palästina mit der Eroberung Jerusalems, dann in Syrien mit der Eroberung von Damaskus.

Lawrence veröffentlichte eine Darstellung des Araberaufstand („The seven pillars of wisdom"), mit der er legendären Ruf erwarb. Der Archäologe und Schriftsteller starb bei einem Motorradunfall im Alter von 46 Jahren.

72–73

Links: *Streitkräfte der Entente auf der Halbinsel Gallipoli.*
Oben rechts: *Britische Kriegsschiffe bombardieren türkische Stellungen auf Gallipoli.*
Unten rechts: *Eine britische Batterie feuert von den Klippen. Von den acht schweren Geschützen, die man an Land gebracht hatte, wurden sieben sofort zerstört.*

75

Aufnahmen vom Seekrieg, in dem vor allem die Deutschen ihre U-Boot-Flotte einsetzten.
Oben: *Ein Geschwader der Deutschen in Schlachtordnung auf dem Weg in die Nordsee.*
Mitte: *Schwere britische Geschütze im Einsatz auf hoher See.*
Unten: *Die deutsche Flotte im Hafen von Kiel.*

Der Seekrieg
1914–1918

Das erste Gefechte auf hoher See begann am 28. August 1914 bei Helgoland, als ein britischer Schlachtkreuzervorstoß die deutsche Sicherungslinie durchbrach. Dabei verloren 1 200 Matrosen ihr Leben. Am 22. September torpedierte ein deutsches U-Boot in der Nordsee drei britische Kreuzer und am 27. Oktober zerstörte eine deutsche Mine das Kriegsschiff *Audacious* vor der irischen Küste. Bereits zu Beginn der Kämpfe errichteten die Ententemächte eine Seeblockade gegen die Mittelmächte. Die britische Flotte patrouillierte in der Nordsee, im Ärmelkanal und im Mittelmeer, um Deutschland und Österreich-Ungarn von ihrer Versorgungslinie abzuschneiden. Immer wieder hielten britische Kriegsschiffe die Handelsschiffe neutraler Staaten an. Man drohte der Besatzung, ihr Schiff zu versenken, falls sie einen deutschen Hafen in der Nordsee oder auf dem Baltikum oder einen österreichischen Hafen in der Adria anliefe. Die Deutschen reagierten mit der Verminung der britischen und irischen Küste und führten einen erbitterten U-Boot-Krieg gegen Großbritannien. Am 7. Mai 1915 ereignete sich eine der dramatischsten Episoden dieses Seekriegs: die Versenkung der *Lusitania.* Dieses Schiff zählte zu den größten Ozeanlinern der Briten und fuhr zwischen Liverpool und New York. Kapitän Schwieger, Kommandant auf dem U-Boot U 20, machte die *Lusitania* vor Kinsale an der Südküste Irlands aus und feuerte zwei Torpedos ab. Das Passagierschiff sank innerhalb von 20 Minuten und riss 1 198 Zivilisten mit sich in die Tiefe, darunter 291 Frauen und 20 Kinder sowie 128 Amerikaner. Dieser Zwischenfall löste in der ganzen Welt heftige Proteste aus. Amerika war entrüstet. Washington sandte Protestnoten an Berlin und forderte Repressalien. Tatsache war jedoch, dass die *Lusitania* nicht nur Zivilpersonen, sondern auch Munition an Bord hatte.

Am 19. August 1915 torpedierte und versenkte das deutsche U-Boot U 24 das britische Passagierschiff *Arabic,* das drei Amerikaner an Bord hatte. Washington stellte ein Ultimatum und Deutschland war gezwungen, seine U-Boote von der irischen Küste und aus dem Ärmelkanal abzuziehen. Außerdem musste es garantieren, dass ohne Vorwarnung und ohne Vorkehrungen zur Rettung von Zivilisten keine weiteren Schiffe versenkt würden.

Die Deutschen konzentrierten ihre Seeoffensive auch auf das offene Meer und machten Jagd auf Schiffe, die unter der Flagge Großbritanniens segelten. Bei Coronel an der chilenischen Küste versenkte das deutsche Kreuzergeschwader in Ostasien unter Admiral Graf von Spee am 1. November 1914 einen britischen Kreuzerverband. Als das Geschwader Kap Horn umrundete, beschloss von Spee, Port Stanley anzugreifen, die britische Basis auf den Falklandinseln. Doch die Kreuzer *Inflexible* und *Invincible* erwarteten ihn bereits. Am 8. Dezember erlag das deutsche Geschwader vor den Falklandinseln den britischen Streitkräften.

Im Atlantik und im Pazifik führten die Deutschen einen erbitterten Seekrieg mit leichten Kreuzern, darunter die *Dresden* und die *Königsberg* sowie die *Emden,* die jedoch vor den Kokosinseln im Indischen Ozean auf ein Korallenriff auflief und sank. In der Nordsee ereignete sich einer der denkwürdigsten Zwischenfälle vor der Halbinsel Jütland. Er sollte als Skagerrakschlacht in die Geschichte eingehen. Die Briten waren klar überlegen. Sie verfügten über zwei Kriegsschiffgeschwader und über Schlachtkreuzer, die von leichten Kreuzern und Zerstörern begleitet wurden. Ende Mai 1916 legte die gesamte britische Flotte von ihrer Basis in Schottland ab, um der deutschen Flotte entgegenzufahren, die von Cuxhaven ausgelaufen war und deren Signale man über Funk aufgefangen hatte. Am 31. Mai 1916 kam es vor Jütland zum Kontakt. Die Deutschen versenkten zwei britische Schiffe und versuchten, mit einem Ablenkungsmanöver einen Teil der feindlichen Flotte in südwestliche Richtung abzuziehen. Die Briten täuschten ihrerseits einen Rückzug vor. Die deutsche Flotte nahm die Verfolgung auf und versenkte einen dritten Schlachtkreuzer. Im letzten Moment erkannten die Deutschen, dass sie in eine Falle geraten waren (die Briten erwarteten sie kurz vor ihrer Basis) und wichen aus. Sie machten kehrt und fuhren unter Volldampf Richtung Heimat. Die Briten nahmen die Verfolgung auf, beschossen die deutschen Schiffe und landeten mehrere Treffer.

Die Deutschen erinnerten sich nur wenige Monate an ihr Versprechen, britische Handelsschiffe nur unter Vorwarnung anzugreifen. Im März 1916 drohte die Situation, zu eskalieren. Der deutsche Generalstabschef befahl seinen U-Booten, jedes britische Schiff ohne Vorwarnung zu versenken, sofern es kein Passagierschiff war. Am 24. März torpedierte jedoch U 29 den Ozeanliner *Sussex* ohne Vorwarnung. Ein weiteres Mal verloren viele Amerikaner ihr Leben. Die Vereinigten Staaten protestierten heftig und es wurde Gegenbefehl an die U-Boot-Flotte erlassen.

Am 31. Januar 1917 erklärte Deutschland erneut den uneingeschränkten U-Boot-Krieg. Am 3. März 1917 brachen die Vereinigten Staaten die diplomatischen Beziehungen zu Deutschland ab. Am 6. April folgte die Kriegserklärung.

Die Angriffe der italienischen Flotte konzentrierten sich auf Österreich-Ungarn. Am 10. Juni 1918 versenkte Luigi Rizzo, Kommandant eines Schnellboots, die *St. Stephan* bei Premuda. Sechs Monate zuvor war er mit dem gleichen Boot in den Hafen von Triest eingelaufen und hatte die *Wien* versenkt. Die tödliche Waffe, die diesen Erfolg garantierte, war der bemannte Torpedo,

1914
1918

4

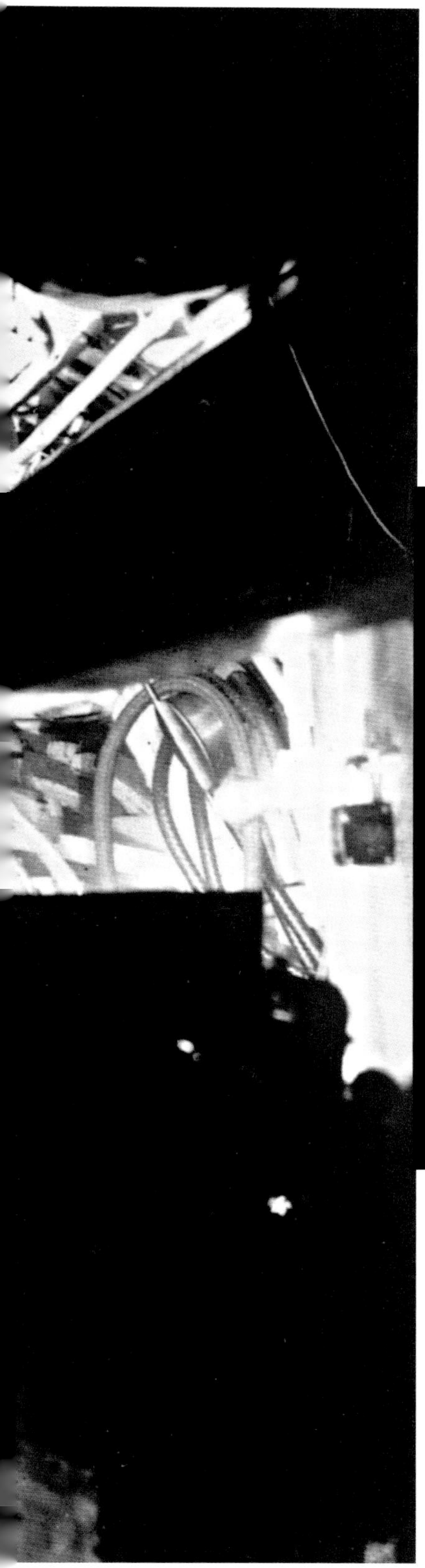

76–77
Aufnahmen vom Seekrieg.
Links: *Ein Matrose an Bord eines U-Boots bestückt ein Geschütz.*
Oben rechts: *Ein britischer Torpedo trifft ein U-Boot.*
Unten rechts: *U-Boote in der Werft von Bremen.*

den Major Raffaele Rossetti entwickelt hatte, ein erfahrener Schiffsingenieur. Der Torpedo war mit einem elektromagnetischen Zündsatz ausgestattet und wurde von Tauchern am Kiel des feindlichen Schiffs angebracht. Mit dieser Waffe führten die Italiener bei Pula (österreichische Basis) und in der Kvarner Bucht weitere erfolgreiche Operationen durch. Am 31. Oktober 1918 verließ ein kleiner Verband unter Costanzo Ciano Venedig und versenkte in der Nacht zum 1. November die *Viribus Unitis,* das Flaggschiff Österreich-Ungarns.

Am Ende des Kriegs versenkten die Deutschen, die in der Scapa Flow zwischen den Orkneyinseln in eine Falle geraten waren, ihre Schiffe, damit sie nicht unter den Siegern aufgeteilt werden konnten.

Der Luftkrieg
1914–1918

Der erste Bombenabwurf aus einem Flugzeug erfolgte 1911 während des Italienisch-Türkischen Kriegs. Italienische Flugzeuge waren in Sizilien aufgestiegen, um die türkisch-libyschen Truppen zu bombardieren, als die Italiener in Tripolis landeten. Im Ersten Weltkrieg wurden Flugzeuge erstmals zur Luftaufklärung, zum Luftangriff und zur Luftverteidigung eingesetzt. Die kleinen fragilen Flugzeuge dienten zunächst der Aufklärung, um die Bewegungen und die Stellungen des Feindes im Auge zu behalten. Die Weiterentwicklung dieser neuen Waffe ging jedoch rasant voran und sie wurde schließlich auch für den Luftangriff eingesetzt. Ermöglicht wurde dies durch eine größere Kapazität der Treibstofftanks, so dass die Flugzeuge länger in der Luft bleiben und größere Entfernungen zurücklegen konnten. Die Flugzeuge beispielsweise, die die Flugblätter D'Annunzios über Wien abwarfen, legten ohne Zwischenlandung knapp 1 000 km zurück.

Großbritannien rief die Royal Air Force ins Leben – die dritte entscheidende Kraft neben der Kriegsmarine und dem Heer. Die anderen Nationen integrierten ihre Luftstreitkräfte in die verschiedenen Armee- und Marineverbände. Aufgrund der Tatsache, dass sich der Erste Weltkrieg zum Stellungskrieg entwickeln sollte, wurde das Flugzeug hauptsächlich zur Aufklärung eingesetzt und weniger für Angriffe mit Maschinengewehren, da die leichtgewichtigen Flugzeugrümpfe nur geringen Schutz boten. Immer wieder wurden Fliegerasse, die bei Duellen in der Luft unglaubliche Siege errungen hatten, von Infanteristen vom Himmel geholt. Oft genügte ein einziger Schuss, um den Flugzeugrumpf zu durchbohren und gleichzeitig den Piloten tödlich zu verwunden.

177 000 Flugzeuge kamen im Ersten Weltkrieg zum Einsatz. 50 000 Piloten fielen, darunter einige legendäre Fliegerasse, wie Manfred Freiherr von Richthofen, der wegen der Farbe seines Flugzeugs der „Rote Baron" genannt wurde. Mit 80 Abschüssen war er der erfolgreichste deutsche Jagdflieger im Ersten Weltkrieg. Er wurde von einem Neuling der britischen Infanterie abgeschossen. Weitere herausragende Piloten waren die Italiener Francesco Baracca (34 Abschüsse) und Silvio Scaroni (26 Abschüsse), die Franzosen René Fonck (75 Abschüsse) und Georges Guynemer (54 Abschüsse), der Brite Edward Mannock (73 Abschüsse), der Kanadier Billy Bishop (72 Abschüsse) und der Amerikaner Edward Rickenbacker (26 Abschüsse).

78–79
Der Luftkrieg.
Links: *Duell zwischen einer britischen SE 5 (oben) und einer deutschen LVG CI.*
Rechts: *Anhand dieser Fotomontage lassen sich die dramatischen Duelle in der Luft nachvollziehen, die im Ersten Weltkrieg ausgetragen wurden.*

1916

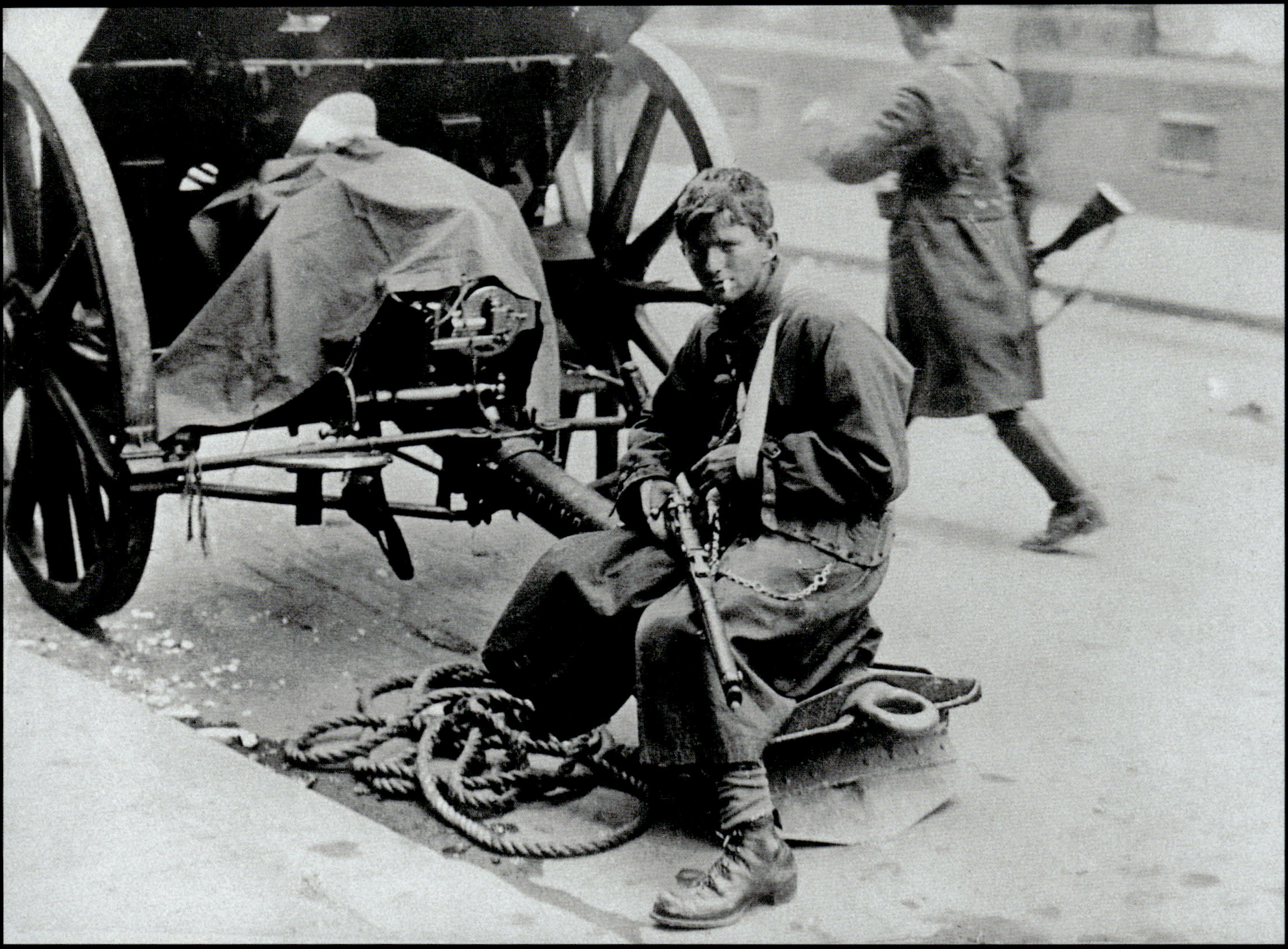

Die Irische Frage

1916

Der deutsche Geheimdienst kontaktierte im Ersten Weltkrieg die irisch-nationalistische Bewegung Sinn Féin („Wir selbst"), die um eine unabhängige Republik Irland kämpfte. Ziel war es, möglichst viele britische Truppen von der Front abzulenken. Man traf geheime Absprachen und bestückte das Dampfschiff *Aud* mit Waffen (darunter 20 000 Gewehre). Getarnt als norwegisches Frachtschiff stach die *Aud* in See. Das britische Kriegsschiff *Bluebell* fing die *Aud* vor der Südküste Irlands ab und versenkte sie. Die Überlebenden wurden gefangen genommen und die tatsächliche Mission des Schiffs wurde bekannt. Es gab einen Skandal, der weiteren Komplotten zwischen Deutschland und der Sinn Féin Einhalt gebot. Die irischen Nationalisten konnten jedoch nicht aufgehalten werden. Sie wollten den Vorteil nutzen, dass die britischen Streitkräfte an der Front gebunden waren, und planten einen bewaffneten Aufstand.

Sir Roger Casement, eine Schlüsselfigur der Bewegung, unternahm eine geheime Reise nach Deutschland. Er wollte aus den irischen Gefangenen, die in deutschen Konzentrationslagern inhaftiert waren, eine Brigade formieren. (Der sowjetische General Wlassow sollte im Zweiten Weltkrieg den gleichen Fehler begehen, als er mit Kriegsgefangenen eine Armee aufstellte, um gegen die UdSSR vorzugehen.) Sir Roger erwartete jedoch eine demütigende Niederlage: Statt der erhofften 3 000 Mann folgten nur 50 Gefangene seinem Aufruf. Die anderen Inhaftierten, die kontaktiert wurden, hassten die Deutschen mehr als ihre englischen „Stiefbrüder", deren Sprache sie beherrschten und deren Kultur ihnen vertraut war.

Mittlerweile betrachtete die deutsche Heeresleitung, die irische Unabhängigkeitsbewegung als großen Bluff und überließ sie ihrem Schicksal. Doch die Sinn Féin gab nicht auf. Am 24. April 1916 um 10:00 Uhr begann der Osteraufstand in Dublin. Gruppen bewaffneter Insurgenten unter Patrick Henry Pearse attackierten Polizeistationen und öffentliche Gebäude. Im Postgebäude auf der Sackville Street, der Hauptstraße der Stadt, richteten sie ihre Kommandantur ein. Die Rebellion griff auf das Umland über und die Führer der Aufständischen glaubten schon, sie hätten den Sieg errungen. Sie waren überzeugt, dass London niemals seine Soldaten von der Front abziehen würde, nur um ein paar irische Städte zurückzugewinnen.

Die britische Regierung ergriff drastische Maßnahmen. Feldmarschall French wurde von der Front abberufen, um den Aufstand niederzuschlagen. Ein Feuersturm verschlang Dublin, als der britische Kreuzer *Helga* den Liffey hinauffuhr und mit seinen Geschützen das historische Zentrum der Stadt zerstörte. 250 Gebäude wurden dem Erdboden gleichgemacht. Rücksichtslos schlug man den Aufstand in ganz Irland nieder. Die Blockaden, die die Insurgenten errichtet hatten, wurden aus kürzester Entfernung unter Beschuss genommen und zerstört. Unter der Zivilbevölkerung waren tausende von Opfern zu beklagen. Die Anführer des Aufstands wurden gefangen genommen und zum Tod durch Erschießen oder Erhängen verurteilt. Patrick Henry Pearse musste ebenso wie andere glühende Verfechter der Republik sein Leben lassen. Deutschland sah teilnahmslos zu und schien weiter von Dublin entfernt als je zuvor.

Nach einem langen erniedrigenden Prozess wurde Sir Roger Casement des Hochverrats für schuldig befunden und gehängt. Der Engländer General Maxwell wurde als Sonderbeauftragter nach Dublin geschickt, um die Hinrichtung zu überwachen.

Doch die Sinn Féin lebte weiter. Bei den Wahlen zum britischen Unterhaus gewann sie unter Führung von Eamon De Valera 73 Sitze. 1919 gründeten die irischen Unterhausabgeordneten die Dáil Eirann und riefen die Unabhängigkeit Irlands aus. Es kam zum irisch-britischen Kleinkrieg (1919–1921) und zur Aufteilung des Landes in den Freistaat Irland (Hauptstadt Dublin) und in Nordirland (Hauptstadt Belfast). Die britische Krone blieb jedoch durch einen Generalgouverneur vertreten. Erst 1949 konnte Irland die letzten staatsrechtlichen Bindungen an Großbritannien lösen.

80

Szenen des irischen Aufstands.
Oben: *Die Straßen von Dublin in Aufruhr.*
Mitte: *Insurgenten sprengen die berühmte Nelson-Säule auf der Sackville Street (heute O'Connell Street).*
Unten: *Paddy (Patrick Henry Pearse), ein junger irischer Widerstandskämpfer, in der Sackville Street. Auf dieser Straße kämpften die Anhänger der Irischen Nationalen Befreiungsarmee. Feldmarschall French wurde von der Front abgezogen, um den Aufstand gnadenlos niederzuschlagen. Die Anführer der Rebellion wurden gefasst, zum Tode verurteilt und exekutiert.*

Amerika im Krieg

1917–1918

In den Vereinigten Staaten breitete sich nach der Versenkung der *Lusitania* durch ein deutsches U-Boot (7. Mai 1915) eine immer feindseligere Stimmung gegenüber Deutschland aus. Mehrere U-Boot-Angriffe auf britische Handelsschiffe, die amerikanische Passagiere an Bord hatten, führten zu einer äußerst angespannten Atmosphäre. 180 amerikanische Zivilisten waren ums Leben gekommen und unzählige Protestbriefe stellten Präsident Thomas Woodrow Wilsons Pazifismus auf eine harte Probe. Im Februar 1916 entsandte der Präsident Oberst House als Sonderbeauftragten. Er sollte mit den Regierungen in London, Paris, Rom, Berlin und Petrograd intensive Friedensgespräche führen.

Am 21. November 1916 starb Franz Joseph I. Sein Nachfolger Karl I. wollte den Frieden. Der deutsche Reichskanzler Bethmann Hollweg war ebenfalls nicht abgeneigt, die Friedensangebote Amerikas zu überdenken und am 12. Dezember 1916 lud das Deutsche Reich die Vereinigten Staaten offiziell zu einer Friedensmission ein, um die Lage in den Ländern der Entente zu sondieren. Die Antworten der Regierungen aus Rom, Paris, London und der anderen Alliierten waren jedoch negativ. Wilson blieb beharrlich. Am 21. Dezember sandte er einen Brief an die befehdeten Länder, in dem er sie ermahnte, zu einem friedlichen Agreement zu kommen. Die Entente blieb jedoch unbeugsam.

Am 9. Januar 1917 beschloss Deutschland als Antwort auf die erdrückende Seeblockade der Alliierten, den uneingeschränkten U-Boot-Krieg wieder aufzunehmen. Ab diesem Zeitpunkt wurden alle Schiffe unter der Flagge Großbritanniens (mit Ausnahme von Passagierschiffen) ohne Vorwarnung versenkt. Weitere Amerikaner an Bord von britischen Dampfschiffen verloren ihr Leben. Am 3. März 1917 brach Washington die diplomatischen Beziehungen zu Deutschland ab, nachdem der Geheimdienst verschlüsselte antiamerikanische Botschaften zwischen deutschen Kriegsschiffen und der mexikanischen Seeobrigkeit abgefangen

82

1917: Die Vereinigten Staaten greifen zu den Waffen. Am 6. April 1917 erklärten die USA Deutschland, am 7. Dezember Österreich den Krieg. Die 1. Division unter General Pershing landete Ende Juni 1917 in Frankreich. Das Foto zeigt amerikanische Infanteristen, die bei St. Mihiel angreifen.

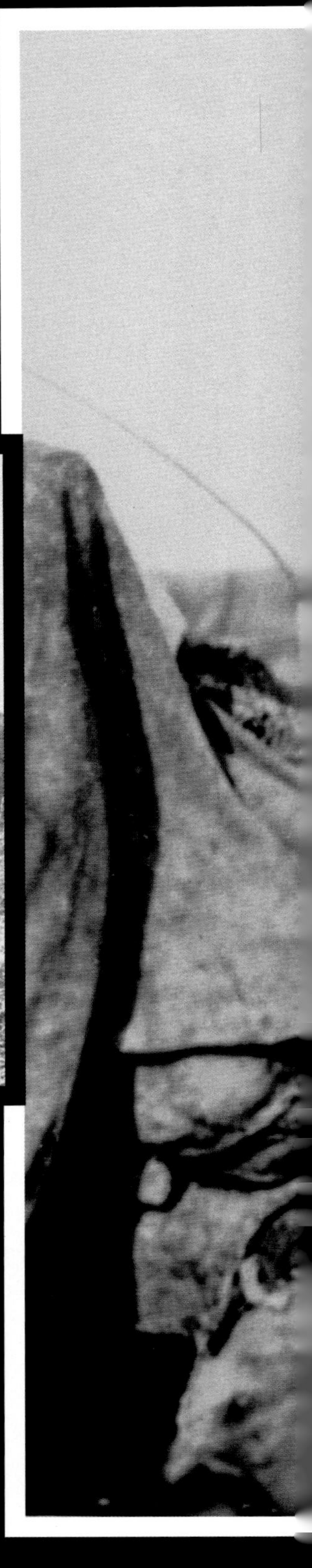

83

Frankreich: Ein amerikanischer Soldat der 1. Division ist im Begriff, eine Handgranate zu werfen. Die amerikanischen Soldaten trugen die gleiche Kleidung und verfügten über die gleiche Ausstattung wie ihre britischen Kameraden.

Amerika im Krieg

1917–1918

hatte. Am 6. April 1917 erklärte Amerika Deutschland den Krieg. Am 7. Dezember folgte die Kriegserklärung an Österreich-Ungarn. Nur Papst Benedikt XV. plädierte noch für den Frieden. Die italienische Regierung und die nationalistischen Bewegungen stuften ihn daraufhin als proösterreichisch ein.

Die Vereinigten Staaten transportierten unzählige Männer, Geschütze, Flugzeuge, Munition und tonnenweise Vorräte aller Art an die Westfront und über Alaska nach Russland. Nach der Oktoberrevolution wurde jedoch die Versorgung Russlands abgebrochen. Am 8. Januar 1918 formulierte Präsident Wilson seine „Vierzehn Punkte". Damit sollte ein rasches Ende des Kriegs herbeigeführt werden. Pfeiler der Friedensordnung sollte ein neu gegründeter Völkerbund (Vorläufer der Vereinten Nationen) sein. Die Hauptpunkte lauteten:

• keine Geheimdiplomatie.
• weltweite Handelsfreiheit.
• Räumung und Rückgabe der besetzten Gebiete Belgiens, Frankreichs (einschließlich Elsass-Lothringen) und Russlands.
• Bereinigung der italienischen Grenzen gemäß „klar erkennbarer Nationalitätsgrenzen".
• Räumung und Wiedererrichtung Serbiens, Rumäniens und Montenegros.
• Errichtung eines polnischen Nationalstaates mit Zugang zum Meer.

Die „Vierzehn Punkte" Wilsons waren inspiriert von einer Realpolitik und zweifellos von Weisheit. Die meisten Punkte wurden im Versailler Vertrag umgesetzt.

Amerika beteiligte sich intensiv am Krieg. Der Kongress erließ ein Gesetz bezüglich der Wehrpflicht, da dem Staat nur eine kleine Freiwilligenarmee zur Verfügung stand. Letztendlich waren 4 Millionen Mann einsatzbereit. 90 Prozent wurden nach Frankreich entsandt, um das britischen Expeditionskorps zu verstärken, obwohl acht Prozent der Wehrpflichtigen nur Spanisch sprachen. Ein weiteres Problem stellten die Schwarzen unter den Soldaten dar. 10 000 hatten sich freiwillig gemeldet, doch aufgrund des Rassenvorurteils ihrer weißen Kameraden wurden sie in getrennten Einheiten unter schwarzen Offizieren zusammengefasst. Insgesamt sollten 200 000 schwarze Wehrpflichtige an die Front geschickt werden. Doch welche Ablehnung würde sie dort erwarten? Ihre Befürchtungen erwiesen sich als grundlos. Die französischen Soldaten hießen ihre schwarzen Mitstreiter als gleichgestellte Kameraden willkommen. Die Franzosen waren begeistert von der Jazzmusik, die sie mitbrachten. Das Konzert des 15. New Yorker Regiments, das fernab der Front stattfand, war ein voller Erfolg.

Im Oktober 1917 erlitten die Amerikaner an der Front die ersten Verluste. Sie erwiesen sich als mutige Soldaten. Unter General John J. Pershing spielten sie eine entscheidende Rolle bei der Gegenoffensive der Ententemächte im Juli/August 1918. Über 100 000 amerikanische Soldaten verloren ihr Leben. Offiziere, die später eine glorreiche militärische Laufbahn einschlagen sollten, hatten ihre erste Begegnung mit dem Krieg in den Schützengräben in der Champagne. Unter ihnen befanden sich George S. Patton und Douglas MacArthur. Der Optimismus und der Mut der Amerikaner stärkten die Moral der Männer an der Front, die nach vier Jahren des Blutvergießens am Ende ihrer Kräfte waren.

Auch an der italienischen Front wurden amerikanische Soldaten eingesetzt. Unter ihnen befand sich Ernest Hemingway, der als Sanitätsfreiwilliger diente. Sein Roman „A farewell to arms" ist jener Zeit gewidmet.

84
Oben: *Amerikanische MG-Schützen des 23. Infanterieregiments im Einsatz an der Westfront.*
Unten: *Ein französischer Renault-Panzer schützt den Vorstoß der Amerikaner.*

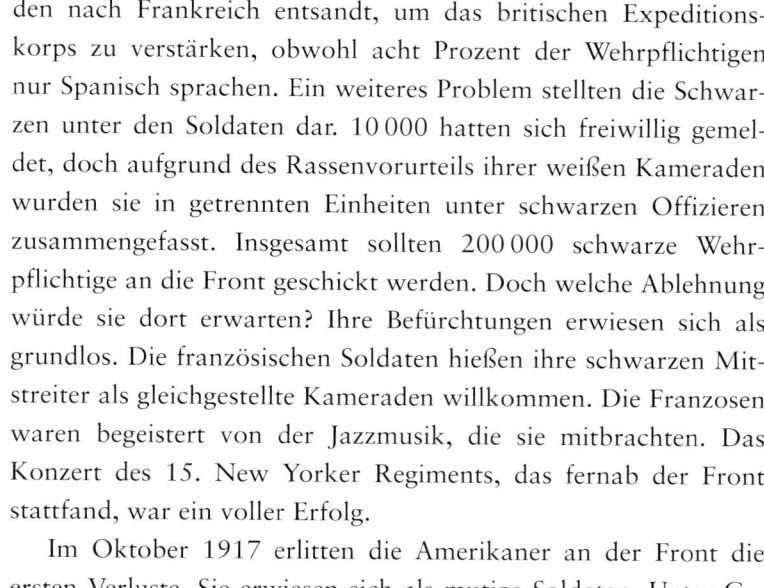

85
Nach einem langen, kräftezehrenden Marsch pausieren die Infanteristen des 18. Regiments der amerikanischen Ersten Division inmitten des zerbombten St. Mihiel.

Die Machtübernahme Lenins
1917

Die Februarrevolution in Russland im März 1917 traf die Krieg führenden Regierungen überraschend. In den Fabriken kam es zu Streiks, an der Front zu Meutereien und die Soldaten weigerten sich, den Aufstand in der Hauptstadt Petrograd niederzuschlagen. Die Unzufriedenheit brodelte lange unterschwellig, bevor sie zum Ausbruch kam. Die Soldaten an der Front waren demoralisiert von den schrecklichen Massakern, die an ihnen begangen worden waren. Zu den 2 Millionen Mann, die gefallen waren, kamen 3 Millionen Verwundete und 2,5 Millionen Gefangene. In den Großstädten gab es keine ausreichende Versorgung mit Grundnahrungsmitteln, da Kleinbauern und Feldarbeiter an die Front berufen worden waren und ihre Felder nicht bestellen konnten. Es drohte eine Hungersnot.

Die Aufstände, die am 8. März in Petrograd zum Ausbruch der Februarrevolution führten, zwangen den Kaiser zur Abdankung und führten zur Bildung einer Provisorischen Regierung unter Georgij Lwow, neben der als zweite entscheidende Gewalt der „Petrograder Rat der Arbeiter und Soldatendeputierten (Sowjet)“ stand. Bereits im Juli 1917 wurde Lwow von Aleksandr Fjodorowitsch Kerenskij abgelöst. Der Rechtsanwalt und begnadete politische Redner unterstütze nach seinem Eintritt in die sozialistische Partei der Trudowiki (1912) die Arbeiterklasse. Unter Lwow bekleidete Kerenskij das Amt des Kriegsministers. Er war kein Defätist, sondern ein leidenschaftlicher Patriot mit dem Ziel, die Deutschen endgültig aus Russland zu vertreiben. Er unternahm mehrere kräftezehrende, aber erfolgreiche Reisen an die Front und hielt glühende Reden vor den Truppen. Während die Mitglieder seiner Partei und des Progressiven Blocks ihm volle Unterstützung zusagten, trat die Sozialdemokratische Partei in Opposition. In Petrograd, später auch in den anderen Großstädten, wurden Arbeiter- und Soldatenräte eingerichtet, die den Frieden um jeden Preis erzwingen wollten. Die ehemaligen Führer der russischen Revolution von 1905, Wladimir Iljitsch Uljanow (Lenin) und Leo Davidowitsch Bronstein (Trotzkij), schlossen sich den Sowjets an. Lenin befand sich zu diesem Zeitpunkt im Exil in der Schweiz, Trotzkij in den Vereinigten Staaten.

Für die Deutschen bot sich aufgrund der instabilen innenpolitischen Lage in Russland die einmalige Gelegenheit, Verwirrung unter den feindlichen Reihen zu stiften. Man kontaktierte Lenin und unterstützte offiziell seine Rückkehr nach Petrograd (April 1917). Lenin wurde sofort politisch aktiv. Er schrieb Zeitungsartikel, hielt Versammlungen in den Fabriken ab und nahm aktiv an den Treffen der Sowjets teil. Innerhalb der revolutionären Sozialdemokratie war es bereits 1903 zur Spaltung gekommen. Die Anhänger Lenins nannten sich seitdem Bolschewiki („Mehrheitler“) und standen im Gegensatz zu den Menschewiki („Minderheitler“).

Unmittelbar nach seiner Rückkehr stellte Lenin in den „Aprilthesen“ ein Aktionsprogramm auf. Er forderte die Errichtung einer Sowjetrepublik, die Abschaffung von Bürokratie, Polizei und Heer, die Aufsicht der Arbeiter über Produktion und Verteilung der Güter sowie die Verstaatlichung von Boden und Banken. Zunächst fand dieses Programm nur wenige Anhänger. Zwei Ereignisse der nächsten Wochen sollten die Situation jedoch zu Lenins Gunsten wenden. Die Sozialdemokratische Partei beging den Fehler, ihre Anhänger in den befehdeten Ländern von der Teilnahme an einer internationalen Konferenz in Stockholm zu überzeugen. Man wollte die weltweite Solidarität unter den Arbeiten diskutieren und die Mächte zur Beendigung des Kriegs zwingen. Dieser Plan schlug jedoch fehl. Die Parteien waren nicht auf die Konferenz vorbereitet, nationale Interessen waren wichtiger als politische Utopien. Das zweite Ereignis zu Lenins Gunsten war der Putschversuch des monarchistischen Generals Kornilo, der im September 1917 versuchte, er den Zaren wieder auf den Thron zu setzen. Nach diesem Putsch erlangten die Bolschewiki die Mehrheit im Petrograder Sowjet.

Am 7. November 1917 wurde Lenin auf dem Zweiten Allrussischen Sowjetkongress für den Umsturz gewählt. Die Bolschewiki griffen das Winterpalais, den Regierungssitz, an. Nach einigen Signalschüssen des Kreuzers *Aurora*, stürmten die Roten Garden des Sowjets das Winterpalais. Kerenskij gelang die Flucht, die meisten anderen Mitglieder der Provisorischen Regierung wurden jedoch verhaftet.

Mit den Roten Garden im Rücken brach Lenin alle demokratischen Regeln. Die Regierungsgewalt übernahm der vom Sowjetkongress bestätigte bolschewistische „Rat der Volkskommissare“ unter Vorsitz Lenins. Trotzkij war für das Äußere zuständig, Aleksej Iwanowitsch Rykow für das Innere und Jossif Wissarionowitsch Stalin für die Nationalitätenfrage.

Lenin schuf die „Sowjetrepublik“, die später die „Union der Sozialistischen Sowjetrepubliken (UdSSR) werden und bis 1991 Bestand haben sollte. Im März 1918 verlegte die Regierung ihren Sitz von Petrograd in den Moskauer Kreml. Im Juli 1918 schlug die neue Regierung den Putschversuch der linken Sozialrevolutionäre nieder und ließ Zar Nikolaus II. Alexandrowitsch mit seiner ganzen Familie, die in Jekaterinburg inhaftiert waren, ermorden. Innerhalb Jahresfrist waren alle Parteien, die mit den Bolschewiki konkurrierten, ausgeschaltet.

In dem von 1918–1921 andauernden blutigen Bürgerkrieg konnten sich die Bolschewiki mit der Roten Armee unter Trotzkij gegen die „Weißen“ Generäle Koltschak, Krasnow, Wrangell, Denikin und Judenitsch sowie gegen die Interventionsversuche der Großmächte (Frankreich, Großbritannien, Japan und Vereinigte Staaten) behaupten. Die UdSSR sollte sich gegenüber Leo Trotzkij, dem Bereiter des Sieges, jedoch undankbar zeigen.

Nach dem Tod Lenins (21. Januar 1924) kam es zu einem innerparteilichen Machtkampf zwischen Trotzkij und Stalin. 1925 gelang es Stalin – mit Unterstützung seiner Parteigenossen Sinowjew und Kamenew – Trotzkij zum Rücktritt als Kriegskommissar (seit März 1918) zu zwingen. 1929 wurde Trotzkij ausgewiesen. Er wurde am 21. August 1940 in Mexiko von Ramón Mercader, einem Agenten des sowjetischen Geheimdienstes, ermordet.

87
Szenen der Oktoberrevolution in Russland.
Oben: *Wladimir Iljitsch Uljanow (Lenin), Kopf der Bolschewiki, spricht in Petrograd zu den Massen. Rechts neben dem Podium ist Leo Davidowitsch Bronstein (Trotzkij) zu erkennen.*
Unten: *Diese Fotos entstanden am 7. November 1917 beim Sturm auf das Winterpalais.*

„Feuer einstellen!“

1918

Die Oktoberrevolution 1917 in Russland, finanziell und personell unterstützt vom deutschen Geheimdienst, erlaubte Deutschland eine tröstliche Illusion. Für eine Weile war man überzeugt, dass man den Krieg noch immer gewinnen könne, wenn man nur vom Zweifrontenkrieg befreit wäre. Im Februar 1918 erklärte Trotzkij, Volkskommissar des Äußeren, dass Russland den Krieg für beendet betrachte und mit der Demobilmachung beginnen werde. Man wollte damit honorieren, dass Deutschland Lenin unterstützt hatte. Es war jedoch noch eine Schuld zu begleichen. Ungeachtet der Erklärung Trotzkijs setzten die Deutschen ihren Vormarsch an dem Punkt fort, an dem sie bei Ausbruch der Oktoberrevolution Halt gemacht hatten. Die Sowjetunion war gezwungen, dem bisherigen Feind entgegenzukommen, um einen Einfall in Moskau und Petrograd zu verhindern. Am 3. März 1918 unterzeichneten die Mittelmächte und die Sowjetunion den Frieden von Brest-Litowsk. Man akzeptierte alle Bedingungen der Mittelmächte: Russland verzichtete auf Polen, das Baltikum, Finnland und die Ukraine und trat Gebiete an die Türkei ab.

Das deutsche Oberkommando konnte sich nun vollkommen auf die Westfront konzentrieren. Es waren noch immer 200 Divisionen mit 3,5 Millionen Mann im Einsatz, eine Streitkraft, die in etwa jener der Alliierten entsprach, bevor die Vereinigten Staaten massive Verstärkung entsandten. Im Frühjahr wurden vier Offensiven durchgeführt. Die erste startete am 21. März zwischen Arras und La Fère mit dem Ziel, das britische Expeditionskorps zu isolieren und bis ans Meer zurückzudrängen. Das Unternehmen schlug jedoch fehl. Die Deutschen hatten schwere Verluste zu verzeichnen und 90 000 Mann gerieten in Gefangenschaft. Die zweite Offensive begann am 9. April beiderseits Armentières, kam jedoch nach der Erstürmung des Kemmelbergs zum Erliegen. Am 27. Mai wurde die dritte Offensive zwischen Soissons und Reims eingeleitet. Die Deutschen nahmen den Chemin des Dames ein, überquerten die Aisne und erreichten die Marne. Dort kam es zum Stillstand. Die vierte Offensive begann am 9. Juni. Den Deutschen gelang es nicht, ihr Ziel Compiègne zu erreichen. Am 15. Juli leitete die deutsche Armee eine Sommeroffensive an der Marne und in der Champagne ein. Am 18. Juli entfesselte jedoch Ferdinand Foch, Oberbefehlshaber über die Landtreitkräfte, eine Gegenoffensive. Mithilfe amerikanischer Verstärkungstruppen und einer hervorragenden Ausrüstung gelang es Foch, mehrere Gegenangriffe hintereinander durchzuführen. Im Oktober und Anfang November mussten die Deutschen an die Antwerpen-Maas-Stellung zurückweichen, die sie bis zum 11. November hielten. An diesem Tag wurde in dem an Compiègne angrenzenden Wald der Waffenstillstand zwischen Deutschland und den Ententemächten unterzeichnet. Am 10. November war Kaiser Wilhelm II. in die Niederlande exiliert. Österreich-Ungarn hatte bereits am 3. November den Waffenstillstand unterzeichnet. Karl I. verzichtete am 11. November unter dem Druck der Revolution auf die Ausübung der Regierung. Österreich befand sich im Umbruch und Ungarn nutzte diese Gelegenheit, um seine Unabhängigkeit zu erklären. Diese Ereignisse besiegelten das Ende der Entente- und der Mittelmächte.

Der Erste Weltkrieg forderte rund 10 Millionen Menschenleben. Die Deutschen erlitten mit 1,81 Millionen Toten die schwersten Verluste, gefolgt von Russland mit 1,7 Millionen Toten, Frankreich mit 1,35 Millionen und Österreich-Ungarn mit 1,2 Millionen. Italien opferte 650 000 Menschenleben. Hunderttausende von Soldaten waren verstümmelt, von Giftgas erblindet, litten an Tuberkulose oder hatten den Verstand verloren. Ihre Familien erhielten nur unbedeutende Kriegsopferrenten. In ganz Europa wurden Mahnmale errichtet unter anderem in Verdun (Frankreich), Redipuglia (Italien) und auf der Halbinsel Gallipoli (Türkei). Sie dienten den nachfolgenden Generationen jedoch nicht als Warnung.

88
Das Foto zeigt die Erleichterung der amerikanischen Truppen, die soeben erfahren haben, dass der Krieg beendet ist (November 1918).

89
Der Krieg ist vorbei – deutsche Soldaten erweisen ihren gefallenen Kameraden die letzte Ehre.

DER KOMMUNISMUS IN EUROPA

1918–1919

Die Neuigkeiten aus Petrograd hallten 1917 in Europa wider. Zunächst sorgte die Februarrevolution und anschließend die Oktoberrevolution für Schlagzeilen. Letztere widersprach dem feierlichen, aber eitlen Schwur der Zweiten Internationale: „Niemals wird ein Arbeiter eine Waffe gegen einen anderen Arbeiter erheben.“ Die europäischen Regierungen hatten jedoch nichts zu befürchten. In Deutschland, Italien, Frankreich und Großbritannien trachtete man danach, den Feind zu vernichten, und nicht danach, Aufstände im eigenen Land anzuzetteln.

Die Situation änderte sich jedoch, als sich das Kriegsende abzeichnete. Ende Oktober/Anfang November lösten eine Meuterei der Flotte und ein Matrosenaufstand in Kiel die Novemberrevolution aus. Am 7. November rief Kurt Eisner in München den „Freistaat Bayern“ aus. Am 9. November eskalierte die Situation in Berlin. Die Soldaten weigerten sich, von ihren Offizieren Befehle entgegenzunehmen. Reichskanzler Prinz Max von Baden versuchte, die Revolution aufzuhalten, indem er eigenmächtig die Abdankung des Kaisers verkündete (der daraufhin in die Niederlande floh) und dem Sozialdemokraten Friedrich Ebert die Reichskanzlerschaft übergab. Um 14:00 Uhr rief Philipp Scheidemann (SPD) am Reichstag die Deutsche Republik aus und Karl Liebknecht (Spartakusbund) proklamierte zwei Stunden später vor dem Schloss die freie sozialistische Republik.

Der Spartakusbund um Karl Liebknecht (1871–1919) und Rosa Luxemburg (1871–1919), der zunächst als „Gruppe Internationale“ innerhalb der SPD entstanden war, forderte das Rätesystem. Liebknecht war im Januar 1916 aus der Fraktion der SPD ausgeschlossen worden und bildete mit Parteilinken eine eigene Fraktion. Im gleichen Jahr wurde er nach einer Kundgebung gegen den Krieg inhaftiert und zu zweieinhalb Jahren Gefängnis verurteilt. Im Oktober 1918 erfolgte die Begnadigung und Liebknecht übernahm mit Rosa Luxemburg die Führung des Spartakusbundes. Rosa Luxemburg, eine sozialistische Politikerin aus Polen, war maßgeblich an der Gründung der „Sozialdemokratischen Partei des Königreichs Polen und Litauen“ beteiligt. In Deutschland trat sie zunächst im linken Flügel der SPD hervor und entwarf das Programm der von ihr am 30. Dezember 1918 mitgegründeten „Kommunistischen Partei Deutschland“, deren Zentralorgan die Tageszeitung „Die Rote Fahne“ wurde.

Am 10. November traf Reichskanzler Ebert eine Vereinbarung mit der Obersten Heeresleitung (Ebert-Groener-Pakt). Darin verpflichtete sich die militärische Führung mit der von der Front zurückkehrenden Armee Freiwilligenverbände aufzustellen, die bei der Erhaltung der öffentlichen Ordnung in Deutschland zum Einsatz kommen sollten. Die politische Führung verpflichtete sich ihrerseits das Freikorps bei der Bewahrung der Disziplin zu unterstützen.

Am 16. Dezember demonstrierten die Mitglieder des Spartakusbundes erstmals in den Straßen von Berlin. Als sie auf die Soldaten der Regierung trafen, feuerten diese direkt in die Menge und töteten 16 Menschen. Am 23. Dezember marschierten die Seeleute, die am Matrosenaufstand teilgenommen hatten, auf den Schlossplatz in Berlin. Die Demonstration wurde von den Vorsitzenden der Kommunistischen Partei angeführt. Ebert sollte verhaftet und vor Gericht gestellt werden. Der Aufstand wurde von Artillerieeinheiten zerschlagen. 30 Demonstranten kamen dabei ums Leben. Am 5. Januar 1919 gingen die Mitglieder des Spartakusbundes erneut auf die Straße, dieses Mal waren sie jedoch bewaffnet. Es kam zu gewalttätigen und anhaltenden Auseinandersetzungen. Am 15. Januar schlug das Freikorps den Spartakusaufstand nieder. Die Kommunisten wurden inhaftiert, gefoltert und im Gefängnis getötet. Karl Liebknecht und Rosa Luxemburg wurden am selben Tag von Soldaten des Freikorps ermordet.

In den Monaten zwischen der Novemberrevolution und der Unterzeichnung des Versailler Vertrags am 28. Juni 1919 arbeitete man die Rahmenbedingungen für die Weimarer Republik aus. Am 11. Februar 1919 wurde Friedrich Ebert von der Weimarer Nationalversammlung zum vorläufigen Reichspräsidenten gewählt. 1922 wurde seine Amtszeit bis 1925 verlängert). Philipp Scheidemann wurde Ministerpräsident. Das Kapitel Kommunismus war damit in Deutschland abgeschlossen.

Auch in Ungarn und Italien konnten die Kommunisten bis zum Ende des Zweiten Weltkriegs nicht wieder Fuß fassen. Kurzzeitig (21. März bis 1. August 1919) setzte sich zwar die Kommunistische Partei Ungarns unter Béla Kun als treibende Kraft der ungarischen Räterepublik durch, sie verlor jedoch nach deren Zusammenbruch ihre Machtstellung. Am 1. März 1920 wählte die ungarische Nationalversammlung Nikolaus Horthy von Nagybánya zum Reichsverweser.

Der Versuch des Sowjet, in Italien eine Kommunistische Partei zu gründen, die an die Macht gelangen und als Säule Russlands im Westen agieren sollte, schlug fehl. Antonio Gramsci, Amadeo Bordiga und Nicola Bombacci, zunächst Mitglieder der Sozialistischen Partei, wurden 1921 zu Mitbegründern der Kommunistischen Partei Italiens. Sie untergrub die Regierungsarbeit mit Streiks und mit Angriffen gegen ehemalige Militärangehörige sowie gegen Polizeikräfte. In scharfer Opposition zur Kommunis-

91
Im Dezember 1918 und im Januar 1919 kam es in Berlin zum Spartakusaufstand.
Oben: *Menschenmassen blockieren eine der Hauptverkehrsstraßen in Berlin.*
Unten: *Karl Liebknecht, Vorsitzender der Kommunistischen Partei Deutschlands spricht zu den Massen.*

92
Die Tage des Sieges.
Oben: *Das englische Volk feiert. Mit Bannern und Flaggen fahren diese Bürger auf einem Doppeldecker durch die Straßen von London.*
Unten: *In Paris feiert die amerikanische Gemeinschaft den Sieg.*

tischen Partei stand die von Benito Mussolini 1919 in Mailand gegründete faschistische Bewegung. Mit dem „Marsch auf Rom" am 28. Oktober 1922 zwang Mussolini König Viktor Emanuel III., ihn an die Spitze der Regierung zu berufen, und schließlich gelang es der faschistischen Minderheit die Staatsgewalt vollständig zu übernehmen. Die italienischen Kommunisten wurden nach Frankreich oder Russland verbannt. Das Exil in Russland erwies sich vor allem für den treuen Kommunisten Palmiro Togliatti als bitter, der innerhalb der kommunistischen Weltbewegung eine eigene ideologische Linie (Polyzentrismus) entwickelte. Mehrere hundert italienische Kommunisten wurden als Deviationisten verurteilt und fanden in sowjetischen Straflagern den Tod – eine weitere schmerzhafte Hommage für die kommunistische Tradition.

1919

Der Versailler Vertrag
1919

Am 18. Januar 1919 trat in Paris die Friedenskonferenz zusammen, an der die Repräsentanten der 32 siegreichen Staaten teilnahmen. Die besiegten Staaten waren ebenso ausgeschlossen wie Russland. Zu den Nationen, über die verhandelt wurde, gehörte auch Deutschland, dessen Delegation unter der Leitung des Grafen Ulrich von Brockdorff-Rantzau sich darauf beschränken musste, schriftlich Vorschläge zu unterbreiten. Der Schwerpunkt der Verhandlungen lag beim so genannten Rat der Vier: Thomas Woodrow Wilson (Vereinigte Staaten), Georges Benjamin Clemenceau (Frankreich), David Lloyd George (Großbritannien) und Vittorio Orlando (Italien). Die Entscheidungen wurden jedoch im Wesentlichen von Frankreich, Großbritannien und den Vereinigten Staaten gefällt. Gemäß dem Willen Wilsons wurde auf der Konferenz der Völkerbund mit Sitz in Genf geschaffen, eine Staatenvereinigung zur wirtschaftlichen und kulturellen Zusammenarbeit der Nationen sowie zur Sicherung des Weltfriedens.

Zunächst beschuldigte die Konferenz Deutschland formell, den Krieg verursacht zu haben: „Die alliierten und assoziierten Regierungen erklären – und Deutschland erkennt dies an –, dass Deutschland und seine Verbündeten verantwortlich sind für alle Verluste und Schäden, die die alliierten und assoziierten Regierungen erlitten haben, als Ergebnis des Kriegs, der ihnen aufgezwungen wurde durch die Aggression Deutschlands und seiner Verbündeten." Die Alleinschuld Deutschlands und seiner Verbündeten wurde als Artikel 231 in den Vertrag aufgenommen und bildete die Grundlage für die Reparationsansprüche der Alliierten. Deutschland sollte 42 Jahre lang Reparationszahlungen leisten, um seine Kriegsschuld zu begleichen. Die Summe war astronomisch. Der zunächst geforderte Betrag von 269 Milliarden Goldmark wurden schließlich auf 132 Milliarden Goldmark reduziert. Außerdem verlor Deutschland drei Viertel seiner jährlichen Förderung von Zink- und Eisenerz, über ein Viertel der Steinkohle und etwa ein Sechstel seiner Getreideernte. Darüber hinaus musste es seine Kolonien abtreten, die als Mandatsgebiete an den Völkerbund fielen. Deutschland verlor Elsass-Lothringen, Eupen-Malmedy, Posen und Westpreußen (bis auf Restgebiete), das Memelgebiet und Ostpreußen und musste Danzig unter der Hoheit des Völkerbundes als „Freie Stadt" anerkennen. Insgesamt wurden über 70 000 km^2 des Reichsgebiets (ohne Kolonien) sowie 7,3 Millionen Einwohner abgetrennt. Es wurden Entmilitarisierungs- und Entwaffnungsbestimmungen erlassen, die unter anderem besagten, dass Deutschland links des Rheins und in einem 50 km breiten Streifen rechts des Rheins keine Befestigungen und Streitkräfte unterhalten durfte. Panzer, Luftwaffe und schwere Artillerie wurden verboten. Die Landstreitkräfte wurden auf 100 000 Mann beschränkt (mit 12-jähriger Dienstzeit bei Abschaffung der allgemeinen Wehrpflicht und des Generalstabs). Die Marine wurde auf sechs Linienschiffe, sechs leichte Kreuzer, 12 Torpedoboote und 12 Zerstörer reduziert. Neben den Reparationszahlungen sollten weitere Maßnahmen das Wiedererstarken der deutschen Wirtschaftsmacht verhindert, beispielsweise erhebliche Sachleistungen, die Auslieferung beinahe der gesamten Handelsflotte und die Liquidierung deutschen Eigentums im Ausland. Nicht ausgeführt wurden die Strafbestimmungen: Anklage gegen Kaiser Wilhelm II. und gegen deutsche Kriegsverbrecher.

Die Friedenskonferenz beruhte zwar prinzipiell auf den „Vierzehn Punkten" Wilsons, doch die Klauseln, denen Deutschland zustimmen musste, erinnerten eher an einen Racheakt als an einen Akt der Gerechtigkeit. Adolf Hitler sollte nach 1933 alle noch geltenden Bestimmungen des Versailler Vertrags durch einseitige Aufkündigung und durch Gewaltakte aufheben.

Am 28. Juni 1919 wurde der Versailler Vertrag unterzeichnet. Am 10. Januar 1920 trat er in Kraft. Angelegenheiten, die man in Versailles nicht geklärt hatte, wurden in weiteren internationalen Verträgen geregelt. Der letzte dieser Verträge wurde am 24. Juli 1923 in Lausanne ratifiziert.

Zu diesen Abkommen gehörte auch der Friedensvertrag von Saint-Germain-en-Laye, den die Republik Österreich mit den Siegermächten abschloss. Österreich wurde zu hohen Reparationszahlungen verurteilt, das Bundesheer auf 30 000 Mann beschränkt und der Anschluss an Deutschland wurde von einem Beschluss des Völkerbundrats abhängig gemacht. Das Küstenland, das Kanaltal und Südtirol gingen an Italien, die Südsteiermark und Krain an Jugoslawien, Galizien an Polen, Böhmen und Mähren an die Tschechoslowakei.

Die Türken hatten im Ersten Weltkrieg auf der Seite der Mittelmächte gekämpft. Im Frieden von Sévres wurde das Osmanische Reich auf Anatolien beschränkt und musste die Herrschaft der Griechen in Smyrna anerkennen. Frankreich und Großbritannien erhielten die türkischen Territorien in Mesopotamien, Palästina und Syrien. Außerdem sollte ein freies Armenien geschaffen werden. Der Westen Armeniens blieb jedoch unter türkischer Herrschaft. Der Osten wurde nach der Besetzung der Roten Armee in eine Räterepublik umgewandelt. Rhodos und der Dodekanes gingen 1923 an Italien. Ägypten wurde 1922 britisches Protektorat und Zypern wurde 1925 in eine britische Kronkolonie umgewandelt.

1920

DER

POLNISCH-SOWJETISCHE KRIEG

DIE TATSACHE, DASS DIE POLEN IM ERSTEN WELTKRIEG GEGENEINANDER KÄMPFEN MUSSTEN, RESULTIERTE AUS DEN DREI POLNISCHEN TEILUNGEN, DIE IM AUSGEHENDEN 18. JAHRHUNDERT VOLLZOGEN WURDEN. DAS STAATSGEBIET WURDE ZWISCHEN ÖSTERREICH, PREUSSEN UND DER SOWJETUNION AUFGETEILT.

Die österreichische Armee ließ die Galizier zwangsweise einziehen, die deutsche Armee bemächtigte sich der jungen Männer aus Posen und die Armee des Zaren berief die Polen aus den östlichen Gebieten ein. Die jungen Soldaten trugen drei verschiedene Uniformen, wurden von polnischen Freiwilligen flankiert und waren entschlossen, die Waffen gegen die deutschen Unterdrücker zu erheben. Eine Einheit formten expatriierte Polen, die in London lebten, die so genannte Englische Legion. Eine weitere Einheit, die sich in der Sowjetunion formierte, bildete die Russische Legion. Die dritte Polnische Legion, die ausschließlich aus Freiwilligen bestand, formierte Józef Klemens Pilsudski (1867–1935) in Galizien. Er forderte seine Anhänger zum Kampf gegen die Sowjetunion auf. Außerdem war er überzeugt, dass der Tag kommen werde, an dem er die Waffen gegen Deutschland und Österreich erheben würde, um seine polnische Heimat ein für alle Mal von der Fremdherrschaft zu befreien.

Die Legion Pilsudskis war von Anfang an am Galizienfeldzug beteiligt und beschritt als Erste russisches Gebiet. Der einstige Gefangene des Zaren (Pilsudski war zwischen 1887 und 1892 nach Sibirien verbannt worden) nahm Rache für das Leid, das er hatte erdulden müssen. Doch schon bald konzentrierte sich sein rebellischer Geist auch auf die österreichische Vorherrschaft. General Haller übernahm Pilsudskis Legion, musste aber Schutz in Frankreich suchen. Die Polen kämpften verbissen gegen die Deutschen, so wie es die polnischen Verbände General Anders' im Italienfeldzug 1944–1945 im Zweiten Weltkrieg tun sollten. Als die beiden zentralen Mächte Europas kollabierten, gelang es den Polen, die österreichischen und deutschen Truppen ohne großen Widerstand zu entwaffnen. Gemäß den Vereinbarungen der Versailler Friedenskonferenz erhielt Polen eine eigene Regierung. Der erste „Vorläufige Staatschef" der polnischen Republik war Józef Klemens Pilsudski. Nach jahrelanger Unterdrückung erhielten die Polen nun ihre Revanche. Sie okkupierten weite Gebiete, die jenseits der Grenze zur Sowjetunion lagen. Dies hatte man am 3. März 1918 im Frieden von Brest-Litowsk vereinbart. Gegen Ende des Jahres 1919 unterbreitete Tschitscherin, der sowjetische Außenkommissar, Warschau ein Versöhnungsangebot und bat darum, dass die Verhandlungen in einer neutralen Stadt stattfinden sollten: London oder Paris. Pilsudski weigerte sich jedoch, zu glauben, die Sowjetunion habe sich geändert. Er hielt die Sowjets nach wie vor für Imperialisten, die unter dem Deckmantel des Marxismus operierten. Er war überzeugt, dass die Sowjetunion

94

Marschall Józef Klemens Pilsudski während einer Militärparade. Pilsudski, erster Staatschef des unabhängigen Polen, hatte wesentlich dazu beigetragen, sein Land von der Fremdherrschaft Österreichs, Preußens und der Sowjetunion zu befreien. Er starb am 12. Mai 1935 in Warschau.

95

Dieser sowjetische Soldat verlor sein Leben während des Vormarsches der polnischen Truppen unter Pilsudski auf Kiew. Die Hauptstadt der Ukraine wurde am 7. Mai 1920 angegriffen und erobert.

DER POLNISCH-SOWJETISCHE KRIEG
1920

sich erneut gegen Polen wenden würde, sobald die inneren Auseinandersetzungen mit den „Weißen" Generälen Koltschak, Krasnow, Wrangell, Denikin und Judenitsch beigelegt wären. Deshalb beschloss er, zwei Pufferzonen zwischen Polen und der Sowjetunion einzurichten: Weißrussland mit der Hauptstadt Minsk und die Ukraine mit der Hauptstadt Kiew. Um dieses Projekt zu verwirklichen, musste Polen der Sowjetunion jedoch den Krieg erklären. Am 7. Mai 1920 marschierten die polnischen Truppen mit Unterstützung der unabhängigen Kosaken unter Hauptataman Petljura in Kiew ein und besetzten die Stadt. Diese Niederlage schmerzte die Sowjets. Der Aufruf, den Brussilow, ein altgedienter General, an die bolschewistischen Soldaten richtete („Erobert Kiew zurück!") schien Pilsudski Recht zu geben. Die Polen waren niemals auf Lenins Parolen hereingefallen, die vom sowjetischen Volk verabscheut wurden.

Budjonnyj, Reiterführer der Sowjetunion, eroberte Kiew zurück. Er hatte bereits mehrere Schlachten gegen die „Weißen" Generäle des Zaren geschlagen und war der Stolz der Roten Armee. Unmittelbar nach der Rückeroberung Kiews setzte dieselbe Kavallerie, gefolgt von der sowjetischen Armee, ihre Zeichen in Lemberg. Pilsudski wartete vergeblich auf Waffennachschub aus dem Westen. Der Krieg wurde von den Massenmedien zum „Krieg gegen das Proletariat" erklärt. Deutsche, englische, französische und italienische Arbeiter, Eisenbahner und Seeleute stoppten daraufhin die Schiffe und Züge mit Kurs auf Polen. Die Inhaber dieser Zeitungen (mächtige internationale Finanziers) konspirierten in diesen Jahren mit Lenin, da sie überzeugt waren, neue und profitablere Märkte erschließen zu können, um die menschliche Arbeitskraft stärker auszubeuten.

Am 13. August 1920 erreichten die Sowjets Warschau. Die ausländischen Botschafter flohen. Im Hauptquartier blieben nur der Nuntius Monsignore Ratti (der künftige Papst Pius XI.) und der italienische Botschafter zurück. Als die Geschütze der Sowjets auf die Randgebiete Warschaus feuerten, meldeten sich junge Bauern, Studenten und Frauen sofort als Freiwillige. Schließlich leitete die Polnische Volksarmee ihre Gegenoffensive ein. General Sikorski, Kommandeur der Reservetruppen, attackierte die rechte Flanke der Roten Armee von Norden, während Marschall Pilsudski, Kommandeur der Freiwilligen, die linke Flanke von Süden angriff. Und es geschah das „Wunder an der Weichsel": Die Rote Armee wurde versprengt und die sowjetischen Soldaten flohen, in Auflösung begriffen, an die Grenze. Während die Polen die Verfolgung aufnahmen, marschierte General Zeligowski in Litauen ein und besetzte Wilna.

Im Frieden von Riga (18. März 1921) verständigten sich die Sowjetunion und Polen auf eine Grenzlinie, die weit östlich der Curzon-Linie verlief, jener Grenze, die man im Versailler Vertrag vereinbart hatte. Als wahrer Sieger annektierte Pilsudski Wolhynien, Polesien und Podolien. Pilsudskis Hoffnung, in Weißrussland und der Ukraine zwei Pufferstaaten zu errichten, wurde jedoch zerschlagen, da die Sowjetunion beide Länder annektierte und zu sowjetischen Republiken machte. Und auch die Gebiete, die sich Pilsudski einverleibt hatte, blieben eine ständige Quelle der Unsicherheit für die Regierung in Warschau. Aufstände wurden von der Sowjetunion angezettelt, die danach trachtete, sich für die erlittene Schmach zu revanchieren. Die Gelegenheit dazu erhielt sie 1939, als Polen in ein deutsches und ein sowjetisches Interessengebiet aufgeteilt wurde.

96

Eine Freiwilligengruppe junger polnischer Frauen wird auf die Verteidigung Warschaus vorbereitet, das von Reiterführer Budjonnyj und seinen Truppen bedrängt wird. Der Sieg Polens über die Sowjetunion im Kampf um Warschau ging als „Wunder an der Weichsel" in die Geschichte ein.

97

Oben: *Einer der wenigen französischen Panzer, die Warschau erreichten.*
Mitte: *Marschierende polnische Freiwillige.*
Unten: *Am 7. Mai 1920 eroberte die polnische Artillerie Kiew mit Unterstützung der Truppen des ukrainischen Hauptatamans Petljura. Der Polnisch-Sowjetische Krieg endete am 18. März 1921 mit der Unterzeichnung des Friedens von Riga.*

1920

Der Abessinienkrieg

Am 5. Dezember 1934 kam es entlang der Grenze zwischen Äthiopien und Italienisch-Somaliland zu einem Schusswechsel. Man wird vermutlich nie erfahren, wer das Feuer eröffnete, die äthiopischen Soldaten des Negus Haile Selassie oder die somalischen Soldaten, die im Dienste der italienischen Armee standen.

Auf den Schusswechsel folgte ein Gefecht mit schweren Geschützen und Maschinengewehren, das 137 Menschenleben forderte: 107 Äthiopier und 30 italienische Soldaten. Man schob sich gegenseitig die Verantwortung für diesen Zwischenfall zu. Nach einer fruchtlosen Berufung auf den Freundschaftspakt, den Italien 1928 unterzeichnet hatte, und der Anrufung eines internationalen Schiedsgerichts, betraute man den Völkerbund mit der Klärung des Vorfalls. Mussolini stellte ein Ultimatum. Er forderte die Auslieferung der Verantwortlichen und Reparationen.

Ras Tafari (später Haile Selassie) leitete seit 1916 als Thronfolger die Regierung der Kaiserin Zauditu. 1923 erreichte er die Aufnahme Äthiopiens in den Völkerbund. Im darauf folgenden Jahr unternahm er mit 30 Dienern, sechs Löwen und vier Zebras eine triumphale Reise durch Europa. Er besuchte unter anderem Marseille, Rom, Paris und London und beschloss, Äthiopien in einen modernen Staat umzuwandeln. Er ließ Schulen und Krankenhäuser erbauen und Straßen anlegen. Außerdem überzeugte er die Kaiserin, ein Dekret zu erlassen, das den Sklavenhandel bei Todesstrafe verbot.

Am 2. August 1928 unterzeichnete Ras Tafari einen 20-jährigen Freundschaftsvertrag mit Italien. Nach dem Tod der Kaiserin im Jahr 1930 rief er sich zum „Negus Negesti" („König der Könige") aus und wurde unter dem Namen Haile Selassie gekrönt. Botschafter aus ganz Europa wohnten am 2. November 1930 der feierlichen Zeremonie bei.

Nach dem Ultimatum, das Mussolini gestellt hatte, vergingen zehn Monate. Zehn Monate, in denen er alle Zeit der Welt hatte, um seinen Angriff auf Äthiopien vorzubereiten. Er berief General Emilio De Bono zum Kommandeur und entsandte umgehend Truppen und Waffen nach Eritrea. Während dieser zehn Monate gingen 500 Schiffe bei Massowa vor Anker. An Bord hatten sie 200 000 italienische Freiwillige, 25 000 Pferde, 4 200 Fahrzeuge, 600 Geschütze, 120 Panzer und in etwa die gleiche Anzahl Flugzeuge. Verstärkt wurden diese Streitkräfte durch 65 000 eritreische Askaris, die Italien seit langem ergeben waren, und durch 100 000 Soldaten aus Italienisch-Somaliland. Ganz Italien war mobilisiert: Funk und Fernsehen, Zeitungen und Illustrierten sprachen von nichts anderem als von Ostafrika. Der Völkerbund, der Sanktionen über Italien verhängt hatte, fachte damit den glühenden Nationalismus der Italiener noch mehr an. Mussolini und der Faschismus waren nie so populär.

Am 2. Oktober trat der „Duce del Fascismo" auf den Balkon des Palazzo Venezia in Rom, um eine seiner berühmtesten Reden zu halten. Am darauf folgenden Tag überquerte Marschall De Bono den Mareb, der die Grenze zwischen Eritrea und Äthiopien markiert, während Marschall Graziani von Italienisch-Somaliland aus angriff. Innerhalb weniger Tage besetzten die Italiener Adua, Aksum und Adigrat. Als sich De Bono weigerte, die Instruktionen aus Rom zu befolgen, ersetzte ihn Mussolini durch Marschall Pietro Badoglio. Die faschistischen Führungspersönlichkeiten empfanden es als Obligation in den Krieg zu ziehen. Die Luftangriffe der Caproni-Bomber

98
Der Vorstoß der Italiener auf Addis Abeba, die Hauptstadt Äthiopiens.

99
Haile Selassie verlässt mit seiner Leibgarde die Hauptstadt, um auf britischem Territorium Schutz zu suchen.

Der Abessinienkrieg
1935–1936

wurden verstärkt. Zum Geschwader La Disperata gehörten Galeazzo Ciano (Mussolinis Schwiegersohn), Bruno und Vittorio Mussolini, das Fliegeras Ettore Muti und der Schriftsteller Emilio Filippo Tommaso Marinetti. Achille Starace, der Sekretär der Faschistischen Partei, kommandierte eine Kolonne.

Die Fürsten Ras Mulughietà, Ras Cassa und Ras Immirù führten die Äthiopier an. Sie hatten jeweils 60 000 bis 70 000 Mann unter sich und es standen ihnen 13 alte Flugzeuge, jedoch keine Panzer zur Verfügung. Ras Immirù konnte Sciré zurückgewinnen und marschierte in Eritrea ein. Die Italiener setzten erstickende Gase ein und verstießen damit gegen die Vereinbarungen der Genfer Abrüstungskonferenz. Die Schlacht um Sciré gegen Ras Immirù erwies sich als schwieriges Unternehmen. 60 italienische Funktionäre und 894 Soldaten verloren ihr Leben. Doch die Straße nach Addis Abeba war frei. Bei Mai Ceu trafen die Italiener zum letzten Mal auf die kaiserliche Garde. Die Division Pusteria der Alpini behielt die Oberhand. Am 5. Mai 1936 um 16:00 Uhr nahmen die italienischen Truppen Addis Abeba ein. In Rom trat Mussolini, der per Telegramm unterrichtet worden war, auf den schicksalhaften Balkon. Der Platz war von Menschen erfüllt. „Der Krieg ist vorbei! Der Friede ist wiederhergestellt! Aber es ist ein römischer Friede!", verkündete Mussolini und seine Worte gingen im Jubel der Menge unter. Am Abend des 9. Mai gingen Millionen Menschen auf die Straßen Italiens, um die Rede Mussolinis um 21:30 Uhr zu verfolgen, die im Rundfunk übertragen wurde.

Italien hatte Äthiopien annektiert und vereinigte es mit Eritrea und Somaliland zu Italienisch-Ostafrika. In diesem weitläufigen Territorium sollte ein Teil der rasant wachsenden italienischen Bevölkerung angesiedelt werden. Es ließen sich jedoch nur 3 500 Bauersleute (insgesamt 30 000 Menschen) in Äthiopien nieder. Der wahre Grund für diesen Fehlschlag war, dass Äthiopien tatsächlich kein friedliches Land war. Im Gegenteil, es war ein Land, das endlosen blutigen Guerillakriegen preisgegeben war. Der Abessinienkrieg hatte sieben Monate gedauert. 2 000 Italiener, mehrere tausend Äthiopier, somalische Soldaten und eritreische Askaris fanden dabei den Tod. Doch der anschließende Guerillakrieg sollte fünf Jahre dauern und einen weitaus höheren Blutzoll fordern: 5 000 Italiener und eine unbekannte Anzahl Äthiopier.

Nach der Eroberung von Addis Abeba machten die *sciftà* (Banditen) das Land unsicher. Ras Immirù, Ras Cassa und Ras Destà unterstanden 50 000 Mann. Die Städte von Goggiam, Gimma, Galla Sidamo und Harar waren in den Händen der Rebellen. Am 22. Mai 1936 übergab Marschall Badoglio den Oberbefehl an seinen Rivalen Marschall Rodolfo Graziani.

Die Angriffe der Guerillas nahmen kein Ende. Am 27. Juni 1936 griffen 300 Äthiopier – ehemalige Fähnriche – eine italienische Kaserne an und töteten Vincenzo Magliocco, General der Luftbrigade, sowie elf Flieger. Am 28. Juli marschierten zwei Söhne Ras Cassas, Averà und Asfawossen, mit 2 000 *sciftà* in Addis Abeba ein. Sie wurden jedoch zurückgeschlagen. Marschall Graziani ließ Alba Petros, den Abuna von Dessié, und die Hintermänner des Komplotts exekutieren. Averà und Asfawossen fielen General Tracchia in die Hände, der sie erschießen ließ.

Am 19. Februar 1937 wurde ein Attentat auf Marschall Graziani verübt. Diese Tat zog schwere Repressionen nach sich. Am 24. Februar ging Ras Destà, umgeben von seinen treuesten Verbündeten, nach Egià und bat um eine Unterredung mit Marschall Graziani. Grazianis Antwort war ein Genickschuss. Der neue Anführer der Revolte wurde Abebe Aregai, vormals Befehlshaber des Gardekorps in Addis Abeba. Am 10. Juni 1940 ging der Guerillakrieg in einen totalen Krieg über, den Äthiopien, dank militärischer Unterstützung durch Großbritanniens, für sich entscheiden konnten.

Kaiser Haile Selassie war 1936 an Bord des britischen Kreuzers *Enterprise* ins Exil gegangen. Damit begann die tödliche Konfrontation zwischen der britischen Regierung und Mussolini. Während der fünf Jahre im Exil, das Haile Selassie in Bath verbrachte, verfolgte und begleitete er den Widerstand seiner treuen Fürsten. Nachdem Äthiopien von den Briten entsetzt worden war, kehrte Haile Selassie am 5. Mai 1941 nach Addis Abeba zurück, dem Jahrestag von Badoglios Triumph in Äthiopien und Mussolinis in Rom.

101
Oben: *Todeszene in einem somalischen Dorf, das von den Italienern unter anderem mit erstickenden Gasen bombardiert wird.*
Mitte: *Askaris auf Kamelen. Als traditionelle Feinde der Äthiopier wurden die Askaris zu Verbündeten der italienischen Armee.*
Unten: *Siegesmoment. Äthiopische Soldaten, die Haile Selassie loyal waren, überqueren den Omo, um Äthiopien zurückzuerobern.*

1935
1936

1936
1939

Der Spanische Bürgerkrieg

Auslöser für den Spanischen Bürgerkrieg war ein Militärputsch in Spanisch-Marokko, den General Francisco Franco am 17. Juli 1936 entfesselt.

Der Krieg wurde zwar in Spanien ausgetragen, aber die europäischen Großmächte beteiligten sich mit Waffenlieferungen und Soldaten ebenfalls daran. Die UdSSR unter Stalin, Deutschland unter Hitler, Italien unter Mussolini und Frankreich unter Blum brachten ihre ideologische Gesinnung durch die Unterstützung entsprechender Kampftruppen zum Ausdruck.

Dem Kriegsausbruch gingen Jahre der Unruhe voraus. Nach dem Ende der knapp siebenjährigen Diktatur von General Miguel Primo de Rivera ordnete König Alfons XIII. im April 1931 Volkswahlen an. Nach dem Wahlsieg der republikanischen Parteien ging König Alfons ins Exil. Es folgte die Proklamation der Republik, die eine demokratische Konstitution verabschiedete und unter anderem eine politische Polizeitruppe, die „Asaltos", ins Leben rief. Die rechts orientierten Gruppierungen im Land reagierten sowohl an monarchistischer als auch an faschistischer Front. Unter den Anhängern der Monarchie traten besonders die Karlisten hervor. Sie sollten sich 1936 General Franco anschließen und einen eigenen Wehrverband, die Requetés, aufstellen. 1933 gründete José Antonio Primo de Rivera, Sohn des 1930 verstorbenen Diktators, die faschistisch und nationalsozialistisch geprägte Falange Española, die sich 1934 mit den nationalen Syndikalisten und 1937 mit den Karlisten zusammenschloss und im Spanischen Bürgerkrieg an der Seite Francos kämpfte.

Die bereits instabile wirtschaftliche und politische Lage eskalierte mit der Wahl im Februar 1936, die die Volksfront für sich entscheiden konnte. Manuel Azaña y Díaz wurde Ministerpräsident (später Staatspräsident). Innerhalb von vier Monaten wurden 260 politische Morde verübt, 70 Parteizentralen verwüstet und zehn Zeitungsredaktionen zerstört. Zudem legten insgesamt 340 Streiks die nationale Wirtschaft lahm. Der Monarchist und frühere Finanzminister Riveras José Calvo Sotelo kritisierte im Parlament heftig die Regierung. Die kommunistische Abgeordnete Dolores Ibárruri, genannt „La Pasionaria", bezeichnete Calvo Sotelo daraufhin als Faschisten. Er konterte mit der Antwort: „Besser Diktatur als Chaos. Ich erkläre mich hiermit zum Faschisten!" In der Nacht zum 13. Juli klopfte eine Gruppe von Asaltos an die Tür von Calvo Sotelo, der vergeblich auf seine politische Immunität hinwies. Man zwang ihn, sein Haus zu verlassen und mit den Asaltos in ein Auto zu steigen. Während der Fahrt streckte ihn Leutnant Cuencas von hinten mit zwei Genickschüssen nieder. Den blutüberströmten Leichnam warfen die Asaltos achtlos auf einen Friedhof.

Am 17. Juli lösten nationalspanische Kräfte in Ceuta und Melilla, Spanisch-Marokko, einen Militärputsch aus. Die spanische Fremdenlegion, besetzte die öffentlichen Gebäude. Wer sich ihr entgegenstellte, wurde erschossen. Radio Marokko teilte den Militärzentralen auf dem spanischen Festland mit: „Sin novedad." („Keine Nachrichten."). Dieses Vorgehen hatte General Francisco Franco Bahamonde bereits ein Jahr zuvor ausgearbeitet (als Generalstabschef hatte er im Oktober 1934 den asturischen Bergarbeiteraufstand niedergeworfen). Franco war zwar maßgeblich an dem Putsch beteiligt, Hauptdrahtzieher war jedoch der in Portugal im Exil lebende, 64-jährige General José Sanjurjo. Sollte die Revolution Erfolg haben, würde der General die Regierung übernehmen. Gespannt wartete man auf seine Ankunft. In der Zwischenzeit fiel Sevilla. Der Kommandeur der Carabiñeros, General Queipo de Llano, nahm die Stadt nach gewalttätigen Zusammenstößen mit den Asaltos und bewaffneten Arbeitern ein, nachdem diese sieben Kirchen in Brand gesteckt hatten. In den Straßen von Madrid kämpften 200 000 Arbeiter, die dem Ruf von Dolores Ibárruri folgten: „No pasaran!" („Sie werden nicht durchkommen!") Der Kommandeur der Hauptstadt verbündete

Oben: *Generalissimo Francisco Franco Bahamonde an der Front.* Mitte: *Kommunistische Milizionäre im Gefecht mit dem Feind zu Beginn des Spanischen Bürgerkriegs.*

Unten: *Vom 21. Juli bis zum 27. September konnten 1 300 Anhänger Francos unter Oberst Moscardó den Alcázar de Toledo bis zum Entsatz halten.*

sich mit den Arbeitern und ließ 10 000 Gewehre an die Arbeitervertretungen verteilen. Am 20. Juli startete ein Flugzeug auf einem kleinen Flughafen in der Nähe von Lissabon. An Bord befand sich General Sanjurjo. Doch das Flugzeug stürzte ab und Sanjurjo kam um. Die Führung der Revolte übernahm nun Franco.

Franco wurde 1892 in El Ferrol, Galizien, geboren. Bereits im Alter von 20 Jahren war er Offizier in Marokko, wo er eine Revolte der Araber blutig niederschlug. Aus politischen Gründen versetzte die Regierung Azaña Franco im Februar 1936 auf die Kanarischen Inseln. Von dort beteiligte er sich maßgeblich an der Vorbereitung des Putsches gegen die Republik. Franco forderte die Militärs im ganzen Land zur Machtergreifung auf. Danach verließ er die Kanarischen Inseln, um selbst das Oberkommando in Ceuta zu übernehmen.

Die ersten Generäle, die dem Aufruf Francos zur Machtergreifung folgten, waren General Mola in Pamplona und General Cabanellas in Saragossa. Spaniens innerer Konflikt weitete sich zu einem internationalen Krieg aus, ohne dass eine Kriegserklärung erfolgt war. Nachdem die Regierung Frankreichs 30 Flugzeuge mit Besatzungen zur Unterstützung der Regierung nach Madrid gesandt hatte, landeten bereits am 30. Juli die ersten italienischen und deutschen Flugzeuge in Marokko, um vereinbarungsgemäß Franco zu unterstützten. Während Hitler seine Piloten instruiert hatte, lediglich die Flugzeuge abzuliefern und danach sofort nach Deutschland zurückzukehren, waren die italienischen Flieger zum Kampf gegen „die Roten" bereit. Die Italiener wurden angeführt von Oberst Ruggero Bonomi und Fliegeras Ettore Muti, die erst kurz zuvor vom Abessinienkrieg zurückgekehrt waren. Die italienische Intervention in Spanien stärkte die deutsch-italienischen Beziehungen. Mussolini wurde zum engsten Verbündeten Hitlers. Die italienischen Piloten traten der Fremdenlegion als Freiwillige bei. Sie bildeten die Vorhut der Italienischen Legion, die insgesamt 6 000 Piloten und 710 Flugzeuge zählte, darunter Fiat-Jäger, Savoia-Marchetti-Bomber und Breda-Kampfflugzeuge. Kurz darauf sagte auch Hitler Kampfflugzeuge und Panzer sowie die Rekrutierung 16 000 deutscher Freiwilliger zu. Die republikanische Regierung erhielt 260 Flugzeuge aus Frankreich, 60 aus Großbritannien und 72 aus den USA, jeweils ohne zugehörige Besatzung. Doch schon bald stellten die UdSSR 2 000 SB-2-Katiuska und I-16-Flugzeuge zur Verfügung, die im Spanischen Bürgerkrieg von sowjetischen Piloten geflogen wurden. Nach Kriegsende waren 1 900 dieser Flugzeuge abgeschossen oder zerstört, 210 Piloten gelang die Flucht nach Frankreich oder Französisch-Algerien, während die übrigen den Anhängern Francos in die Hände fielen.

Zwei Faktoren trugen entscheidend dazu bei, dass Stalin sich am Spanischen Bürgerkrieg beteiligte. Erstens: Prestige. Stalin konnte nicht tatenlos zusehen, wie die erste, sich frei formierende marxistische Regierung in Westeuropa von den monarchistisch-faschistischen Gegenkräften erstickt wurde. Zweitens: Strategie. Indem Stalin das republikanische Spanien unterstützte, vergrößerte er die Kluft zwischen den kapitalistischen Mächte im Westen mit Italien und Deutschland auf der einen sowie Frankreich und Großbritannien auf der anderen Seite. Stalin leistete der republikanischen Regierung militärtechnische Hilfe, obwohl er an die international vereinbarte „Nichtintervention" gebunden war.

Außerdem wurde die Republik auf freiwilliger Basis von den Internationalen Brigaden unterstützt. Bereits zu Beginn des Spanischen Bürgerkriegs rekrutierte die Kommunistische Internationale (Komintern) Freiwillige. Die Komintern war im März 1919 in Moskau gegründet worden und stellte eine Vereinigung aller kommunistischer Parteien dar. Die Sowjetunion gewann innerhalb der Komintern immer größeren Einfluss und verwandelte die internationale Organisation schrittweise in ein Instrument der Außenpolitik Moskaus. Zur Rekrutierung Freiwilliger wurde in Europa und Amerika eine Propagandakampagne gestartete. Das Zentralbüro für die Rekrutierungskampagne befand sich in Paris und wurde von Willi Münzenberg geleitet, einem nach Frankreich emigrierten deutschen Kommunisten. Die Italiener Palmiro Togliatti („Ercole Ercoli") und Vittorio Vidali („Carlos Contreras") wurden als Berater der Regierung nach Madrid entsandt. Viele in Paris lebende italienische Patrioten wie der Republikaner Randolfo Pacciardi und der Liberale Carlo Rosselli, Gründer der Brigaden Giustizia e Libertà („Gerechtigkeit und Freiheit"), traten den Internationalen Brigaden bei, auch wenn sie keine Kommunisten waren. Der Italiener Luigi Longo spielte eine führende Rolle in den Internationalen Brigaden. Er organisierte die ausländischen Freiwilligen in Albacete (Spanien) und bildete sie aus. Im italienischen Bürgerkrieg von 1943 bis 1945 befehligte Longo die Garibaldi-Brigade. Er war unter anderem für die Exekution Mussolinis verantwortlich. Die Komintern machte ihre Sache gut. Idealisten und Freiheitskämpfer fochten Seite an Seite unter kommunistischem Kommando. Alle taktischen und strategischen Entscheidungen traf die sowjetische Botschaft in der Hauptstadt.

Die militärische Situation, in der sich Spanien befand, spiegelte auch die politische wider. Aufgrund der Einheit und Disziplin in den oberen Rängen gelang es der Kommunistischen Partei bis

Der Spanische Bürgerkrieg 1936–1939

Ende des Jahres, beinahe jedes militärische, öffentliche und zivile Büro zu monopolisieren. Sie erreichte dies vor allem durch die geschickte Beeinflussung des neuen Regierungschefs, F. Largo Caballero, auch „Spanischer Lenin" genannt, sowie ihr Motto: „Lasst uns zuerst den Krieg gewinnen, über Schwierigkeiten reden wir später." Parteisekretär José Diaz sorgte für die Umsetzung dieses Mottos, doch Initiator und Stratege des Ganzen war Stalins Mann in Madrid: Palmiro Togliatti, der zukünftige Leiter der Kommunistischen Partei Italiens. Die Italiener leiteten die Internationalen Brigaden, die sich aus Freiwilligen verschiedener Nationalitäten zusammensetzten. Insgesamt waren fünf Brigaden mit 35 000 Mann im Einsatz. Sie kämpften tapfer und verbissen bis zur schrecklichen Schlacht am Ebro im Herbst 1938. Neben Arbeitern und Intellektuellen, die aus dem faschistischen Italien und aus Nazideutschland geflohen waren, leisteten auch Künstler, Anarchisten und Schriftsteller ihren Beitrag. Unter den Literaten befanden sich namhafte Männer wie George Orwell, André Malraux und Ernest Hemingway.

Die Internationalen Brigaden waren vor allem an der erfolgreichen Verteidigung Madrids vom November 1936 bis März 1937 beteiligt. Die Garibaldi-Brigade, die sich überwiegend aus italienischen Freiwilligen formierte, stand unter dem Kommando von Randolfo Pacciardi. In der Zeit nach dem Zweiten Weltkrieg diente dieser unerschütterliche Gegner des Kommunismus den italienischen Regierungen mehrfach als Minister, gemeinsam mit Edgardo Sogno, einem Nationalhelden der italienischen Widerstandsbewegung während des Kriegs. In den Reihen der Garibaldi-Brigade kämpfte auch der italienische Politiker Pietro Nenni, der einstige Verbündete Mussolinis. Die Angehörigen der Garibaldi-Brigade wurden zu Helden bei der Verteidigung des Universitätsbezirks von Madrid.

Während die eine Seite der Italiener das Herz der Internationalen Brigaden darstellte, zählte die andere zu den engsten Verbündeten Francos. Die beiden Gruppierungen repräsentierten den Hass zwischen den italienischen rechten und linken Flügelparteien, der jahrzehntelang andauern sollte. Im Juli 1936 hatte Mussolini Flugzeuge und Panzer samt Besatzung über den Seeweg nach Spanien geliefert. Im Dezember entsandte er die ersten Infanterieregimenter. Dabei handelte es sich um die Frecce-Nere- und die Frecce-Azzurre-Brigaden, denen die Divisionen Littorio, Fiamme Nere und 23 Marzo folgten. Von den ausländischen Truppenkontingenten, die im Spanischen Bürgerkrieg an der Seite der Nationalisten kämpften, bildeten die Italiener mit 50 000 Mann das größte und kampferprobteste, gefolgt von den Portugiesen mit 20 000 Soldaten. 15 000 Mann formierten das deutsche und etwa 1 000 Freiwillige das irische Truppenkontingent.

Bei Ausbruch des Bürgerkriegs standen über 310 000 undisziplinierte, schlecht ausgerüstete, kaum ausgebildete und meist von unerfahrenen Kommandeuren geführte republikanische Kämpfer rund 210 000 Nationalisten gegenüber. Die Armee der Regierung in ihrer hellblauen oder grauen Uniformen und den Baretten mit einem roten Stern bestand größtenteils aus Spaniern und verfügte über 20 000 Berufssoldaten und beinahe 300 000 Freiwillige. Die Armee der Nationalisten setzte sich aus italienischen Faschisten und spanischen Falangisten unter Primo de Rivera zusammen. Generalissimus der nationalspanischen Kräfte war Francisco Franco.

Den nationalistischen Generälen – Mola im Norden und Queipo de Llano im Süden – standen professionelle und äußerst disziplinierte Einheiten zur Verfügung. Außerdem hatten sie Zugriff auf 15 000 monarchistische Freiwillige im Norden, die Rosenkranz betend und karlistische Flaggen schwenkend in den Kampf zogen. Daneben unterstanden den Generälen im Süden die in Hundertschaften organisierten Freiwilligen der Falange. Zusätzlich rekrutierten sich aus Afrika die marokkanischen „Tabores" (berittene Truppen) sowie die „Banderas", deren Motto „Viva la muerte!" („Es lebe der Tod!") nach dem von ihnen verehrten Kriegshelden General Millan Astray lautete. Er hatte im Kampf gegen marokkanische Rebellen ein Auge, einen Arm und ein Bein verloren.

Innerhalb weniger Monate nahmen die afrikanischen Truppen, Cádiz, Córdoba, Granada, Badajoz und Toledo ein. Nach der Einnahme von Granada töteten Falangisten den Dichter García Lorca. Er hatte Zuflucht im Haus seines Schwagers gefunden, dem sozialistischen Bürgermeister der Stadt, der ebenfalls erschossen wurde. Nach dem heftigen Eroberungskampf um Talavera de la Reina (4. September 1936) eilten die Nationalisten zur Befreiung des Alcázar de Toledo, der von den Republikanern belagert wurde. Dort hatte sich der nationalistische Oberst José Moscardó mit seinen Männern in der alten Militärschule verbarrikadiert. Der Oberst war nicht bereit, sich zu ergeben. Auch dann nicht, als die Republikaner ihn mit seinem gefangen genommenen Sohn telefonieren ließen, den sie zu erschießen drohten, falls Moscardó die Waffen nicht niederlegte. Moscardó ging nicht auf die Erpressung ein. Sein Sohn wurde daraufhin vor seinen Augen erschossen. Die Nationalisten konnten den Alcázar de Toledo bis zum Entsatz am 27. September 1936 halten. Moscardó wurde zum Nationalhelden des Spanischen Bürgerkriegs.

Der Spanische Bürgerkrieg
1936–1939

Am 19. Oktober starteten die Nationalisten ihre Offensive gegen Madrid. Die Stadt wurde von republikanischen Truppen verteidigt, die von den sowjetischen Schiffen in den Häfen von Barcelona, Cartagena und Valencia mit Nachschub versorgt wurden. Das erste Gefecht zwischen Russen und pronationalistischen Italienern fand am 29. Oktober statt und endeten mit dem Rückzug der sowjetischen Panzer. Der republikanischen Luftwaffe, ebenfalls unterstützt von den Sowjets, gelang es nicht, entscheidend in den Kampf einzugreifen. Beinahe alle Flugzeuge wurden von italienischen Flugzeugen unter dem Kommando von Ettore Muti abgeschossen. Am 4. November gerieten Francos Kolonnen in Sichtweite der Hauptstadt. Zur gleichen Zeit näherten sich die von den Generälen Mola und Varela befehligten Divisionen den Vorstädten Madrids, die von 40 000 republikanischen Kämpfern (Asaltos, Anarchisten, Internationale Brigaden und Berufssoldaten) unter General Menant verteidigt wurden. Die Regierung floh nach Valencia, während Azaña, der Präsident, im Kloster von Monserrat in Barcelona Zuflucht fand.

Vier nationalistische Kolonnen führten den Angriff auf Madrid durch. Mola behauptete, die fünfte Kolonne befände sich bereits in der Stadt. Doch die fünfte Kolonne der Nationalisten war nicht die einzige in Madrid. Neben Menant planten die russischen Generäle Ivan Antonowitsch Berzin, Kopf der NKWD, und Jacob Smuckewitsch, Kommandeur der sowjetischen Luftwaffe, die Verteidigung der Stadt. An die Stelle der Regierung traten die nationalen Syndikalisten, geführt von dem Italiener Vittorio Vidali und dem russischen Journalisten Michail Koltsow, ein persönlicher Freund Stalins. An vorderster Front kämpften zwei Männer, die zu Legenden werden sollten: der Anarchist Buenaventura Durruti, der 3 500 Kämpfer formiert hatte, sowie der Kommunist Valentin Gonzales, auch „El Campesino“ („der Bauer“) genannt. Als Held des Spanischen Bürgerkriegs musste „El Campesino“ letztendlich nach Russland fliehen, wo er als Dissident im Zwangsarbeitslager von Workuta interniert wurde. Es gelang ihm jedoch die Flucht nach Frankreich und nach Francos Tod kehrte er in seine Heimat zurück. Viel schlimmer als Gonzales traf es Durruti. Nach einem Zusammenstoß mit den sowjetischen Militärberatern fand man seine Leiche am 21. November inmitten des Schlachtgetümmels in Madrid. Seinen Kameraden zufolge war er von einem Querschläger getroffen worden.

Menant und Gonzales befahlen die Errichtung von Straßenblockaden und schickten Frauenbataillone, organisiert von „La Pasionaria“, in den Kampf. Die Frauen sollten aus den Fenstern heißes Öl auf die vorüberziehenden Nationalisten gießen. Verhaftungen und Erschießungen verdächtiger Falangisten und ihrer Familien waren an der Tagesordnung. Kommunistische Wärter schlachteten 600 in Madrider Gefängnissen inhaftierte politische Gefangene ab. Die Exekutionskommandos wurden angeführt von dem zukünftigen Marschall der Sowjetunion Rokossowskij, der unter dem Decknamen „Miguel Martinez“ agierte.

Zum ersten Frontalzusammenstoß zwischen Nationalisten und Republikanern kam es im Universitätsbezirk von Madrid, der von den Internationalen Brigaden verteidigt wurde. Der Kampf tobte entlang des Manzanares. Italienische Flugzeuge bombardierten die republikanischen Schützengräben, während die deutschen Flieger der Legion Condor militärische Ziele in der Stadt bombardierten. Im März 1937 endete die Belagerung Madrids mit dem Rückzug der Nationalisten. Die Belagerung hatte 12 000 Tote gefordert, größtenteils Nationalisten. Am 5. Februar 1937 griffen die italienischen Pronationalisten Malaga an und besetzten die Stadt am 8. Februar. Die Republikaner wurden bis Motril verfolgt und zu Tausenden gefangen genommen. Beflügelt von diesem Erfolg, entsandte Mussolini eine weitere Division, die Littorio, nach Spanien und übertrug General Mario Roatta das Oberkommando über alle italienischen Einheiten, die 30 000 Mann zählten. Guadalajara, eine Stadt nördlich von Madrid, war das nächste Angriffsziel der Nationalisten. Die Schlacht begann am 8. März 1937. 60 000 Republikaner, einschließlich der Italiener der Garibaldi-Brigade, mit 60 russischen Panzern, bildeten die Verteidigungslinie. Nach zwei Tagen waren die Faschisten zum Rückzug nach Carretera de France gezwungen. Sie ließen 500 Tote zurück, 300 Mann fielen in die Hände der Republikaner und 1 000 waren verwundet. 5 000 Tote und Verletzte sowie 500 Gefangene lautete die Bilanz der Republikaner. Dennoch setzten diese den „Sieg von Guadalajara“ für ihre antifaschistische Propaganda ein.

Im Spanischen Bürgerkrieg entlud sich auch der grenzenlose Hass gegen die katholische Kirche und ihre Vertreter. Ein symbolisches Foto zeigt Milizionäre, die während der Belagerung Madrids auf die Christusstatue bei Cierro de los Angeles schießen. Gegen Ende des Kriegs zählten 4 184 Geistliche zu den Opfern von Attentaten, darunter 14 Bischöfe, 2 365 Mönche und 283 Nonnen. Über 150 Kirchen waren zerstört, 4 850 hatte man verwüstet und geschändet. Die kommunistischen Milizionäre kreuzigten, zerstückelten oder begruben Priester bei lebendigem Leib. Vor blutrünstigen Zuschauermengen quälten sie Priester und Nonnen. Betrunkene Milizionäre schändeten das Innere von Kirchen durch obszöne Handlungen. Die Anarchisten machten sich einen Spaß daraus, die Leichen von Heiligen auszugraben und darauf zu defäkieren. Die Regierung sorgte sich lediglich um den Schutz und Erhalt der Kunstgegenstände in den Kirchen. Nach diesen Vorfällen kam es unter dem Deckmantel der Legalität zu weiteren Greueltaten. In Scheinprozessen wurden die Vertreter der Religion wegen Begünstigung des Feindes verurteilt und hingerichtet. Die Kirchen wurden als Warenlager und Markthallen zweckentfremdet.

Doch die von den Anarchisten offen zur Schau gestellte Brutalität gegenüber dem Klerus bewahrte auch sie nicht vor dem Tag der Abrechnung mit den Kommunisten. Der Bruch zwischen den beiden gewalttätigsten Ideologien des Spanischen Bürgerkriegs ist vor allem auf den starren Zentralisierungswillen der von Moskau gesandten Kommunisten zurückzuführen. Bereits während der Belagerung von Madrid kam es zu merkwürdigen Vorfällen zwischen Anarchisten und Kommunisten (wie zum Beispiel dem mysteriösen Tod von Durruti). Später schoben die Kommunisten den Fall von Malaga der mangelnden Erfahrung und der Feigheit der Anarchisten in die Schuhe. Zur endgültigen Abrechnung kam es vom 3. bis zum 7. Mai 1937 in Barcelona, als die Kommunisten 400 Anarchisten und weitere Dissidenten ermordeten. Das von Orwell in seinem Essay „Mein Katalonien“ beschriebene Blutbad zwischen den einstmals vereinten Parteien führte zum Rücktritt der Regierung Caballero und zur Ernennung von Juan Negrín (einem von den sowjetischen Beratern vorgeschlagenen Kandidaten) zum neuen Ministerpräsidenten.

Nach der vergeblichen Belagerung Madrids wandten sich die Nationalisten ab März 1937 dem Baskenland zu. 60 000 nationalistische Soldaten (einschließlich zweier italienischer Divisionen) unter General Mola zogen gegen 45 000 Basken, die von General Llano de la Encomienda befehligt wurden. Die politische Krise Spaniens erwies sich zunächst als Vorteil für die Basken. Bereits im Oktober 1936 gewährte die republikanische Regierung den baskischen Provinzen Autonomie. Die Basken wussten, dass ein Sieg Francos das Ende ihrer Unabhängigkeit bedeuten würde. Die Nationalisten eröffneten ihre Offensive mit Luftangriffen auf Guernica y Luno, einer Stadt mit 7 000 Einwohnern. Diese Stadt hatte für die Basken große symbolische Bedeutung, da hier die spanischen Könige seit dem Mittelalter unter einer alten Eiche die Sonderrechte der Basken beschworen. Als Symbol der Freiheit war Guernica y Luno das ideale Bombardierungsziel für die deutsche Legion Condor. Am 26. April 1937 legten die Deutschen zum ersten Mal in der Militärgeschichte einen Bombenteppich. Es war Markttag in Guernica y Luno und die Straßen waren voller Menschen. Gnadenlos stürzten die Heinkel-111- und die Junker-52-Bomber der deutschen Luftwaffe auf die Stadt herab. Die Angriffe erfolgten in Wellen. In Intervallen von 20 Minuten tauchten Flugzeuge über Guernica y Luno auf und warfen ihre tödliche Ladung ab. Das Inferno dauerte drei Stunden und hinterließ 1 700 Tote und 900 Verwundete. Die Stadt lag in Trümmern. Vor dem Internationalen Militärtribunal in Nürnberg gab Hermann Göring später zu Protokoll, dass man mit der Bombardierung von Guernica y Luno die Auswirkungen eines Bombenteppichs auf die Moral der Zivilbevölkerung testen wollte.

Am 3. Juni 1937 kam Mola bei einem Flugzeugabsturz ums Leben. Am 19. Juni marschierten die nationalistischen Truppen von General Dávila in Bilbao ein. Am 26. August waren die Italiener am Zug. Nach heftigem Bombardement besetzten drei Divisionen Santander. Am 21. Oktober nahm Franco Gijon ein. Im Dezember rückten 100 000 republikanische Milizionäre gegen Teruel vor, um Franco von Madrid fernzuhalten und Zeit zu gewinnen. Die Winteroffensive dauerte bis Januar 1938. Zunächst gelang es den Republikanern zwar, die Stadt einzunehmen, doch die Nationalisten eroberten die Stadt wieder zurück.

Die entscheidenden Gefechte zwischen den Nationalisten und den Internationalen Brigaden spielten sich zwischen Juli und Dezember 1938 entlang des Ebro ab. Sie endeten mit der Niederlage der Internationalen Brigaden, die gezwungen waren, nach Frankreich zu fliehen. Noch während die Republikaner die letzte Front zur Verteidigung Valencias organisierten, fiel am 26. Januar 1939 Barcelona. Die unter dem italienischen General Gastone Gambara eindringenden Panzer stießen auf keinerlei Widerstand, lediglich auf Leichen, die die Straßen von Barcelona säumten.

Mit der Eroberung Kataloniens (Januar bis Februar 1939) und der kampflosen Besetzung Madrids am 28. März brach die Republik endgültig zusammen. Azaña y Diaz ging ins Exil. Die kommunistischen Führer in Madrid setzten sich ins Ausland ab. General Menant fand Zuflucht in Mers el-Kebir, Negrín in Paris, „La Pasionaria“, „El Campesino“ und General Barceló flohen nach Moskau. Auf dem Schlachtfeld blieben die Toten und 30 000 Gefangene zurück. Franco ließ die Gefangenen frei mit Ausnahme der regulären Offiziere, die erschossen wurden. Valencia, die letzte Bastion der Republikaner, fiel am 30. März. Ihr Verteidiger, General Casado, der sich selbst zum Führer der Provisorischen Regierung ernannt hatte, setzte sich nach England ab. Am 31. März schrieb Papst Pius XII. an den Generalissimo Franco: „Wir erheben unser Herz zum Herrn und danken Eurer Exzellenz für den Sieg des katholischen Spaniens.“

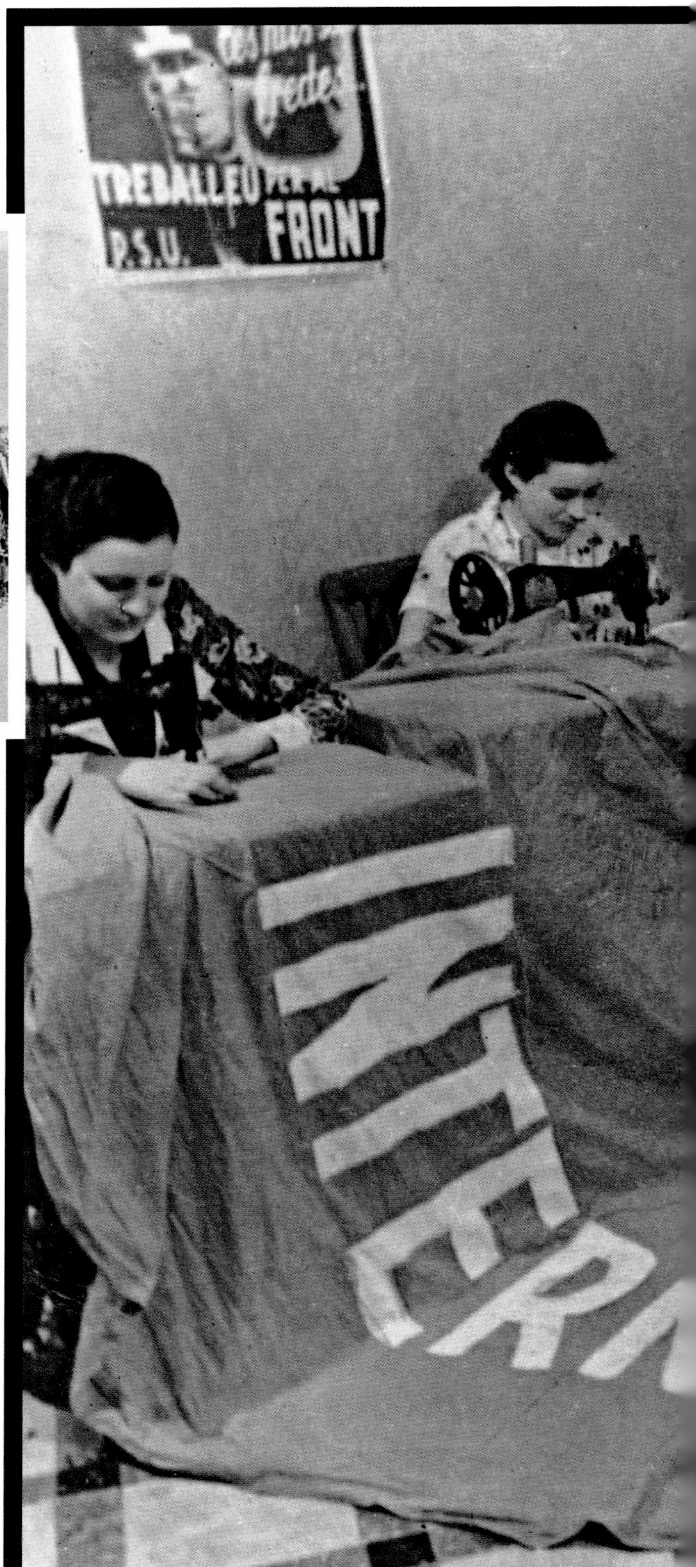

Oben: *Die Internationalen Brigaden marschieren im Oktober 1938 durch die Straßen von Barcelona.* Mitte: *Freiwillige der Falange beim Aufmarsch und Salut nach römischen Vorbild. Die faschistische Falange war von José Antonio Primo de Rivera gegründet worden. Die Falangisten bewunderten Mussolini und waren die erbittertsten Feinde der Kommunisten.* Unten: *Eine kommunistische Milizionärin posiert mit ihren Kameraden vor der Kamera und präsentiert dabei stolz ihre Waffe.*

109
Links: *Näherinnen beim Anfertigen eines Hammer-und-Sichel-Banners für die Internationalen Brigaden.*
Rechts: *Die marokkanische Kavallerie während einer Parade der Fremdenlegion. In der ersten Phase des Kriegs meldeten sich viele italienische Luftwaffenoffiziere bei der spanischen Fremdenlegion, um so die militärische Intervention der Italiener zur Unterstützung der Nationalisten zu verheimlichen.*

110
Eine Einheit der Republikaner (mit einer Milizionärin) während der Schlacht am Ebro (Oktober 1938). Dieses Gefecht war eine der blutigsten Auseinandersetzungen des Kriegs, vergleichbar mit den Kämpfen um Madrid, Guadalajara und Santander.

111
Oben: *Nationalistische Artillerie bei einer Operation in der Sierra de Guadarrama.*
Mitte: *Milizionäre der Internationalen Brigaden ergeben sich den Nationalisten.*
Unten: *Soldaten der Regierung im Kampf um Teruel (Januar 1938).*

112–113
Links: *Dieses Foto symbolisiert den Spanischen Bürgerkrieg. Dem amerikanischen Fotoreporter Robert Capa gelang diese Momentaufnahme an der Front. Ein kommunistischer Milizionär bricht von Kugeln getroffen zusammen.*
Rechts: *Ein nationalistisches Kommando exekutiert einen republikanischen Soldaten.*

Der Spanische Bürgerkrieg

1936–1939

1936
1939

Der Spanische Bürgerkrieg

1936–1939

115
Oben: *Nationalistische Soldaten nach der Einnahme von Teruel.*
Mitte: *Kanonenfeuer aus einer Stellung der Republikaner in der Schlacht um Madrid.*
Unten: *Guernica y Luno nach der Bombardierung. Am 26. April 1937 zerstörte Hitlers Luftwaffe mit einem Bombenteppich die baskische Stadt.*

114
Der Bürgerkrieg ist vorbei: Auf der Flucht vor den Siegern sind die Internationalen Brigaden gezwungen, in neutralen Ländern um politisches Asyl zu bitten. Das Foto zeigt eine Gruppe von kommunistischen Freiwilligen, die auf französisches Territorium eskortiert wird.

Der
Japanisch-Chinesische Krieg

Am Abend des 7. Juli 1937 kam es an der Marco-Polo-Brücke nahe Peking zu einem Zusammenstoss zwischen einer japanischen Garnison, die seit dem Boxeraufstand in Peking stationiert war, und einer Gruppe nationalistischer Chinesen, Anhänger der Regierung Tschiang Kai-schek mit Sitz in Nanking.

Dieser Zwischenfall war eine perfekt geplante Provokation und die japanische Regierung rechtfertigte damit ihren Einmarsch in China über die Mandschurei, die unter japanischem Protektorat stand. Vor der Okkupation durch Japan im Jahr 1931 war die Mandschurei chinesisches Territorium. Auslöser für die Besetzung war der „Mukden-Zwischenfall“. Am 18. September 1931 explodierte in Mukden (Schenjang) auf einem japanischen Zug eine Bombe. Man fand nie heraus, ob es sich bei der Explosion um einen Terroranschlag handelte oder um eine inszenierte Provokation des japanischen Geheimdienstes. Die Japaner nahmen diesen Zwischenfall als Vorwand, um in die weitläufige Region nördlich der Großen Mauer einzufallen. Die Regierung Tschiang Kai-schek in Nanking leistete nur geringen Widerstand und binnen drei Monaten hatte die japanische Armee die gesamte Mandschurei okkupiert. Außerdem gelang es ihr, Schanghai mit dem größten Hafen an der Südküste Chinas einzunehmen. Es kam zu blutigen japanisch-chinesischen Kämpfen, in deren Verlauf tausende von Zivilisten ihr Leben verloren.

Japan erklärte die Mandschurei 1932 unter seinem Protektorat zum unabhängigen Staat Mandschukuo, verlegte die Hauptstadt von Mukden nach Changchun und setzte Pu-Yi 1932 als Präsident, 1934 als Kaiser ein. Pu-Yi, der letzte Kaiser von China, war 1924 aus Peking vertrieben worden und hatte sich unter japanischen Schutz gestellt.

In den Jahren 1931 und 1932, als jene Ereignisse in der Mandschurei und in Schanghai stattfanden, war Tschiang Kai-schek nicht bereit, mit Japan in den Krieg zu treten. Nach dem Angriff im Juli 1937 beschloss er jedoch, sich gegen die Japaner zu erheben. Selbst die Kommunisten unter Mao Tse-tung, gegen die die Regierung einen blutigen Bürgerkrieg geführt hatte, ermutigten Tschiang Kai-schek, Widerstand zu leisten und stimmten zu, ihre Feindschaft vorübergehend ruhen zu lassen. Schließlich stand die Ehre Chinas auf dem Spiel.

Die Japaner waren den Chinesen in allen militärischen Bereichen weit überlegen. Am 29. Juli 1937 wurde das Universitätsgelände von Tientsin, Hauptquartier der nationalistischen Studenten, bombardiert und in Schutt und Asche gelegt. Anschließend okkupierten die Japaner Peking innerhalb von nur vier Tagen.

Im August dehnte sich das Kriegsgebiet bis zum Jangtsekiang, zum Hwangho und fast bis nach Schanghai aus, das Tschiang Kai-schek unter allen Umständen zurückerobern wollte. Er hatte seine besten Divisionen aus Nanking abziehen lassen, die unter dem Oberbefehl deutscher Offiziere standen, die bereits im Ersten Weltkrieg gekämpft hatten und sich nun überwiegend in Südamerika und im Fernen Osten als Militärexperten verdient machten. Der Angriff auf Schanghai schlug jedoch fehl und Tschiang Kai-schek verlor 60 Prozent seiner Soldaten.

Eine weitere Katastrophe zeichnete sich in der Schlacht von Paoting ab, die im September entlang der Eisenbahnlinie zwischen Peking und Hankow stattfand. 30 000 Japaner fielen in die Stadt ein und gingen mit beispielloser Grausamkeit gegen die Zivilbevölkerung vor.

116
Eine japanische Einheit bewacht den Zugang zu einer Brücke, die nach Schanghai führt. 1932 und 1937 war die Stadt Schauplatz schwerer Kämpfe zwischen Japanern und Chinesen.

1937
1938

DER JAPANISCH-CHINESISCHE KRIEG

1937–1938

Während Tschiang Kai-schek den Regierungssitz im September 1937 nach Hankow verlegte (ca. 500 km westlich von Nanking), organisierte Mao Tse-tung seine „Bauernarmee". Eine Division dieser Armee unter Lin Piao vernichtete eine japanische Brigade im Bergland von Schansi, nahe der Großen Mauer. (Jahre später sollte Mao Tse-tung Lin Piao töten lassen.) Die Japaner erlitten bei Ta-Her-Xuang, in Schantung, eine weitere Niederlage, die ihnen der deutsche General von Falkenhausen beibrachte, militärischer Berater Tschiang Kai-scheks. Bei dieser Schlacht verloren die Japaner 16 000 Mann, 40 Panzer und 70 Panzerkampfwagen.

Im Frühjahr 1938 fiel die japanische Armee in Kaifeng ein. Die Chinesen leisteten erbitterten Widerstand. Sie brachen die Deiche und überfluteten ein Gebiet von der Größe Italiens, um den Vormarsch der Feinde aufzuhalten. Die Japaner marschierten jedoch unaufhaltsam vorwärts. Gegen Ende des Sommers nahmen sie Hankow ein, den Regierungssitz Tschiang Kai-scheks, und Ende Oktober fiel Kanton. Der Krieg war vorbei und die Überlebenden der Armee Tschiang Kai-scheks suchten Schutz in den uneinnehmbaren Bergen von Tschungking.

Aufgrund der sich abzeichnenden Annäherung zwischen dem nationalsozialistischen Deutschland und Japan entließ Tschiang Kai-schek seine deutschen Generäle, denen er nicht mehr traute, ebenso wie eine Gruppe italienischer Offiziere der Luftwaffe, die ihm ebenfalls suspekt schienen. Er ersetzte diese Kader nach und nach durch amerikanische und britische Berater.

Nach dem Angriff der Japaner auf Pearl Harbor (7. Dezember 1941) bekannte sich Tschiang Kai-schek offen zu den Alliierten und erklärte den Achsenmächten den Krieg. Aus seinem Refugium in den Bergen konnte er zwar nicht viel unternehmen, doch er entsandte ein Expeditionskorps nach Birma, um den Briten im Kampf gegen die Japaner beizustehen. Der Verlauf des Zweiten Weltkriegs im Fernen Osten ermöglichte es den chinesischen Nationalisten ihre Streitkräfte neu zu gruppieren und Anfang 1945 eroberten sie Kwangsi.

Anfang 1947 brach der Bürgerkrieg erneut aus. Tschiang Kai-schecks Truppen unterlagen 1949 der kommunistischen „Volksbefreiungsarmee" Mao Tse-tungs, die mit sowjetischer Unterstützung von der Mandschurei aus zunächst Schantung und Nordchina und schließlich das gesamte chinesische Festland eroberte. Am 1. Oktober 1949 rief Mao Tse-tung in Peking die Volksrepublik China aus.

Der Japanisch-Chinesische Krieg

1937–1938

118–119

Die Eroberung Schanghais durch japanischen „Blaumäntel" (1932). Die Einnahme der Stadt erfolgte, nachdem die Japaner die Mandschurei besetzt hatten und sie zum unabhängigen Staat Mandschukuo erklärt hatten. Die wachsenden Spannungen zwischen Japan und China erreichten 1937 ihren Höhepunkt, als es zum Kriegsausbruch kam.

120–121
Links *und* Mitte: *Nachdem die Japaner im Juli 1937 bedeutende militärische Operationen eingeleitet hatten, war ihr Vorstoß unaufhaltsam. Die Aufnahmen zeigen japanische Soldaten, die durch chinesische Dörfer marschieren.*
Oben rechts: *Mitglieder der „Volksbefreiungsarmee“ Mao Tse-tungs verteidigen die Große Mauer gegen japanische Angriffe. Während des Japanisch-Chinesischen Kriegs verzichteten Mao Tse-tung und Tschiang Kai-schek vorübergehend auf die Fortführung des Bürgerkriegs.*
Unten rechts: *Nach der Eroberung Pekings paradieren japanische Truppen in der Verbotenen Stadt.*

Der Zweite Weltkrieg

Die Diplomatie hat versagt. Der Nationalsozialismus bestimmt das politische Geschehen.

Folgende Bedingungen wurden Deutschland unter anderen nach dem Ersten Weltkrieg im Versailler Vertrag auferlegt: Beschränkung des Landheers auf 100 000 Mann unter Abschaffung der allgemeinen Wehrpflicht und des Generalstabs, keine U-Boote, keine Luftwaffe, keine schwere Artillerie und keine Panzer. Mit den Bestimmungen des Versailler Vertrags sollte Deutschland so sehr geschwächt werden, dass es nie wieder eine militärische Gefahr für ein anderes Land darstellen konnte. Darüber hinaus sollten wirtschaftliche Bestimmungen das Wiedererstarken der deutschen Wirtschaftsmacht verhindern. Bei der Reichstagswahl am 31. Juli 1932 wurde jedoch die NSDAP (Nationalsozialistische Deutsche Arbeiterpartei) unter der Führung Adolf Hitlers mit 37,4 Prozent die stärkste politische Kraft. Am 30. Januar 1933 ernannte Reichspräsident Paul von Hindenburg Adolf Hitler zum Reichskanzler. Hitler unternahm keinen Versuch, seine Pläne zu verbergen, die er bereits in seiner politischen Rechtfertigungsschrift „Mein Kampf“ (1924) klar dargelegt hatte. Er machte darin deutlich, dass er weit reichende außenpolitische Ziele verfolgte, vor allem die Eroberung großen „Lebensraums“ in Osteuropa, und belegte seine antisemitische Weltanschauung sowie sein Streben nach militärischer Souveränität.

Mit der Regierungsübernahme, die Hitler als „Machtergreifung“ verstand, wurde die Demokratie eliminiert. Er verstand sich als diktatorisches Staatsoberhaupt und verlangte von den Soldaten, ihre Loyalität gegenüber seiner Person mit einem Eid zu bekräftigen. Vor allem aber hob er nach und nach alle noch geltenden Bestimmungen des Versailler Vertrags durch einseitige Aufkündigungen und Gewaltakte auf. Er ließ die Wehrmacht (bis 1935 Reichswehr) bewaffnen und remilitarisierte das Rheinland. Die Kriegsmarine begann mit dem Bau von Kreuzern und U-Booten und Hermann Göring, Luftfahrtminister und Oberbefehlshaber, baute die Luftwaffe auf. Die Krupp AG erlebte in dieser Phase einen enormen wirtschaftlichen Aufschwung, vor allem aufgrund der Produktion von Rüstungsgütern. Am 21. Mai 1935 führte Hitler mit dem Wehrgesetz die allgemeine Wehrpflicht wieder ein. Die Großmächte und der Völkerbund sahen nur eine Möglichkeit: Hitler musste mit einem Militärschlag gegen Deutschland vernichtet werden. Frankreich und Großbritannien zeigten sich jedoch zurückhaltend, eingeschüchtert durch die beeindruckenden Militärparaden, die Hitler abhalten ließ. Und die Vereinigten Staaten versteckten sich hinter dem Isolationismus. Außerdem sprachen sich Großbritannien und Frankreich 1936 wegen des Abessinienkriegs (1935/1936) fatalerweise für Sanktionen gegen Italien aus, der einzigen Macht, die Hitler militärisch überwachen hätte können. Dies hatte Italien 1934 demonstriert, als Nazis den österreichischen Kanzler Engelbert Dolfuß meuchelten. Die unglückliche Entscheidung für die Sanktionen gegen Italien trieb das Land in die Arme Hitlers und schuf eine der Grundlagen für den Zweiten Weltkrieg. Als Hitler diesen Krieg auslöste, verfügte er über 2 600 000 Soldaten, 3 200 Panzer, 4 000 Flugzeuge (die Hälfte davon Bomber), drei Schlachtschiffe, zehn Schlachtkreuzer und 57 U-Boote.

122
Dieses Foto, das Hitler in seiner typischen Rednerhaltung zeigt, wurde von seinem persönlichen Fotografen Heinrich Hoffmann geschossen. Nach dem gescheiterten Hitlerputsch (1923) wurde Hitler zu fünf Jahren Festungshaft in Landsberg am Lech verurteilt, aus der er jedoch vorzeitig (Ende 1924) entlassen wurde.

1939
1945

124–125
Links: *Die SA (Sturmabteilung) salutiert Hitler auf dem Reichsparteitag in Nürnberg (1934).*
Rechts: *Bei einer Zusammenkunft der Hitlerjugend treffen blonde, blauäugige Kinder den Führer. Diese Kinder repräsentierten für Hitler die Theorie der „Rassenreinheit“ und verkörperten eine „höhere Rasse“.*

S·D·A·P

1939
1945

126

Oben: *Hitler beantwortet vor dem Reichstag den Aufruf Präsident Roosevelts, den Ausbruch eines Weltkriegs zu vermeiden, indem er seine Forderungen unterstreicht: Intransigenz bezüglich Polen und Wiedereingliederung der Freien Stadt Danzig (September 1939).*
Unten: *Der Führer grüßt die Wehrmacht auf dem Reichsparteitag 1937. Diese jährlich in Nürnberg stattfindenden Versammlungen der NSDAP, die äußerst spektakulär waren, entsprangen dem Geist Albert Speers, Hitlers Generalbauinspekteur. Der spätere Reichsminister für Rüstung und Kriegsproduktion wurde vom Internationalen Militärtribunal in Nürnberg zu 20 Jahren Haft verurteilt, die er im Militärgefängnis der Alliierten in Spandau verbüßte.*

Der Zweite Weltkrieg

1939–1945

127

Aufnahme vom Reichsparteitag in Nürnberg (1938). In der historischen Stadt in Mittelfranken, die zum Symbol für Hitlers Macht werden sollte, wurde nach dem Zweiten Weltkrieg von den Siegermächten das Internationale Militärtribunal eingerichtet.

DEUTSCHLAND
Saarbrücken
DEUTSCHLAND
DEUTSCHLAND

1938
1939

Vom Anschluss bis zum Ausbruch des Zweiten Weltkriegs 1938–1939

Eine Klausel im Versailler Vertrag verbot die Vereinigung (Anschluss) Deutschlands und Österreichs. 1937 verkündete Hitler, geboren in Österreich, seine Pläne für das Reich. Alle deutschsprachigen Gebiete Europas (mit Ausnahme der Schweiz) sollten annektiert und der Anschluss sollte vollzogen werden. Dies war nicht nur eine Herausforderung des Versailler Vertrags, sondern auch eine offene Provokation der Siegermächte des Ersten Weltkriegs. Als Hitler diese Erklärung abgab, war Kurt von Schuschnigg österreichischer Bundeskanzler. Er lehnte den Anschluss ab, geriet jedoch unter wachsenden Druck Hitlers. Im Berchtesgadener Abkommen (12. Februar 1938) wurde er gezwungen seine selbstständige Politik weitgehend aufzugeben.

Von Schuschnigg kehrte nach Wien zurück, entmutigt, aber fest entschlossen, Widerstand zu leisten. Er hoffte, mit einem Referendum die Unabhängigkeit Österreichs erhalten zu können. Hitler überließ jedoch nichts dem Zufall. Er mobilisierte die österreichischen Nationalsozialisten unter Führung des Innenministers Arthur Seyß-Inquart. Von Schuschnigg war gezwungen, den Plan eines Plebiszits fallen zu lassen. Am 11. März 1938 trat er zurück. Seyß-Inquart wurde sein Nachfolger und vollzog am 13. März den Anschluss, nachdem am 12. März deutsche Truppen in Österreich eingerückt waren.

Das Wohlwollen Mussolinis sicherte sich Hitler, indem er verkündete, dass die österreichisch-italienische Grenze am Brenner unangetastet bleiben würde: Das deutschsprachige Südtirol sollte in italienischer Hand bleiben.

Am 14. März fuhr Hitler vor einer jubelnden Menschenmenge im Triumphzug durch Wien. In einem Telegramm an Mussolini schrieb er: „Ich werde dies niemals vergessen.“. Wenige Tage später erließ das österreichische Kabinett ein Dekret. Österreich erhielt damit die amtliche Bezeichnung Ostmark. Am 10. April bestätigte ein Plebiszit den Anschluss. 99 Prozent der Österreicher stimmten für die Vereinigung. Am 18. April erzielte ein Referendum in Deutschland ein ähnliches Ergebnis.

Kurt von Schuschnigg war bis Kriegsende überwiegend im Konzentrationslager in Haft. Nach dem Krieg ging er in die USA und erhielt 1956 die amerikanische Staatsbürgerschaft. 1967 kehrte er nach Österreich zurück. Dort starb er 1977.

Etwa 3 Millionen deutschsprachige Bürger lebten im tschechischen Sudetenland, einem der Territorien, denen Adolf Hitler „versprochen“ hatte, sie dem Reich anzugliedern. Im April 1938 lehnte Konrad Henlein, Gründer der Sudetendeutschen Heimatfront (ab 1935 Sudetendeutsche Partei), es ab, auf das Versprechen der tschechischen Zentralregierung einzugehen, dass die Rechte der deutschen Minderheit gewahrt würden. Er forderte nicht nur die vollständige Autonomie für die Sudetendeutschen, sondern trat offen für den Anschluss des Sudetenlandes an das Deutsche Reich ein. Prag wies diese Forderung zurück. Berlin antwortete unverzüglich. Hitler versetzte die Armee in Bereitschaft und instruierte sie, sich auf die „Zerschlagung der Tschechoslowakei“ vorzubereiten. Am 26. September stellte Deutschland ein Ultimatum: Okkupation der Tschechoslowakei, falls man sich weigerte, dem Sudetenland das Recht auf Selbstbestimmung zu garantieren. Dies wäre der Moment gewesen, Hitler zu stürzen und aus der Geschichte zu tilgen. Doch kein Staat hatte den Mut, diesen Schritt zu tun. Im Gegenteil, Großbritannien drängte die tschechische Regierung insgeheim, die Unabhängigkeit des Sudetenlands zu akzeptieren. Frankreich dagegen war durch eine Allianz an die Tschechoslowakei gebunden und ordnete am 28. September die Gesamtmobilmachung an. Gleichzeitig telefonierte der britische Premierminister Arthur Neville Chamberlain mit Mussolini und bat ihn, um des Friedens willen zu intervenieren. Zu diesem Zeitpunkt war allgemein bekannt, dass Hitler den 1. Oktober für den Angriff festgelegt hatte. Mussolini verschwendete keine Zeit. Innerhalb weniger Stunden berief er ein Gipfeltreffen für den nächsten Tag in München ein.

Am Morgen des 29. September trafen die Staatsoberhäupter der vier Großmächte in München ein: Édouard Daladier (Frankreich), Arthur Neville Chamberlain (Großbritannien), Benito Mussolini (Italien) und Adolf Hitler (Deutschland). Das Treffen begann am Mittag und endete am 30. September um 1:00 Uhr. Mit Ausnahme Hitlers wollten alle einen Krieg vermeiden. Man ermahnte die Tschechoslowakei, die nicht zu dem Treffen geladen war, die Forderungen von Henleins Partei zu akzeptieren. Im Gegenzug versprach Hitler, die Tschechoslowakei zu verschonen und den etwa 800 000 Tschechen, die im Sudetenland lebten,

128

Oben links: *Soldaten der Wehrmacht entfernen das Schild, das die Grenze zwischen Österreich und Deutschland markiert. Damit war der von Hitler geforderte Anschluss manifestiert: die staatliche Vereinigung Österreichs mit dem Deutschen Reich (13. März 1938).*
Oben rechts *und* unten: *Hitlers Triumphzug durch Wien, nachdem ein Plebiszit den Anschluss sanktioniert hat.*

sechs Monate Zeit zu geben, um sich zu entscheiden, ob sie bleiben oder das Land verlassen wollten. Die Tschechoslowakei hatte außerdem ihre Befestigungen in den Bergen entlang der deutschen Grenze aufzugeben. Darüber hinaus wurde eine „Deklaration deutsch-englischer Freundschaft“ unterzeichnet. Chamberlain und Mussolini wurden nach der Rückkehr in ihre Heimatländer als „Bewahrer des Friedens“ gefeiert. Die Italiener bereiteten ihrem Staatsoberhaupt ein ekstatisches Willkommen. Millionen Menschen säumten die Eisenbahnlinie zwischen dem Brenner und Rom und begleiteten den Zug Mussolinis mit Hurrarufen. In London feierte man verhaltener. Winston Churchill und der britische Außenminister Sir Robert Anthony Eden distanzierten sich sogar von Chamberlain. Stalin wusste, dass die Briten und Franzosen sich nicht gegen Hitlers Pläne im Osten stellen würden, und dachte seinerseits über ein Agreement zwischen Deutschland und der Sowjetunion nach. Der tschechische Staatspräsident Eduard Benesch trat nach dem Abschluss des Münchener Abkommens zurück. Sein Nachfolger wurde Emil Hácha.

Die Welt hatte kaum den Seufzer der Erleichterung ausgestoßen, als das böse Erwachen folgte. Am 30. September 1938 hatte die Weltpresse noch verkündet, die Tschechoslowakei sei gerettet. Sie hatte sich zwar den Forderungen Hitlers beugen müssen, doch ihre territoriale Integrität war gesichert. Die Tschechoslowakei sollte jedoch nicht zur Ruhe kommen. Bereits am 1. Oktober nötigte sie ein Ultimatum Polens zur Abtretung des Teschener Landes. Am 7. Oktober setzte man in der Slowakei eine unabhängige Regierung ein. Ministerpräsident war der Priester Jozef Tiso. Am 11. Oktober geschah das Gleiche in Ruthenien. Hier wurde der Priester Volosin Staatschef. Beide Geistlichen wurden von deutschen Beratern finanziell unterstützt und politisch geführt. Als Nächstes erhob Ungarn territoriale Ansprüche. Am 2. November musste die Tschechoslowakei mit dem 1. Wiener Schiedsspruch, den die Außenminister Deutschlands (Ribbentrop) und Italiens (Ciano) gefällt hatten, den Südrand der Slowakei und der Karpato-Ukraine an Ungarn abtreten. Am 14. März 1939 erklärte die Slowakei ihre Unabhängigkeit und schließlich erzwang Deutschland mit militärischem Druck am 15. März die Anerkennung eines deutschen Protektorats Böhmen und Mähren, das dem Reichsprotektor Konstantin Freiherr von Neurath unterstellt wurde. Damit hatte die Tschechoslowakei ihre staatliche Existenz verloren.

Nun schienen die Westmächte endlich aus ihrer Apathie zu erwachen. Der britische Premierminister Chamberlain verkündete das Ende des Appeasement. Frankreich bekräftigte die Unantastbarkeit Polens, seines zweiten Bündnispartners in Osteuropa. Belgien und die Niederlande unterstützten diese Bekräftigung und Großbritannien und Polen unterzeichneten einen gegenseitigen Garantievertrag. Die westeuropäische Presse beschuldigte Hitler, die Welt mit Gewalt beherrschen zu wollen, und bezeichnete ihn als Volksfeind Nummer eins.

1939 war das Jahr der Pakte. Die Verträge enthielten geheime Abmachungen und wurden unterzeichnet, ohne jene Partner in Kenntnis zu setzen, die man darüber informieren hätte müssen. So hätten zum Beispiel vor der Unterzeichnung des Stalin-Hitler-Pakts Japan und Italien konsultiert werden müssen. Beide Staaten waren mit Deutschland über den Antikominternpakt zur Abwehr der Verbreitung des Kommunismus verbunden. Deutschland und Japan hatten diesen Pakt am 25. November 1936 unterzeichnet, Italien trat 1937 bei. 1939 folgten Ungarn, Spanien und Mandschukuo. 1941 sollten sich weitere Staaten anschließen. Deutschland, Italien und Japan waren außerdem aus dem Völkerbund ausgetreten, um ihre aggressive Expansionspolitik fortführen zu können. Der Austritt der drei Staaten machte das Versagen des Völkerbunds deutlich.

Anfang 1939 bat Deutschland Italien und Japan, einen Dreimächtepakt zu unterzeichnen. Japan lehnte ab und der italienische Außenminister Galeazzo Ciano wehrte sich vehement gegen eine solch starke Bindung an Deutschland. Mussolini, sein Schwiegervater, griff daraufhin zu einer List. Während sich Ciano und Ribbentrop am 6. Mai 1939 in Mailand trafen, ließ Mussolini in Rom über die Presse verkünden, dass die Unterzeichnung des Stahlpakts zwischen Deutschland und Italien unmittelbar bevorstehe. Ciano wurde gezwungen, nach Berlin zu reisen. Am 25. Mai 1939 unterzeichneten Deutschland und Italien den Stahlpakt, einen Freundschafts- und Bündnisvertrag, der sich vor allem gegen die westliche Demokratie wendete. Dieser Pakt war der Grund dafür, dass Ciano den Deutschen niemals den Stalin-Hitler-Pakt verzieh, der am 23. August 1939 nach Verhandlungen der Außenminister Ribbentrop und Molotow zwischen Deutschland und der Sowjetunion geschlossen wurde. Er enthielt ein Geheimes Zusatzprotokoll, in dem die Interessenssphären beider Mächte in Osteuropa abgegrenzt wurden. Bei der Unterzeichnung des Pakts soll sich folgende Episode abgespielt haben: Stalin trank ein Glas Wodka nach dem anderen. Ein junger deutscher Offizier, den Zweifel überkamen, entriss dem sowjetischen Diktator die Flasche, füllte sein eigenes Glas und trank. Es war Wasser.

Mit der Unterzeichnung des Stalin-Hitler-Pakts hatte Deutschland nicht nur den Stahlpakt, sondern auch den Antikominternpakt mit Italien und Japan verletzt. Japan denunzierte daraufhin selbst den Antikominternpakt. Deutschland hatte seine Maske bereits am 11. August 1939 beim deutsch-italienischen Gipfel in Salzburg fallen lassen. Ciano wandte sich an Ribbentrop und fragte: „Sie wollen also den Danziger Korridor?“ Darauf antwortete Hitlers Außenminister: „Nicht mehr. Wir wollen Krieg.“

Japan konnte keine große Hilfe von dem weit entfernten Deutschland bezüglich seiner Expansionspolitik im Fernen Osten erwarten, musste jedoch mit dem Widerstand Russlands rechnen. Diese Angst hatte Japan veranlasst, den Antikominternpakt zu unterzeichnen, den es selbst denunzieren sollte, als es von dem Geheimen Zusatzprotokoll des Stalin-Hitler-Pakts erfuhr. In den 20er- und 30er-Jahren hatte Japan eine höchst nationalistische Haltung eingenommen. Man trieb die Wiederaufrüstung intensiv voran und baute die Kriegsflotte aus. Im Juli 1937 begann Japan ohne formelle Kriegserklärung einen Krieg mit China. Die invadierende Armee besetzte Peking, Schanghai, Nanking und Kanton. Die chinesische Regierung unter Tschiang Kai-schek hatte Schutz in den Bergen von Tschungking gesucht und führte gemeinsam mit den Kommunisten Mao Tse-tungs einen Guerillakrieg gegen die Japaner. Zwischen 1938 und 1939 kam es immer wieder zu Grenzkonflikten zwischen Russland und Japan, das Nordchina besetzt hatte. Tokio rechnete deshalb stets damit, dass Russland die japanische Armee aus dem Hinterhalt angreifen könnte.

In den 30er-Jahren waren die Vereinigten Staaten mit dem New Deal beschäftigt, einem Programm zur Überwindung der Wirtschafts- und Staatskrise, ausgelöst durch die Weltwirtschaftskrise 1929. Präsident Roosevelts Wirtschaftspolitik umfasste unter anderem die Wiederaufrüstung. Mit dem Aufbau der Rüstungsindustrie sollten nicht nur hunderttausende von Arbeitslosen eine Beschäftigung finden, sondern man wollte gleichzeitig die Wirtschaft ankurbeln. Die Waffenarsenale wurden bestückt, obwohl die territoriale Integrität der Vereinigten Staaten von keiner Seite bedroht wurde, und man betrieb verstärkt eine Politik des Isolationismus.

Die liberale Gesinnung Roosevelts war unvereinbar mit der des nationalsozialistischen Deutschlands und des imperialistischen Japans. Roosevelt war sich zwar stets der Macht der italienischen Immigranten in der Neuen Welt bewusst und er kannte auch die profaschistischen Neigungen der Auswanderer, doch er bewertete diese nie als tatsächliche Bedrohung. Ein Resultat der Wirtschaftspolitik, die sich auf die Rüstungsindustrie konzentrierte, war, dass die Produktion von Militärflugzeugen binnen weniger Jahre verdoppelt wurde und die amerikanische Flotte zur mächtigsten der Welt aufstieg.

Vielleicht hätten der Japanisch-Chinesische Krieg und der Krieg in Europa, der am 1. September 1939 mit dem Einmarsch deutscher Truppen in Polen begann, auf regionale Konflikte beschränkt bleiben können. Doch diese Konflikte sollten den Zweiten Weltkrieg auslösen. Vor dem Sieg der Alliierten erfasste dieser Krieg praktisch jedes Land in der Welt und führte zu nie gekannten Greueltaten wie den Holocaust an 6 Millionen Juden und den Abwurf amerikanischer Atombomben auf Hiroshima und Nagasaki.

Welche Faktoren waren dafür verantwortlich, dass der Krieg ein solches Ausmaß annehmen konnte? Die britischen, französischen und niederländischen Kolonien hatten der japanischen Expansion zur See nichts entgegenzusetzen. Lediglich die Vereinigten Staaten waren dazu in der Lage. Japan beschloss deshalb, einen Präventivangriff (7. Dezember 1941) auf die amerikanische Pazifikflotte durchzuführen, die im Hafen von Pearl Harbor ankerte. Doch die japanische Regierung unterschätzte die Amerikaner. Der kaltblütige Angriff stärkte das beharrliche Verlangen der Amerikaner, Japan für immer zu zerschlagen. Hitler hatte einen ähnlichen Fehler begangen, als er am 22. Juni 1941 mit seinen Verbündeten in Europa die Sowjetunion angriff. Diese Entscheidung verwickelte Deutschland in einen fatalen Zweifrontenkrieg.

Deutschland und Japan waren nur auf dem Papier Verbündete. In Wahrheit hatten sie nie ein Interesse daran, eine gemeinsame Strategie auszuarbeiten. Im Gegensatz dazu entwickelten die Vereinigten Staaten, Großbritannien und die Sowjetunion auf politischen und militärischen Gipfeltreffen Pläne für ein gemeinsames Vorgehen. Die USA und Großbritannien schufen ein vereintes Oberkommando und die UdSSR wurde von der amerikanischen Industrie mit Waffen, Flugzeugen, Schiffen und Lebensmitteln versorgt. Der Weltkrieg wurde zum totalen Krieg: Europa und Asien, Afrika und der Nahe Osten, Indien und der südpazifische Raum waren ebenso betroffen wie der Ferne Osten und die Arktis. Großbritannien war ebenso involviert wie Kanada und Australien. Die menschlichen Verluste waren enorm. Die UdSSR hatte etwa 20 Millionen Kriegstote zu verbuchen, Deutschland 5,25 Millionen, Polen 4,5 Millionen, Japan 1,8 Millionen, Jugoslawien 1,7 Millionen, Frankreich 810 000, Ungarn 420 000, Großbritannien 386 000, Rumänien 378 000, Italien 330 000 und Finnland 84 000. Die USA hatten 259 000 Tote zu beklagen. Die Zahl der Ziviltoten belief sich in der UdSSR auf

Vom Anschluss bis zum Ausbruch des Zweiten Weltkriegs

1938–1939

7 Millionen, in Japan auf 600 000, in Deutschland auf 500 000, in Frankreich auf 470 000 und in Großbritannien auf 62 000. Dieser traurige Rekord war dem Einsatz neuester Waffen, vor allem der Atombombe zu verdanken. Während im Ersten Weltkrieg der Grundstock für den Zweiten Weltkrieg gelegt wurde, sollte dieser Weltkrieg als Abschreckung für einen weiteren Weltkrieg dienen.

Am 21. März 1939 forderte Deutschland in einer diplomatischen Note die Rückgliederung Danzigs an das Deutsche Reich und die Gewährung exterritorialer Verbindungswege durch den Danziger Korridor. Im Gegenzug wurde Polen, das als Satellit Deutschlands im Kampf gegen die UdSSR dienen sollte, die Gewinnung von Teilen der Ukraine in Aussicht gestellt. Die Welt begriff plötzlich, dass die Freie Stadt Danzig, die unter dem Schutz des Völkerbunds stand, und der Danziger Korridor zum Casus Belli eines neuen Weltkriegs werden könnte. Europäische Zeitungen (vor allem französische) stellten immer öfter die Frage: „Sterben für Danzig?“

Ab dem 21. März überschlugen sich die Ereignisse. Am 26. März lehnte Polen das „Angebot“ Deutschlands ab. Am darauf folgenden Tag brach Deutschland die diplomatischen Beziehungen zu Polen ab. Am 31. März unterzeichneten Großbritannien und Polen einen Vertrag, der die Unabhängigkeit Polens garantierte. Diesem Vertrag schloss sich auch Frankreich an. Am 26. Mai führte Großbritannien die allgemeine Wehrpflicht wieder ein.

Im August wurde der Druck unerträglich. Nach Tagen der Anspannung und der Gefechte entlang der deutsch-polnischen Grenze und in Danzig (dessen Bewohner mehrheitlich für die Rückgliederung an das Deutsche Reich waren) richtete sich das Augenmerk der Welt erneut auf Italien, wie bereits ein Jahr zuvor während der Krise mit dem Sudetenland. Am 21. August informierte Mussolini Hitler darüber, dass Italien Deutschland den Rücken stärken würde, falls es zu einem Angriff auf Polen käme. Am 23. August ließ Präsident Roosevelt dem italienischen König Viktor Emanuel III. eine Nachricht übermitteln, in der er ihn bat, einzugreifen, um einen Krieg zu verhindern. Am 24. August wandte sich Papst Paul XII. an alle Staaten und ermahnte sie, auf die Stimme der Vernunft zu hören. Vergebens!

In der Nacht zum 30. August organisierte eine Einheit der SS einen Scheinangriff auf die deutsche Rundfunkstation in Gleiwitz an der polnischen Grenze. Verkleidet als polnische Soldaten überfielen Hitlers Männer die Rundfunkstation und ermordeten kaltblütig mehrere Angestellte. Tatsächlich handelte es sich dabei jedoch um politische Gefangene, die während der Nacht in das Gebäude gebracht und zu Propagandazwecken ermordet wurden. Am nächsten Tag verkündete Hitler im Rundfunk, dass Polen für diese Tat teuer bezahlen werde.

Am 1. September 1939 um 4:45 Uhr ließ Hitler den Angriff auf Polen eröffnen. Italien erklärte unverzüglich, es sähe sich außerstande, am Krieg teilzunehmen, da es nicht kriegsbereit sei. Man bat um die zeitweilige Aufhebung des Stahlpakts. Am 3. September erklärten Großbritannien und Frankreich (wenn auch zögernd) Deutschland den Krieg, gefolgt von Australien und Neuseeland. Großbritannien entsandte ein Expeditionskorps (150 000 Mann) nach Frankreich. Am 5. September erklärten die Vereinigten Staaten ihre Neutralität.

Während die polnische Armee unter General Sikorski tapfer gegen die weit überlegenen Feinde kämpfte, bereitete die UdSSR ihren Angriff auf Polen vor. Am 17. September rückte die Rote Armee in Ostpolen ein und drang bis zur Weichsel vor. 1943 sollten deutsche Soldaten in der Nähe von Katyn Massengräber mit den sterblichen Überresten von etwa 4 100 polnischen Offizieren finden, die in sowjetische Gefangenschaft geraten und im Frühjahr 1940 exekutiert worden waren.

Die polnische Armee hatte den deutschen Heeres- und Luftstreitkräften lediglich zwar heroische, aber veraltete Formationen entgegenzusetzen wie jene Truppe, die in der Schlacht an der Bzura gegen zwei Panzerregimenter kämpfte und dabei den Tod fand. Bereits zu Beginn der Auseinandersetzungen war es der deutschen Luftwaffe gelungen, die polnischen Flugzeuge am Boden zu zerstören. Die wenigen Kriegsschiffe in der Ostsee ereilte das gleiche Schicksal. Die deutschen Divisionen marschierten von Schlesien und der Slowakei sowie von Ostpreußen aus konzentrisch auf Warschau zu und kamen am 7. September in Sicht der polnischen Hauptstadt. Am 18. September retteten sich die polnische Regierung und das Oberkommando auf rumänisches Territorium. Am 27./28. September kapitulierte Warschau. Am 30. September formierte General Sikorski die polnische Exilregierung in Paris.

Am 6. Oktober erlosch der letzte militärische Widerstand Polens. Frankreich und Großbritannien mussten der Annihilation ihres Bündnispartners tatenlos zusehen. Innerhalb eines Monats hatte Polen 70 000 Tote und 133 000 Verletzte zu verzeichnen. 250 000 polnische Soldaten gerieten in sowjetische Gefangenschaft, 700 000 fielen in die Hände der deutschen Wehrmacht. Die Deutschen hatten etwa 10 000 Mann verloren. Die rasche Eroberung Polens markierte die Geburt des Blitzkriegs. Symbol für diesen Krieg waren die Sturzkampfbomber JU 87 der Firma Junkers (kurz: Stuka), deren sirenenartiges Geheul den Feind bei einem Angriff regelrecht paralysierte.

Dem Vorbild der UdSSR in Ostpolen folgend, errichtete Deutschland eine Politik der Gewaltherrschaft in den besiegten polnischen Gebieten. Offiziere, Priester, Politiker, Lehrer, Journalisten und Wissenschaftler wurden interniert und heimlich beseitigt. Arbeiter wurden nach Deutschland verschickt und mussten unter unwürdigen Bedingungen Schwerstarbeit verrichten. Man expropriierte Fabrikbesitzer und übereignete ihre Betriebe deutschen Industriellen. In den Städten wurden die jüdischen Gettos mit Stacheldrahtzäunen abgegrenzt. Wenn es keine Gettos gab, wurden sie geschaffen. Man deportierte die Juden aus Deutschland, Österreich und den angrenzenden Gebieten in diese Gettos. Der sadistische Deutsche Hans Frank, wurde Generalgouverneur in Polen, um die „Neuordnung Europas" zu festigen. Er sollte später jüdische Kinder, die versucht hatten, aus den Gettos zu fliehen, für Schießübungen missbrauchen.

Frankreich und Großbritannien schienen gelähmt angesichts des raschen Zusammenbruchs Polens. Man hatte den Eindruck, beide Länder hätten Deutschland den Krieg am 3. September 1939 nicht erklärt. Und auch Deutschland unternahm nichts gegen die beiden Staaten. Die drei Armeen beobachteten sich aus der Distanz: Die Briten bezogen in Flandern Stellung, die Deutschen am Fuß der Ardennen und die Franzosen verschanzten sich in den Redouten an der Maginot-Linie. Auf See entbrannte jedoch ein Krieg zwischen Deutschen und Briten. Am 14. Oktober torpedierte und versenkte ein U-Boot in der Bucht von Scapa Flow, dem britischen Flottenstützpunkt auf den Orkneyinseln, das Schlachtschiff *Royal Oak*. Am 17. Dezember versenkte sich das deutsche Panzerschiff *Admiral Graf Spee* vor Montevideo an der Mündung des Río de la Plata selbst, da es den britischen Kreuzern nicht entkommen konnte. Das Schiff war nach dem deutschen Admiral benannt, der im Ersten Weltkrieg bei Coronel über einen britischen Kreuzerverband gesiegt hatte.

Zwischen 1929 und 1932 war unter Leitung des französischen Kriegsministers André Maginot die nach ihm benannte Maginot-Linie errichtet worden. Dieser Festungsgürtel aus betonierten (zum Teil unterirdischen) Kampfständen, Lagerhallen, Produktionsstätten für Bomben und Panzerhindernissen diente dem Schutz der französischen Grenzgebiete gegen Deutschland. Er sollte sowohl schwerer Artillerie als auch Luftangriffen standhalten und verfügte über ein Ventilationssystem mit Spezialfiltern, die Giftgas unwirksam machten. Der Festungsgürtel erstreckte sich entlang der Grenze, die Frankreich von Deutschland und Luxemburg trennt. Ausgenommen war die belgische Grenze, da Frankreich in Belgien keine Bedrohung sah. Und genau über diese Grenze sollten die Divisionen des Generaloberst Guderian in Frankreich einmarschieren.

Im Oktober 1939 errichtete die sowjetische Regierung in Estland, Lettland und Litauen, mit denen man Beistandspakte geschlossen hatte, militärische Stützpunkte. Auch Finnland sollte der Sowjetunion Stützpunkte einräumen, weigerte sich jedoch. Am 30. November 1939 eröffnete die Sowjetunion daraufhin den Krieg gegen Finnland, der am 12. März 1940 mit einem Friedensvertrag endete. Finnland konnte seine Unabhängigkeit wahren, musste jedoch Gebietsverluste hinnehmen.

Mit der Besetzung Dänemarks und der wichtigsten Häfen Norwegens am 9. April 1940 (Operation „Weserübung") kam Hitler den Absichten der Westmächte zuvor. Diese hatten geplant, unter dem Vorwand Finnland zu Hilfe zu kommen, das für Deutschland wichtige schwedische Erzgebiet zu besetzen. Der Vormarsch der Deutschen erfolgte unter General von Falkenhorst. Über 200 000 Mann wurden mobilisiert, unterstützt von 100 Panzern, 1 000 Flugzeugen und der gesamten Flotte. Dänemark leistete keinen Widerstand und nahm unter Protest die Besetzung hin. Norwegen hingegen kämpfte erbittert, letztendlich jedoch ohne Erfolg. Am 9. Juni befahl König Hakon VII., den Kampf einzustellen. Er ging mit seiner Regierung nach London ins Exil. Norwegen wurde einer deutschen Zivilverwaltung unterstellt. Vidkun Quisling, der Hitler die Besetzung der norwegischen Häfen vorgeschlagen hatte, arbeitete mit dem Reichskommissar Josef Terboven zusammen und leitete unter der deutschen Besatzungsmacht 1942 bis 1945 eine „nationale Regierung". Am 24. Oktober 1945 wurde er wegen dieses Verrats hingerichtet.

Im Blitzkrieg gegen Norwegen waren 3 692 Deutsche gefallen. Großbritannien und Norwegen verloren 3 734 Mann. Ein Viertel der Flotte Hitlers war versenkt und unzählige Divisionen mussten in Norwegen stationiert werden, um das weite Land unter Kontrolle zu halten.

Die spektakulären Siege der Deutschen über Norwegen und Dänemark zogen ungeahnte Konsequenzen nach sich. Der amerikanische Präsident Roosevelt trieb die Wiederbewaffnung voran und intensivierte die Flugzeugproduktion. In Großbritannien führten das Scheitern der britischen Norwegenexpedition und der Beginn des Frankreichfeldzugs zum Sturz der Regierung Chamberlain. Am 10. Mai 1940 wurde Sir Winston Churchill zum Premierminister berufen.

136–137
Links: *Deutsche Soldaten haben in Norwegen ein Zentrum des Widerstands in Brand gesteckt (Mai 1940).*
Rechts: *Schiffe und Wracks in der Bucht von Narvik (Norwegen) nach der Schlacht zwischen deutschen und britischen Streitkräften (April 1940).*

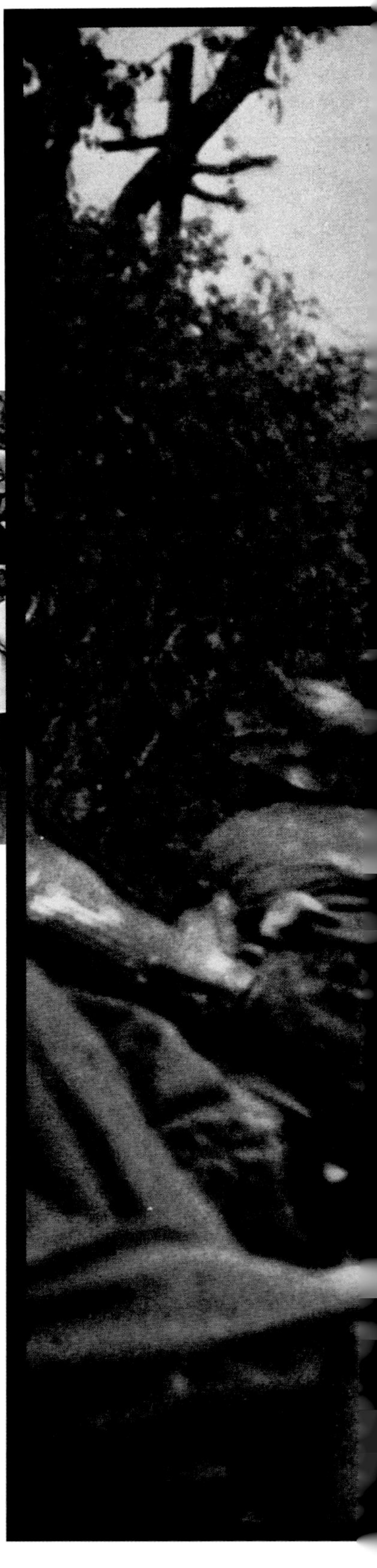

134–135
Oben links: *Deutsche Infanteristen warten in den Schützengräben vor den Toren Warschaus auf den Befehl zum entscheidenden Gefecht.*
Mitte links: *Am 1. September entfernen deutsche Soldaten den Schlagbaum an der polnischen Grenze. Der Einmarsch der Deutschen in Polen markierte den Beginn des Zweiten Weltkriegs.*
Unten links: *Ein verzweifeltes polnisches Mädchen weint neben dem Leichnam ihrer Schwester, die einen Luftangriff der Deutschen nicht überlebt hat.*
Rechts: *Soldaten der deutschen Wehrmacht warten am Stadtrand Warschaus auf den Befehl zum Angriff.*

1939
1940

Der Blitzkrieg in Frankreich
1940

Im Zweiten Weltkrieg ersetzte das OKW (Oberkommando der Wehrmacht) den „Schlieffenplan“ durch den Operationsplan „Sichelschnitt“, den Stabschef Erich von Manstein entworfen hatte. Der Plan sah die rasche Eroberung Belgiens und der Niederlande vor, für den Fall eines Angriffs seitens der Franzosen. Anschließend würde Deutschland über die Ardennen in Frankreich einfallen, die die Franzosen für eine natürliche Blockade gegen Panzer und andere motorisierte Fahrzeuge hielten, da keine Straßen durch das Gebirge führten. Sobald die Streitkräfte Frankreich erreichten, sollten sie sich nach Norden wenden, um das britische Expeditionskorps in Flandern, das an der belgischen Grenze stationiert war, von Frankreich zu separieren. Gleichzeitig würde das Gros der deutschen Armee, die zu diesem Zeitpunkt bereits in den Niederlanden und in Belgien einmarschiert wäre, den Briten in den Rücken fallen.

Mit dem Angriff auf die Niederlande begann am 10. Mai 1940 der deutsche Feldzug im Westen. Bereits am 14. Mai war die Schlacht entschieden. Nach der Zerstörung Rotterdams durch die deutsche Luftwaffe (1 000 Tote, 25 000 zerstörte Gebäude). kapitulierten die Niederlande. Königin Wilhelmina floh mit ihrer Familie und der Regierung nach London.

Der Angriff auf Belgien erfolgte ebenfalls am 10. Mai. Die Deutschen nahmen das Fort Eben-Emael ein, das von etwa tausend Mann verteidigt wurde. In Verkleidung belgischer Soldaten besetzten deutsche Truppen außerdem strategisch wichtige Brücken. Am 28. Mai kapitulierte König Leopold III. Er wurde auf Schloss Laeken interniert.

Am 12. Mai begann unter Generaloberst Heinz Guderian die Überquerung der als unüberwindlich geltenden Ardennen. Er schickte motorisierte Soldaten voraus, die einen Weg für die Panzer vorbereiten sollten. In Windeseile erreichten die Panzerdivisionen den Ärmelkanal und schlossen damit den Griff um das britische Expeditionskorps und die französischen Streitkräfte, die in Flandern entlang der belgischen Grenze stationiert waren. In dieser scheinbar aussichtslosen Situation kam der alliierten Armee die Entscheidung Hitlers zugute, die auf Dünkirchen vorrückenden Panzer anzuhalten. Zwischen dem 28. Mai und dem 5. Juni mobilisierte der neue britische Premierminister Winston Churchill 2 200 Schiffe, vom Kreuzer bis zum Fischerboot. Diese „Flotte“ brachte 338 000 französische und britische Frontkämpfer sicher über den Ärmelkanal. Die Deutschen beschlagnahmten 2 500 Geschütze, 11 000 Maschinengewehre sowie 64 000 Panzer, Lastwagen und Panzerfahrzeuge. 1,2 Millionen alliierte Soldaten gerieten in deutsche Gefangenschaft.

Zur Verteidigung der Sicherungslinie an Somme und Aisne ersetzte Frankreich General Maurice Gustave Gamelin, Oberbefehlshaber der alliierten Armee, durch General Maxime Weygand. Man hoffte, dass sich das Wunder des Ersten Weltkriegs wiederholen würde und Paris verschont bliebe. Am 5. Juni durchbrachen jedoch die deutschen Streitkräfte die Sicherungslinie an Somme und Aisne, am 9. Juni fiel Dünkirchen und am 14. Juni besetzten die deutschen Truppen Paris. Am 19. Juni fiel Brest im äußersten Nordwesten Frankreichs, am 20. Juni wurde Lyon eingenommen. Die französische Armee existierte nicht mehr.

Die Nachfolge des zurückgetretenen Ministerpräsidenten Paul Reynaud trat dessen Stellvertreter Marschall Philippe Pétain an, ein Held des Ersten Weltkriegs. Am 22. Juni wurde im Wald von Compiègne ein deutsch-französischer Waffenstillstand unterzeichnet. Die Unterzeichnung fand im selben Salonwagen statt, in dem die Deutschen am 11. November 1918 den Waffenstillstand mit den Alliierten geschlossen hatten. General de Gaulle, Staatssekretär für Nationale Verteidigung, war während der Evakuierung Dünkirchens die Flucht nach London gelungen. Er forderte von den Franzosen die Fortsetzung des Kriegs und erklärte sich selbst zum Träger der französischen Souveränität.

Am 25. Juni 1940 trat der Waffenstillstandsvertrag in Kraft. Belgien und der größte Teil Frankreichs wurden Militärbefehlshabern unterstellt. Deutschland annektierte Elsass-Lothringen und Luxemburg. Eupen-Malmedy wurde offiziell in das Deutsche Reich zurückgegliedert. Am 1. Juli verlegte die Regierung Pétain ihren Sitz nach Vichy.

Großbritannien reagierte auf die Kapitulation Frankreichs vollkommen unerwartet. Am 3. Juli bombardierte die britische Kriegsmarine die französische Flotte, die sich in Mers el-Kebir, einem Militärhafen in Algerien, versammelt hatte. 1 500 Mann wurden getötet. Man vermutete natürlich, dass die französische Regierung Großbritannien den Krieg erklären würde, doch Vichy reagierte nicht.

139

Maginot-Linie: Der Widerstand der Franzosen im Mai/Juni 1940 entlang der Maginot-Linie erwies sich als zwecklos. Die Deutschen zerstörten den Festungsgürtel mit Flammenwerfern und machten ihn mit ihren Panzern dem Erdboden gleich.

141

Oben links: *Der Strand von Dünkirchen (Norwegen). Britische Soldaten waten durch das Wasser zu den Schiffen, die sie über den Ärmelkanal in Sicherheit bringen sollen (22. Juni 1940).*
Oben rechts: *Am 14. Juni 1940, wenige Tage vor der Kapitulation Frankreichs, fliegen deutsche Heinkel He 111 über Paris. Es wäre nicht nötig gewesen, Paris zu bombardieren, um Frankreich zu besiegen. Der Vorstoß der Panzer unter Generaloberst Guderian hätte genügt.*
Unten: *Der Strand von Dünkirchen nach dem Rückzug der Briten. Hunderte von Jeeps, Panzer, Panzerfahrzeuge und unzählige Waffen bedecken den Sand.*

140

Am 14. Juni 1940 nahmen die Deutschen Paris ein. Zu Pferd paradieren die siegreichen Truppen vor dem Arc de Triomphe.

Italien im Krieg

1940

Am 10. März 1940 schickte Hitler Ribbentrop nach Rom, um Italien zu zwingen, in den Krieg einzutreten. Doch Mussolini zögerte: Seine Armee war nicht kriegsbereit. Am 18. März trafen sich der Führer und der „Duce del Fascismo" am Brennerpass. Hitler erläuterte, der Plan „Sichelschnitt" solle in Kürze durchgeführt werden und ein Angriff der Italiener auf Frankreich über das Meer und über die Alpenpässe solle die französischen Einheiten von den Panzertruppen Guderians ablenken. Zeitgleich appellierten der amerikanische Präsident Roosevelt und der französische Ministerpräsident Paul Reynaud (der den antifaschistischen Édouard Daladier ersetzt hatte) an Mussolini, sein Land nicht in den Krieg zu führen.

Churchill war der einzige große Staatsmann, mit dem Mussolini freundschaftliche Beziehungen pflegte. Einst hatte Churchill öffentlich die Arbeit des italienischen Diktators gelobt, indem er ihn als den „Verteidiger Europas gegen den Bolschewismus" bezeichnete. Außerdem war Churchill ein ständiger und gut bezahlter Mitarbeiter der „Il Popolo d'Italia", der Tageszeitung Mussolinis. Nachdem Churchill jedoch am 10. Mai 1940 in die Downing Street Nr. 10 eingezogen war, begann er ein seltsames Spiel. Hierzu gehörte eine mysteriöse Korrespondenz zwischen den beiden Regierungschefs, die niemals veröffentlicht wurde. Nach der Erschießung Mussolinis am 28. April 1945 wurden diese Briefe Churchill zurückgegeben und verschwanden. Historiker vermuten, dass Churchill Mussolini darin aufforderte, in den Krieg einzutreten, um Hitler zu beruhigen und ihn von der Fortführung des Kriegs mit Großbritannien abzuhalten, da sich abzeichnete, dass Frankreich unaufhaltsam einer Niederlage entgegenschritt. Im Gegenzug könnte Mussolini von Hitler verlangen, sich gegen die Sowjetunion zu wenden. Eine andere Hypothese geht davon aus, dass Churchill in den Briefen Italien für seine Neutralität Gebiete versprach, die er niemals legal hätte übergeben können, wie Korsika oder Savoyen. Diese Annahme scheint jedoch nicht plausibel, da Frankreich seinerseits in dem Bemühen Italien aus dem Krieg herauszuhalten, Ciano zu verstehen gab, dass es bereit sei, Italien für seine Neutralität mit Korsika und Tunesien zu belohnen.

Am 30. Mai 1940 informierte Mussolini Hitler, dass er an seiner Seite in den Krieg ziehen würde, und am 10. Juni erklärte er Frankreich und Großbritannien den Krieg.

Die Kämpfe in den Alpen waren erschöpfend. Ein plötzlicher Wetterumschwung stoppte den Vormarsch der Italiener. Am 14. Juni bombardierten französische und britische Kriegsschiffe Genua, während die Italiener die Côte d'Azur angriffen und Menton besetzten. Frankreich wurde in die Knie gezwungen und unterzeichnete am 24. Juni einen Waffenstillstand mit Rom. Mussolini forderte und erhielt Zugang zum Hafen von Dschibuti in Nordostafrika. Der kurze Einsatz kostete Italien 1 300 Tote und Vermisste sowie 3 000 Verwundete. 2 000 Mann erfroren in den Alpen. Ciano vermerkte in seinem Tagebuch: „Tausend Leben, die auf dem Altar für den Frieden geopfert wurden." Dies entsprach der Zahl, die Mussolini kalkuliert hatte.

142
Einheiten der Alpiniartillerie marschieren in Richtung italienisch-französische Grenze (Juni 1940).

143
Benito Mussolini, Begründer und Führer des Faschismus, hält auf dem historischen Balkon des Palazzo Venezia in Rom eine Rede.

144
Deutscher Luftangriff auf London am 29. Dezember 1941: Vor dem Hintergrund der St. Paul's Cathedral brennt ein Appartementhaus, das von deutschen Flugzeugen getroffen wurde. Eine dramatische Szene der legendären „Schlacht um England", die in der Luft ausgetragen wurde. Bombenteppiche wurden über den britischen Städten gelegt und in der Luft kam es zu erbitterten Zweikämpfen.

Die „Schlacht um England“

1940

Nach der Eroberung Frankreichs richtete Hitler sein Augenmerk auf das verhasste Großbritannien. Unternehmen „Seelöwe“ sah die Landung deutscher Streitkräfte auf der britischen Insel vor. Eine zusätzlich durchgeführte Luftoffensive sollte Großbritannien zum Einlenken bewegen. Sechs deutsche Divisionen landeten auf englischem Territorium, während gleichzeitig ein Luftangriff auf die wichtigsten Flughäfen stattfand.

Die Luftoffensive sollte am 5. August 1940 eingeleitet werden, musste jedoch wegen schlechten Wetters auf den 15. August („Adlertag“) verschoben werden. Hermann Göring, Oberbefehlshaber und Luftfahrtminister, versprach seinem Führer, Großbritannien mit der Luftwaffe den „Todesstoß“ zu versetzen. Er schickte 1 300 Bomber und 900 Jäger in die Luft. Churchill hatte während einer Sitzung des Unterhauses verkündet: „Ich habe nichts zu bieten als Blut, Mühsal, Tränen und Schweiß.“

„Ultra“, eine „Geheimwaffe“ der Briten, sollte jedoch zum Versagen der deutsche Luftwaffe beitragen, die die britischen Flugzeuge zerstören, die Städte verwüsten und die Moral der Bevölkerung schwächen sollte. Unter dem Decknamen „Ultra“ arbeiteten britische Kryptologen, die die Nachrichten der Deutschen dechiffrierten. Sie versorgten Marschall Hugh Dowding, Kommandant der Royal Air Force, mit den nötigen Informationen über die Routen der deutschen Bomber. Die britischen Jäger griffen daraufhin an und kamen den deutschen Attacken zuvor. Göring verstärkte den Geleitschutz der Bomber durch Messerschmitt-Flugzeuge. Die britischen Spitfires und Hurricanes waren zwar nicht so schnell, dafür jedoch wendiger. Sie konnten die meisten Luftgefechte für sich entscheiden. Dies war die Zeit der Helden der Lüfte, darunter der Brite Peter Townsend und der Deutsche Adolf Galland. Doch die Siege in der Luft wurden nicht nur durch den Einsatz und den Mut der Piloten errungen. Auch technische Faktoren spielten eine entscheidende Rolle. Die Briten verfügten über das Ultragerät und über Radar. Damit konnten sie die feindlichen Flugzeuge bereits ausmachen, wenn diese noch weit entfernt von ihrem Ziel waren. Oft erreichten die deutschen Crews ihr Ziel nicht. Von der Flak ins Visier genommen, wurden Dutzende von Flugzeugen vom Himmel geholt und die Piloten gefangen genommen. Viele britische Crews, die abgeschossen wurden, konnten mit dem Fallschirm notlanden und anschließend wieder am Kriegsgeschehen teilnehmen. Dieser Faktor bildete die Grundlage für den Sieg der Briten in der „Schlacht um England“. Göring hatte sich verrechnet: Das massierte Bombardement der Luftwaffe stärkte den Widerstandswillen der Briten. Sie waren bereit, bis zum letzten Mann zu kämpfen.

Am 6. September wurden gemäß Unternehmen „Seelöwe“ 169 Frachter, 419 Schlepper und 1 910 Barkassen, beladen mit Soldaten und Panzern, in französischen, belgischen und niederländischen Häfen konzentriert. Am 7. September entfesselte die Luftwaffe die schwerste Bombardierung Londons seit Kriegsbeginn. Hitler zögerte jedoch und vertagte das Unternehmen „Seelöwe“ am 17. September. Stimmen wurden laut, die behaupteten, der Verlust von 195 Flugzeugen in der „Schlacht um England“ habe Hitler bezüglich des Ausgangs der Invasion vorsichtig gemacht. Weshalb Hitler letztendlich tatsächlich diese Entscheidung traf, wird wohl eine der ungeklärten Fragen in der Geschichte bleiben. Vielleicht lag es am offensichtlich nicht zu brechenden Widerstand der Briten, die bereit waren, alles zu geben. Die Bürgerwehr verdeutlicht dies. Gegründet als Freiwilligentruppe, enrollierte sie innerhalb weniger Wochen 1 Million reguläre Truppen. Schwere Geschütze gab es kaum und so kämpften viele nur mit Gewehren, Schrotflinten, Mistgabeln und Knüppeln. Brandbekämpfungskommandos wurden überall eingerichtet und man führte Übungen durch, um auf die Gefangennahme der deutschen Fallschirmjäger, die auf britischem Boden landeten, vorbereitet zu sein. Auf den Feldern wurden alte Autos verstreut, um die deutschen Piloten von Notlandungen abzuhalten. Die Wochenschau veröffentlichte Bilder von König Georg VI., der im Garten des Buckingham Palace Schießübungen durchführte. Beispielhaft für die Bevölkerung blieben die Queen und ihre Töchter während des Bombardements in London. Unternehmer plakatierten ihre Geschäfte mit der Aufschrift „Business as usual“ („Alles geht seinen Gang“). Doch die Bomben töteten tausende von Menschen und London drohte in Schutt und Asche zu versinken. Das House of Commons wurde bei einem Bombenangriff zerstört, das House of Lords stellte daraufhin seine Kammer zur Verfügung. Bei weiteren Bombenangriffen wurden acht historische Kirchen Londons dem Erdboden gleichgemacht.

Churchill leitete die Operationen von einem Kellergeschoss in einem Block des Ministeramts, der an den St. James' Park grenzte. Obwohl er unter erheblichem Druck stand, besuchte er jeden Distrikt Londons und jede Stadt, die bombardiert wurde. Churchill verkörperte zweifellos den Durchhaltewillen seines Volkes. Die britische Nation antwortete auf die Bombardierung ihres Landes. Am 13. November 1940 entfesselte Churchill einen beispiellosen Luftangriff auf Berlin. Zehntausende von Häusern wurden dem Erdboden gleichgemacht und tausende von Menschen kamen ums Leben. Molotow, der sowjetische Außenminister, der sich zu diesem Zeitpunkt in Berlin aufhielt, war gezwun-

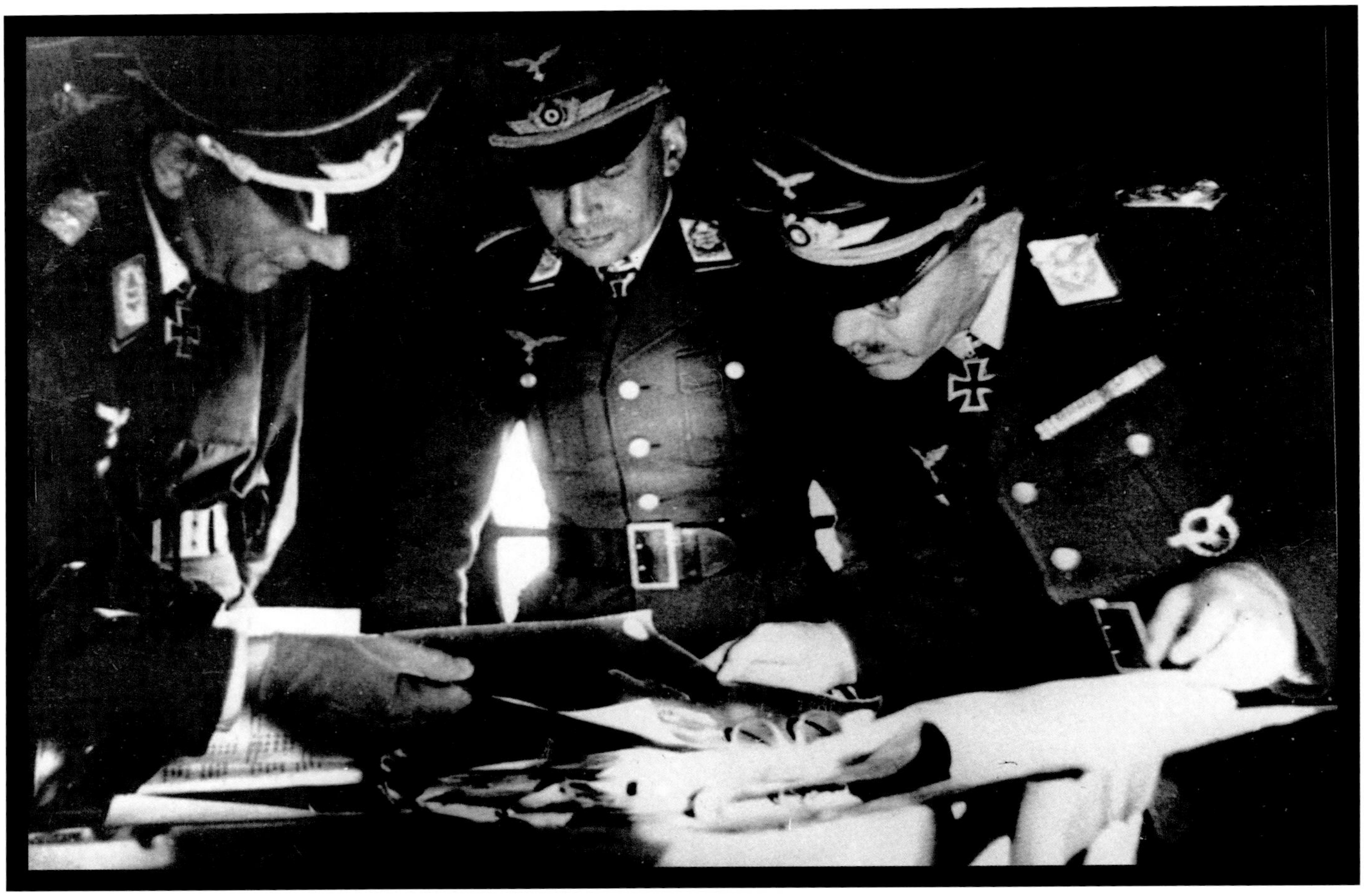

gen, in einen Luftschutzbunker zu fliehen. Hitler ordnete am nächsten Tag eine „exemplarische Vergeltungsmaßnahme“ an. Ziel des Angriffs war Coventry, eine historische Stadt in den West Midlands mit mehreren Metallverarbeitungsbetrieben. Die Stadt wurde völlig zerstört. 500 deutsche Flugzeuge suchten Coventry heim und warfen 590 t Sprengstoff ab. Am 19. November griffen die Deutschen Birmingham an, ein bedeutendes Industriezentrum. 800 Menschen fanden den Tod, 2 000 wurden verletzt. Am 17. Dezember leitete die Royal Air Force Repressalien ein. Bremen, Düsseldorf und Mannheim wurden zerstört. Ein schrecklicher Vernichtungskrieg hatte begonnen, dessen Ziel die Zivilbevölkerung war. Bomben erschütterten die deutschen Städte. Die Luftwaffe übte Vergeltung. Am 29. Dezember warf sie 17 220 t Sprengstoff auf London ab, darunter 70 000 Brandbomben. Hitler konnte die Schlacht jedoch nicht für sich entscheiden. Er hatte 1 733 Flugzeuge verloren, die Briten nur 915. In einer seiner berühmten Reden lobte Churchill die Royal Air Force: „Noch nie hatten bei einem Konflikt so viele so wenigen so viel zu verdanken.“

146–147
Oben links: *Der Generalstab der Luftwaffe bei der Planung der Angriffe auf London.*
Unten links: *Eine deutsche Heinkel kreist über London. Sie wartet darauf, ihre tödliche Fracht abzuladen.*
Rechts: *Englische Kinder suchen vor den deutschen Luftangriffen Schutz in einem Graben auf den Feldern von Kent.*

148–49
Nach dem schweren Bombardement der deutschen Luftwaffe liegt London in Trümmern. 76 Nächte lang wurde die britische Hauptstadt von Luftangriffen heimgesucht.
Oben rechts: *Winston Churchill in den Trümmern des Gebäudes des House of Commons.*

LR

1940

Der Seekrieg
1939–1944

Kurz nach Kriegsausbruch errichteten die Briten eine Seeblockade gegen Deutschland. Die Deutschen antworteten darauf mit der Eröffnung des U-Boot-Kriegs. Der Seegkrieg begann im Herbst 1939.

Am 3. September 1939 versenkte das U-Boot U 30 unter Kapitänleutnant Lemp den britischen Passagierdampfer *Athenia*, der sich auf dem Weg von Liverpool nach New York befand und 1 300 Passagiere an Bord hatte. 112 Menschen kamen ums Leben, darunter 28 Amerikaner – eine tragische Wiederholung der Versenkung der *Lusitania* im Jahr 1915. Am 17. September wurde die *Courageous* von U 29 versenkt. Am 14. Oktober griff U 47 unter dem Kommando des legendären Korvettenkapitäns Prien die britische Basis in der Bucht von Scapa Flow an und versenkte das Schlachtschiff *Royal Oak*.

Die Deutschen setzten mehr als 100 U-Boote im Atlantik ein. Innerhalb weniger Monate versenkten sie 123 Schiffe. Die Kapitäne der U-Boote wendeten die so genannte Rudeltaktik an: Ein U-Boot machte einen Konvoi, beladen mit Nachschub für die Amerikaner aus, der auf die britische Küste zusteuerte. Dieses U-Boot folgte dem Konvoi mehrere Tage und wartete auf das Eintreffen des „Rudels". Sobald die anderen U-Boote dazustießen, erfolgte in der Nacht der Angriff. Am erfolgreichsten wurde diese Taktik Mitte März 1943 angewandt, als 23 U-Boote den amerikanischen Konvoi *HX-229* angriffen und versenkten. Trotzdem gelang es den Alliierten in den ersten Jahren des Kriegs mit Hilfe von Radar, Echolot, Sonar und Hydrophon, viele U-Boote auf den Grund des Meeres zu schicken. Großadmiral Karl Dönitz fühlte sich zusehends verantwortlich für den Tod tausender von Matrosen, die einen furchtbaren Erstickungstod erlitten. Am 24. Mai 1943 bat er den Führer um Erlaubnis, die Angriffe auf die Konvois im Atlantik einstellen zu dürfen. Bei einem anderen Unternehmen plante er den Angriff auf New York mit einem U-Boot, das den Hudson River durchqueren und italienische Einheiten der 10. MAS-Flottille (Motoscafi Anti Sommergibile; „U-Boot-Jäger") absetzen sollte. Dieser Plan sollte jedoch nie zum Tragen kommen.

Die italienischen U-Boote operierten von Betasom aus, nahe Bordeaux im besetzten Frankreich. Die U-Boote *Barbarigo, Cappellini* und *Malaspina* unter dem Befehl der Kommandanten Grossi, Todaro und Leoni, ernteten viel Lob für die Rettung der Überlebenden der Schiffe, die sie versenkten. Wenn man überhaupt von „guten" und „bösen" U-Booten sprechen kann, gehörte das italienische U-Boot-Kommando Betasom, das in Bordeaux stationiert war, zweifellos zur ersten Kategorie.

Von Mai 1943 bis zum 9. Mai 1945 (dem Tag, an dem Deutschland endgültig kapitulierte) verloren die Deutschen vor der britischen und der amerikanischen Küste 151 U-Boote. Insgesamt wurden 630 deutsche U-Boote versenkt, während sich 215 selbst versenkten. Von den 39 000 Matrosen an Bord der U-Boote überlebten nur 6 000. Die Achsenmächte hatten am Ende des Kriegs den Verlust von 1 038 U-Boote zu verzeichnen, die Alliierten hatten 263 verloren.

Neben den U-Booten, die für den „Piratenkrieg" gebaut wurden, setzte die deutsche Kriegsmarine noch einen anderen Typ „Piratenschiff" im Atlantik ein. Schwer bewaffnete Schiffe fuhren getarnt als harmlose Handelsschiffe unter neutraler Flagge. Die Besatzung trug falsche Uniformen, um die feindlichen Beobachter zu täuschen. Tatsächlich waren diese Schiffe mit Geschützen, Minen, Torpedos und Schnellbooten ausgestattet, die sie in ihren Frachträumen verbargen. Die *Pinguin* und die *Atlantis* konnten beispielsweise als Handelsschiff, Passagierschiff oder Tanker getarnt werden. Insgesamt versenkten diese „Piratenschiffe" 50 feindliche Schiffe. Viele bewaffnete Handelsschiffe anderer Krieg führender Staaten, die weit weniger raffiniert getarnt waren, gingen ebenfalls das Risiko ein, in Kriegsgewässern zu fahren.

Ein weiteres Charakteristikum der deutschen Kriegsmarine waren die Panzerschiffe, darunter die *Deutschland* und die *Admiral Graf Spee.* Admiral Graf von Spee hatte im Ersten Weltkrieg am 8. Dezember 1914 sein Schiff vor den Falklandinseln selbst versenkt, damit es den Briten nicht in die Hände fiel. Der Kapitän der *Admiral Graf Spee* versenkte sein Schiff am 17. Dezember 1939 vor Montevideo ebenfalls. Das Schiff war von der britischen Flotte eingeschlossen und hatte keine Munition mehr. Damit war ein Entkommen unmöglich. Die *Admiral Scheer* wurde an der Seite der *Deutschland* zu Wasser gelassen, die in *Lützow* umbenannt worden war. Die Schlachtkreuzer *Scharnhorst* und *Gneisenau* (benannt nach den Generälen, die gegen Napoleon I. siegreich waren) versenkten im Atlantik bei mehreren Gefechten 22 Schiffe der Alliierten.

Das dramatischste und spektakulärste Unternehmen im Seekrieg war vermutlich die Jagd auf die *Bismarck*. Sie wurde von dem schweren Kreuzer *Prinz Eugen* eskortiert und verbreitete Angst und Schrecken im Atlantik. Die *Bismarck,* die ab 24. August 1939 Dienst tat, war 251 m lang, verfügte über 104 Geschütze und hatte 2 221 Mann Besatzung an Bord, darunter Kadetten im Alter zwischen 16 und 19 Jahren. Das Schlachtschiff transportierte sechs Aufklärer und erreichte eine Höchstgeschwindigkeit von 30,8 Knoten. Das einzige feindliche Schiff,

Der Seekrieg
1939–1944

das der *Bismarck* ebenbürtig war, war das britische Schlachtschiff *King George V.* Es hatte eine Länge von knapp 230 m, verfügte über 74 Geschütze, transportierte vier Flugzeuge und erreichte eine Höchstgeschwindigkeit von 27 Knoten. Am 18. Mai 1941 verließ die *Bismarck* unter Kapitän Ernst Lindemann den Hafen von Gdingen (Polen). Eskortiert wurde sie wiederum von der *Prinz Eugen* sowie von mehreren kleineren Schiffen. Die Formation nahm Kurs auf den Atlantik. Die überlegene britische Flotte – mit den Schlachtschiffen *King George V* und *Prince of Wales,* dem Flugzeugträger *Victorious,* vier Kreuzern sowie 17 kleineren Schiffen – verließ ihren Stützpunkt in der Bucht von Scapa Flow, um die *Bismarck* zu stellen und zu versenken. Am 24. Mai kam es vor Grönland zum ersten Kontakt, bei dem ein britischer Kreuzer versenkt wurde. Die *Bismarck* nahm volle Fahrt auf, um ihre Verfolger abzuschütteln, doch die Torpedos der *Victorious* ließen ihr keine Chance. Schwer getroffen musste die *Bismarck* ihre Geschwindigkeit drosseln. Gnadenlos fielen die Verfolger über das Schiff her. Am 27. Mai 1941 sank das große deutsche Schlachtschiff.

Insgesamt wurden im Seekrieg im Atlantik 1 700 Schiffe versenkt, darunter Handels- und Kriegsschiffe aller Nationen.

Im Mittelmeer lag die gesamte Verantwortung für den Seekrieg gegen Großbritannien zunächst auf den Schultern Italiens. Deutschland konnte sich damit nicht befassen, da es vollkommen auf die Organisation des Unternehmens „Seelöwe“ konzentriert war. Die italienische Kriegsmarine war im Mittelmeer unübertroffen. Ihre Kriegsflotte, gestählt unter dem Faschismus, vertraute auf zwei Hauptstützpunkte: La Spezia im Norden und Tarent im Süden der Halbinsel. Großbritannien hatte seine Flottenstützpunkte in Alexandria, auf der Halbinsel Gibraltar und auf Malta eingerichtet.

Selbst ein Laie, der einen Blick auf eine Karte vom Mittelmeer geworfen hätte, hätte erkannt, dass Italien zunächst Malta ausschalten hätte müssen, um siegreich sein zu können. Die Insel Malta im Zentrum des Mittelmeeres liegt nur etwa 100 km vor der Küste Italiens. Die britische Admiralität hatte Malta in eine gut bewaffnete Festung verwandelt, die eine permanente Bedrohung für Italien darstellte. Von diesem Stützpunkt aus unternahmen die Briten Luftangriffe auf italienische Konvois, die sich auf dem Weg nach Nordafrika befanden, um die dort stationierten Truppen mit Nachschub zu versorgen. Doch die Kriegspläne der italienischen Regierung sahen die Eroberung Maltas nicht vor. Diese Unachtsamkeit sollte Italien in Nordafrika schon bald zum Verhängnis werden.

Am 9. Juli 1940 kam es vor Punta Stilo an der kalabrischen Küste zum ersten Gefecht zwischen Großbritannien und Italien, bei dem ein italienischer Kreuzer und ein italienisches Schlachtschiff außer Gefecht gesetzt wurden. Ein weitaus schlimmerer Rückschlag erwartete Mussolini jedoch am 11. November, als britische Flugzeuge, die vom Flugzeugträger *Illustrious* aufgestiegen waren, sechs italienische Schlachtschiffe unter Beschuss nahmen, die im Hafen von Tarent ankerten. Die *Cavour* wurde versenkt, die *Littorio* und die *Duilio* sowie zwei Kreuzer wurden schwer beschädigt. Eine weitere Niederlagen erlitten die Italiener am 27. November in der Schlacht vor dem Kap Teulada. Am 27. März 1941 verlor schließlich die Royal Navy in der Schlacht vor dem Kap Matapan drei Kreuzer und zwei Zerstörer.

Das Seegeschwader der Italiener konnte nur begrenzt operieren, da es weder über Flugzeugträger noch über Radar verfügte. Hinzu kam, dass der Marine der Treibstoff ausging. Aus diesem Grund verzichtete man auf eine groß angelegte Offensive gegen die britischen Flottenstützpunkte im Mittelmeer. Man beschränkte sich vielmehr darauf, den Handelsschiffen Geleitschutz zu geben, die Nachschub für die deutsch-italienischen Truppen in Nordafrika liefern sollten. Die Royal Navy ihrerseits griff diese Schiffe pausenlos an.

Die 10. MAS-Flottille der Italiener brachte den britischen Schlachtschiffen und Kreuzern, die nicht von Flugzeugen unterstützt wurden, schwere Verluste bei. Zu den heroischen Großtaten dieser Einheit gehörte zweifellos der Angriff auf den Hafen von Valletta, der Hauptstadt Maltas, unter Kommandant Teseo Tesei. Tesei kam bei diesem Angriff ums Leben. Auch der Raid auf den britischen Flottenstützpunkt in Alexandria unter Luigi Durand de la Penne verdient Erwähnung. Bei diesem Gefecht wurden die britischen Schlachtschiffe *Valiant* und *Queen Elizabeth* auf den Grund des Meeres geschickt. Die Angriffe auf die Sudabucht und auf die Hafenstadt Haifa unter den Kommandanten Birindelli und Ferraro konnten die Italiener ebenfalls für sich entscheiden. Als wahrer Alptraum der britischen Flotte erwies sich das U-Boot *Sciré,* das ständig im Einsatz war. Unter dem Kommando von Fürst Junio Valerio Borghese beförderte das U-Boot Soldaten zum Angriffsziel und nahm sie nach der Operation wieder auf, um sie in Sicherheit zu bringen.

Nach dem Zweiten Weltkrieg widmete das Imperial War Museum in London den Heldentaten der Männer der 10. MAS-Flottille eine eigene Abteilung. Churchill bezeichnete diese Männer als „die einzigen Italiener, die den Zweiten Weltkrieg gewannen“.

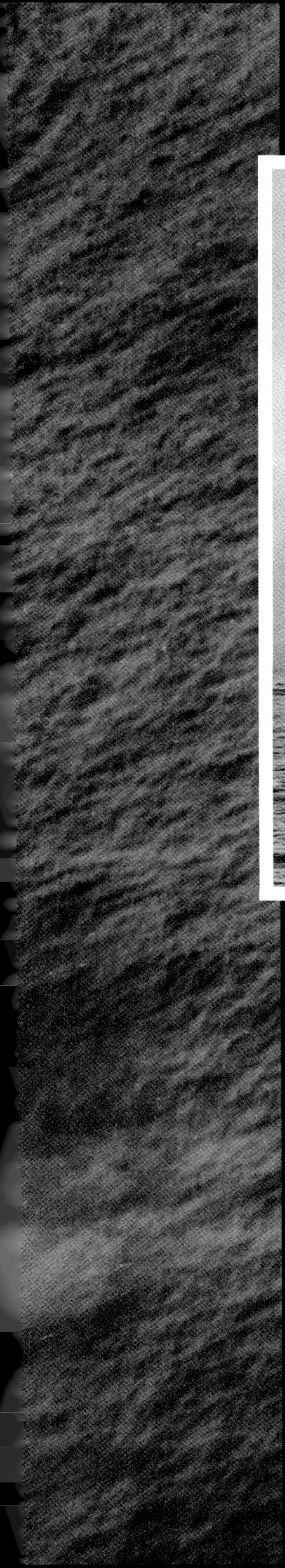

152–153
Aufnahmen von den dramatischen Gefechten im Seekrieg zwischen Deutschland und Großbritannien.
Links: *Ein britischer Bomber trifft ein deutsches U-Boot.*
Oben rechts: *Das deutsche Panzerschiff* Admiral Graf Spee *versenkt sich selbst im Atlantik.*
Unten rechts: *Das deutsche Schlachtschiff* Bismarck *eröffnet das Feuer auf die feindliche Flotte. Die deutschen U-Boote verbreiteten zwar im Zweiten Weltkrieg Angst und Schrecken, waren letztendlich jedoch der britischen Flotte unterlegen. Die vermutlich spektakulärste und dramatischste Episode im Seekrieg war die Jagd auf die* Bismarck *im Atlantik. Das deutsche Schlachtschiff wurde von den britischen Schiffen* King George V *und* Prince of Wales, *vom Flugzeugträger* Victorious *sowie von vier Kreuzer und 17 kleineren Schiffen gestellt und am 27. Mai 1941 versenkt.*

Europa unter dem Hakenkreuz
1940–1944

Die von Deutschland inszenierte „Neuordnung Europas" hielt in Frankreich, Norwegen, Dänemark, Belgien und den Niederlanden Einzug. Mitglieder nationaler Bewegungen mit nationalsozialistischer Gesinnung kollaborierten mit den Invasoren, zum Teil aus Eigeninteresse, meist jedoch aufgrund ideologischer Überzeugung. Viele kamen aus der Politik wie zum Beispiel Vidkun Quisling (Norwegen) oder Léon Degrelle (Belgien). In Vichy-Frankreich wurde Staatschef Philippe Pétain von Pierre Laval abgelöst. Beide Politiker traten für eine enge Zusammenarbeit mit Deutschland ein. Die örtliche Polizei unterstand der Gestapo und unterdrückte jeglichen Widerstand in den Departements. Gegner des Nationalsozialismus mussten ins Ausland fliehen.

Das Leben in Westeuropa unter der Herrschaft der Nationalsozialisten unterschied sich kaum von jenem in Osteuropa, das von Politikern regiert wurde, die als Vasallen Berlins galten. In Ungarn herrschte Horthy von Nagybánya, in der Slowakei der Priester Jozef Tiso und in Kroatien Ante Pavelic mit der nationalistischen Ustascha, die unter dem Einfluss des italienischen Faschismus stand. Nur in Südfrankreich verbot der italienische Außenminister Ciano jeden Übergriff auf Juden.

In den Niederlanden kollaborierte die „Nationaal-Socialistische Beweging" unter Anton Adriaan Mussert mit dem Reichskommissar Seyß-Inquart. 104 000 der 140 000 Juden, die in den Niederlanden lebten, wurden interniert, darunter Anne Frank und ihre Familie. Dennoch bildete sich in den Niederlanden eine starke Widerstandsbewegung, die Sprengstoffanschläge auf deutsche und niederländische Nationalsozialisten verübte und 300 000 Menschen vor der Zwangsarbeit in Deutschland bewahrte. Auch in Belgien formierte sich eine Widerstandsbewegung. Wallonien entschied sich jedoch für die Deutschen und gründete eine SS-Einheit, die in Russland kämpfte.

In Dänemark, war König Christian X. gezwungen, Erik Scavenius als Ministerpräsident zu bestätigen, der mit Berlin zusammenarbeitete. Aber auch hier entstanden Untergrundorganisationen. Es kam zu Sabotageakten und Juden, die deportiert werden sollten, wurden befreit. Der König ließ sich einen Davidsstern auf seinen Mantel nähen, um seinem Protest gegen die Verfolgung der Juden Ausdruck zu verleihen.

In Norwegen gewann der Widerstand große strategische Bedeutung, unter anderem durch die Zerstörung von Fabriken zur Produktion von Schwerwasser für Atombomben in Rjukan.

In Frankreich waren die Gegensätze am offensichtlichsten und hier kam es auch zu den dramatischsten Konfrontationen. De Gaulles Appell am 18. Juni 1940, in dem er zum organisierten Widerstand aufrief, blieb unbeantwortet. Im Gegenteil, viele Franzosen zeigten offen ihre prodeutsche Einstellung. Darunter befanden sich nationalsozialistische Schriftsteller wie Pierre Drieu La Rochelle (Selbstmord), Robert Brasillach (1945 exekutiert) und Louis-Ferdinand Céline. Die Kommunisten, die zunächst mit den Nationalsozialisten kollaborierten, schlossen sich nach dem 22. Juni 1941 der Widerstandsbewegung an und trachteten danach, die Führung zu übernehmen. Spiritus Rector der „Freien Franzosen" und ihrer Streitkräfte „Forces Françaises Libres" (FFL) war Jean Moulin, der ehemalige Präfekt von Chartres, der das „Conseil National de la Résistance" (CNR) ins Leben gerufen hatte. Er verurteile Terrorakte, da er wusste, die Deutschen würden darauf mit Racheakten gegen die Zivilbevölkerung reagieren. Dies wiederum wollten die Kommunisten, um der Komintern gerecht zu werden. Dem stand jedoch Jean Moulin im Weg. Es war also besser, die Gestapo zu kontaktieren, ihn gefangen nehmen zu lassen und somit ein für alle Mal los zu werden. Moulin geriet in Gefangenschaft und wurde zu Tode gefoltert. Nun war der Weg für die Kommunisten frei. Sie verübten Sprengstoffanschläge auf Theater und Restaurants, die von den Invasoren besucht wurden, sowie Anschläge auf deren Fahrzeuge. Die Deutschen nahmen schreckliche Rache. In Oradour-sur-Glane ermordeten sie 600 Menschen, darunter über 400 Frauen und Kinder, die sie in der Kirche einschlossen und verbrannten.

Am 11. November 1942 entzogen die Deutschen der Regierung Vichy-Frankreichs ihre Macht aufgrund ihres Versagens, auf die Invasion der Alliierten an der marokkanischen Küste mit Militäraktionen zu reagieren. Die Deutschen okkupierten das gesamte französische Territorium, mit Ausnahme des tiefsten Südens und des Küstenabschnitts, der unter italienische Jurisdiktion stand. Die Italiener besetzten Korsika und deutsch-italienische Truppen nahmen vom Meer aus Tunesien in Besitz.

155

Aufnahmen vom Partisanenkrieg gegen die deutsche Besatzungsmacht.
Oben: *Das Ergebnis eines Angriffs auf einen deutschen Militärzug.*
Mitte: *Mitglieder des Maquis verlegen Zündkabel an Geleisen.*
Unten: *Vichy-Truppen, die mit den Deutschen kollaborieren, bewachen gefangene Partisanen.*

19*40*
1944

Der Krieg in Afrika

1940–1943

156
September 1940: Schweres Artilleriefeuer begleitet den Vorstoß der italienischen Truppen, die die Grenze zwischen Libyen und Ägypten überschritten haben.

1936 war Italienisch-Ostafrika zum Casus Belli zwischen Italien und Großbritannien geworden, nachdem der Völkerbund Sanktionen und Wirtschaftsblockaden gegen Rom verhängt hatte, um Italien von weiteren kolonialen Expansionsbestrebungen abzuhalten. Es war vorhersehbar, dass Mussolini nach dem Kriegseintritt gegen die Alliierten seine Aufmerksamkeit dem britischen Kolonialreich zuwenden würde. Am 16. August 1940 kam es zur ersten bedeutenden Schlacht zwischen Italien und Britisch-Somaliland. Italienische Truppen unter Herzog Amedeo d'Aosta griffen entlang der Grenze zu Britisch-Somaliland an und rückten rasch ins Landesinnere vor. Großbritannien zog seine Truppen aus dem Sudan, aus Ägypten und aus seinen anderen afrikanischen Kolonien zusammen. Die Briten wehrten eine Niederlage ab. Bis zum Februar 1941 hatten sie die Italiener hinter die Grenze zurückgedrängt, ganz Italienisch-Ostafrika besetzt und den Marsch auf Addis Abeba, die Hauptstadt Äthiopiens, begonnen. Am 5. April kapitulierte Addis Abeba, nachdem die Italiener zwei Monate Widerstand geleistet hatten. Haile Selassie, der Kaiser von Äthiopien, kehrte am 5. Mai nach fünf Jahren im Exil in England in seine Heimat zurück. Am 18. Mai war der Hauptwiderstand bei Amba Alagi gebrochen, wohin sich der Herzog von Aosta zurückgezogen hatte. Der Herzog lieferte sich den Briten aus. Er starb wenige Monate später an einer plötzlich auftretenden Krankheit. Einige italienische Einheiten leisteten noch bis zum 28. November Widerstand.

Die Schlachten in Ostafrika waren blutig, doch die Konfrontationen in Nordafrika waren von weitaus größerer Grausamkeit gekennzeichnet. Beinahe drei Jahre befehdeten sich die Italiener und die Briten. In Nordafrika fielen auch tausende Deutsche, die unter Erwin Rommel dienten.

Italien unternahm seinen ersten Vorstoß in Nordafrika im September 1940. Die Truppen marschierten von Libyen aus Richtung Ägypten, um Alexandria und den Suezkanal einzunehmen. Die 10. Armee Marschall Rodolfo Grazianis erreichte Sidi el-Barrani. Dort kam es aufgrund eines Gegenangriffs der Briten unter General Archibald Percival Wavell zum Stillstand. Am 9. Dezember begann die Schlacht. Sie sollte die erste von vielen sein, die zu unfassbaren heroischen Taten auf beiden Seiten führten und letztendlich in der Niederlage Italiens gipfelten. Bei Sidi el-Barrani fielen 38 000 italienische Soldaten in die Hand des Feindes, weitere 25 000 gerieten bei Bardia in Gefangenschaft. Ende Februar 1941 war die Cyrenaica verloren.

Der britische Vorstoß kam an der Großen Syrte zum Erliegen, denn der Erfolg der Deutschen in Griechenland zwang Wavell, Truppen nach Piräus zu entsenden. Am 18. November wurde der Vorstoß fortgesetzt. Die britische 8. Armee leitete eine neue Offensive ein, die unter dem Kommando von General Sir Claude Auchinleck stand. Nach schweren Gefechten eroberten die Briten Tobruk und Bengasi. 17 700 Briten, 20 000 Italiener und 13 000 Deutsche waren gefallen. Die Gegenoffensive der Achsenmächte begann am 21. Januar 1942. Die Armeen eroberten Bengasi, Tobruk und El-Gazala zurück und machten 25 000 Gefangene.

Der Vormarsch der Achsenmächte auf Ägypten schien unaufhaltsam. Am 28. Juni traf Mussolini in Tobruk ein, bereit, Alexandria auf dem Rücken eines Schimmels zu übernehmen. Doch Auchinleck hatte seinen letzten Widerstand bei El-Alamein formiert, 100 km südwestlich von Alexandria. Hier entbrannte die grausamste aller Schlachten im Nordafrikafeldzug, die sich den ganzen August über hinzog. Der Kampfgeist und die Einsatzbereitschaft der britischen 8. Armee, des deutschen Afrikakorps und der italienischen Truppen sollten in die Geschichte eingehen. Die Soldaten opferten ihr Leben unter anderem in Selbstmordattentaten, die sie auf Panzer verübten: Sie warfen sich unter die Panzer und jagten sie mit Zeitzünderbomben in die Luft.

Am 23. Oktober 1942 begann von El-Alamein aus die letzte Offensive der britischen 8. Armee unter Generalfeldmarschall Bernard Law Montgomery. Die militärische Übermacht war erdrückend: totale Beherrschung des Luftraums, 1 100 Panzer gegen 500. Der Vorstoß der motorisierten Infanterie wurde durch Landungen bei Tobruk und Marsa Matruh unterstützt. Am 20. November verlor Italien die Cyrenaica endgültig.

Der Krieg in Afrika 1940–1943

Am 7. November 1942 landeten alliierte Streitkräfte in Marokko und Algerien. Sie griffen in der Nacht zum 8. November die deutsch-italienische Armee Rommels an. Operation „Torch“ stand unter dem Kommando von General Dwight David Eisenhower, dem künftigen Oberkommandeur der alliierten Streitkräfte. Dieser Tag begründete die Wiedergeburt der französischen Armee, die im Ersten Weltkrieg siegreich, nun aber versprengt und von inneren Spannungen zerrissen war. An der Seite Eisenhowers landete General de Gaulle mit französischen Soldaten, die in Großbritannien mehr als zwei Jahre darauf gewartet hatten, ihre Ehre und ihren guten Ruf wiederherzustellen. Mit der Landung bot sich Frankreich die Gelegenheit, eine nationale Einheit zu schaffen, doch die Vichy-Frankreich treu ergebenen Truppen verweigerten ihre Unterstützung. Bei Casablanca, Algier und Oran eröffneten sie das Feuer auf die Landungsboote. Die in Nordafrika stationierten französischen Truppen suchten keine Konfrontation mit den Amerikanern. Doch sie hassten die Briten, die für das Schicksal ihrer Waffenbrüder in der Schlacht von Mers el-Kebir verantwortlich waren. Dieser Angriff auf die französische Flotte hatte den Rückzug der höheren Offiziere verhindern sollen, nachdem es 1940 nach der Niederlage Frankreichs bei Compiègne zu einem deutsch-französischen Waffenstillstand gekommen war.

Den wenigen französischen Truppen gelang es nicht, die Landungen aufzuhalten. Am 8. November unterzeichnete Admiral François Darlan, Oberbefehlshaber der französischen Flotte, einen Waffenstillstand. Mit Genehmigung General Eisenhowers wurde Darlan Staatschef von Vichy-Frankreich. Am 24. Dezember fiel er einem heimtückischen Attentat zum Opfer, das vielleicht von Vichy-Treuen begangen wurde. Wahrscheinlicher ist jedoch die Theorie, dass der britischen Geheimdienst für das Attentat verantwortlich war, der Darlan damit für seine Weigerung bestrafte, mit den Briten zu kooperieren. Nachfolger Darlans wurde General Henri-Honore Giraud.

Hitlers Revanche für den Verrat der Franzosen in Afrika ließ nicht lange auf sich warten. Am 10. November fiel eine deutsche Armee in Südfrankreichs ein, demütigte die Regierung in Vichy und zwang die französischen Beamten sich für das Dritte Reich oder für den Widerstand zu entscheiden. Die Mehrheit entschied sich für den Widerstand und versuchte, Frankreich über Spanien zu verlassen, um sich der neuen französischen Armee in Nordafrika anzuschließen.

Am 26. November legte die französische Flotte in Toulon an, musste sich jedoch wieder zurückziehen, da sie den Angriffen der Deutschen nicht standhalten konnte, sich aber unter keinen Umständen ergeben wollte.

Der Führungsstab der Achsenmächte beschloss, Truppen in Tunesien zu stationieren. Ziel war es, die Landungstruppen der Alliierten in Algerien und Marokko außer Gefecht zu setzen, das Afrikakorps (das in Libyen einer Niederlage entgegensah) zu unterstützen, den Vormarsch der Alliierten auf die Cyrenaica aufzuhalten und den Vorstoß der Briten aus Südosten abzublocken. Die ankommenden Truppen der Achsenmächte (zwei italienische und drei deutsche Divisionen) sollten also an zwei Fronten kämpfen. 250 000 Mann unterstanden dem Kommando von General Giovanni Messe. Sie sollten der britischen 1. und 8. Armee unter Generalfeldmarschall Montgomery sowie der amerikanischen 5. Armee unter General Omar Nelson Bradley gegenübertreten. Die amerikanische 5. Armee konnte sich nicht nur auf marokkanische Freiwillige stützen, sondern auch auf die französischen Kampftruppen unter den Generälen Leclerc und Koeltz sowie auf die Panzertruppen unter General Patton, die später in Sizilien, in der Normandie und in Mitteleuropa erfolgreich sein sollten. Während Montgomery von Libyen aus den Druck verstärkte, waren die französischen und amerikanischen Streitkräfte bereit, ihre Offensive von Westen her zu entfesseln. Die alliierte Kriegsmacht war unschlagbar. Allein die britische 8. Armee verfügte über 120 000 Fahrzeuge vom Jeep bis zum 24-Tonner.

Am 16. März griff Montgomery entlang der Mareth-Linie an. 620 Sherman-Panzer kämpften gegen 94 italienische Panzer, die von der Division Centaur übrig waren. Die Italiener leisteten 15 Tage Widerstand. Zwischen dem 7. und dem 10. April begann der Rückzug der Deutschen und der Italiener entlang der Chotts-Akarit-Linie, gefolgt von einem weiteren Rückzug an der Enfidaville-Linie. Am 10. April besetzte Montgomery Sfax und Kairouan. Susa fiel am 12. April. Die Kämpfe dauerten bis 6. Mai, als General Alexander um 3:00 Uhr mit 800 Panzern, 500 Artilleristen und 400 Bombern einen Angriff unternahm. Am 7. Mai hatten die Achsenmächte endgültig verloren. Die Briten eroberten Tunis, die Amerikaner Biserta. Generaloberst Hans-Jürgen von Arnim (Rommels Nachfolger) wurde bei St. Marie du Zit von der indischen 4. Division gefangen genommen. Das Afrikakorps ergab sich schließlich den Amerikanern und die 5. Panzerarmee wurde zerschlagen. Die italienische 1. Armee legte ihre Waffen am 13. Mai nieder, nachdem sie Order aus Rom erhalten hatte.

Die Alliierten machten 200 000 Gefangene, darunter 16 deutsche und zehn italienische Generäle. Die Achsenmächte hatten in Nordafrika 827 000 Mann verloren, die Alliierten 227 000.

158–159
Oben links: *Am 24. Juli 1942 entfesselten schottische Truppen, ausgerüstet mit Bajonetten, einen Angriff auf die deutsch-italienischen Stellungen bei El-Alamein. Der Kampf um El-Alamein zählte zu den blutigsten und entscheidendsten im Zweiten Weltkrieg.*
Mitte links: *Italienische Freiwillige des Bataillons Bir el-Gobi in Aktion.*
Unten links: *In Reihe passieren die italienischen Soldaten mit ihrem Kommandeur Herzog Amedeo d'Aosta nach ihrer Kapitulation bei Amba Alagi die Briten, die das Gewehr präsentieren und salutieren. 1941 musste Italien seine Kolonie in Ostafrika aufgeben, die im Abessinienkrieg 1935/1936 erobert worden war.*
Rechts: *Ein deutscher Panzergrenadier ergibt sich einem britischen Soldaten.*

Der Krieg auf dem Balkan

1939–1945

1934 hatte Mussolini seine Armee mobilisiert, um die Unabhängigkeitsbestrebungen Österreichs zu unterstützen. 1938 musste er mit ansehen, wie der Anschluss Österreichs an das Deutsche Reich erfolgte. Er dachte darüber nach, wie er es dem Führer, an den er dauerhaft gebunden war, mit gleicher Münze heimzahlen könne und entschied sich für eine Operation, die dem Anschluss gleichkam. Hitler hatte sich Österreich einverleibt, Mussolini würde das Gleiche mit Albanien tun. Zunächst bot er dem albanischen König Zogu I. ein italienisches Protektorat an. Als der Herrscher zögerte, stellte ihm Mussolini ein Ultimatum: Entweder alles oder nichts! Im April 1939 fielen die Italiener in Albanien ein. König Zogu I. floh mit seiner Gattin Geraldine nach Griechenland. Die italienischen Truppen gingen bei Valona an Land, ohne einen einzigen Schuss abzugeben, und wurden von der Bevölkerung mit Jubelrufen empfangen. Viktor Emanuel III. fügte seinen Titeln König von Italien und Kaiser von Abessinien (Äthiopien) den Titel König von Albanien hinzu. Mussolini ersuchte den König, ihn zum Oberbefehlshaber der italienischen Armee zu ernennen. Der König berief Mussolini jedoch nur zum Kommandeur der Truppen, die an der Front im Einsatz waren. Der Führer hatte den „Duce" mehrmals ermahnt sich endgültig von der Monarchie zu befreien, doch Mussolini war dazu nicht bereit. Er kannte die Gefühle der Italiener. Für sie war der Savoyer der Inbegriff des „Soldatenkönigs" des Ersten Weltkriegs. Der Hof hegte Argwohn gegen Nazideutschland. Die italienischen Monarchisten hielten die Nazis für primitive Tyrannen. Hitler gab das Kompliment zurück, indem er den König in privaten Gesprächen als schwachsinnig bezeichnete. Diese „Rahmenbedingungen" kennzeichneten die Beziehung zwischen den Achsenmächten, als Mussolini, genervt von Hitler, den Führer vor vollendete Tatsachen stellte, indem er ihm mitteilte, er habe beschlossen, Griechenland von Albanien aus anzugreifen. Das Unternehmen sollte am 28. Oktober 1940 stattfinden, dem Jahrestag der Faschisten, die 1922 an diesem Tag mit dem „Marsch auf Rom" die Regierungsgewalt an sich gerissen hatten. Zunächst stellte Italien Griechenland ein Ultimatum. Man forderte mehrere Stützpunkte auf griechischem Territorium, um die britische Flotte im Mittelmeer bekämpfen zu können. Griechenland weigerte sich. Italien begann daraufhin mit militärischen Aktionen. Die italienische Luftwaffe bombardierte Patras und die Alpini griffen Makedonien an. An diesem Tag befand sich Hitler bei einem offiziellen Besuch in Florenz. Er wurde von Mussolini persönlich über den Angriff informiert, billigte ihn, sprach seinen Glückwunsch aus und prophezeite dem Unternehmen Erfolg – wenn auch mit zusammengebissenen Zähnen.

Tatsächlich sollte die Operation jedoch kurz darauf scheitern, da sie von einem unerfahrenen Kommandeur geleitet wurde, der nicht an einen Erfolg glaubte. Die Griechen drängten die 100 000 italienischen Soldaten hinter die Grenze zurück. Im November und Dezember besetzten sie auf italienischem Territorium in Albanien Koritza und anschließend Gjirokastër. Großbritannien richtete zur Verteidigung Griechenlands Flottenstützpunkte und Flughäfen auf Kreta ein, entsandte Truppen nach Piräus und Flugzeuge an die griechisch-albanische Grenze. In der Nacht zum 12. November versenkten britische luftgestützte Raketen drei italienische Schlachtschiffe in Tarent – ein schwerer Schlag für Mussolini.

Hitler beschloss, zu intervenieren. Seine Strategen entwickelten die Operation „Marita", die vorsah, Griechenland von Rumänien und Bulgarien aus zu erobern. Am 2. März 1941 marschierte die deutsche 12. Armee unter General List in Bulgarien ein, das am Tag zuvor dem Dreimächtepakt beigetreten war. Am 27. März wurde in Belgrad Prinz Paul gestürzt, der die Regentschaft für

160
Nach der Kapitulation Jugoslawiens paradieren italienische Soldaten durch die Straßen von Ljubljana, der Hauptstadt Sloweniens.

Peter II. übernommen hatte. General Simovic leitete nun die Staatsgeschäfte und näherte sich London an. Hitler modifizierte daraufhin Operation „Marita“ und sandte Jugoslawien ein Ultimatum. Wenn es den deutschen Truppen nicht genehmigt werde, durch jugoslawisches Gebiet zu marschieren, werde Belgrad dem Erdboden gleichgemacht. Das Ultimatum wurde zurückgewiesen. Am 6. April marschierten die Deutschen in Jugoslawien ein und am 17. April unterzeichnete die jugoslawische Armee die Kapitulation. 344 000 Mann gerieten in deutsche Gefangenschaft. Der König und die Regierung flohen nach London.

Gleichzeitig mit dem Einmarsch in Jugoslawien erfolgte die Invasion in Griechenland. Über Bulgarien durchbrach General List die Metaxas-Linie und eroberte Saloniki. Von Jugoslawien aus überrannten deutsch-italienische Truppen Makedonien und rückten in Richtung Athen vor. Ihr Vormarsch wurde am Olymp von britischen Truppen gestoppt, die über den Seeweg aus Ägypten gekommen waren. Doch die Achsenmächte überwanden auch dieses Hindernis. Am 21. April unterzeichnete Griechenland einen Waffenstillstand mit Deutschland, am 23. April mit Italien. Das britische Expeditionskorps (zwei Infanteriedivisionen und eine Panzerbrigade) konnte über das Meer fliehen, bevor die deutschen Panzer am 27. April in Athen einrückten. Die Besetzung der Peloponnes und der Inseln in der Ägäis folgte. Die Eroberung Kretas, das ab 20. Mai aus der Luft angegriffen wurde, war am 1. Juni abgeschlossen. Dieser Erfolg war vor allem den deutschen Fallschirm- und Gebirgsjägern zu verdanken. Die Briten hatten erbitterten Widerstand geleistet. 15 000 britische Soldaten konnten über das Meer nach Ägypten fliehen, 12 000 gerieten jedoch in die Hand der Deutschen.

Die Achsenmächte hatten den Krieg auf dem Balkan gewonnen, trafen nun jedoch auf einen neuen Gegner: die Widerstandsorganisationen in Griechenland und vor allem in Jugoslawien. Neben den Tschetniks (nationalserbische und monarchistische Partisanen) unter Oberst Dragoljub Mihailovic, setzte sich eine starke kommunistische Untergrundorganisation unter Josip Broz (Tito) durch. Neben der ideologischen Unvereinbarkeit gab es auch nationale Unterschiede zwischen den Organisationen. Die Tschetniks waren Serben, die Kommunisten dagegen überwiegend Kroaten und Bosnier. In Kroatien hatte sich kurzzeitig ein Königreich unter italienischer Protektion etabliert, das dem Herzog von Spoleto anvertraut war, einem Cousin Viktor Emanuels III. Doch die wahre Macht lag in den Händen des verhassten faschistischen Diktators Ante Pavelic und der Ustascha.

In Jugoslawien brach ein blutiger Bürgerkrieg zwischen Kroaten, Serben und Bosniern aus. Anschließend kam es zum Widerstand gegen die deutschen und italienischen Invasoren, die die Anschläge der Partisanen mit furchtbaren Repressalien beantworteten. Oft führte der Hass zwischen den Tschetniks und den Kommunisten zu gegenseitigen Überfällen. Schritt für Schritt gewann Tito die Oberhand und 1945 gelang es ihm, 800 000 Partisanen unter der Roten Flagge zu vereinen. Viele von ihnen waren Italiener, die ihre Waffen nach dem 8. September 1943 gegen Deutschland erhoben hatten. Tito hatte Mihailovic besiegt und ließ ihn am 17. Juli 1946 hinrichten. Die Tschetniks, die sich in alliierter Gefangenschaft befanden, wurden Tito ausgeliefert und exekutiert.

Auch in Griechenland bildete sich eine Widerstandsorganisation: die E. A. M. („Nationale Befreiungsfront“). Sie wurde von General Markos geleitet, einem Kommunisten, der schon früher gegen die Deutschen gekämpft hatte. Als jedoch König Georg II. 1946 zurückkehrte, erhob er die Waffen gegen die legitime Regierung. Mit britischer und amerikanischer Hilfe schlugen die Regierungstruppen den kommunistischen Aufstand nieder.

161
Eine Kolonne deutscher Panzerkampfwagen III paradiert unterhalb der Akropolis: Am 27. April 1941 rückten die deutschen Truppen in Athen ein.

Der finnisch-sowjetische Winterkrieg
1940

Am 30. November 1939 eröffnete die Sowjetunion den Krieg gegen Finnland, ungeachtet der Tatsache, dass Finnland, Norwegen und Schweden bei Kriegsausbruch ihre Neutralität im Krieg zwischen Deutschland und den Westmächten erklärt hatten. Was hatte die UdSSR zu diesem Schritt veranlasst? Stalin hatte der finnischen Regierung ein Ultimatum präsentiert. Er forderte einen Flottenstützpunkt und ein weit reichendes Gebiet an der Karelischen Landenge. Die UdSSR schickte dieses Ultimatum unter Berufung auf die Klauseln des Stalin-Hitler-Pakts, dessen Geheimes Zusatzprotokoll die Interessenssphären der beiden Mächte in Osteuropa abgrenzte. Die größte Teil Polens und alle osteuropäischen Staaten sollten an Deutschland übergehen, während die Sowjetunion den übrigen Teil Polens, das Baltikum und Finnland erhalten sollte. Deutschland absorbierte Polen unverzüglich nach der Niederschlagung der polnischen Armee in Warschau. Die Baltischen Staaten (Estland, Lettland und Litauen) hatten es vorgezogen, keinen Widerstand zu leisten und sich zu ergeben. Doch Finnland verhielt sich anders.

Marschall Carl-Gustav von Mannerheim, der Kommandeur der finnischen Streitkräfte, war bereit, Stalins Forderungen nachzukommen, doch die Regierung beschloss, sich dem Despoten aus Moskau zu widersetzen. Diese Entscheidung entsprach der politischen Linie der Regierung, die die Kommunistische Partei Finnlands seit 1930 vollkommen unterdrückte, ebenso wie dem Nichtangriffspakt, den Finnland und die UdSSR am 21. Januar 1932 unterzeichnet hatten. Doch die Illusion, dass Stalin sich an diesen Pakt halten würde, wurde bald zerstört.

Am 30. November 1939 überquerten Stalins Truppen die finnische Grenze: 500 000 Mann, 1 500 Panzer und 1 000 Flugzeuge kamen zum Einsatz. Die finnische Armee war zahlen- und ausrüstungsmäßig weit unterlegen. 200 000 Mann und etwa 100 Flugzeuge standen zur Verfügung, jedoch keine Panzer.

Der Völkerbund verurteilte das Vorgehen der Sowjetunion als „Verletzung des Völkerrechts". Die Finnen leisteten den Aggressoren erbitterten Widerstand. Marschall von Mannerheim hatte nach der Erklärung der Unabhängigkeit Finnlands im Dezember 1917 die Regierungstruppen organisiert und sie 1918 mit Unterstützung einer deutschen Division erfolgreich im Kampf gegen die finnische Rote Armee geführt. Dieses Mal wartete er jedoch vergeblich auf Hilfe aus Deutschland, ungeachtet der Tatsache, dass vor den sowjetischen Botschaften in Berlin und Rom Demonstrationen abgehalten wurden. Der Stalin-Hitler-Pakt bewahrte den Führer davor, seine Soldaten nach Finnland schicken zu müssen. Gleichzeitig gelang es Hitler, mit der Besetzung Norwegens ein Eingreifen Frankreichs und Großbritanniens in Finnland zu verhindern.

Die Finnen waren also gezwungen, den Krieg allein zu führen, einen Krieg am Nördlichen Polarkreis bei Temperaturen von –40 °C. Die sowjetischen Truppen wurden in den Schlachten von Suomussalmi und Tolvajarvi besiegt. Bei diesen Gefechten setzte man gegen die feindlichen Panzer mit Benzin gefüllte Flaschen als Handgranaten ein. Die Finnen gaben dieser Waffe den Namen „Molotowcocktail" und brachten damit die Verachtung zum Ausdruck, die sie gegenüber dem sowjetischen Außenminister, der rechten Hand Stalins, empfanden.

Nach zwei Monaten anhaltender Kämpfe entsandte Stalin ein neues Truppenkontingent (800 000 Mann) nach Finnland und verdoppelte die Panzereinheiten. Es war an der Zeit, Finnland den Todesstoß zu versetzen. Der Krieg machte die Rote Armee vor der ganzen Welt lächerlich. Bis zum 12. März 1940 leisteten die Finnen entlang der Mannerheim-Linie Widerstand. An diesem Tag unterzeichneten sie den Friedensvertrag mit der Sowjetunion. Finnland musste seinem Nachbarn die Karelische Landenge und Teile Ostkareliens überlassen. Außerdem wurde ein Transitabkommen über das Petsamo getroffen. Auf finnischer Seite waren 25 000 Tote und 55 000 Verwundete zu beklagen. Im Vergleich dazu waren die Verluste der Sowjetunion enorm: 200 000 Gefallene, 300 000 Verwundete, 1 600 zerstörte Panzer und 630 abgeschossene Flugzeuge. Unter Berücksichtigung der hohen Verluste, die die weit unterlegene finnische Armee der sowjetischen beigebracht hatte, kam Hitler zu der Überzeugung, dass die UdSSR ein Gigant war, der auf tönernen Füßen stand. Sie würde den modernen Waffen der Deutschen nicht standhalten können …

Am 22. Juni 1941 griff Deutschland die Sowjetunion an. Dies war der Tag der Revanche Finnlands. Von Mannerheim akzeptierte die deutsche Unterstützung, die unter anderem in Gebirgsjägern bestand, die im Norden Finnlands stationiert wurden. Anschließend erklärte er der UdSSR den Krieg. Das Gebiet, das 1940 abgetreten worden war, wurde zurückerobert und man unterstützte die deutsche Wehrmacht in der Schlacht um Leningrad, indem man die Stadt von den Versorgungstruppen im Westen abschnitt. Doch die Situation sollte sich zu Ungunsten Finnlands entwickeln, als die deutsche Offensive zusammenbrach. Die finnische Regierung denunzierte die Abmachung mit Deutschland und forderte die deutschen Truppen auf, sich nach Norwegen zurückzuziehen, um eine zweite Invasion in Finnland zu verhindern. Hitler akzeptierte, denn er hatte inzwischen nicht mehr die Macht, seinen Willen aufzwingen zu können.

Der Zweite Weltkrieg

163
Oben: *Eine weitgehend zerstörte Wohngegend in Helsinki nach einem Bombenangriff der Sowjetunion.*
Mitte: *Finnische Soldaten liegen im Schnee im Hinterhalt.*
Unten: *Ein sowjetischer Tross nach einem Überraschungsangriff der Partisanen.*

Der Zweite Weltkrieg

164

Am 22. Juni 1941 griff Deutschland im Rahmen der Operation „Barbarossa“ mit seinen Verbündeten in Europa die Sowjetunion an. Es waren rasche Erfolge zu verzeichnen und nichts schien den Vormarsch aufhalten zu können.
Oben: *Die Waffen-SS stellt eine Kriegstrophäe zur Schau.*

Unten links: *deutsche Junker JU 87 bombardieren eine schneebedeckte Fläche, unter der der Feind extrem schwer auszumachen ist.*
Unten rechts: *Eine Abteilung der deutschen Infanterie während eines Angriffs an der sowjetischen Front (November 1941).*

Die Ostfront
1941–1944

In der Nacht zum 22. Juni 1941 griff Deutschland die Sowjetunion an, ohne Ultimatum und ohne Kriegserklärung. Drei Heeresgruppen überschwemmten sowjetisches Territorium. Heeresgruppe Süd überquerte die Karpaten, um Kiew einzunehmen, Heeresgruppe Mitte durchquerte den Pripet, um Smolensk zu besetzen, und Heeresgruppe Nord traversierte Ostpreußen, um das Baltikum und Leningrad zu erobern. Im letzten Blitzkrieg des Zweiten Weltkriegs schlugen 152 deutsche Divisionen (darunter 33 Panzergrenadierdivisionen) jeden Widerstand der Roten Armee nieder. Die deutschen Streitkräfte hätten auf 170 sowjetische Divisionen treffen können, wenn Stalin diese nicht im Fernen Osten stationiert hätte, um einen Angriff Japans zu verhindern. Der Information seines Spitzels Richard Sorge, dass die deutsche Invasion bevorstand, schenkte Stalin keinen Glauben.

Dieser tragische Fehler kostete Stalin in den ersten Tagen der Invasion 1800 Flugzeuge sowie die Stadt Bialystok. 40 Divisionen der Heeresgruppe Mitte nahmen die Stadt ein und machten 330000 Gefangene. Diese Divisionen bildeten die Angriffsspitze der deutschen Invasion. Sie erreichten als Erste ihr Ziel: die Eroberung Smolensks. Weitere 310000 sowjetische Soldaten gerieten dabei in deutsche Gefangenschaft.

Seit Beginn der Operation „Barbarossa" hatte die Heeresgruppe Mitte in nur 20 Tagen knapp 800 km zurückgelegt. Hitler beging jedoch den folgenschweren Fehler, diese Heeresgruppe anzuhalten, kurz bevor sie Moskau erreichte. Er verschob die Einnahme Moskaus und erteilte der Heeresgruppe Mitte Order, sich Kharkov und der Ukraine zuzuwenden. Mit dieser Strategie wollte Hitler das Donez-Kohlenbecken erobern, um die Versorgung des sowjetischen Heeres über den Kaukasus zu unterbrechen. Gemäß der Order des Führers umstellte Heeresgruppe Süd Kiew. Nach einer Kesselschlacht (9. bis 26. September 1941) machten die deutschen Truppen 665000 Gefangene, trieben die Überlebenden hinter den Donez zurück und besetzten die Fabriken. Ende September waren auch das Donez-Kohlenbecken und die wichtigsten sowjetischen Fabriken in deutscher Hand. Zu diesem Zeitpunkt hatte die deutsche Wehrmacht 550000 Mann verloren, darunter Gefallene, Verletzte und Gefangene. Dies entsprach knapp einem Fünftel der Verluste auf sowjetischer Seite.

Heeresgruppe Nord besetzte das Baltikum nach mehreren Schlachten und am 15. September begann die Belagerung Leningrads, einer Stadt mit über 3 Millionen Einwohnern. Die Belagerung dauerte 900 Tage. Im Hafen von Leningrad befand sich die gesamte russische Baltikumflotte. Hitler ordnete an, die Stadt auszuhungern. Jede Nacht kam es zu Artillerie- und Luftangriffen. Die Belagerung war mehr von ideologischem als von strategischem Wert. Die Einwohner mussten teuer für den verhassten Namen ihrer Stadt bezahlen. Im Südosten belagerten deutsche Truppen Leningrad, im Norden finnische Einheiten. Das Kommando über beide Streitkräfte führten die Deutschen und die Befehle kamen direkt aus Berlin.

Die Abriegelung der Stadt war undurchdringbar. Die Lebensmittelvorräte der Belagerten würden spätestens in einem Monat aufgebraucht sein. Einige Vorräte konnten noch über den Ladogasee eingeführt werden, doch mit Beginn des Winters war auch dieser Versorgungsweg abgeschnitten. Tausende von Einwohnern verhungerten. Katzen, Hunde und Pferde wurden geschlachtet. Schließlich mussten die Belagerten Ersatzstoffe verzehren, die vom Wissenschaftlichen Institut der Universität entwickelt wurden, wie zum Beispiel Mehl, das man aus Tapete gewann. Im ersten Jahr der Belagerung waren bis zum ersten Weihnachtsfeiertag 3700 Menschen den Hungertod gestorben. Im Februar 1942 starben weitere 72000 Menschen. Die Luftangriffe der Deutschen verwüsteten die Stadt, die niemand verlassen konnte, ohne zu riskieren, von den Maschinengewehren der Belagerer niedergemetzelt zu werden. Offizielle Angaben sprechen von 632000 Toten, doch vermutlich starb 1 Million Menschen bei der Belagerung Leningrads.

Zweimal (im späten Winter 1942 und im Januar 1943) versuchte die Sowjetunion, die Belagerung mit Gegenoffensiven zu durchbrechen. Während der zweiten Offensive gelang es, einen Korridor zum Ladogasee zu öffnen. Innerhalb von 17 Tagen waren eine Straße und eine Eisenbahnlinie angelegt, so dass die darbende Stadt wieder mit Lebensmitteln versorgt und die Verwundeten und Sterbenden evakuiert werden konnten. Nur im Januar 1944 gelang es der Roten Armee, die Einkesselung vollständig zu durchbrechen. Bei dieser Offensive empörte sich der sowjetische General Andrej Andrejewitsch Wlassow, der sich in deutscher Gefangenschaft befand, über die Gleichgültigkeit Stalins gegenüber der Bevölkerung Leningrads. Als Vorsitzender des „Komitees zur Befreiung der Völker Russlands" stellte Wlassow Ende 1944 aus russischen Kriegsgefangenen eine „Russische Befreiungsarmee" auf, die an der Westfront gegen Briten und Amerikaner kämpfte. Im Mai 1945 gerieten Wlassow und seine Armee in amerikanische Kriegsgefangenschaft. Die Soldaten wurden an die Sowjetunion ausgeliefert und Stalin ließ sie exekutieren.

Nach der Eroberung Kiews und der Stationierung der Heeresgruppe Nord vor Leningrad gab Hitler Befehl zum Angriff auf Moskau. Im Oktober 1941 machten die Deutschen nach der

Die Ostfront
1941–1944

Doppelschlacht von Brjansk und Wjasma 673 000 Gefangene. Am 19. Oktober siedelte Stalin mit der Regierung nach Kujbyschew über, das ca. 800 km südöstlich von Moskau liegt. Stalin befürchtete, dass es in Moskau ebenso wie in Leningrad zu einer langen Belagerung kommen könnte. Deshalb appellierte er an die Moskauer, sich dem Mutterland zuzuwenden und sich der Vorfahren sowie des Ruhms des Zarentums zu erinnern. Die Moskauer antworteten. Die Zivilbevölkerung kooperierte mit den Volkskommissaren. 100 Züge, organisiert von Freiwilligen, führten täglich Reserven in die Stadt.

Am 5./6. Dezember leitete die Rote Armee im Raum von Moskau eine Gegenoffensive ein und drängte die deutschen Truppen in erbitterten Winterkämpfen weit zurück. 3 Millionen Soldaten gerieten in Gefangenschaft, 20 000 Panzer wurden beschlagnahmt oder außer Gefecht gesetzt und 15 000 Flugzeuge wurden zerstört. Am 19. Dezember löste Hitler Generalfeldmarschall Walther von Brauchitsch ab und übernahm selbst den Oberbefehl über das Heer.

An der Seite Deutschlands zogen Rumänien (22. Juni 1941), Italien (23. Juni), die Slowakei (24. Juni) und Ungarn (27. Juni) in den Krieg gegen die Sowjetunion. Insgesamt unterstützen 41 Divisionen aus vier Ländern die deutsche Wehrmacht. Diese Truppen sollten ebenso wie ihre deutschen Kameraden vom harten russischen Winter überrascht werden. Binnen Kürze überschwemmten Schlammmassen Panzer, Lastwagen und Artillerie. Innerhalb eines Monats waren 150 000 Fahrzeuge verloren. Nur Raupenfahrzeuge hätten weiter vordringen können, doch die standen nicht zur Verfügung. Bei Temperaturen von –40 °C vereisten die Panzer und die Flugzeuge konnten nicht abheben. Stalin zog seinen Vorteil aus diesen Schwierigkeiten und leitete mehrere Gegenoffensiven ein. Die sowjetischen Soldaten, ausgestattet mit Schneeschuhen und winterfester Kleidung, kämpften unerbittlich. Im Süden ersuchte Generalfeldmarschall von Rundstedt den Führer um Erlaubnis, einen strategischen Rückzug durchführen zu dürfen. Hitlers Antwort bestand in der Absetzung von Rundstedts. Sein Nachfolger wurde von Reichenau, der den Plan von Rundstedts in die Tat umsetzte. Hitler ersetzte auch Generaloberst Guderian und Generalfeldmarschall von Bock, zwei der besten Männer der Wehrmacht. An ihre Stelle traten Marionettengeneräle. Damit waren die Voraussetzungen geschaffen, die zum Scheitern der Operation „Barbarossa“ führen sollten.

Im Februar 1942 beschloss Mussolini, sich stärker im Kampf gegen die Sowjetunion zu engagieren. Er rief die ARMIR (das italienische Heer in der Sowjetunion) ins Leben, die sich aus drei Alpini- und einer Infanteriedivision formierte. Diese vier Divisionen vereinigten sich mit den drei Divisionen der CSIR (das italienische Expeditionskorps in der Sowjetunion), die seit Juli 1941 an der Front waren. General Giovanni Messe, der sich mit seinen deutschen Kameraden nicht besonders gut verstand, befehligte die 60 000 Mann der CSIR. Insgesamt waren zu diesem Zeitpunkt 300 000 Italiener an der Front, die General Italo Gariboldi unterstanden. Der schreckliche Winter 1941/1942 brachte die militärischen Aktivitäten beinahe zum Erliegen. Im Frühsommer 1942 leitete die deutsche Wehrmacht mit Unterstützung Italiens, Rumäniens und Ungarns eine groß angelegte Offensive ein. Am 2. Juli 1942 fiel Sewastopol nach achtmonatiger Belagerung. Die Sturmangriffe der Italiener vom Schwarzen Meer aus, hatten entscheidend zu diesem Sieg beigetragen. Die Deutschen setzten ihren Vormarsch in Richtung Kaukasus fort, errangen bei Rostow am Don einen Sieg und besetzten die Ukraine.

Die ARMIR stand zwar unter hervorragendem Kommando und vereinte extrem mutige Soldaten, doch sie verfügte nicht über die entscheidenden Waffen und die nötige Ausrüstung. Dennoch sollte der Sturm auf Isbuschenski in die Geschichte eingehen, bei dem sich das Regiment Savoia Cavalleria gegen die sowjetischen Panzer warf, um die Einkesselung zu durchbrechen. Die drei Alpinidivisionen (Cuneense, Julia und Tridentina) führten Maulesel mit sich, die im Kaukasus zum Einsatz kommen sollten. Doch das OKW (Oberkommando der Wehrmacht) hatte die Alpini für einen Einsatz in der Ebene vorgesehen, wo Maulesel nutzlos waren. Die ARMIR marschierte am Don auf, flankiert von der ungarischen 2. und der rumänischen 3 Armee. Nach der vernichtenden Niederlage der Deutschen in der Schlacht um Stalingrad zogen sich die Alpinidivisionen zurück. Unter dem Druck der nachrückenden sowjetischen Truppen mussten sie hunderte von Kilometern bei bitterster Kälte zurücklegen. Am Ende lautete die Bilanz der Italiener: 70 000 Tote und Vermisste sowie 100 000 Kriegsgefangene, von denen 30 000 nicht mehr in ihre Heimat zurückkehren sollten.

Bei der Wiederaufnahme der Offensive im Juni 1942 bestand das Truppenkontingent der Achsenmächte aus 233 Divisionen mit insgesamt 4 Millionen Mann. Die Eroberung großen „Lebensraums“ im Osten erwies sich als weitaus schwieriger, als der Führer es sich vorgestellt hatte. In den 20er-Jahren konnte Hitler noch nicht einmal ahnen, dass zwei Faktoren entscheidend zur Niederlage Deutschlands beitragen würden. Der erste Faktor war das ununterbrochene Heranführen von Reserven über Alaska und Sibirien, das immer wieder zu einem zahlenmäßigen Übergewicht der Roten Armee führte. Den zweiten Faktor verkörperte Stalin, der es verstand, mit den Mythen vergangener Zeiten das sowjetische Volk wiederzubeleben, das nach 20 Jahren der „Diktatur des Proletariats“ ohne Hoffnung war. Zunächst wurden die mutigsten Einheiten in Anlehnung an das Zarentum mit der Beförderung zur Garde ausgezeichnet. Anschließend verloren die verhassten politischen Kommissare (Parteispitzel zur Kontrolle der Befehlshaber) vorübergehend durch ein Dekret ihre Macht. Sie sollten jedoch zurückkehren, sobald sich die Niederlage der Deutschen abzeichnete.

Auf der anderen Seite der Front traf Hitler weitere Fehlentscheidungen, darunter jene, mehrere Einheiten abzuziehen, die mit dem Pulk der Wehrmacht in Richtung der Ölfelder südlich des Kaukasus marschierten. Diese Einheiten sandte er zur Unterstützung des Angriffs auf Stalingrad. Stalingrad war ebenso wie Leningrad von geringer strategischer Bedeutung. Hitler musste die Stadt jedoch wegen ihres vernichten. Vor dem letzten Angriff, der am 10. September 1942 erfolgen sollte, wurde Stalingrad aus der Luft bombardiert. 40 000 Zivilisten kamen dabei ums Leben. Dann griff die 6. Armee unter Feldmarschall Friedrich von Paulus an. Die Attacken dauerten bis zum 19. November. Couragierte Arbeiter verteidigten die Fabrik Roter Oktober Meter um Meter. Sie wurden in den Stand einer Garde erhoben. 300 Katjuscha-Raketenwerfer nahmen die deutschen Stellungen unter Beschuss. Über Lautsprecher verbreitete die sowjetische Propaganda einen düsteren Refrain: „In jeder Minute, die verstreicht, stirbt ein weiterer deutscher Soldat.“ Die Deutschen antworteten mit Megaphonen: „Russ! Bul bul u Volga!“ („Russen! Ihr werdet kleine Blasen vom Grund der Wolga nach oben schicken!“)

Am 19. November entfesselte Marschall Schukow eine Offensive gegen die Flanken der 6. Armee mit dem Ziel, die Armee von Paulus' einzukesseln. Am 23. November waren 250 000 deutsche Soldaten in Stalingrad eingeschlossen. Hitler lehnte den Ausbruch ab, den von Paulus vorschlug. Die deutschen Soldaten waren von Hunger, Kälte und Krankheit geschwächt. Ein Entsatzversuch, der am 12. Dezember eingeleitet wurde, scheiterte. Die sowjetischen Verbände zogen den Kessel um die Deutschen immer enger. Es kam zu Desertionen. Innerhalb einer Woche wurden 350 deutsche Soldaten des Verrats bezichtigt und exekutiert. Es gab keine Hoffnung für die 6. Armee. Hitler erließ Order, bis zum Tod zu kämpfen, und ernannte von Paulus zum Generalfeldmarschall, um dessen Moral zu stärken. Doch am 31. Januar unterzeichnete von Paulus die Kapitulation. Die Überlebenden der 6. Armee gerieten in sowjetische Kriegsgefangenschaft und von Paulus, der die Kapitulation in Eigenverantwortung unterzeichnet hatte, gehörte von nun an zu Hitlers Feinden. Er teilte damit das Schicksal des sowjetischen Generals Wlassow an der gegnerischen Front, der zu Stalins Feind wurde. Im Gegensatz zu diesem wurde von Paulus jedoch nicht hingerichtet, nachdem er 1953 aus der Kriegsgefangenschaft entlassen worden war. Schukow hatte 750 Flugzeuge, 1 500 Panzer, 500 Panzerkampfwagen und 8 000 Geschütze verloren. Etwa 146 000 deutsche Soldaten starben im Inferno von Stalingrad, 20 000 wurden vermisst, 70 000 verwundet und etwa 90 000 gerieten in Gefangenschaft. Nach 1945 kehrten davon nur etwa 6 000 in ihre Heimat zurück.

Nach der Vernichtung der deutschen 6. Armee durchbrach Schukow die Stellungen, die von der italienischen und rumänischen Armee am Don gehalten wurden. In den ersten Monaten des Jahres 1943 stießen die sowjetischen Truppen entlang der gesamten Front vor, von der Nordsee in den Kaukasus, ohne auf Widerstand zu treffen. Hitler hatte ein Manöver vorbereitet, um die sowjetische Front im Juli zu durchbrechen. In letzter Minute sagte er das Unternehmen jedoch ab, denn er musste deutsche Divisionen nach Italien abziehen, wo britische und amerikanische Verbände gelandet waren und sich auf dem Vormarsch befanden. Damit war der russische Vorstoß nicht mehr aufzuhalten. Am 6. November wurde Kiew befreit. Zwischen Januar und April 1944 marschierte die Rote Armee in Galizien und Rumänien ein. Zu diesem Zeitpunkt waren 12,5 Millionen sowjetische Soldaten im Einsatz. Für die Heeresgruppe Mitte kam der Tag der Abrechnung im Juni 1944. 28 der 40 deutschen Divisionen waren umzingelt und gezwungen, die Waffen niederzulegen.

Die Rote Armee überrannte anschließend das von Deutschland besetzte Polen und kam gerade rechtzeitig an die Weichsel, um dem Todeskampf Warschaus beizuwohnen. In der polnischen Hauptstadt hatte General Bór-Komorowski im Vertrauen auf den schnellen Vorstoß der sowjetischen Truppen am 1. August eine Rebellion gegen die Nationalsozialisten angezettelt. Polnische Partisanen kämpften erbittert in den Straßen Warschaus. Sie hofften, die sowjetischen Truppen würden intervenieren. Diese zogen es jedoch vor, sich der Tschechoslowakei zuzuwenden, und nahmen am 1. September Prag ein. Der Warschauer Aufstand dauerte 63 Tage. Als sich die Deutschen sicher waren, dass die sowjetischen Truppen nicht eingreifen würden, zerstörten sie Haus um Haus. Am 2. Oktober kapitulierte Bór-Komorowski. General Stroop teilte Hitler per Telegramm mit, dass wieder Ordnung in Warschau herrsche. Die Aufständischen, die das Massaker überlebt hatten, wurden nach Deutschland deportiert.

171
Ein deutscher Panzergrenadier beobachtet ein brennendes Ölfeld bei Maikop im Kaukasus. Die Verteidiger steckten die Ölfelder selbst in Brand, um zu verhindern, dass sie den Feinden in die Hände fielen.

168–169
Der Tod ist vorübergezogen. Nach einer Vergeltungsmaßnahme der Nazis auf der Krim ist der Boden mit Leichen übersät. Die Verwandten der Opfer sind von Kummer und Verzweiflung gezeichnet.

170
Wenige Wochen nach dem Angriff der UdSSR beging Hitler den unverzeihlichen Fehler, den Vormarsch der Heeresgruppe Mitte aufzuhalten, die Moskau bereits erreicht hatte, und sie in die Ukraine abzuziehen.
Oben: *Ein deutscher Infanterist wirft eine Handgranate (Vorstoß auf Moskau im Sommer 1941).*
Mitte: *Sowjetische Soldaten ergeben sich den deutschen Invasoren nahe Minsk.*
Unten: *Die SS erhängt zwei junge Partisanen an einer Straße nach Moskau.*

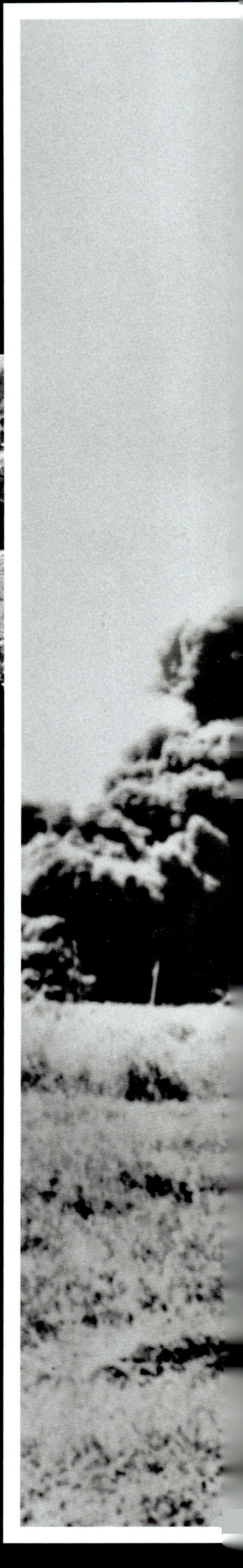

172–173

Links: *Frauen ziehen auf der Suche nach Lebensmitteln durch das zerstörte Leningrad.*
Oben rechts: *Zivilisten brechen das Eis auf, um an das darunter liegende Wasser zu gelangen. Die Belagerung Leningrads begann am 15. September 1941 und endete 1944 nach 900 Tagen.*

Die folgenden Aufnahmen zeigen Szenen der Schlacht um Stalingrad.
Mitte rechts: *Sowjetische Soldaten im Einsatz im zerstörten Stalingrad.*
Unten rechts: *Rauchende Trümmer kennzeichnen den desolaten Zustand Stalingrads nach der Kapitulation der Deutschen.*

174–175
Links: *Sowjetische Infanteristen suchen Schutz vor dem grausamen Sperrfeuer der Deutschen.*
Oben rechts: *Sowjetische Truppen entfesseln einen tödlichen Katjuscha-Raketenangriff gegen die fliehenden Deutschen.*
Mitte rechts: *Die Truppen des Führers ziehen sich auf Pferdeschlitten über die Steppe zurück.*
Unten rechts: *Alpini der Division Tridentina treten nach der Schlacht um Nikolajew den Rückzug in Richtung Westen an.*

941

Die Bombenteppiche
1940–1945

Ab 1942 wurde Deutschland mit Bombenteppichen überzogen. Churchill überzeugte Roosevelt, das dies notwendig sei, obwohl es dem amerikanischen Präsidenten widerstrebte, Frauen und Kinder in den Tod zu schicken. Churchill ordnete außerdem nächtliche Angriffe auf deutsche und italienische Städte an, um die Moral der Bevölkerung zu schwächen. Roosevelt erhielt das Zugeständnis, dass die Massaker an der Zivilbevölkerung in der Hand der britischen Piloten blieben. Die amerikanischen Piloten sollten sich auf strategische und industrielle Ziele konzentrieren. Damit war es Roosevelt möglich, sein Gewissen zu beruhigen.

Ein Angriff der Royal Air Force zerstörte Köln fast vollständig. Hamburg und Berlin wurden ebenfalls schwer verwüstet. Allein 1943 warf die Royal Air Force 49 000 t Sprengstoff auf die deutsche Hauptstadt ab. Tausende starben und Millionen verloren ihre Heimat. Am 27. Juli löste die Bombardierung Hamburgs einen Feuersturm aus, der die Temperatur in den Straßen auf knapp 1 000 °C ansteigen ließ. Bäume wurden entwurzelt und Windgeschwindigkeiten in Orkanstärke sogen die Menschen in das Flammenmeer. In den Luftschutzbunkern erstickten die Menschen und wurden anschließend eingeäschert.

Das verheerendste Bombardement erlebte am 13. Februar 1945 Dresden. 14 Stunden dauerte die Bombardierung unter persönlicher Leitung von Sir Arthur Harris (genannt „der Schlächter"), Kopf des Kommandos der Bomberverbände. Etwa 60 000 Menschen verloren ihr Leben, darunter vor allem verwundete Soldaten, die in provisorischen Krankenhäusern untergebracht waren, alliierte Kriegsgefangene und Flüchtlinge aus der Ostzone, die in den Straßen von Dresden kampierten. Diese Zivilisten waren überzeugt, dass eine Stadt der Künste wie Dresden niemals bombardiert werden würde, obgleich die Deutschen Florenz, Venedig und Ravenna auch nicht verschont hatten. Doch in Dresden war die Verwüstung weitaus schlimmer. 805 britische Bomber warfen 2 558 t Splitter- und Brandbomben ab. Der Asphalt auf den Straßen schmolz und die Menschen in den Luftschutzbunkern verbrannten bei lebendigem Leib. Schließlich rückte Verstärkung an: 450 amerikanische B-17 Flying Fortresses. Roosevelt hatte sein Gewissen zum Schweigen gebracht.

Aufgrund der Bombardierungen der Städte flüchteten unzählige Familien aufs Land. Besonders auffällig war dieses Phänomen in Italien, wo Rom, Mailand, Turin, Genua und Neapel entvölkert wurden, als die Menschen auf die kleinbäuerlichen Höfe ihrer Großeltern flohen. In Frankreich gab es kaum Massenfluchten, da die Alliierten hier auf großflächige Bombardements verzichteten. Auch in Deutschland kam es nicht zu solchen Massenfluchten wie in Italien, wo die Urbanisierung stärker ausgeprägt war. Die Deutschen verließen sich außerdem darauf, dass die Luftschutzbunker in den Städten ausreichend Schutz bieten würden. Ein verhängnisvoller Irrtum, wie die Feuerstürme in Hamburg und Dresden belegen sollten.

Im Ersten Weltkrieg hatten die Deutschen mit lenkbaren Luftschiffen Bomben über Großbritannien abgeworfen. Die Österreicher hatten Mailand und die Städte Venetiens heimgesucht. 1921 verfasste der italienische General Giulio Douhet das Buch „Il dominio dell' avia" („Luftherrschaft"), eine theoretische Abhandlung über Luftangriffe zur Schwächung des Widerstandswillens des Feindes. Im Spanischen Bürgerkrieg setzte Hitlers Legion Condor diese Theorie in die Praxis um.

Vor allem Göring war von Douhets Theorie überzeugt. 1940 ordnete er die Bombardierung Rotterdams an, die zur Kapitulation der Niederlande führte. Anschließend erfolgten in der „Schlacht um England" massive Bombardements. London wurde 76 Nächte lang von Luftangriffen heimgesucht, doch die Moral der Bevölkerung geriet nicht ins Wanken. Nacht für Nacht verbrachten 200 000 Londoner in den U-Bahn-Schächten, während die Höhlen von Chislehurst (südöstlich von London) zehntausenden von Londonern als Unterschlupf dienten, die jede Nacht mit dem Zug dort eintrafen. Douhets Theorie geriet ins Wanken.

Doch nach der „Schlacht um England" erklärte Frederick Lindemann, Churchills Berater, er sei überzeugt, dass nächtliche Bombenangriffe die Moral der deutschen Bevölkerung schwächen und zu einem Aufstand gegen Hitler führen würden. Damit begann die systematische Zerstörung der deutschen Städte, die jedoch nicht für den Zusammenbruch Deutschlands verantwortlich sein sollte.

177
Ein Geschwader der B-17 Flying Fortresses fliegt in großer Höhe über deutschen Luftraum. Diese berühmt gewordene „Box formation" brachte Tod und Zerstörung in Deutschlands Städte. Die viermotorigen Flugzeuge, ausgestattet mit Maschinengewehren, lieferten der deutschen Armee schwerste Gefechte.

178–179

Links: *Amerikanische Bomben fallen auf strategisch wichtige deutsche Installationen.* Oben rechts: *Amerikanische B-17 Flying Fortresses im Einsatz über einer deutschen Stadt (1943).* Mitte rechts: *Dresden liegt in Trümmern. Etwa 60 000 Menschen fanden in der Stadt den Tod.* Unten rechts: *Ein emblematisches Bild von Köln. Nur der Dom steht noch. Die Briten hatten Prospekte über der Stadt abgeworfen, in denen sie der Bevölkerung mitteilten, dass das historische Bauwerk nicht zerstört würde, die umliegenden Gebäude jedoch dem Erdboden gleichgemacht würden. Über Deutschland wurden über 1 300 000 t Bomben abgeworfen.*

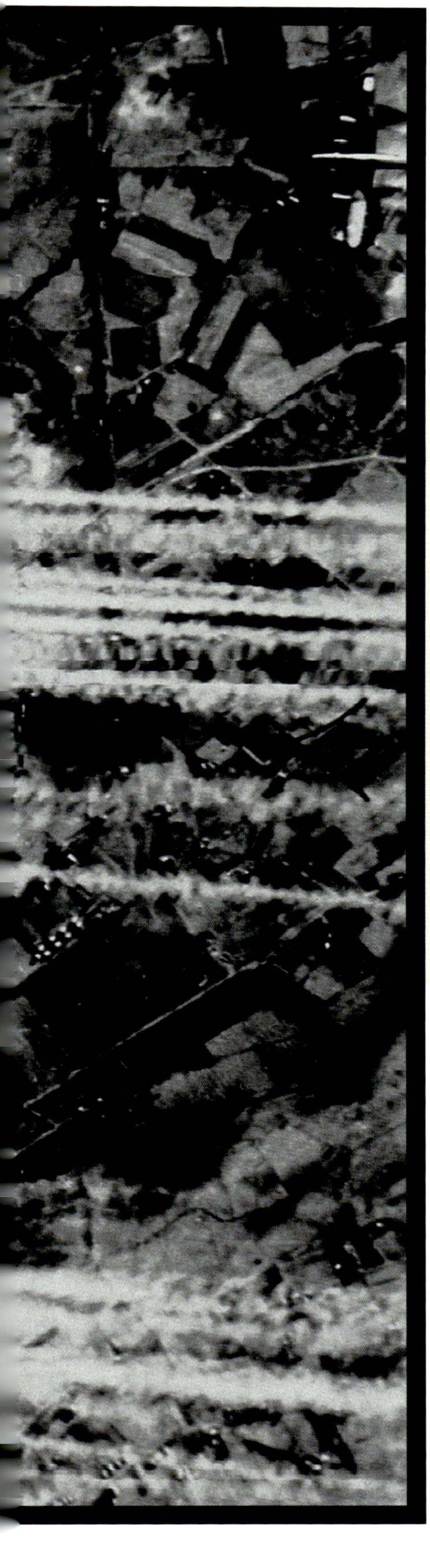

1940
1945

Die Italienische Front und das Ende des Faschismus

1943–1945

Auf der Konferenz von Casablanca (14. bis 26. Januar 1943) beschlossen die Alliierten, das „Bollwerk Europa" mit einer Landung in Italien anzugreifen. Diese Unternehmung sollte den Namen Operation „Husky" tragen. Zunächst mussten jedoch die Schlacht um Tunesien gewonnen und der Widerstand der Achsenmächte in Nordafrika gebrochen werden. Nachdem diese Ziele erreicht waren, erhielt Operation „Husky" grünes Licht. Am 10. und 12. Juli 1943 wurden die Inseln Pantelleria und Lampedusa nach schweren Luftangriffen besetzt. 11 000 Italiener gerieten in Gefangenschaft. Ebenfalls am 10. Juli wurde ein Expeditionskorps formiert, bestehend aus der amerikanischen 7. Armee unter General George S. Patton und der britischen 8. Armee unter Generalfeldmarschall Bernard Law Montgomery. Weitere Streitkräfte unter General Harold Alexander landeten auf Sizilien in Agrigent und Syrakus. 2 800 Schiffe setzten 160 000 Mann, 14 000 Fahrzeuge, 1 800 Geschütze und 600 Panzer ab. Dieser Streitmacht standen 100 000 italienische und deutsche Soldaten mit 500 Geschützen und 255 Panzern gegenüber. Am 17. August 1943 war ganz Sizilien in den Händen der Alliierten.

Am 19. Juli bombardierten die Amerikaner Rom: 500 Bomber ließen tausende Tonnen Bomben auf die Hauptstadt regnen, die 2 000 Zivilisten töteten. Papst Pius XII. eilte zwischen den Toten und Verwundeten umher, warf die Arme in die Höhe und rief verzweifelt Gott um Hilfe an. Aus dem Flugzeug sah Mussolini, der sich auf dem Rückflug von einem Treffen mit dem Führer befand, Rauch über der Hauptstadt aufsteigen. Am 24. Juli trat der Faschistische Großrat zusammen, den Mussolini seit 1939 nicht mehr einberufen hatte, da er als Diktator auf dessen Beratung verzichten konnte. Ein Misstrauensvotum zwang den „Duce" am 25. Juli zum Rücktritt. Selbst Galeazzo Ciano, der Schwiegersohn Mussolinis, hatte für die Absetzung des Diktators gestimmt. Die Staatsmacht lag nun wieder in Händen König Viktor Emanuels III.

Am Nachmittag des 25. Juli wurde Mussolini auf Geheiß des Königs festgenommen und auf dem Campo Imperatore (Gran Sasso d'Italia) inhaftiert. Viktor Emanuel ernannte Marschall Pietro Badoglio zum Ministerpräsidenten, der dem italienischen Volk über Rundfunk verkünden ließ, dass der Krieg weitergehe. Niemand glaubte daran, dass der Untergang des Faschismus in Kürze zum Frieden führen würde. Italien hatte an der Seite Deutschlands weiterzukämpfen. Doch Hitler misstraute Badoglio und schickte weitere Streitkräfte nach Italien, die jene vier Divisionen ergänzen sollten, die im Süden gegen die Alliierten kämpften. Sechs Infanteriedivisionen, zwei Panzerdivisionen, eine Fallschirmjägerdivision, eine Gebirgsjägerbrigade, eine Abteilung der SS und Flugzeuge wurden auf der Halbinsel stationiert.

Während Hitler Vorkehrungen für den Fall der Kapitulation Italiens traf, zwangen die Alliierten den König, aufzugeben. Im August brachten schreckliche Bombardierungen Zerstörung und Tod über Rom, Turin, Genua und Mailand. Die Regierung Badoglio, die über ihren Emissär in Lissabon bereits mit den Alliierten in Geheimverhandlung stand, entschied sich für den Frieden. Am 3. September unterzeichnete Badoglios Bevollmächtigter in Cassibile einen Waffenstillstand mit den Alliierten. Das Dokument enthielt nur 12 Klauseln, denen später weitere hinzugefügt werden sollten. Die Hauptpunkte lauteten: Übergabe der italienischen Flotte und der Luftwaffe. Es wurde vereinbart, dass der Waffenstillstand erst am 8. September bekannt gegeben werden sollte, um zwei Landungen – südlich und nördlich von Rom – zu ermöglichen und um gleichzeitig eine Division Fallschirmjäger in der Hauptstadt abzusetzen. Diese Abmachung wurde jedoch nur teilweise eingehalten. In Rom trafen keine Fallschirmjäger ein und nördlich der Hauptstadt kam es zu keiner Landung. Die amerikanische 5. Armee unter General Mark Clark landete am 9. September bei Salerno. Operation „Avalanche" sollte in keinster Weise mit der Realität korrespondieren. Die Truppen General Clarks konnten nur unter größten Schwierigkeiten und mit hohen Verlusten Boden gutmachen.

Am 8. September verkündete Eisenhower, Oberkommandeur der alliierten Streitkräfte, über Rundfunk die Kapitulation Italiens. Sofort liefen Hitlers vorbereitete Gegenmaßnahmen an. Am 10. September besetzten deutsche Truppen Rom. Der König und die Regierung flohen nach Pescara. Von dort sollte sie ein Kriegsschiff nach Apulien bringen, das weder von den Deutschen besetzt war noch von den Alliierten. Tatsächlich handelte es sich nicht um eine Flucht, sondern um eine notwendige Vorkehrung, um den König und die Regierung vor einer Gefangennahme durch die Deutschen zu bewahren und eine Aufhebung des Waffenstillstands zu verhindern. Eine Gefangennahme hätte zu einem Machtvakuum geführt, bei dem Italien in den Händen von zwei Besatzern verblieben wäre. Die Konsequenzen für die Zivilbevölkerung wären zweifellos tragisch gewesen. Im Zweiten Weltkrieg hielt sich hartnäckig ein Prinzip, sobald sich der unaufhaltsame Vorstoß des Feindes abzeichnete: Bringt die Repräsentanten des Staates in Sicherheit! Dieses Prinzip galt in Polen, Jugoslawien, Norwegen, den Niederlanden und Bulgarien ebenso wie in Großbritannien. Dort hatte man im Hinblick auf die Operation „Seelöwe" Vorkehrungen für die Flucht der königlichen Familie und

DIE ITALIENISCHE FRONT UND DAS ENDE DES FASCHISMUS

1943–1945

der Regierung nach Kanada getroffen. Lediglich die Selbstverstümmelung gewisser italienischer Historiker führte zur Verbreitung des „Evangeliums von der Flucht des Königs", ungeachtet der Ereignisse vom 8. September, auf die die Alliierten selbst nicht gerade stolz waren. Eisenhower sprach von einem „unsauberen Geschäft" und Harold Macmillan, Repräsentant der britischen Regierung, fasste die Empfindungen des Generalstabs der Alliierten in Worte: „Der größte Bluff in der Geschichte: Uns wurde eine komplette Flotte übereignet, ohne dass wir dafür etwas geben mussten.

Churchill war bemüht, den Feldzug in Italien zum Abschluss zu bringen, um den Vormarsch in Richtung Österreich und Süddeutschland fortzusetzen und möglichst viele Menschen in Osteuropa vor der Roten Armee zu schützen. Roosevelt wollte dagegen Deutschland von Nordeuropa aus erobern, um sich nicht direkt mit den sowjetischen Truppen auseinander setzen zu müssen. Die Amerikaner konnten sich auf der ersten Quebec-Konferenz im August 1943 durchsetzen. Die italienische Front wurde zur Nebensache. Sie diente lediglich dazu, möglichst viele deutsche Divisionen in Italien festzusetzen. Diese Entscheidung besiegelte das Schicksal Roms und der Regierung König Viktor Emanuels III. Wie befürchtet war die Reaktion Deutschlands auf die Kapitulation Italiens grausam. Ausgelöst wurde diese Reaktion durch das tragische, missverständliche Kommuniqué, in dem die Regierung Badoglio ihren Truppen befahl, alle Kampfhandlungen gegen die Alliierten einzustellen, auf Angriffe von anderer Seite jedoch zu reagieren. Hätte die Order gelautet, gegen jeglichen Machtmissbrauch der Deutschen vorzugehen, hätte das italienische Heer vermutlich anders reagiert. Die Divisionen unter dem Kommando von Generalfeldmarschall Albert Kesselring und Erwin Rommel entwaffneten das italienische Heer und nahmen 400 000 Mann gefangen. Weitere 200 000 Italiener gerieten in Griechenland, auf dem Balkan und in Südfrankreich in die Hand der Deutschen.

Es gab nur selten Widerstand. In der Umgebung von Rom zerstörte die Panzerdivision unter General Raffaele Cadorna Dutzende von deutschen Panzern. In Orte griff General Caracciolo di Feroleto, der von einem deutschen Zug zur Kapitulation aufgefordert wurde, zum Gewehr und schoss auf den deutschen Offizier. In La Spezia, kämpfte die Alpinidivision Alpi Graie bis zum 11. September. In Salerno leistete General Ferrante Gonzaga erbitterten Widerstand. Er wurde von den Deutschen heimtückisch ermordet. In Bari verteidigte General Bellomo den Hafen bis zum bitteren Ende. In Piombino kam es am 10. September zum Volksaufstand. 600 deutsche Soldaten und Matrosen, denen die Flucht von Korsika geglückt war, wurden getötet, als sie versuchten, an Land zu gehen. Auf der griechischen Insel Kephallenia übten die deutschen grausame Vergeltung an der Division Acqui. In Jugoslawien zerfielen zwei italienische Divisionen. Die eine Hälfte ergab sich der deutschen Wehrmacht, die andere Hälfte floh jedoch in die Berge und hauchte der Division Garibaldi neues Leben ein, die bis zum Ende des Kriegs durchhielt. Auf dem Dodekanes wurde der Widerstand der italienischen Soldaten niedergeschlagen. 40 000 Italiener und mehrere tausend Briten gerieten in deutsche Gefangenschaft.

Die italienische Flotte nahm Kurs auf die Stützpunkte der Alliierten auf Malta und in den algerischen Häfen. Fünf Schlachtschiffe, acht Kreuzer, 38 U-Boote und mehrere Dutzend kleinere Schiffe erreichten ihr Ziel ebenso wie 250 Flugzeuge. Die *Roma*, das Flaggschiff der Flotte, konnte sich nicht in Sicherheit bringen: Auf dem Weg nach Malta wurde sie von ferngelenkten Bomben der Deutschen getroffen. Das Schiff versank und mit ihm die gesamte Besatzung (1 500 Mann), darunter Admiral Bergamini, der Kommandant der Flotte. Die verbleibenden Schiffe stachen unter Admiral De Courten in See, um an der Seite der Alliierten im Atlantik, im Roten Meer und im Indischen Ozean zu kämpfen. Die einzige Ausnahme bildete die 10. MAS-Flottille, die die Schiffe und Stützpunkte der Alliierten im Mittelmeer nach dem Muster „hit-and-run" („zuschlagen und verschwinden") angriff. Fürst Borghese, der Kommandant der Flottille, weigerte sich, vor den Alliierten zu kapitulieren. Er brachte seine Einheit in Stellung, um den Flottenstützpunkt La Spezia zu verteidigen. Außerdem widersetzte er sich dem Ultimatum der Deutschen, das ihn zur Kapitulation aufforderte, und versetzte seine Männer in Gefechtsbereitschaft. Das Ganze endete damit, dass Borghese und der deutsche Kommandant von La Spezia einen singulären Bündnispakt unterzeichneten, in dem sie ihre Gleichwertigkeit anerkannten. Angestachelt von der Initiative des Fürsten ließen sich tausende junge Italiener von der Flottille rekrutieren.

Auch der September sollte zum Schicksalsmonat Italiens werden. General Calvi di Bergolo, dem Schwiegersohn des Königs, unterstand das Korps, das in Rom verblieben war. Er kapitulierte am 10. September formell vor Generalfeldmarschall Kesselring im deutschen Hauptquartier in Frascati. Am 12. September befreiten deutsche Fallschirmjäger Mussolini und brachten ihn nach Deutschland. Mussolini stimmte zu, eine neue Sozialrepublik im von Deutschland besetzten Italien zu gründen, um seinem Land das Schicksal Polens, Ungarns und Bulgarien zu ersparen. Bei einem Treffen mit dem Führer im Hauptquartier „Wolfsschanze" bei Rastenburg (Ostpreußen) wurde der „Duce" gezwungen, als Staatschef nach Italien zurückzukehren. Mussolini musste akzeptieren, auch wenn sein größter Wunsch gewesen sein mag, sich aus der Politik zurückzuziehen. Dies hatte er Marschall Badoglio bereits am 25. Juli, dem Tag seiner Festnahme in Rom, schriftlich mitgeteilt. Ein oberitalienischer Staat wurde in Opposition zur Regierung des Königs in Bari etabliert: die „Repubblica Sociale Italiana", auch „Repubblica di Salò" genannt. Die Presseagentur der Republik, die sich in Salò befand, schickte per Fernschreiber Depeschen an die Zeitungen, deren Herkunft unverkennbar war. Damit begann der italienische Bürgerkrieg.

Der erste Aufruf, zu den Waffen zu greifen, erging an jene, die zwischen 1924 und 1925 geboren waren. Dem Aufruf folgen 51 000 junge Männer, 45 000 Rekruten und 6 000 Freiwillige. Dies entsprach nur 40 Prozent der erhofften Zahl. Dem Aufruf im Mai 1944 folgte niemand, ungeachtet der Todesstrafe, die Verweigerern drohte. Die einberufenen Männer flohen entweder in die Berge und taten sich mit Partisanengruppen zusammen oder in die Schweiz. Gesandtschaften der Regierung wurden in deutsche Konzentrationslager entsandt, um die italienischen Gefangenen zu überzeugen, sich für die „Italienische Sozialrepublik" anwerben zu lassen. Doch auch diese Unternehmungen scheiterten. Von den 600 000 Gefangenen erklärten sich nur 50 000 bereit, in den Krieg zu ziehen. Dennoch gelang es Marschall Graziani, dem Verteidigungsminister der Repubblica Sociale Italiana, vier Divisionen aufzustellen: Italia, Littorio, San Marco und Monterosa. Diese schickte er zur Ausbildung nach Deutschland. Viele Freiwillige liefen zu den Deutschen über, um gegen die Alliierten zu kämpfen. Über 100 000 Mann schlossen sich der „Guardia Nazionale Repubblicana" unter Renato Ricci an. Die 10. MAS-Flottille vereinigte über 30 000 Freiwillige. Die meisten dieser Freiwilligen starben in den Kämpfen gegen die Alliierten bei Anzio und Nettuno sowie gegen die slawischen Partisanen im Friaul und in Julisch-Venetien. Schließlich wurde im Juli 1944 die Faschistische Partei militarisiert. 300 000 Mann wurden bewaffnet und in die Schwarzen Brigaden integriert. Sie sollten in den Städten operieren, die unter anhaltendem Beschuss der Alliierten standen, und gegen die Angriffe der Widerstandsorganisationen vorgehen.

Die erste Widerstandsorganisation formierte sich im Piemont. Sie bestand aus Offizieren und Soldaten der 4. Armee, die den Razzien der Deutschen entgangen waren. Diese Gruppen definierten sich selbst als „Autonome", parteilos und nur dem König sowie der Regierung treu ergeben, deren Order die militärischen Aktivitäten der Deutschen auf italienischem Boden sabotierten. Am meisten fürchteten die Deutschen die Einheiten der Di Dio Brüder im Val d'Ossola, Major Enrico Martini Mauri in Monferrato (Piemont) und die Festungsanlage von Osoppo im Friaul. Die Festungsanlage von Osoppo musste sich nicht nur gegen die Deutschen behaupten, sondern auch gegen die Kommunisten unter Tito, die danach trachteten, das Friaul unter ihre Kontrolle zu bringen. Edgardo Sogno verdient besondere Erwähnung. Der Adelige war mit der königlichen Familie eng verbunden und sollte zum dreistesten Helden des Widerstands werden, zum Initiator legendärer Streiche. Sogno war ein moderner D'Artagnan. In Verkleidung eines deutschen Offiziers begab er sich sogar in SS-Bunker.

Die Sozialisten gründeten die Matteotti-Brigaden, benannt nach dem Politiker, der 1924 von den Faschisten gemeuchelt worden war. Die Liberalen formierten die Brigaden Giustizia e Libertà („Gerechtigkeit und Freiheit") unter dem Kommando von Ferruccio Parri. Die kampferprobteste Widerstandsorganisation bildeten jedoch die Kommunisten mit den Garibaldi-Brigaden unter dem Kommando von Luigi Longo. Ihnen gehörten mindestens 40 Prozent der Widerstandskämpfer an.

Darüber hinaus gab es die GAP (Patriotische Aktionsgruppen), die der Kommunistischen Partei und Moskau unterstanden. Ihre Spezialität waren politische Attentate, die sie nicht an den schlimmsten faschistischen Tyrannen verübten, sondern an den moderneren Vertretern des Faschismus. Die GAP waren überzeugt, dass die Gemäßigten eliminiert werden mussten, um zu verhindern, dass deren Versöhnungsgeist die Gewaltbereitschaft der Partisanen abkühlen würde. Es wurden beispiellose Verbrechen begangen. Unter den Opfern befanden sich der Philosoph Giovanni Gentile, der Wissenschaftler Pericle Ducati, Journalisten, die sich für den Frieden aussprachen, und mehrere Mitglieder der monarchistischen Widerstandsbewegung.

Am 29. September 1943 unterzeichnete Badoglio auf Malta einen Waffenstillstand, der weit über die 12 Klauseln hinausging, die in Cassibile unterzeichnet worden waren. Italien musste auf seine Souveränität verzichten und die Herrschaft der Alliierten akzeptieren. Artikel 16 ernannte Männer zu Italienern, die ihr Land verraten hatten, indem sie die Alliierten unterstützten, während ihre Kameraden in Griechenland, Afrika und der Sowjetunion kämpften und fielen. Nach geltendem Recht wären diese Männer vermutlich zum Tode verurteilt worden. Der Waffenstillstand verbot Italien außerdem die Teilnahme an militärischen Aktionen. Dieses Verbot wurde am 13. Oktober aufgehoben, nachdem die Regierung Badoglio Deutschland den Krieg erklärt hatte. Die neuen Einheiten (die 1. Motorisierte Gruppe unter General Dapino und die CIL, „Corpo Italiano di Liberazione“, unter General Messe) kämpften an der Seite der Alliierten. Ihr Einsatz für das Vaterland war dem der Franzosen unter de Gaulle ebenbürtig. Nach dem Krieg erfuhren die beiden Staaten jedoch eine völlig unterschiedliche Behandlung: Frankreich gehörte zu den „Großen Vier“, Italien zu den Besiegten.

Die deutschen Armeen in Italien hatten zwei Frontlinien eingerichtet: die Gustav-Linie (vom Garigliano bis Pescara) und weiter nördlich die Apennin-Stellung (Pisa-Florenz-Rimini). Für die Alliierten erwies sich der Vormarsch über die Halbinsel als hart und blutig. Dies belegen die britischen und amerikanischen Soldatenfriedhöfe, die überall in Italien zu finden sind. Die Briten marschierten entlang der Adriaküste, die Amerikaner entlang des Tyrrhenischen Meeres. Am 20. September räumten die Deutschen Sardinien. Am 30. September besetzten sie Neapel und am 5. Oktober verließen sie Korsika. Doch die Gustav-Linie in Cassino brachte den Vormarsch der Alliierten nach Norden zum Erliegen. Am 22. Januar 1944 landete General Clark mit seinen Truppen bei Anzio und Nettuno, nördlich der Gustav-Linie. Er sollte Rom einnehmen und den Widerstand der Deutschen brechen. Das Unternehmen erwies sich als schwieriger, als angenommen. Die deutsche 14. Armee unter General von Mackensen, die italienischen Einheiten der Repubblica Sociale Italiana und die unabhängige 10. MAS-Flottille blockierten 150 000 Amerikaner bei dem Brückenkopf, den man in der Nähe der beiden Landepunkte eingerichtet hatte. Die Amerikaner konnten nicht weiter vorstoßen. Die Deutschen und die Italiener konnten den Feind jedoch auch nicht zurückdrängen. Die Schlachten dauerten monatelang.

Weiter Südlich war der Vorstoß der Amerikaner bei Cassino seit Oktober 1943 zum Erliegen gekommen. Die deutsche 10. Armee erwies sich mit ihrer Fallschirmjägerdivision als unüberwindbar. Im Winter wurden die Reihen der Alliierten aufgestockt. In den beiden Armeen, die General Alexander unterstanden, kämpften nicht nur Amerikaner und Briten, sondern auch Franzosen, Marokkaner, Polen, Australier, Neuseeländer und Brasilianer sowie eine von Juden gebildete Brigade, die aus den polnischen Gettos entkommen waren. Während der Belagerung von Cassino leistete sich die amerikanische Luftwaffe einen unverzeihlichen Fehler. Sie zerstörte das historische Benediktinerkloster Montecassino. Die um 529 gegründete Abtei gehört zu den berümtesten Klöstern der Welt und barg Kunstwerke von unschätzbarem Wert. Mehrere verheerende Bombenangriffe im Februar 1944 legten das Kloster in Trümmer. Die Angriffe basierten auf der Annahme, dass sich deutsche Fallschirmjäger in der Abtei aufhielten. Die Information erwies sich jedoch als falsch. Im Gegenteil, 300 Frauen und Kinder hatten hier Zuflucht gefunden. Sie fanden ebenso den Tod wie der Abt und die Mönche.

Cassino fiel am 18. Mai 1944. Nun war die Straße nach Rom frei. Der Vorstoß wurde mit dem Brückenkopf bei Anzi koordiniert. Von dort aus begann am 22. Mai der Durchbruch der Alliierten. Die Deutschen gaben die Verteidigung Roms auf, um die Zerstörung der historisch und kulturell bedeutsamen Stadt zu verhindern. Sie sprengten nicht einmal die Brücken des Tiber. Am 4. Juni marschierte General Clark in Rom ein, ohne dass ein Schuss gefallen war. Kurz vor der Räumung Florenz' am 4. August zerstörten die deutsche 10. und die 14. Armee die Brücken über den Arno mit Ausnahme der berühmtesten: Ponte Vecchio. Sie zogen sich in die Bunker und hinter die Apennin-Stellung zurück, die sich von Pisa über Florenz bis Rimini erstreckte. Hier kam es im Winter 1944/1945 zu einem der längsten, erschöpfendsten und blutigsten Feldzüge des Zweiten Weltkriegs. Mehrere Schlachten markierten den langsamen Vorstoß der amerikanischen 5. Armee unter General Clark entlang der westlichen Frontausbuchtung und den schnelleren Vorstoß der britischen 5. Armee unter General Leese, der unter anderem die italienischen Verbindungs- und Abwehroffiziere befehligte.

Der Vorstoß der Amerikaner und Briten und die Winterschlacht waren von unvorstellbarer Grausamkeit geprägt. Vor allem das Vorgehen der SS entbehrte jeder Rechtfertigung. Sie übte schreckliche Vergeltung für die feindlichen Angriffe, indem sie ganze Dörfer zerstörte und die Bevölkerung exekutierte. Dieses Schicksal ereilte zum Beispiel Marzabotto (1 800 Tote), Sant'Anna di Stazzema (560 Tote) sowie Dutzende weitere Dörfer im Apennin.

Diese Massaker lösten eine Welle des Hasses gegen die Deutschen aus, der auch die Faschisten, die Verbündeten der Deutschen, zum Opfer fielen. An der Seite der Alliierten kämpften vier italienische Divisionen, genannt „Kampfgruppen“, um ihnen den ehrenvollen Titel zu verweigern, der ihnen eigentlich zustand. Weitere acht Divisionen wurden hinter den Linien in Reserve gehalten. Insgesamt waren 250 000 italienische Soldaten an der Front. Die Partisanen leisteten nur einen kleinen Beitrag entlang der Gothic-Linie, waren jedoch im Norden äußerst effektiv, wo sie mit Angriffen und Sabotageakten der faschistischen Formation erheblichen Schaden zufügten.

185
Kurz nach der Landung der Alliierten auf Sizilien: Das 7. Königliche Marinebataillon befindet sich auf dem Vormarsch entlang dem Dom von Catania. Mit der Landung auf Sizilien begann der Angriff der Alliierten auf das „Bollwerk Europa".

184
Oben: *Britische und amerikanische Truppen landen auf Sizilien. Bei diesem Feldzug stießen sie nur auf geringen Widerstand seitens der Italiener. Ganz Sizilien fiel zischen dem 10. Juli und dem 17. August 1943 in die Hand der Alliierten.*
Mitte: *Amerikanische Panzer rücken am 13. August 1943 nach der Einnahme von Palermo auf der Straße von Messina vor.*
Unten: *Am 26. Juli 1943 fahren amerikanische Sherman-Panzer durch die Straßen von Messina. Die Bevölkerung schwenkt weiße Fahnen als Zeichen des Friedens und der Kapitulation.*

383

188–189
Links: *Deutsche Truppen nehmen in den Alpenausläufern eine Partisanenstellungen unter Beschuss (Winter 1943/1944).*
Oben rechts: *Die deutsche Wehrmacht übte schreckliche Vergeltung an gefangenen Partisanen.*
Unten rechts: *Die zerstörte Kaufpassage Galleria Vittorio Emmanuele belegt die Auswirkungen des Bombardements auf Mailand am 13. August. Neben Mailand wurden Rom, Turin und Genua bombardiert.*

186–187
Links: *Am 9. September 1943 landen alliierte Truppen bei Salerno. Die italienische Monarchie, die am 3. September einen Waffenstillstand mit den Alliierten unterzeichnet hatte, wurde nur bei dieser Militäraktion von den ausländischen Truppen unterstützt.*
Oben rechts: *Amerikanische Schiffe löschen ihre Ladung im Hafen von Anzio: Lebensmittel und Kriegsmaterial.*
Mitte rechts: *Triumphale Panzerparade der Alliierten vor dem Kolosseum in Rom.*
Unten rechts: *Vor dem Hintergrund des zerstörten Cassino bergen britische Krankenträger einen Verwundeten.*

1943

1945

Die Invasion in die Normandie

1944

Der Atlantikwall erwies sich für die Alliierten als große Herausforderung. Die Deutschen hatten diese Küstenbefestigung zum Schutz eines nationalsozialistischen Europas angelegt. Die Briten hatten bereits am 12. August 1942 versucht, den Wall bei Dieppe zu durchbrechen. Die Landung endete jedoch in einem Massaker. Nun sollte dem Dritten Reich der Todesstoß von der Nordwestküste Frankreichs aus versetzt werden. Diese Entscheidung traf Dwight David Eisenhower, Oberkommandierender der alliierten Streitkräfte. Churchill hätte vielleicht Italien oder den Balkan bevorzugt, um schneller nach Osten vorzudringen und den sowjetischen Vormarsch auf das Herz Europas unter Kontrolle zu bringen. Doch zu diesem Zeitpunkt trafen die Amerikaner die wichtigsten strategischen Entscheidungen. Der Beschluss für die Invasion in die Normandie wurde auf der Konferenz von Teheran gefällt, die vom 28. November bis 12. Dezember 1943 stattfand. Stalin hatte seit langem eine zweite Front in Frankreich gefordert. Nun war man bereit, dieser Forderung nachzukommen. Der Großangriff sollte im Frühjahr 1944 erfolgen. Stalins Forderung war durchaus nachvollziehbar. Immerhin hatten die Deutschen knapp 200 ihrer 300 Divisionen in der Sowjetunion stationiert, während nur 50 nach Frankreich entsandt worden waren. Die übrigen Divisionen waren auf den Balkan, Italien und Skandinavien verteilt. Stalin wollte die Deutschen zwingen, ihre Streitkräfte von der Ostfront abzuziehen und in Frankreich zu stationieren, um die Invasion zu verhindern.

Am 6. Juni 1944 um 6:30 Uhr überrollte eine Militärlawine die Küste der Normandie. Der D-Day war angebrochen. In den ersten fünf Tagen setzten 5 000 Schiffe, darunter 800 Kriegsschiffe, und 11 600 Flugzeuge 620 000 Mann und 220 000 t Kriegsmaterial an fünf Stränden ab. Innerhalb von Stunden wurden schwimmende Landebrücken errichtet und künstliche Häfen für die Schiffe angelegt, die ständig zwischen der normannischen und der britischen Küste kreuzten. In Rekordzeit verlegte man eine Pipeline durch den Ärmelkanal. Über diese Pipeline wurden die 95000 Fahrzeuge (Panzer, gepanzerte Fahrzeuge, Lastwagen, Jeeps und Motorräder), die von den gigantischen Pontons rollten, mit Treibstoff versorgt.

Die Strände, die für den D-Day eingeplant waren, hatten Decknamen erhalten: Omaha und Utah (Landung der Amerikaner); Sword, Juno und Gold (Landung der Briten und Kanadier). Am Omaha-Strand gerieten die Rangers in einen Hinterhalt. Der Strand war mit Hügeln übersät, die von unzähligen Verteidigungsposten bewacht wurden. Damit gelang den Deutschen ein Überraschungsangriff. Die Situation erinnerte an die britischen Truppen, die im ersten Weltkrieg auf der Halbinsel Gallipoli gelandet waren. Am ersten Tag des Großangriffs hatten die Invasoren schwere Verluste am Omaha-Strand zu verzeichnen. 10 000 Amerikaner fielen und über 20 000 wurden verwundet. Bis die Verteidigungsposten am Atlantikwall ausgeschaltet waren, verloren an anderen Stränden etwa ebenso viele alliierte Soldaten ihr Leben. Die amerikanischen Fallschirmjäger, die in der Nacht hinter der deutschen Frontlinie gelandet waren, konnten weder Bayeux noch Caen einnehmen, die beiden Hauptziele im Landesinneren. Nach Tagen blutiger Gefechte fielen Cherbourg und die Halbinsel Cotentin, während Panzereinheiten versuchten, in die Bretagne einzudringen. Bei dieser Operation bombardierten amerikanische Flugzeuge versehentlich die eigenen Truppen und töteten hunderte ihrer Männer. Am 17. August wurde Saint-Malo eingenommen, gefolgt von Brest am 19. September. Lorient wurde weitgehend, Saint-Nazaire völlig zerstört.

Es gab zwei Gründe für die schleppende und inadäquate Reaktion der Deutschen auf die Invasion. Erstens war das Oberkommando der Wehrmacht in Aufruhr. Viele höhere Offiziere hatten sich am 20. Juli an dem Attentat auf Hitler beteiligt, das im Hauptquartier „Wolfsschanze“ bei Rastenburg (Ostpreußen) verübt wurde. Zweitens war der Führer überzeugt, dass die wahre Invasion bei Calais stattfinden würde. Am 6. Juni wurde er darüber informiert, dass die Invasion begonnen hatte. Hitler hielt dies für eine List und setzte seine Reserven nicht in der Normandie ein. Hätte er sich anders entschieden, wäre es den deutschen Divisionen vielleicht gelungen, die feindlichen Truppen zurückzudrängen. Als Hitler erkannte, dass er sich verkalkuliert hatte und dass die Landung in der Normandie den wahren Angriff auf das „Bollwerk Europa“ markierte, war es zu spät. Die Amerikaner waren bereits zu weit ins Landesinnere vorgedrungen: General Pattons Vorhut war im Südosten der Normandie durchgebrochen und hatte den Weg nach Paris freigemacht.

Am 15. August landete eine alliierte Streitmacht in der Provence (Operation „Dragoon“). Churchill hatte seinen Besuch an der italienischen Front unterbrochen und beobachtete die Invasion an Deck eines Kriegsschiffs. Die britischen und amerikanischen Truppen stießen rasch vor. Innerhalb weniger Tage erreichten und besetzten sie Lyon.

Immer häufiger agierte die Résistance und am 19. August erhob sich Paris. Der deutsche Stadtkommandant widersetzte sich Hitlers Befehl, Paris zu zerstören, und ordnete den Rückzug an. Am 25. August traf General Charles de Gaulle in Paris ein. Er wurde von einer jubelnden Menge begrüßt.

19 4

191
Diese Aufnahmen von Robert Capa zeigen die Landung der Alliierten am Omaha-Strand (6. Juni 1944). Der Zahltag war angebrochen.

192–193
Die Invasion in die Normandie: Amphibienfahrzeuge, amerikanische und britische Halbkettenfahrzeuge sowie unzählige Soldaten überqueren den Strand. Sperrballons schützen die Truppen vor den feindlichen Streitkräften. In den ersten fünf Tagen der Operation „Overlord" setzten 5 000 Schiffe, darunter 800 Kriegsschiffe, und 11 600 Flugzeuge 620 000 Mann und 220 000 t Kriegsmaterial an den fünf vorgesehenen Stränden ab. Die Angreifer erlitten schwere Verluste. Am ersten Tag der Invasion verloren 10 000 Soldaten ihr Leben und über 20 000 wurden verwundet.

Die Invasion in die Normandie

1944

194

Das Gesicht dieses deutschen Offiziers, der in die Hand der Alliierten gefallen ist, spiegelt das unendliche Leid und die Erschöpfung wider, die den Zweiten Weltkrieg charakterisieren sollten.

195

Amerikanische Panzer fahren durch das zerbombte französische Dorf Flere. Die Szene wirkt apokalyptisch und belegt die Grausamkeit der Gefechte, die den Auftakt für die Zerstörung der Träume des Führers bilden sollten.

196–197
Links: *Die Pariser feiern. Man schreibt den 25. August 1944, der Alptraum ist zu Ende.*
Oben rechts: *Partisanen errichten kurz vor ihrem Sieg Straßensperren in der französischen Hauptstadt.*
Mitte rechts: *Deutsche Gefangene werden gezwungen, durch die Straßen von Paris zu marschieren. Flankiert werden sie von einer feindlich gesinnten Menge.*
Unten rechts: *Die Alliierten haben die Städte Nordfrankreichs befreit. Im ganzen Land kommt es zu Racheakten und Vergeltungsmaßnahmen, gegen jene, die mit den Deutschen kollaboriert hatten. Auf dem Foto erkennt man eine Kollaborateurin mit kahl geschorenem Kopf, die ihr Baby an sich drückt und von der Menge verspottet wird.*

Der Führer muss sterben
1944

198
Rastenburg, Ostpreußen, 20. Juli 1944: Adolf Hitler und Benito Mussolini begutachten die Explosionsschäden am Führerhauptquartier. Claus Schenk Graf von Stauffenberg hatte versucht, den Führer mit einer Bombe zu töten.

Otto Ernst Remer, Kommandeur des Berliner Wachbataillons Großdeutschland war der Mann, der am 20. Juli 1944 das Attentat des Oberst von Stauffenberg auf Hitler vereitelte. Er nahm die Verschwörer nach dem Scheitern des Vorhabens in Berlin fest. Sie wurden alle zum Tode verurteilt und hingerichtet. Ab diesem Tag sollte Otto Ernst Remer, der im Alter von knapp 33 Jahren vom Führer zum Generalmajor ernannt wurde, für den Tod von 7 000 Menschen mitverantwortlich werden. Es handelte sich dabei um die vornehmsten Repräsentanten der deutschen Aristokratie und der Kulturszene, die nichts mit dem Durchschnittsnazi gemein hatten. „Ich habe nur meine Pflicht erfüllt", beharrte Remer selbst nach dem Krieg noch. Er soll Folgendes gesagt haben: „Ich bin mit meinem Gewissen völlig im Reinen. Wie alle deutschen Soldaten habe ich dem Führer die Treue geschworen. Wäre er bei dem Attentat ums Leben gekommen, hätte ich nicht gezögert, den Befehlen meiner Vorgesetzten Folge zu leisten, wenn sie mich aufgefordert hätten, alle Nazis in Berlin festzunehmen. Da er jedoch überlebt hat, blieb mir nichts weiter, als mich ihm zur Verfügung zu stellen."

Das genaue Gegenteil drückt die berühmte Erklärung Generaloberst Ludwig Becks aus. Wenn das Attentat auf Hitler erfolgreich verlaufen wäre, wäre Beck neues Staatsoberhaupt geworden. Er sagte über die militärische Führung: „Ihr soldatischer Gehorsam hat dort eine Grenze, wo ihr Wissen, ihr Gewissen und ihre Verantwortung die Ausführung eines Befehls verbietet." Die Militärs der demokratischen Staaten in der Welt haben diesen Leitsatz anerkannt, ungeachtet der Tatsache, dass sie über die Ziele und das Schicksal Becks und seiner unglücklichen Anhänger nicht ausreichend informiert waren. Weit verbreitet ist nach wie vor die Meinung, dass es in Deutschland lange Zeit keinen Widerstand gegen die Nationalsozialisten gab. Dies entspricht jedoch nicht den Tatsachen. Die Geburt der Widerstandsbewegung gegen die Nazis fand lange vor dem 20. Juli 1944 statt. Im Mai 1938 wurde es offensichtlich, dass Hitler beabsichtigte, in die Tschechoslowakei einzumarschieren. Generalstabschef Ludwig Beck war sich bewusst, dass ein Großangriff Deutschlands auf die Tschechoslowakei einen Weltkrieg auslösen könnte, da diese mit Frankreich und Großbritannien Verteidigungsbündnisse geschlossen hatte. Beck ergriff die Initiative und rief den Streik der Generäle aus. Er teilte Hitler mit, dass die Kommandeure nicht mehr an den Zusammenkünften des Militärs teilnehmen würden, sondern ihre Generalstabschefs schicken würden, falls Hitler seine aggressive Haltung nicht aufgeben würde. Der Führer antwortete: „Die Generäle verweigern den Dienst? Gut, ich werde sie durch Untergebene ersetzen." Er entließ Dutzende von Kommandeuren. Beck trat zurück und wurde der Leiter des Widerstands. Er traf sich mit anderen Vertretern der Widerstandsbewegung, darunter Carl-Friedrich Goerdeler (ehemaliger Oberbürgermeister von Leipzig), Ulrich von Hassell (ehemaliger Botschafter in Rom), General Erwin von Witzleben (Kommandierender General des Berliner Wehrkreises), General Erich Höpner sowie Vertreter der katholischen und evangelischen Kirche. Gemeinsam nominierten sie eine neue Regierung, für den Fall, dass ein Staatsstreich gelingen würde, schmiedeten Pläne für die Wiedereinführung der Demokratie und überlegten, wie Hitler und seine Nazis ausgeschaltet werden könnten.

Als alles vorbereitet war, brachten der britische Premierminister Neville Chamberlain und der französische Ministerpräsident Édouard Daladier das ganze Unternehmen zum Scheitern. Beide Staatsmänner folgten Mussolinis dringender Aufforderung, sich in München zu treffen, um einen Krieg zu verhindern. Im Münchener Abkommen akzeptierten sie alle Forderungen Hitlers zur Lösung der deutsch-tschechoslowakischen Krise um das Sudetenland. Die Pläne der deutschen Widerstandsbewegung waren damit vereitelt, denn kein deutscher Soldat würde die Waffen gegen einen Führer erheben, der Europa eroberte, ohne einen Tropfen Blut zu vergießen.

Ab diesem Zeitpunkt dachten Beck und seine Verbündeten ernsthaft über die Ermordung des Führers nach. Hitler war, wie Beck es ausdrückte, der größte Feind der ganzen Welt. Damit ver-

Der Führer muss sterben
1944

lieh er gleichzeitig seiner Ablehnung gegenüber der Judenverfolgung Ausdruck. Hitlers Tod war auch notwendig, um die deutschen Streitkräfte von ihrer Vereidigung auf den Führer zu entbinden. An diese Vereidigung sahen sich die Deutschen strikt gebunden, wie das Beispiel Otto Ernst Remer belegt.

Mehrere Attentatsversuche auf Hitler scheiterten. Keinem der Verschwörer gelang es, in die Nähe des Führers zu kommen, der ständig in Begleitung der SS war. Außerdem traf Hitler selbst unglaubliche Sicherheitsvorkehrungen, um sich zu schützen. Er trug eine kugelsichere Weste unter seiner Uniform, seine Mütze war mit Stahlplatten verstärkt und sein gepanzerter Mercedes verfügte über starke Seiten- und Heckreflektoren, die eventuelle Todesschützen blenden sollten.

Mehr als alles andere fehlte der Widerstandsbewegung eine junge, energische und entscheidungsfreudige Führung. Ein Mann mit diesen Qualitäten trat erst Ende 1943 in den Vordergrund: Claus Schenk Graf von Stauffenberg. Er entstammte einem alten schwäbischen Adelsgeschlecht, war leidenschaftlicher Katholik und gehörte seit 1943 der Widerstandsbewegung an. Abgestoßen von der Judenverfolgung zog er es vor, an der Front zu dienen und sein Leben tausende Male aufs Spiel zu setzen. In Nordafrika verlor er ein Auge, seine rechte Hand und zwei Finger seiner linken Hand. Er wurde nach Berlin zurückbeordert und als Stabschef des Befehlshabers des Ersatzheeres eingesetzt. Nun sollte Plan „Walküre" zum Tragen kommen.

Am 20. Juli 1944 wurde von Stauffenberg in die „Wolfsschanze" beordert, Hitlers Hauptquartier bei Rastenburg in Ostpreußen. Bevor er Berlin verließ, ging er zur Beichte. Er offenbarte dem Bischof von Berlin seine Absicht und dieser erteilte ihm Absolution. Die Bombe, die von Stauffenberg in seiner Aktentasche barg, sollte exakt zehn Minuten nach der Scharfmachung explodieren. Bei seiner Ankunft im Führerhauptquartier teilte er dem Operator mit, dass er einen Anruf aus Berlin erwarte. Dieser Anruf sollte ihm als Entschuldigung dienen, das Hauptquartier zu verlassen. Ein Offizier, der die Militärkarte, die unter den Augen des Führers ausgebreitet war, nicht einsehen konnte, stellte die Aktentasche, die sich in der Nähe Hitlers befand, nachlässig zur Seite. Die Tasche stand nun außer Reichweite des Führers. Als die Bombe explodierte, tötete sie den Offizier und zwei Generäle, Hitler wurde jedoch nur leicht verletzt. Als von Stauffenberg die Explosion hörte, gab er das vereinbarte Passwort an Berlin durch und machte sich auf den Weg zum Flughafen. Zwei Stunden später befand er sich wieder in der Hauptstadt. Er traf sich mit den übrigen Verschwörern im Gebäude des Oberkommandos der Wehrmacht in der Bendlerstraße. Widersprüchliche Nachrichten trafen ein. Es schien, dass der Führer das Attentat überlebt hatte. Von Stauffenberg stritt dies jedoch ab und schrie, er habe den Führer mit seinen eigenen Händen getötet. Plan „Walküre" wurde in Gang gesetzt. Order ergingen an Europa: Der Führer ist tot. Die öffentliche Ordnung ist wiederherzustellen, die SS zu entwaffnen, das Hauptquartier der Nazis zu besetzen und Hitlers Minister und Beamte sind festzunehmen.

Im Hauptquartier des Berliner Wachbataillons Großdeutschland erhielt Major Otto Ernst Remer Befehl, alle Minister der Regierung festzunehmen. Mithilfe von 300 Soldaten führte er seine Order innerhalb weniger Stunden aus. Dann erstattete er seinem Vorgesetzten General Paul von Hase, Stadtkommandant von Berlin, Bericht. Folgende Szenen haben sich vermutlich anschließend abgespielt: „Weitere Order?" „Ja, gehen Sie zum Reichsminister für Propaganda, nehmen Sie Goebbels fest und bringen Sie ihn hierher."

Kurz darauf stürmte Remer mit einer Pistole bewaffnet in das Büro des Ministers: „Sie stehen unter Arrest!" „Major, haben Sie den Verstand verloren?", antwortete Goebbels. „Haben Sie den Eid vergessen, den Sie auf den Führer geschworen haben?" „Der Führer ist tot. Ich bin von meinem Eid entbunden." „Das ist nicht wahr. Der Führer lebt. Ich kann es Ihnen beweisen." Goebbels verband Remer mit der „Wolfsschanze". Der Major vernahm die Stimme Hitlers: „Hier spricht der Führer, erkennen Sie meine Stimme nicht, Major? Verschwörer haben versucht, mich zu töten. Befolgen Sie ausschließlich Goebbels Weisungen. Haben Sie verstanden? Ich werde Ihnen das Eiserne Kreuz verleihen. Von nun an sind Sie General."

Von diesem Augenblick an wurde Remer zur Nemesis des Putsches. Innerhalb von zwei Stunden setzte er die inhaftierten Minister auf freien Fuß, nahm von Hase fest, ließ die Bendlerstraße von Scharfschützen umstellen und das Gebäude stürmen. Am gleichen Abend wurde Beck zum Selbstmord gezwungen, während von Stauffenberg und seine engsten Vertrauten im Hof des Gebäudes von einem Exekutionskommando erschossen wurden. Dies sollte jedoch nur der Anfang sein. Den Vergeltungsmaßnahmen fielen weitere 7 000 Menschen zum Opfer, darunter Vertreter der Armee, des Geheimdienstes, des Adels und des Klerus, ebenso wie Akademiker, Künstler und Diplomaten. Hitler ließ diese Menschen an Fleischerhaken mit Klavierdraht erhängen. Die SS filmte den Todeskampf. Der Film wurde dem Führer und seinen Vertrauten, darunter Otto Ernst Remer, in Hitlers Empfangszimmer vorgeführt.

Die letzte Offensive und die Geheimwaffen des Führers 1944

Nach der Befreiung Paris' rückten die Alliierten unaufhaltsam vor. Noch im August wurden Marseille und Rouen befreit. Am 3. September 1944 befreiten britische Kolonnen Brüssel. Am 11. September erreichten die Alliierten die deutsche Grenze. Hier kam ihr Vormarsch zum Erliegen. Der Atlantikwall und der erbitterte Widerstand der Deutschen verhinderten ein weiteres Vorrücken. Lediglich Aachen konnte am 21. Oktober unter schweren Verlusten erobert werden.

Die Strategen des Oberkommandos der Wehrmacht hatten Operation „Greif" perfektioniert, in der Hoffnung, an die militärischen Erfolge des Jahres 1940 anknüpfen zu können. Als Grundlage der Unternehmung „Greif" diente der Operationsplan „Sichelschnitt", mit dem es den deutschen Armeen 1940 gelungen war, die feindlichen Linien zu durchbrechen, die Ardennen zu überwinden und das britische Expeditionskorps auf belgischem Territorium einzukesseln. Doch die Bedingungen hatten sich verändert. Mit Ankunft der amerikanischen Truppen waren die alliierten Streitkräfte nun doppelt so stark. Außerdem hatte das deutsche Heer nach dem D-Day Demütigungen und schwere Niederlagen erlitten, so dass die Moral der Truppen entscheidend geschwächt war.

Operation „Greif", Hitlers letzte Offensive, war bis ins kleinste Detail vorbereitet. Deutsche Soldaten, die perfekt Englisch sprachen, drangen in die feindlichen Reihen ein und verbreiten Chaos. Am 16. Dezember leiteten die Deutschen die Ardennenoffensive ein. In einer grausamen einmonatigen Winterschlacht wurden die Alliierten auf einer Länge von 100 km an der gesamten Front zurückgedrängt. Das Oberkommando der Alliierten geriet in Panik. Vielleicht geschah es in diesen Wochen, dass Churchill insgeheim Mussolini um Hilfe bat. Der „Duce" sollte Hitler überzeugen, seine Gegenoffensive im Westen aufzugeben und sich auf den Vorstoß der Roten Armee zu konzentrieren. Aufzeichnungen von Telefongesprächen zwischen Hitler und Mussolini belegen diese Hypothese.

Die Ardennenoffensive hätte für die Alliierten in einer katastrophalen Niederlage enden können, da die Alliierten die amerikanischen Truppen bei Bastnacht nicht unterstützen, die von deutschen Panzerdivisionen eingekesselt waren. Den Deutschen gelang außerdem ein Vorstoß bis in die Nähe von Dinant an der Maas, dann kamen die Truppen jedoch aufgrund der alliierten Luftüberlegenheit zum Erliegen. Am 20. Januar 1945 begann General Patton, der drei Panzerdivisionen befehligte, die Deutschen von den Stellungen, die sie erobert hatten, zurückzudrängen.

Kurz bevor die Deutschen ihre überraschende Ardennenoffensive entfesselten, mussten die Alliierten, die Belgien erreicht hatten, einen unerwarteten Rückschlag hinnehmen. Zwischen Oktober und November war Antwerpen Ziel eines schrecklichen Raketenangriffs, bei dem 4 000 Zivilisten und über 700 Soldaten der Alliierten getötet wurden. Die Rakete, die hier zum Einsatz kam, gehörte zu den Geheimwaffen des Führers: die V 2. Deutschland setzte als erstes Land Jäger und Bomber ein, die mit dieser Generation todbringender Raketen ausgestattet waren. Die Arado Ar 234 und die Messerschmitt Me 262 sowie Me 163 sollten jedoch nicht mehr rechtzeitig zum Einsatz kommen, um das Kriegsgeschehen zugunsten Deutschlands zu wenden.

Gleiches gilt für weitere Raketen- und ferngelenkte Waffen, die in Peenemünde auf der Insel Usedom entwickelt wurden. Wernher von Braun gehörte zu den führenden Konstrukteuren in der Heeresversuchsanstalt. Er sollte später im Dienste der NASA unter anderem die Saturn-Raketen entwickeln, die die Voraussetzung für das Apollo-Programm schufen. Auch die V-Waffen (Vergeltungswaffen) V 1 und V 2 wurden in Peenemünde entwickelt. Die V 1 war ein unbemanntes Flugzeug mit dem Argus-Schmidt-Rohr als Triebwerk. Sie wurde von einem Katapult gestartet und durch eine Selbststeuerung ins Ziel geführt. Von den etwa 8 000 eingesetzten Flugzeugen dieses Typs wurden ca. 80 Prozent von Flak und Jägern abgeschossen. Die V 2 hingegen, die erste Flüssigkeitsgroßrakete der Erde, leistete ganze Arbeit.

Die V 1 kam in der Nacht zum 14. Juni 1944 erstmals in London zum Einsatz. Ab 6. September wurden die wesentlich erfolgreicheren V 2 eingesetzt. Aufgrund von Bombardierungen seitens der Alliierten, musste die Produktion in Peenemünde verlangsamt werden. Insgesamt verloren bei den etwa 1 100 Einsätzen der V 2 gegen London und Südengland etwa 5 000 Menschen ihr Leben.

Mit dem Einsatz von Radargeräten erzielten die Alliierten bedeutende Vorstöße. Mit Radar konnten Flugzeuge in der Nacht feindliche U-Boote ausmachen und mit Torpedos versenken. Außerdem brachte die Massenproduktion der amerikanischen B-17 Flying Fortresses und der B-29 Superfortresses den Alliierten enorme Vorteile.

Am Ende des Zweiten Weltkriegs hatte Deutschland 72 000 Flugzeuge verloren. Die Briten hatten über 1 300 000 t Bomben über Deutschland abgeworfen (Deutschland hatte „nur" knapp 65 000 t über Großbritannien abgeworfen). Die USA hatten 293 000 Flugzeuge produziert, Großbritannien 145 000 und Deutschland 91 000. Diese Zahlen belegen, welche Faktoren letztendlich über Sieg und Niederlage entschieden.

202–203

Oben links: *Diese Aufnahme zeigt einen Soldaten im Ardennenfeldzug.*
Mitte links: *Die halb verkohlte Leiche eines Amerikaners liegt neben einem ausgebrannten Fahrzeug, das von einer V 2 bei der Bombardierung Antwerpens getroffen wurde.*
Unten links: *Ein englischer Jäger attackiert eine V 1 im Flug.*
Rechts: *Deutsche Soldaten haben ein Halbkettenfahrzeug der Amerikaner zerstört und setzen ihren Vormarsch fort (2. Januar 1945).*

204–205

Oben links: *Amerikanische Panzertruppen haben südlich von Bastnacht eine deutsche Abteilung gefangen genommen.*
Unten links: *Amerikanische Truppen patrouillieren in den Straßen der belgischen Stadt Bastnacht, die in Schutt und Asche liegt, aber befreit ist.*
Rechts: *Amerikanische Infanteristen des 290. Regiments haben in einem verschneiten Wald nahe dem belgischen Dorf Amonines Stellung bezogen.*

200

Ein deutscher Soldat im Einsatz während der Ardennenoffensive. Der Führer entfesselte diese Offensive im Spätherbst 1944 in Südbelgien, um den Vormarsch der Alliierten aufzuhalten. Die Operation „Greif" war bis ins kleinste Detail vorbereitet.

1944

206
Links: *Soldaten der 10. MAS-Flottille haben in Ivrea einen Partisanen erhängt (1944).*
Rechts: *Mussolini schreitet die Parade der „Guardia Nazionale Repubblicana" ab (Brescia, März 1944).*

207
Mailand, Piazzale Loreto, 29. April 1945: Die toten Körper von Benito Mussolini und Clara Petacci hängen im Gebälk einer Tankstelle. Zwei Partisanen haben die Toten vom Comosee hierher gebracht.

Der Tod Mussolinis

1945

Am 9. April 1945 durchbrach die Generaloffensive der Alliierten die Apennin-Stellung. Am 21. April kollabierte die Stellung. Die Alliierten schwärmten mit den italienischen Soldaten der CIL („Corpo Italiano di Liberazione") in die Lombardei aus und überquerten den Po. Der deutsche General Karl Wolff befand sich zu diesem Zeitpunkt in Bern und führte geheime Verhandlungen mit Allen Welsh Dulles, dem Sonderbeauftragten der USA. Wolff kapitulierte im Namen der 800 000 Soldaten, die unter dem Kommando General von Vietinghoffs standen, der Generalfeldmarschall Albert Kesselring im März abgelöst hatte. Diese Zahl umfasste auch die Streitkräfte der „Repubblica Sociale Italiana" unter Marschall Graziani.

Benito Mussolini und die meisten Mitglieder seiner Regierung verließen Mailand am 25. April 1945, nachdem sie sich geweigert hatten, sich zu ergeben. Die Order hatte das CLNAI („Comitato di Liberazione Nazionale Alta Italia", das „Nationale Befreiungskomitee Oberitaliens") erteilt, das unter dem Mandat der Regierung Viktor Emanuels III. stand. Das CLNAI hatte Anweisung, den Krieg gegen den Faschismus im Norden zu koordinieren.

Mussolinis Abteilung wurde jedoch auf dem Weg in das Veltin von Partisanen gefangen genommen. Dort wollte Mussolini auf die Ankunft der Amerikaner warten, um sich selbst auszuliefern. Das CLNAI verletzte anschließend eine Verpflichtung, die der König und die Regierung am 8. September 1943 mit der Unterzeichnung des Waffenstillstands eingegangen waren. Diese Verpflichtung forderte die Kapitulation Mussolinis vor den Alliierten. Das CLNAI entschied jedoch, den „Duce" und seine Minister zu erschießen und errichtete einen Exekutionsplatz in Dongo, jenem Dorf am Comosee, in dem sich Mussolini und seine Minister aufhielten.

Als das Exekutionskommando am Nachmittag des 28. April 1945 Mussolini abholen wollte, war ihm bereits jemand zuvorgekommen. Mussolini und seine Geliebte Clara Petacci waren in den frühen Morgenstunden von italienischen Widerstandskämpfern ermordet worden, die auf Weisung britischer Agenten gehandelt hatten. Für Churchill als britischen Premierminister war es von entscheidender Bedeutung, dass Mussolini niemandem von den geheimen Gesprächen, die sie geführt hatten, erzählen konnte. Die italienische Regierung überließ Churchill später einige persönliche Aufzeichnungen des „Duce", die belegten, dass solche Gespräche stattgefunden hatten. Kopien dieser Aufzeichnungen, die den Kommunisten während der dramatischen Stunden in Dongo in die Hände gefallen waren, wurden an die Agenten Churchills verkauft.

Die deutschen Generalbevollmächtigten unterzeichneten die Kapitulation am 29. April 1945 im Schloss von Caserta nahe Neapel. Am 2. Mai um 12:00 Uhr wurde das Feuer eingestellt. Nach dem 2. Mai entwaffneten die Alliierten gemäß den Bestimmungen der Kapitulation die Partisanen. Doch die Kommunisten meuchelten auch nach diesem Tag weiter und auch nach der Volksabstimmung am 2. Juni 1946, die den Untergang der Monarchie besiegelte. Ihren Anschlägen fielen nicht nur Faschisten, sondern auch unliebsame Gegner zum Opfer. 40 000 Italiener, darunter 100 Priester, fanden bei diesem sinnlosen Blutvergießen den Tod. Der Friede sollte in Italien erst 1948 endgültig wiederhergestellt sein.

Das Ende für Deutschland und der Tod Hitlers

1944–1945

Unter dem Druck der Roten Armee, die nun an der rumänischen Grenze stationiert war, folgte König Michael dem gleichen Skript, dem König Viktor Emanuel III. ein Jahr zuvor gefolgt war. Mit einem Putsch stürzte er am 23. August 1944 den faschistischen Staatsführer Marschall Antonescu und ließ ihn verhaften – genauso war Viktor Emanuel mit Mussolini verfahren. Anschließend ordnete er die Einstellung der Kampfhandlungen gegen die Sowjetunion an. Die Deutschen reagierten darauf mit der Bombardierung Bukarests. König Michael erklärte Deutschland am 25. August den Krieg. Am 30. August marschierte die Rote Armee in Bukarest ein, drang zu den Ölfeldern von Ploesti vor und versetzte damit der deutschen Armee einen entscheidenden Schlag, das damit von seiner Energiequelle abgeschnitten war.

Bulgarien hatte Großbritannien und den USA den Krieg erklärt, gegenüber der UdSSR verhielt es sich jedoch neutral. Am 5. September marschierte die Rote Armee in Bulgarien ein, das am 9. September die Front wechselte. Es wurde eine kommunistische Regierung der Vaterländischen Front unter Kimon Georgiew eingerichtet, deren erste Amtshandlung darin bestand, Deutschland den Krieg zu erklären. Am 28. Oktober unterzeichneten Bulgarien und die Sowjetunion in Moskau einen Waffenstillstand.

Von Bulgarien aus überrollte die Rote Armee Jugoslawien, um den deutschen Widerstand niederzuschlagen. Am 20. Oktober marschierte sie an der Seite von Titos Partisanen in Belgrad ein.

Am 15. Oktober bat der ungarische Reichsverweser Horthy von Nagybánya die UdSSR um einen Waffenstillstand. Ungarn hatte tausende Soldaten in der Sowjetunion verloren und Horthy wollte dem Blutvergießen ein Ende bereiten. Hitler zwang den Reichsverweser jedoch, den Waffenstillstand mit der UdSSR zu widerrufen und ließ ihn nach Deutschland deportieren. (Dieses Schicksal hätte vermutlich auch Mussolini ereilt, wenn er die Alliierten im Juli 1943 um Frieden gebeten hätte, wie es die Monarchisten von ihm verlangten.) Die Macht wurde Ferenc Szálasi übertragen. Er sollte der letzte Ministerpräsident Ungarns unter deutschem Protektorat sein. Am 29. Dezember fiel Budapest in die Hände der Roten Armee. Osteuropa sollte kommunistisch werden und bis zum Fall der Berliner Mauer seine Unabhängigkeit verlieren.

Am 2. November hatten die Alliierten Athen befreit und die deutschen Truppen zogen sich aus Griechenland zurück. In den Gebieten, in denen sie Kriegsverbrechen begangen hatten, war es ein blutiger Rückzug, heftig attackiert von der griechischen Widerstandsbewegung.

Im Januar 1945 musste Deutschland nach dem Scheitern der Ardennenoffensive jede Hoffnung aufgeben, die Offensiven der Alliierten im Osten und Westen niederschlagen zu können. Die Städte des Reichs lagen in Trümmern, zerstört von anhaltenden Luftbombardements. Die Kriegsindustrie war nicht mehr in der Lage, Munition, geschweige denn Flugzeuge oder Schiffe zu produzieren. Von den etwa 126 elektrischen U-Booten mit wiederaufladbaren Batterien, die gegen Ende 1944 in den Werften lagen, wurden nur zwei fertig gestellt. Hitlers Isolation in der „Wolfsschanze“ führte zur Entstehung rivalisierender Machtapparate. Am 16. Januar 1945 kehrte der Führer nach Berlin zurück.

Am 7. März stießen die Amerikaner bis Köln vor und überquerten am gleichen Tag die unversehrte Brücke bei Remagen. Innerhalb von zehn Tagen wurde ein 50 km breiter Brückenkopf eingerichtet. Weitere alliierte Truppen rückten über das Moseltal nach und überquerten den Rhein bei Oppenheim. Im Ruhrgebiet kapitulierten am 17. April die Reste der seit 1. April eingekesselten Heeresgruppe B. Frankfurt fiel am 29. März, Stuttgart am 22. April, München am 30. April und Salzburg am 3. Mai. Die italienischen Einheiten kapitulierten am 29. April.

208
Deutschland, 8. März 1945: Amerikanische Soldaten patrouillieren durch das zerstörte Köln. Im Hintergrund sind die Türme des Kölner Doms zu erkennen.

Das Ende für Deutschland und der Tod Hitlers

1944–1945

Der Vorstoß der Alliierten konnte von den Deutschen nicht mehr aufgehalten werden. Nun mussten sich die Sieger der Roten Armee stellen. Am 19. April fiel Leipzig in die Hand der Amerikaner. Man ging davon aus, dass es ein Leichtes sein würde, nach Osten vorzudringen und den sowjetischen Truppen ein möglichst großes Gebiet abzuringen. Mehrere alliierte Kommandeure konzentrierten sich auf dieses Ziel, darunter auch General George J. Patton. Es mussten jedoch die Vereinbarungen eingehalten werden, die auf der Jalta-Konferenz im Februar 1945 getroffen worden waren. Deshalb befahl Eisenhower seinen Truppen, ihren Vormarsch an der Elbe zu stoppen. Am 25. April kam es bei Torgau zum ersten Kontakt zwischen sowjetischen und amerikanischen Truppen.

Am 3. Mai besetzten britische Abteilungen Hamburg. Aus politischen und diplomatischen Gründen blieb die Genugtuung, Berlin zu annektieren, den sowjetischen Truppen vorbehalten. Nach der Okkupation der Tschechoslowakei wandte sich die Rote Armee im Norden Berlin zu und im Süden Wien. Stalin wünschte, dass seine Truppen als Erste die beiden bedeutendsten Städte des Dritten Reichs einnahmen. Dieses Privileg hatte er auf der Jalta-Konferenz von den Alliierten gefordert.

Am 13. April nahm die Rote Armee Wien ein. Am 20. April begann der Kampf um Berlin. Göring war darum bemüht, die Regierungsgeschäfte zu übernehmen, und Himmler suchte über den Schweden Folke Graf Bernadotte Kontakt zu den Alliierten. Einige Nazis hatten die völlig unrealistische Hoffnung, dass die Alliierten sich mit den Deutschen gegen den Vorstoß der Roten Armee in Europa verbünden würden.

Doch Hitler war noch nicht bereit, aufzugeben. Er schloss die Abtrünnigen Göring und Himmler aus der Partei aus und enthob sie ihrer Ämter. Anschließend ließ er General Fegelein (der mit einer Schwester Eva Brauns verheiratet war) erschießen, da er den Amerikanern nicht genügend Widerstand geleistet hatte.

Am 29. April erfuhr Hitler von der Exekution Mussolinis. Er heiratete noch am gleichen Tag Eva Braun und machte sein Testament. Großadmiral Karl Dönitz sollte sein Nachfolger als Reichspräsident und Oberbefehlshaber der Wehrmacht werden. Goebbels sollte Reichskanzler werden, Borman Staatssekretär der Nationalsozialistischen Partei und Seyß-Inquart Außenminister. Am 30. April nahm sich Hitler zusammen mit Eva Braun im Bunker der Reichskanzlei das Leben. Der Führer erschoss sich, während Eva Braun sich mit einer Zyankalikapsel das Leben nahm. Paul Joseph Goebbels verübte am 1. Mai ebenfalls Selbstmord, nachdem er seine sechs Kinder vergiften hatte lassen. Seine Frau Magda tötete sich mit Zyankali.

Am 2. Mai nahm die Rote Armee Berlin ein und hisste Hammer und Sichel über dem Brandenburger Tor. Die Sowjetarmee hinterließ auf ihrem Vormarsch durch Deutschland verbrannte Erde, geschändete Frauen und abgeschlachtete Zivilisten. Etwa 2 Millionen Norddeutsche (Frauen, Kinder und ältere Menschen) konnten sich auf Schiffe retten, die monatelang zwischen den Häfen des Baltikums und der Nordsee pendelten. Andere Deutsche hatten weit weniger Glück. Der russische Schriftsteller Ilja Grigorjewitsch Ehrenburg hatte prophezeit: „Sie werden den Tag verfluchen, an dem sie geboren wurden."

Am 7. Mai unterzeichnete Generaloberst Alfred Jodl im Auftrag Karl Dönitz' die Gesamtkapitulation der deutschen Wehrmacht in Reims, die am 9. Mai in Berlin-Karlshorst von Generalfeldmarschall Wilhelm Keitel wiederholt wurde. Am 23. Mai verhaftete eine britische Abteilung Großadmiral Karl Dönitz und seine Minister und nahm sie in Untersuchungshaft. Damit war die letzte „Geschäftsführende Reichsregierung in Flensburg-Mürwik" aufgelöst.

209

Sowjetische Soldaten hissen die Rote Flagge über dem Reichstagsgebäude. Am 7. und 9. Mai wurde die Gesamtkapitulation der deutschen Wehrmacht unterzeichnet.

Das Ende für Deutschland und der Tod Hitlers

Oben: *Deutsche Soldaten marschieren nach der Kapitulation unter Bewachung sowjetischer Panzer durch Berlin. Im Hintergrund ist das Brandenburger Tor zu erkennen, unter dem die Wehrmacht und die Waffen-SS glanzvolle Paraden abhielten.*
Unten: *Sowjetische Soldaten fliehen in den Straßen Berlins vor den Kugeln der letzten Verteidiger. Im Vordergrund liegt ein toter deutscher Soldat auf der Straße.*

211
Die Überreste des Reichstagsgebäudes. Hier hielt Hitler seine bedeutendsten Reden und hier verkündete er die großen Siege der Wehrmacht. Kurz vor der Kapitulation Berlins beging Hitler am 30. April 1945 in der Reichskanzlei Selbstmord, gemeinsam mit Eva Braun, die er erst tags zuvor geheiratet hatte.

212
Kein Foto von Auschwitz bedarf eines Kommentars: Die Verzweiflung, die aus den Gesichtern der Gefangenen spricht, sagt mehr als tausend Worte.

Der Holocaust
1942–1945

Bei einem Inspektionsbesuch im Hauptquartier der Gestapo in Budapest 1944 ließ Karl Adolf Eichmann, Obersturmbannführer der SS verlauten, 100 Tote seien eine Katastrophe, 5 Millionen seien reine Statistik. 1946 erfuhr die Welt vom Internationalen Militärtribunal in Nürnberg, dass 6 Millionen Juden in den Konzentrationslagern des Dritten Reichs den Tod gefunden hatten. Hitlers Antisemitismus zeigt den Einfluss Karl Luegers, Bürgermeister von Wien und Anhänger der Christlichsozialen Partei. Für Lueger ebenso wie für Hitler war die Vermischung der Rassen die größte Sünde. Am schlimmsten stuften sie jedoch Beziehungen zwischen Juden und Nichtjuden ein. Lueger war überzeugt, dass die Rassenmischung die Schuld am Untergang Österreich-Ungarns trage. Es war auch nicht von Bedeutung, dass 100 000 österreichische und deutsche Juden im Ersten Weltkrieg gekämpft und dass 12 000 ihr Leben verloren hatten.

Lueger und Hitler bezeichneten die Juden als Parasiten, die sich bereicherten, ohne selbst etwas zu schaffen. Darüber hinaus würden die Juden die Welt täuschen, indem sie predigten, sie hätten eine Religion. Doch der Judaismus sei keine Religion, sondern eine Tarnung für volksbezogene Strömungen. Es sei außerdem ein Fehler, zu glauben, dass ein deutscher Jude einem deutschen Protestanten oder Katholiken ebenbürtig sei oder dass ein italienischer Jude mit einem italienischen Waldenser verglichen werden könne. Juden seien Juden. Punkt. Hitler offenbarte seine Gedanken in seiner politischen Rechtfertigungsschrift „Mein Kampf". Dieses Buch enthielt unter anderem Passagen, die besagten, der Nationalsozialismus müsse noch einmal seine formidable Pflicht erfüllen. Er müsse unaufhörlich den wahren Feind der heutigen Welt ins Gedächtnis rufen. Die Arier sollten aufhören, sich gegenseitig zu hassen, da sie alle vom selben Blut seien und derselben Kultur angehörten. Sie müssten vielmehr ihre ganze Kraft gegen den wahren Feind der Menschheit richten, den Juden, der die Quelle allen Leidens verkörpere. Der Nationalsozialismus müsse dafür sorgen, zumindest im eigenen Land, dass der Todfeind erkannt werde, damit der Kampf gegen die Juden anderen Völkern den Weg zeigen könne, um die arische Natur zu erhalten.

Nachdem der Hitlerputsch 1923 fehlgeschlagen war, wurde Hitler zu fünf Jahren Festungshaft in Landsberg am Lech verurteilt. Dort begann er, seine Rechtfertigungsschrift „Mein Kampf" zu verfassen, die er nach seiner vorzeitigen Haftentlassung 1925 (Band I) und 1926 (Band II) vollendete. Die Schrift enthüllte Hitlers antisemitische Weltanschauung. Spätestens in den 30-er Jahren stand in fast jedem deutschen Haushalt eine Ausgabe von „Mein Kampf" im Bücherregal. Die Hauptthemen waren klar und präzise formuliert: Die deutschsprachigen Völker mussten in einem Reich vereint werden, im Osten Europas musste Lebensraum erobert werden und die Juden mussten vernichtet werden. Noch während die Verwirklichung der beiden ersten Ziele angestrebt wurde, ging Hitler bereits zur Umsetzung des dritten Ziels über. Am 30. Januar ernannte von Hindenburg Hitler zum Reichskanzler. Er unterzeichnete unter anderem die „Verordnung zum Schutz von Volk und Staat" (28. Februar 1933) und das „Ermächtigungsgesetz". Damit legte er am 24. März 1933 die Staatsgewalt in die Hand der nationalsozialistischen Regierung. Am 1. April rief die Regierung zum Massenboykott jüdischer Geschäfte auf. Dies war die Antwort auf eine Kampagne deutscher und ausländischer Juden, die sich gegen die Regierung richtete.

Am 17. April 1933 erließ Hitler das „Gesetz zur Wiederherstellung des Berufsbeamtentums". Diesem sollten weitere folgen, die die Juden nach und nach aus allen öffentlichen und privaten Verbänden ausschlossen. Der im oben genannten Gesetz enthaltene „Arierparagraph" versperrte allen Personen, die nach nationalsozialistischen Vorstellungen keine Arier waren, den Zugang zum öffentlichen Dienst.

Am 20. März 1933 öffnete Hitlers Innenminister in Dachau die Tore des ersten Konzentrationslagers des Dritten Reichs. 5 000 Häftlinge wurden nach Dachau überführt. Es handelte sich dabei um politische Gegner der Nationalsozialisten, vor allem um Kommunisten. Sie mussten eine Uniform mit vertikalen Streifen tragen und man rasierte ihnen den Kopf kahl. Jeden Morgen mussten sie Umerziehungsmaßnahmen beiwohnen. Anschließend hatten sie Zwangsarbeit zu verrichten. Die Regierung rühmte sich ihrer „Einrichtung" in Dachau. Die Beamten des Innenministeriums organisierten sogar Besuche für Journalisten.

1934 unterstellte Hitler die Konzentrationslager Dachau, Oranienburg/Sachsenhausen, Esterwegen und Lichtenburg der SS, die weitere Konzentrationslager errichtete: 1937 Buchenwald, 1938 Flossenbürg und Mauthausen und 1939 Ravensbrück. Nach dem Ausbruch des Zweiten Weltkriegs öffneten weitere Konzentrationslager ihre Tore: 1939 Stutthof, 1940 Bergen-Belsen und 1941 Groß-Rosen. Ab 1935 wurde der Kreis der inhaftierten Personen erweitert. Ab diesem Zeitpunkt wurden neben Juden auch tatsächliche oder vermeintliche Gegner des Nationalsozialismus interniert, ebenso wie rassisch, religiös oder gesellschaftlich nicht geduldete Personen (darunter Zigeuner, Geistliche und Homosexuelle) oder Widerstandskämpfer aus den Gebieten, die die Deutschen besetzt hatten. Die Mehrheit waren jedoch Juden. Sie wurden mit einem gelben Dreieck gekennzeichnet.

Der Holocaust
1942–1945

Im März 1938 wurden mit dem Anschluss Österreichs weitere 185 000 Juden dem Deutschen Reich zugeführt. Anschließend ereilte das gleiche Schicksal die Juden im Sudetenland, dann jene in Prag und schließlich jene in Polen – insgesamt etwa 2 Millionen Menschen.

1938 begannen die Nazis mit Pogromen. Sie machten Jagd auf die Juden, internierten und ermordeten sie. In der Pogromnacht (Reichskristallnacht), die Nacht vom 9. zum 10. November 1938, leiteten die Nazis unter Verzicht auf jegliche rechtliche Begründung Aktionen gegen die Juden ein. Auslöser für die Pogromnacht war die Ermordung des deutschen Botschaftssekretärs in Paris, den Herschel Grynszpan am 7. November erschoss. Nationalsozialistische Einheiten zerstörten im ganzen Land jüdische Wohn- und Geschäftshäuser, Friedhöfe und Synagogen. Offiziell wurde bekannt gegeben, dass 815 Geschäfte zerstört, 171 Wohnhäuser abgebrannt, 195 Synagogen verwüstet, 26 Juden getötet und 36 schwer verletzt worden seien. Die Realität sah jedoch ganz anders aus: 7 500 Geschäfte waren zerstört. Die Zahl der Toten ist nicht bekannt. Mindestens 20 000 Juden wurden von SS und SA interniert. Über 10 000 der festgenommenen Juden wurden in das Konzentrationslager Buchenwald überführt.

Am 23. August 1939 unterzeichneten Ribbentrop und Molotow, der deutsche und der sowjetische Außenminister, einen Nichtangriffspakt, der als Stalin-Hitler-Pakt in die Geschichte eingehen sollte. In einem Geheimen Zusatzprotokoll wurde die Aufteilung Ostmitteleuropas von Finnland bis Rumänien in eine sowjetische und eine deutsche Interessensphäre festgehalten. Ein geteilter Antisemitismus fundierte diesen hinterhältigen Pakt. Stalin hasste die Juden nicht weniger als Hitler es tat. Bedeutende sowjetische Politiker mit jüdischer Herkunft (darunter Sinowjew, Kamenew und Trotzkij) waren bereits – oder würden noch – liquidiert. Am 1. September 1939 fielen die deutschen Truppen in Polen ein. Ihnen folgten SS-Einheiten, die Heinrich Himmler, dem Reichsführer der SS, unterstanden und unter anderem damit betraut waren, sich um die Juden zu „kümmern“. Himmler veranlasste im Zweiten Weltkrieg unter anderem die Ausdehnung der Konzentrationslager auf die besetzten Gebiete.

Das faschistische Regime in Italien erließ ab 1938 ebenfalls Rassengesetze, die Juden vom Schuldienst, von Akademien und öffentlichen Ämtern ausschlossen. Nach der Unterzeichnung des Waffenstillstand zwischen den Alliierten und Italien am 3. September 1943 (bekannt gegeben am 8. September) eskalierte die Situation auf der Halbinsel. Am 16. Oktober drangen deutsche Nazis kurz nach Mitternacht in das jüdische Getto in Rom ein und deportierten Frauen, Kinder und ältere Personen nach Auschwitz.

Wer der Verfolgung entgehen wollte, musste Deutschland bis zum 15. März 1939 verlassen haben. An diesem Tag verboten die Nazis den Juden, zu emigrieren. Die überwiegende Mehrheit der 375000 Juden, die noch immer in Deutschland lebten, konnte das Reich nicht mehr verlassen. Am 16. Oktober 1939 begann die Überführung in den Osten. Gleichzeitig starteten 20 Züge von Berlin, Wien, Prag und Köln in Richtung Litzmannstadt (Lodz) In jedem Zug befanden sich 1000 Juden, deutsche Familien, die sich bereit erklärt hatten, in das Getto von Litzmannstadt zu gehen. Man hatte ihnen eingeredet, die Lebenshaltungskosten seien dort geringer, man fände leichter ein Haus und Arbeit und es gäbe dort weniger Restriktionen. Es war eine Falle. Als die Menschen in Litzmannstadt eintrafen, wurden sie zu siebt in ein Zimmer gepfercht. In den ersten 18 Monate starben 14 000 Menschen. Nicht alle Juden glaubten jedoch den Versprechungen. Am 3. April 1942 wurden 523 Juden aus Berlin „abtransportiert“. 57 Menschen kamen nicht an ihrem Ziel an. Sie hatten sich unterwegs das Leben genommen. Auf jeder Transportliste, die den jeweiligen Bestimmungsort erreichte, waren neben Dutzenden von Namen Kreuze eingezeichnet. Sie markierten nicht nur jene, die den Transport nicht überlebt hatten, sondern auch jene, die Suizid begangen hatten. Am 3. Oktober 1942 war ein trauriger Rekord zu verzeichnen: 208 von 717 Juden (überwiegend Familien), die nach Auschwitz deportiert werden sollten, hatten es vorgezogen, ihrem Leben ein Ende zu bereiten.

Eine der traurigsten und bekanntesten Episoden der Judenverfolgung ereignete sich im berüchtigten Warschauer Getto. Im September 1939, als die polnische Hauptstadt in deutsche Hand fiel, lebten 360 000 Juden und 80 000 Katholiken in Warschau. Es gab Geschäftsleute und Handwerker, Banken und Synagogen. Die Besatzer verlangten vom Judenrat, sich um Unterkünfte für die jüdischen Familien aus Deutschland zu kümmern. In weniger als einem Jahr wurden 60 000 deutsche Juden in das Getto deportiert. Im August 1940 wurde das Viertel abgegrenzt, zunächst nur mit Stacheldraht, später mit einer Mauer. Zu diesem Zeitpunkt durften die Juden, markiert mit einem Davidsstern, das Getto noch verlassen und betreten. Am 16. Oktober 1940 promulgierte Dr. Hans Frank, der Generalgouverneur in Polen, ein Dekret. Das Getto wurde zur „infizierten Zone“ erklärt. Die Arier hatten 15 Tage Zeit, um das Getto zu verlassen. 180 000 Juden, die in den Randbezirken von Warschau lebten, wurden aufgefordert, sich in das Getto zu begeben. Private Verhandlungen über den

Der Holocaust
1942–1945

Verkauf oder Tausch von Einrichtungsgegenständen waren erlaubt. Die arischen Bewohner des Gettos machten dabei innerhalb weniger Tage ein gutes Geschäft. Nach Abschluss dieser Maßnahme bewohnten im Getto im Durchschnitt 5,5 Menschen ein Zimmer. Am 15. November 1940 wurden gegenüber der Eingänge zum Getto Maschinengewehre in Stellung gebracht. Etwa 100 000 Arbeiter, Angestellte, Handwerker und Akademiker, die in der Stadt arbeiteten, konnten das Getto ab diesem Zeitpunkt nicht mehr verlassen.

Dr. Franks Vorschriften belegen seine sadistische Veranlagung: Lasst sie für sich selbst sorgen oder lasst den Judenrat die Probleme lösen. Lasst den Judenrat dafür sorgen, dass sie im Getto Arbeit finden, damit werden sich Hass und Missgunst unter den Juden ausbreiten. Lasst den Ordnungsdienst im Getto für Ruhe sorgen und die Hitzköpfe beruhigen. Lasst den Hausmeister sich um die Juden kümmern.

500 000 Menschen waren in das Getto gezwängt (ab Anfang Oktober 1941 mussten sich 14 Menschen einen Raum teilen). Die hygienischen Bedingungen waren unerträglich und führten zum Ausbruch von Epidemien. Im Sommer 1941 starben 15 700 Personen an Typhus. Insgesamt verloren 100 000 Menschen im Warschauer Getto ihr Leben, die übrigen wurden ab 1942 in die Vernichtungslager Treblinka, Maidanek und Auschwitz deportiert oder kamen beim Warschauer Aufstand ums Leben.

Sämtliche Maßnahmen wurden mit höchster Grausamkeit durchgeführt. Wer auch nur die geringste Ablehnung gegenüber der SS zeigte, wurde sofort ermordet. Diese Situation und der Abtransport vieler Juden in die Vernichtungslager, mögen dazu geführt haben, dass sich nach und nach Widerstand im Getto regte. Jene, die im Getto auf ihre Deportierung warteten, zettelten schließlich einen Aufstand an. Zwischen Januar und Mai 1943 erhoben sich etwa 1 100 der verbliebenen 60 000 Juden des Warschauer Gettos gegen den Abtransport in die Vernichtungslager. Sie hatten sich für viel Geld Waffen (vor allem Pistolen und Handgranaten) von der Armee im Lande, der polnischen Untergrundarmee, beschafft. Damit metzelten sie ihre deutschen Peiniger und deren jüdische Sklaven nieder. Die Deutschen stoppten daraufhin die Deportationen. Das Gerücht, dass sich das Warschauer Getto erhoben hatte, verbreitete sich in ganz Polen. Juden, die sich in den Deportationszügen befanden, durchbrachen die Waggons und sprangen von den fahrenden Zügen. Endlich hatten die Juden den Mut aufgebracht, zu reagieren. Doch die Deutschen schlugen den Aufstand gnadenlos nieder. Ab April erstickten sie die Rebellion durch Massenerschießungen, Sprengungen und Großbrände. Mitte Juli war alles vorbei. General Stroop, der für die unglaublichen Greueltaten verantwortlich zeichnete, ließ dem Führer den Vollzug mitteilen. Der so genannte Stroop-Bericht trug die Überschrift: „Es gibt keinen jüdischen Wohnbezirk in Warschau mehr."

Doch in jenen Wochen zwischen dem Frühjahr und dem Sommer 1943 war Israel wieder zum Leben erwacht. Nichts kann jedoch darüber hinwegtäuschen, dass die Verbrechen, die die Nazis am jüdischen Volk verübt haben, bis heute an Grausamkeit und Brutalität unübertroffen sind.

Als die amerikanischen Soldaten am 11. April 1945 das Konzentrationslager Buchenwald übernahmen, konnten sie das Grauen, das sich ihnen offenbarte, nicht fassen. Sie sahen sich lebenden Toten gegenüber, deren Geist und Körper verwüstet waren, gefoltert, erniedrigt und misshandelt. Den britischen Soldaten, die am 15. April im Konzentrationslager Bergen-Belsen eintrafen, bot sich das gleiche Bild. 30 000 Menschen hatten überlebt. Sie waren nur noch Haut und Knochen, geschwächt von Fieber und Typhus. Selbst nach der Befreiung der Konzentrationslager starben täglich über 300 Menschen an den Folgen der Misshandlungen. Tausende ausgezehrte Körper fand man in Massengräbern, achtlos übereinander geworfen. Als die Greuel publik wurden, plagten jene, die Augen und Ohren verschlossen hatten, schwere Gewissensbisse.

Die Vernichtungslager wurden mit methodischer Präzision geführt. Nach ihrer Ankunft wurden die Gefangenen in Gesunde und Kranke getrennt. Die Kranken wurden sofort getötet, die Gesunden zu Zwangsarbeit unter menschenunwürdigen Bedingungen gezwungen. Alte, Schwache, Frauen und Kinder wurden in den Gaskammern eliminiert. Für jene, die am Leben blieben, begann ein endloser Alptraum: Neben der Zwangsarbeit mussten sie jede erdenkliche Art von Erniedrigung über sich ergehen lassen. Oft waren die Foltermethoden so grausam, dass sie nur einem kranken Geist entsprungen sein konnten. Nur wenige überlebten länger als sechs Monate.

Die „Endlösung", die systematische Ausrottung der Juden, die in Himmlers Verantwortungsbereich fiel, wurde mit wissenschaftlicher Präzision und Entschlossenheit verfolgt. Am Ende des Zweiten Weltkriegs waren 6 Millionen Juden ermordet worden. Hinzu kamen tausende politische Dissidenten, Zigeuner und Homosexuelle. Diese nicht fassbaren Zahlen sollten jeden davon überzeugen, dass ein solcher Genozid sich nicht wiederholen darf. Doch die Geschichte hat gezeigt, dass die Menschheit ihre Lektion nicht immer lernt.

216

Oben: *Etwa 1 100 Juden des Warschauer Gettos erhoben sich von Januar bis Mai 1943 gegen den Abtransport in die Vernichtungslager der Nazis. Mit Massenerschießungen, Sprengungen und Großbränden erstickten die Deutschen den Aufstand.*
Unten: *Diese Aufnahme wurde im Sommer 1945 in Warschau gemacht.*

Der Krieg ist zu Ende. Das jüdische Getto liegt in Trümmern. Nach der Niederschlagung des Warschauer Aufstands ließ General Stroop jedes Gebäude des Gettos in Schutt und Asche legen. Sein Vollstreckungsbericht (Stroop-Bericht) trug die Überschrift: „Es gibt keinen jüdischen Wohnbezirk in Warschau mehr."

217

Ein weltbekanntes Foto: Von der SS bewachte Juden auf dem Weg in die Vernichtungslager. Das kleine Kind in der ersten Reihe überlebte und konnte 50 Jahre später in Amerika ausfindig gemacht werden.

218

Jüdische Gefangene im Konzentrationslager Buchenwald. Dicht gedrängt liegen die Unglückseligen auf Holzgestellen. In den Tagen nach der Befreiung durch die Amerikaner starben unzählige Gefangene an den Misshandlungen, die sie im Konzentrationslager über sich ergehen lassen mussten.

219

Links: *Völlig entkräftete jüdische Gefangene werden in Krankenhäuser gebracht (Mai 1945).*
Rechts: *Die Nazis zeigen selbst vor dem Tod keinen Respekt.*
Unten: *Amerikanische Soldaten blicken auf ein Meer von Leichen. Kurz vor der Befreiung von Gardelegen verbrannte die SS 500 Menschen (13. April 1945).*

1945

Der Krieg im Fernen Osten
1941–1945

Mitte der 30-er Jahre führte das enorme Bevölkerungswachstum in Japan (die Bevölkerungszahl war innerhalb von 20 Jahren von 50 Millionen auf 90 Millionen gestiegen) dazu, dass die hungernde Nation nach neuem „Lebensraum" suchte. Man entschied sich für das weite benachbarte China. Kaiser Hirohito, der seit 1926 in Japan regierte, unterstützte die Expansionsbestrebungen seines Heeresministers Hideki Tojo, wenn auch im Verborgenen. Seit dem Boxeraufstand war ein japanisches Truppenkontingent in Peking stationiert. Der Vorwand, der Japan für den Angriff auf China diente, war ein Zwischenfall, der sich am 7. Juli 1937 an der Marco-Polo-Brücke in Peking ereignete. Chinesische Nationalisten hatten eine japanische Garnison angegriffen und die Soldaten getötet.

Das japanische Unterhaus und die nationale Presse bewerteten die „Provokation der Chinesen" vollkommen über. Die Regierung leitete eine Invasion ein, die auf einem detailliert ausgearbeiteten Plan beruhte, der seit langem vorbereitet war. Der Erfolg blieb nicht aus. Alle chinesischen Häfen, die wichtigsten Städte und weite Gebiete Chinas fielen in die Hand der invadierenden Armee. Die UdSSR bot der Regierung Tschiang Kai-schek ihre Unterstützung an und der Völkerbund verurteilte diesen erbitterten, blutigen Krieg, der ohne Kriegserklärung ausgebrochen war, aufs Schärfste. Sowohl die Reaktion der UdSSR als auch des Völkerbunds veranlasste Tokio, mit Deutschland und Italien den Dreimächtepakt zu schließen (29. September 1940).

Die Situation an der chinesisch-sowjetischen Grenze war äußerst angespannt. Sowjetische und japanische Soldaten befehdeten sich ohne Unterlass und die Gefahr eines totalen Kriegs wuchs stetig. Nachdem in Europa der Zweite Weltkrieg ausgebrochen und Frankreich ausgeschaltet war, setzte Japan seine Zeichen in den französischen Kolonien Südostasiens. Es besetzte Südindochina und taxierte die britischen Kolonien. Der größte Feind Japans waren jedoch nicht die Briten, sondern die Vereinigten Staaten. Japan hatte den USA mit militärischen Aktionen die Kontrolle über den riesigen chinesischen Markt abgerungen und damit gleichzeitig das Wachstum jenes Marktes unterbunden. Die Vereinigten Staaten beantworteten dieses Vorgehen mit Wirtschaftssanktionen gegenüber Japan, indem sie zum Beispiel eine Kreditsperre und ein Ölembargo verhängten. Tokio bewertete diesen schweren Affront wie eine Kriegshandlung, die ohne Kriegserklärung erfolgt war.

Am 13. April 1941 unterzeichnete Japan – ohne Hitlers Wissen – einen Neutralitätsvertrag mit der Sowjetunion, um das Risiko eines Zweifrontenkriegs auszuschalten.

Im Oktober 1941 kam es in Tokio zu einer Regierungskrise, die dazu führte, dass Ministerpräsident Funimaro Konoe durch den Heeresminister Hideki Tojo ersetzt wurde. Tojo löste alle Parteien auf und führte ein totalitäres Regime ein. Wenige Wochen nach seinem Amtsantritt sollte Japan in den Zweiten Weltkrieg eintreten.

Am 5. November 1941 befahl Ministerpräsident Tojo Admiral Isoroku Yamamoto, dem Oberkommandanten der Flotte, sich auf den Angriff des amerikanischen Flottenstützpunkts in Pearl Harbor vorzubereiten. Yamamoto, der seit 1939 den Befehl über die Flotte führte, stand nicht hinter diesem Vorhaben, kam jedoch Tojos Order nach. Man hatte schließlich die Einwilligung des Kaisers.

Am 7. Dezember 1941 um 7:55 Uhr Ortszeit entfesselte Japan den Sturm auf Pearl Harbor. Der Überraschungsangriff erfolgte aus der Luft und zur See mit Flugzeugträgern, U-Booten und Kriegsschiffen. 19 amerikanische Schiffe wurden versenkt, darunter acht Schlachtschiffe. Tausende amerikanische Matrosen und Offiziere verloren ihr Leben. Es wurde viel darüber spekuliert, ob Präsident Roosevelt über das Vorhaben Japans durch den Geheimdienst informiert war. Seit Ausbruch des Zweiten Weltkriegs war er für einen Kriegseintritt der USA, hatte darauf jedoch verzichtet, aufgrund des Drucks, den die öffentliche Meinung ausübte. Der Angriff auf Pearl Harbor führte zu erbitterter Entrüstung im ganzen Land. Über Nacht änderten jene ihre Meinung, die bisher für ein neutrales Verhalten der USA plädiert hatten. Am 8. Dezember erklärten die Vereinigten Staaten und Großbritannien Japan den Krieg. Am 11. Dezember erging die Kriegserklärung Deutschlands und Italiens an die Vereinigten Staaten. Diese Entscheidung sollte letztendlich das Schicksal der beiden Länder besiegeln.

Die japanische Offensive kam einem Blitzkrieg gleich. Die Japaner konnten rasche Siege in Südostasien für sich verbuchen. Sie drangen in Malaya und Birma ein. Hongkong, Guam, Wake sowie der größte Teil der Philippinen fielen bereits in den ersten Wochen in die Hand der Japaner.

Die britischen Garnisonen wurden ohne Vorwarnung getroffen. Dies lag zum Teil daran, dass ihre Kommandeure die Gefahr unterschätzten, die von Japan ausging. David Boyle erwähnt in seinem Buch „The Second World War" Sir Robert Brooke-Popham, Kommandant der britischen Streitkräfte in Malaya. Er soll die Japaner als Halbtiere in grauen dreckigen Uniformen bezeichnet haben. Boyle kommentierte diese Aussage als anmaßenden Rassismus.

Der Krieg im Fernen Osten 1941–1945

Weshalb die Japaner zunächst solch große Siege erringen konnten, erfährt man, wenn man sich näher mit ihren Angriffstaktiken auseinander setzt. Am 8. Dezember (einen Tag nach dem Angriff auf Pearl Harbor) landeten zwei japanische Infanteriedivisionen an der Küste südlich von Thailand und in Kota Baharu südlich der malaiischen Grenze. Tom Philips, der britische Admiral, der in diesem Gebiet stationiert war, beging einen folgenschweren Fehler, indem er zwei Schlachtschiffe entsandte (die *Prince of Wales* und die *Repulse)*, die er jedoch nicht von der Luftwaffe schützen ließ. Japanische Bomber, ausgestattet mit Langstreckenwaffen, nahmen die beiden Schiffe unter Beschuss. Als die *Prince of Wales* und die *Repulse* sanken, rissen sie hunderte von Matrosen mit sich in die Tiefe.

In den darauf folgenden Tagen spielten Flugzeuge eine entscheidende Rolle. Die britischen Kolonien standen unter schwerem Bombardement. 12 600 Zivilisten kamen im Dezember während der Bombardierung von Penang, einer Insel südwestlich von Malaysia, ums Leben. Churchill schrieb in seinen Memoiren: „Japan war eindeutig Herr der Lage, während wir in jeder Hinsicht schwach und wehrlos waren."

Hongkong leistete trotz seiner begrenzten Verteidigungskräfte erbitterten Widerstand. Sir Mark Young, dem Gouverneur, standen zwar nur zwei kanadische Infanteriebataillone zur Verfügung, doch er weigerte sich, bedingungslos zu kapitulieren. Am 18. Dezember landeten die japanischen Truppen und am ersten Weihnachtsfeiertag war Hongkong besiegt. Die meisten kanadischen Verteidiger waren gefallen. Die Japaner nahmen 11 000 Zivilpersonen gefangen, die sie fast alle mit Bajonetten niederstreckten. Dieses grausame Schicksal sollte hunderttausende japanische Gefangene ereilen.

Die Alliierten formierten ein multinationales Kommando, um den Blitzkrieg Japans zu stoppen, der sowohl an Land auf chinesischem Territorium ausgetragen wurde als auch zur See. Die alliierten Verbände bestanden aus amerikanischen, britischen, niederländischen und australischen Soldaten unter dem Kommando des britischen Feldmarschalls Archibald Persival Wavell. Er formierte eine Flotte, bestehend aus Kreuzern, Zerstörern und U-Booten, die 45 000 Mann nach Malaysia bringen sollte. Unter den Soldaten befanden sich britische und niederländische Truppen aus Indien sowie australische und amerikanische, die direkt aus der Heimat kamen.

General Tomoyuki Yamashita hatte den Befehl über die japanischen Truppen, die in Malaysia stationiert waren. Zwischen 1939 und 1940 hatte er in Deutschland Gelegenheit, die Strategie des Blitzkriegs zu studieren. Er stattete seine Männer mit Fahrrädern aus, so dass sie abseits der Straßen im Dschungel rasch vorankamen. Auf diese Weise gelang es ihm, die gesamte Westküste Malaysias in Windeseile zu okkupieren. 40 000 britische und indische Soldaten gerieten in japanische Gefangenschaft. Am 31. Januar 1941 zog sich der britische Kommandeur General Arthur Percival nach Singapur zurück. Diese feindliche Bastion sollte das nächste Ziel Japans werden.

Am 7. Februar 1942 griff Yamashita an. In Dinghys überquerten 13 000 japanische Soldaten die Meeresstraße, die die Inselstadt vom Festland trennt, während die Luftwaffe Singapur bombardierte. Churchill erließ Order, nicht zu kapitulieren. Acht Tage dauerten die erbitterten Kämpfe, die oftmals Mann gegen Mann und mit Bajonetten ausgetragen wurden. Am 15. Februar schwenkte Percival schließlich die weiße Flagge vor Yamashitas Bunker.

Die Japaner ergriffen grausame Repressalien. 5 000 chinesische Zivilisten, darunter viele Regierungsbeamte, Industrielle und Firmeninhaber, wurden ermordet, weil sie sich für Großbritannien und somit gegen Tokio entschieden hatten. Darüber hinaus wurden viele Gefangene gemacht: 32 000 Inder, 16 000 Briten und 14 000 Australier. Die Hälfte dieser Gefangenen starb in Konzentrationslagern. In den Straßen von Tokio feierte man die Einnahme Singapurs und über den Häusern wurde die japanische Flagge gehisst.

Am 10. Januar landete General Yamamoto mit seinen Truppen auf Borneo und Celebes. Er durchbrach die niederländischen Verteidigungslinien und gelangte in den Besitz des wahren Reichtums Niederländisch-Indiens: die Ölquellen. Am 4. Februar griffen japanische Flugzeuge das Flottengeschwader der Alliierten an. Bei diesem Angriff wurde Konteradmiral Karel Doorman im Einsatz getötet. Er war der Oberbefehlshaber über das Flaggschiff *De Ruyter,* das die Japaner versenkten. Die multinationalen Truppen erlitten hohe Verluste und am 1. März wurde das Kommando aufgelöst.

Am 9. Februar, fünf Tage nach dem Angriff auf die multinationalen Streitkräfte, erlitten die Amerikaner eine ähnliche Niederlage in der Seeschlacht in der Javasee. Kurz darauf kapitulierten Timor, Sumatra und Java. Die Zivilbevölkerung Javas erhob sich gegen die 25 000 niederländischen Soldaten jener Garnison, die den japanischen Befreiern zujubelte. Japans Imperialismus war befriedigt. Nach diesen siegreichen Unternehmungen waren 100 000 Niederländer, Briten, Inder und Australier in japanische Kriegsgefangenschaft geraten.

222–223

Pearl Harbor, 7. Dezember 1941: Der Überraschungsangriff der Japaner hat den Stützpunkt der amerikanischen Pazifikflotte in ein flammendes Inferno verwandelt.
Oben links: *Dicke, schwarze Rauchwolken steigen von den Schlachtschiffen* Tennessee *und* Arizona *auf, die dem Untergang geweiht sind.*
Unten links: *Zerstörte Hangars auf* Ford Island.

Oben rechts: *Japanische A6M2 Zero-Jäger kurz vor dem Verlassen des Flugzeugträgers* Shokaku. *Diese wendigen Flugzeuge eskortierten die beiden Angriffswellen der Aichi D3A- und Nakajima B5N-Bomber, die die amerikanische Pazifikflotte vernichteten.*
Unten rechts: *Verheerende Explosionen künden den Untergang des Zerstörers* Shaw *an.*

Der Angriff auf Pearl Harbor

224
Die Überreste der Zerstörer Cassin *und* Downes *nach dem verheerenden Angriff auf Pearl Harbor. Beide Schiffe wurden im Trockendock von den Aichi D3A-VAL-Sturzkampfbombern überrascht. Im Hintergrund erkennt man das Schlachtschiff* Pennsylvania, *das ebenfalls beschädigt ist.*

224–225
Das Schlachtschiff Arizona *versinkt in einem Flammenmeer. Innerhalb weniger Sekunden kamen über 950 Matrosen an Bord des Schiffs ums Leben, weitere 250 wurden tödlich verletzt. Es gab nur 337 Überlebende. Das Wrack der* Arizona *liegt noch immer an der Stelle, an der das Schiff gesunken ist. Es dient als Gedenkstätte für die Soldaten, die in Pearl Harbor fielen.*

Oben: *Eine verheerende Explosion erschüttert den Zerstörer* Shaw.
Unten: *Ein schwer verletzter Matrose wird gerettet, während im Hintergrund das Schlachtschiff* West Virginia *kurz vor dem Versinken steht. Die japanischen Piloten hatten anhand eines Modells des amerikanischen Flottenstützpunkts monatelang den Angriff vorbereitet. Bei dem Raid auf Pearl Harbor verloren die Amerikaner 19 Schiffe und 382 Flugzeuge. Auf japanischer Seite waren 57 Tote zu beklagen, auf amerikanischer 2 388 sowie 1 368 Verwundete.*

Der Vorstoß Japans

226

In den ersten Monaten war der Vormarsch der japanischen Truppen in Südostasien nicht aufzuhalten. Erinnerungen an die Erfolge der Deutschen im Blitzkrieg wurden wach.
Oben links: *An Weihnachten 1941 paradieren japanische Offiziere durch die Straßen von Hongkong.*
Oben rechts: *Japanische Soldaten marschieren durch die Straßen von Singapur, das sie im Februar 1942 besetzten.*
Unten: *Die Japaner im Siegestaumel. Im Hintergrund ist der Regierungssitz von Rangun (Hauptstadt von Birma) zu erkennen.*

227

Die historischen Pagoden von Rangun sind stumme Zeugen der japanischen Eroberung. Das Oberkommando der Japaner setzte 35 000 Mann bei der Okkupation Birmas ein. Sie machten kurzen Prozess mit den Truppen des Britischen Reichs.

1941
1942

Der Vorstoss Japans

1941–1942

In den Vereinigten Staaten griff nach dem Angriff auf Pearl Harbor eine feindliche Stimmung gegenüber der japanisch-amerikanischen Gemeinde um sich. Im März 1942 wurden 110 000 in den USA lebende Japaner gezwungen, ihre Wohnungen zu räumen und ihre Arbeitsplätze aufzugeben. Sie wurden in Sammellagern untergebracht, bevor sie in Internierungslager überführt wurden. Wenige Tage später ereilte dieses Schicksal auch die an der Westküste lebende italienisch-amerikanische Gemeinde, der wesentlich mehr Menschen angehörten als der japanischen.

Die Vereinigten Staaten hatten nun keinen Grund mehr, sich neutral zu verhalten, und das ganze Volk stand hinter Präsident Roosevelt und dem Kongress. Man verlangte Vergeltung. Sämtliche Wirtschaftsaktivitäten wurden nach dem Krieg ausgerichtet. Man zapfte alle Ressourcen für die Produktion von Waffen, Schiffen und Flugzeugen an. Hauptziel war es, die amerikanische Kriegsmarine neu zu formieren, damit sie der japanischen Flotte ebenbürtig war, die seit kurzem über drei Superschlachtschiffe verfügte, ausgestattet mit 45-cm-Geschützen. Mit Unterstützung dieser Kolosse konnte Yamamoto problemlos, mit der britischen Flotte konkurrieren, die über fünf Schlachtschiffe und drei Flugzeugträger verfügte und von Admiral Sir James Somerville befehligt wurde. Die japanischen Sturzkampfbomber Aichi D3A Val spielten eine entscheidende Rolle in der Schlacht. Sie versenkten den Flugzeugträger *Hermes* sowie die Kreuzer *Cornwall* und *Dorsetshire.* Letzterer hatte zu der Flotte gehört, die am 27. Mai 1941 die *Bismarck* auf den Grund des Meeres schickte.

In den letzten Tagen des Jahres 1941 eröffneten die Japaner den Angriff auf Birma. Die Kontrolle über die Birmastraße stellte eine strategische Notwendigkeit dar: Wenn man diese Straße blockierte, könnten die Alliierten die chinesischen Widerstandsbewegungen unter Tschiang Kai-schek und Mao Tse-tung nicht mehr mit Truppen und Verpflegung versorgen. Sir Harold Alexander, Oberbefehlshaber der Alliierten, beschloss, der Verteidigung der indischen Grenze Priorität zu verleihen, um einem möglichen Angriff Japans gewachsen zu sein. Birma war seinem Schicksal preisgegeben. Am 8. März marschierten 35 000 japanische Soldaten in Rangun ein, unterstützt von der örtlichen fünften Kolonne.

Bevor es den Japanern jedoch gelang, die Birmastraße zu blockieren, entsandte Tschiang Kai-schek zwei chinesische Armeen mit 100 000 Mann. Sie unterstanden dem Kommando des amerikanischen Generals Joseph Stilwell. In erbitterten Kämpfen gelang es den chinesischen Soldaten, den Vormarsch der Japaner auf Indien zu verlangsamen. Die chinesisch-britischen Truppen mussten dafür jedoch einen hohen Preis zahlen.

Unaufhaltsam wurden sie an die indische Grenze zurückgedrängt, bis schließlich 160 000 Soldaten in zerfetzten Uniformen, von Hunger und Erschöpfung gezeichnet und mit kaum mehr Munition eine lebende Mauer zwischen den Japanern und deren Ziel bildeten.

228
Oben links: *Japanische Soldaten erreichen ihre Quartiere in Pandu Ghat (Birma).*
Oben rechts: *Sturmtruppen im Einsatz im birmanischen Dschungel nahe Kohima.*
Unten: *Tschiang Kai-scheks Soldaten leisten der japanischen Übermacht am Salween nahe der birmanischen Grenze verzweifelten Widerstand.*

229
Die legendäre Birmastraße aus der Vogelperspektive. Die Straße verläuft von Lashio über Dali und Kunming nach Chungking. Im Zweiten Weltkrieg war sie die Lebensader für den chinesischen Widerstand und bot den britischen Truppen die einzige Rückzugsmöglichkeit nach China, um den japanischen Verbänden zu entkommen.

Der Sieg über Amerika auf den Philippinen

1942

Der Feldzug Japans in Birma brachte eine entscheidende Niederlage für die britische Armee, doch die japanische Kampagne auf den Philippinen sollte für die Amerikaner noch verheerender verlaufen. Im Sommer 1941 war General Douglas MacArthur auf die Philippinen geschickt worden, da die Vereinigten Staaten befürchteten, Japan könnte die Inseln angreifen. Am 8. Dezember 1941, 24 Stunden nach dem Angriff auf Pearl Harbor, unternahm die japanische Luftwaffe mehrere Angriffe und zerstörte die amerikanischen Flugzeuge, die auf Luzon stationiert waren. Am 10. Dezember landeten die Marinekorps unter General Masaharu Homa auf Luzon. 57 000 Mann wurden abgesetzt, das entsprach in etwa der Hälfte des Truppenkontingents das MacArthur zur Verfügung stand. Die Japaner nahmen Manila unter schweren Beschuss. MacArthur war gezwungen, die Hauptstadt ohne Verteidigung zu verlassen, die damit zu einem leichten Ziel für die Japaner wurde. Am 2. Januar 1942 besetzten die feindlichen Truppen Manila, knapp vier Wochen nach dem Angriff auf Pearl Harbor. Die Amerikaner hatten sich auf die Halbinsel Bataan zurückgezogen, um in der Inselfestung Corregidor Schutz zu suchen. Manuel Luis Quezón, der philippinische Präsident, verweilte ebenfalls auf der Halbinsel. Auf Bataan behinderten das Klima und Tropenkrankheiten militärische Operationen. Tausende von Amerikanern und Japanern verloren dadurch ihr Leben. MacArthur hoffte vergeblich auf Verstärkung, denn die japanische Flotte kontrollierte die Schifffahrtswege. Am 11. Mai 1942 befolgte General Douglas MacArthur Präsident Roosevelts Order. Er zog seine Truppen ab und ging nach Australien. Bevor er aufbrach, schwor er: „Ich werde zurückkehren." General Jonathan Wainwright, dem MacArthur das Kommando über Corregidor übertragen hatte, war bereit, bis zum bitteren Ende zu kämpfen.

Nachdem die Japaner die Festung mit der Artillerie unter Beschuss genommen hatten, landeten sie und kämpften Mann gegen Mann in den Trümmern, die eine Explosion des Munitionslagers zurückgelassen hatte. Am 6. Mai kapitulierten die Amerikaner. Es sollte jedoch noch über einen Monat dauern, ehe die letzten Soldaten, die sich geweigert hatten, die Waffen niederzulegen, ihren Guerillakrieg aufgaben. Die Schlacht um die Philippinen hatte 30 000 Amerikanern und 12 000 Japanern das Leben gekostet. Noch höher waren die Verluste unter den Filipinos: 110 000 waren gefallen oder in Kriegsgefangenschaft geraten.

Japan hatte nicht einmal sechs Monate gebraucht, um Ländereien in Besitz zu nehmen, deren Landwirtschaft blühte und die reich an Öl sowie Erzlagerstätten waren. Politisch unterstützte das Land der aufgehenden Sonne antieuropäische Bewegungen und projapanische Politiker. In Indonesien richtete man einen „Indonesischen Zentralrat" ein, um die Freundschaft mit Japan zu pflegen. Birma erklärte seine Unabhängigkeit ebenso wie Thailand und die Philippinen. Bao Dai, der Kaiser von Annam, konnte auf die Unterstützung Japans zählen, als er Tongkin und Kambodscha seinem Reich einverleibte.

Die Japaner schienen ebenso unbesiegbar wie ihre deutschen Verbündeten. Beide Länder waren zwar unabhängig voneinander in den Krieg verwickelt, doch sie sollten beide die gleichen Fehler begehen. Die Japaner verhielten sich im eroberten Südostasien genauso, wie sich die Deutschen in der Ukraine und in Georgien verhalten hatten. Sie unterdrückten die Bevölkerung und schalteten politische Gegner rücksichtslos aus. Viele indische Nationalisten waren zur japanischen Armee übergelaufen, um ihr Land von den Briten zu befreien. Doch der Enthusiasmus der Bevölkerung, die sich zunächst befreit fühlte von der ausbeuterischen Herrschaft der Briten, Niederländer und Franzosen, verstummte rasch. Die unterdrückte Bevölkerung distanzierte sich immer mehr von den japanischen Eroberern.

Die Hälfte der Kriegsgefangenen starb in Konzentrationslagern. Sie hatten keinerlei Rechte, waren ausgehungert, wurden geschlagen und für medizinische Experimente missbraucht, die oftmals tödlich verliefen. Auf langen Märschen wurden jene, die vor Hunger und Erschöpfung zu Boden fielen, mit Bajonetten getötet. Der „Todesmarsch von Bataan" sollte traurige Berühmtheit erlangen. Er ereignete sich nach der Kapitulation der Inselfestung Corregidor. 10 000 amerikanische und philippinische Gefangene verloren ihr Leben auf diesem Todesmarsch.

Die britischen und australischen Kriegsgefangenen in Birma erwartete die gleiche Grausamkeit. Sie waren unter unmenschlichen Bedingungen zur Zwangsarbeit am Bau der Eisenbahnlinie Bangkok-Rangun verdammt. 13 000 Gefangene fielen der Cholera zum Opfer. Am 25. Oktober 1943 war die Eisenbahnlinie fertig gestellt. Sie hatte 50 000 alliierten Gefangenen und 250 000 versklavten Arbeitern aus Birma, Java, Malaysia und China das Leben gekostet. Als sich abzeichnete, dass die Alliierten die Oberhand gewinnen würden, ermordeten die Japaner die Überlebenden, damit es keine Zeugen gab. Auf Luzon konnten amerikanische Fallschirmjäger in letzter Sekunde 500 Gefangene retten, die exekutiert werden sollten. Es wurde oft die Frage gestellt, weshalb die Japaner ihre Gefangenen so grausam behandelten. Die Antwort darauf lautete, dass all jene, die kapitulierten, gemäß dem Buschido, dem traditionellen Ehrenkodex der Japaner, jede Würde und jedes Recht auf Achtung verwirkt haben.

232–233
Oben links: *Japanische Soldaten im Siegestaumel nach der Eroberung der Inselfestung Corregidor.*
Mitte links: *Japanische Landungstruppen nähern sich Manila, das in Flammen steht.*
Unten links: *Japanische Infanteristen landen auf Singora (Malaysia).*
Rechts: *Die letzten amerikanischen Verteidiger ergeben sich nach erbittertem, aber aussichtslosem Widerstand in der Inselfestung Corregidor.*

231
In der Anfangsphase der Auseinandersetzungen wurde die Kriegsflagge der japanischen Armee zum gefürchteten Symbol. Die Soldaten aus dem Land der aufgehenden Sonne kannten nur ein Motto: Sieg oder Tod.

234–235
Aufnahmen vom „Todesmarsch von Bataan“, der auf die Kapitulation der amerikanischen Garnison auf den Philippinen folgte. Über 10 000 Gefangene, die in japanische Konzentrationslager überführt werden sollten, starben auf diesem Marsch vor Hunger und Erschöpfung.

1941

Die Schlacht in der Korallensee und um die Midway-Inseln 1942

Vom 4. bis zum 8. Mai 1942 kam es in der Korallensee zum ersten Gefecht zwischen amerikanischen und japanischen Flugzeugträgern. Die japanische Flotte erlitt schwere Verluste, die jedoch in keinem Verhältnis zu den Verlusten standen, die die Japaner in der Schlacht um die Midway-Inseln erleiden sollten, die vom 4. bis zum 7. Juni 1942 geschlagen wurde. Diese Schlacht erfüllte die Amerikaner mit Bewunderung gegenüber Admiral Chester William Nimitz, Oberbefehlshaber der Pazifikflotte. An nur einem Tag versenkte die amerikanische Flotte vier japanische Flugzeugträger. Fortuna schien sich auf die Seite der Amerikaner gestellt zu haben. Doch wie kam es dazu, dass sich die Situation in Südostasien verändert hatte?

Japan unterlag der Illusion, dass Hitlers Invasion in die UdSSR Stalin vernichten würde. Damit wären die Vereinigten Staaten gezwungen, über den Frieden zu verhandeln und müssten alle Hoffnung auf eine Gegenoffensive in Südostasien aufgeben. Doch nach dem Angriff auf Pearl Harbor trachteten die Amerikaner nach einer Revanche. Roosevelt konzentrierte alle zur Verfügung stehenden Mittel des Landes auf den Krieg gegen Japan und dessen Verbündete. Amerika hatte 60 000 Militärflugzeuge, 75 000 Panzer und unzählige Handelsschiffe gebaut. Die Männer wurden in speziellen Trainingslagern auf ihren Einsatz vorbereitet, während die Frauen in den Fabriken arbeiteten. Als das multinationale Kommando am 1. März 1942 aufgelöst wurde, verteilte man die Verantwortung wie folgt: Den Oberbefehl über Unternehmungen zur See hatte Admiral Chester William Nimitz inne. General Douglas MacArthur war für den südwestlichen Pazifikraum zuständig und die Briten für Sumatra und den Indischen Ozean. In der Schlacht um die Midway-Inseln sollten die Japaner ihre erste Niederlage erleiden.

Zunächst wandte Admiral Nimitz seine Aufmerksamkeit jedoch Tokio zu, das er aus der Luft angreifen wollte. Am 18. April 1942 näherte sich ein Bombergeschwader der Hauptstadt. 16 B 25 Mitchell waren vom Flugzeugträger *Hornet* aufgestiegen und näherten sich der japanischen Küste, eskortiert von der *Enterprise,* die zum Schutz der Bomber Jagdflugzeuge an Bord hatte. Oberst James Doolittle leitete den Angriff. Bevor die japanischen Flakgeschütze zum Gegenschlag ausholen konnten, warfen die Bomber ihre todbringende Ladung über dem Zentrum von Tokio ab. Drei Flugzeuge waren gezwungen, auf japanischem Territorium zu landen. Ihre Besatzung wurde von der aufgebrachten Menge gelyncht.

Nach dem amerikanischen Luftangriff erließ der japanische Ministerpräsident Hideki Tojo Order, alle feindlichen Flugzeugträger auf See anzugreifen und zu versenken. Dieses Ziel konnte jedoch nur erreicht werden, wenn man die Midway-Inseln unter Beschuss nahm. Die Inselgruppe liegt etwa 2 200 km nordwestlich von Hawaii, etwa in gleicher Entfernung zu Japan und zu den Vereinigten Staaten. Die beiden kleinen Koralleninseln lagen an einem strategisch wichtigen Punkt, von dem aus alle aus den USA kommenden Schiffe kontrolliert werden konnten, die die militärischen Unternehmungen im östlichen Pazifik unterstützen sollten.

Während Admiral Isoroku Yamamoto die Operation vorbereitete, ereignete sich im Mai 1942 die Schlacht in der Korallensee. Die japanische Flotte befand sich auf dem Weg nach Port Moresby (Hauptstadt von Papua-Neuguinea), um sich Australien zuzuwenden, als sie auf zwei amerikanische Flugzeugträger unter dem Kommando von Admiral Frank Fletcher traf. Die *Yorktown* und die *Lexington* wurden von sieben Kreuzern eskortiert. Die Amerikaner versenkten den japanischen Flugzeugträger *Shoho* und beschädigten die *Shokaku* schwer, verloren jedoch die *Lexington.* Die Schlacht in der Korallensee war entscheidend für den weiteren Verlauf des Pazifikkriegs. Die Japaner gaben ihre Absicht auf, in Australien einzufallen. Yamamoto sah sich darin bestärkt, die Midway-Inseln zu besetzen und dort einen Landeplatz einzurichten, um die Schiffe zu blockieren, die aus Amerika kamen. Yamamoto prüfte seine Strategien und Taktiken gründlichst, bevor er sie in die Tat umsetzte. Er hoffte, die gesamte amerikanische Flotte mit einem Täuschungsangriff auf die Aleuten von den Midway-Inseln weglocken zu können. Den Amerikanern gelang es jedoch, die Nachrichten des japanischen Oberkommandos abzufangen und Yamamotos Plan aufzudecken. Admiral Nimitz erließ daraufhin Order, bezüglich der Aleuten nichts zu unternehmen, und entsandte drei Flugzeugträger und acht Kreuzer zu den Midway-Inseln.

Die Japaner setzten sieben Schlachtschiffe, sechs Flugzeugträger, 14 Kreuzer sowie Zerstörer und U-Boote ein. Die Schlacht begann am 4. Juni 1942. 108 japanische Bomber nahmen die beiden Inseln unter Beschuss. Sie zerstörten die amerikanischen Flugzeuge in der Luft und am Boden. Nimitz schickte daraufhin die Bomber in die Schlacht, die sich an Bord der Flugzeugträger *Hornet, Enterprise* und *Yorktown* befanden. 50 Bomber griffen die japanische Flotte an und versenkten die Flugzeugträger *Kaga, Akagi* und *Soryu.* Kurz darauf sank auch der Flugzeugträger *Hiryu.* Die *Yorktown,* das Flaggschiff der Amerikaner, wurde schwer getroffen und musste aufgegeben werden. Die Schlacht endete mit dem Untergang des japanischen Kreuzers *Mikuma.*

1942

237

Aufnahmen von der Schlacht in der Korallensee, die am 8. Mai 1942 ausgetragen wurde.
Oben: *Der japanische Flugzeugträger* Shoho *ist von den amerikanischen Bombern schwer getroffen.*
Mitte: *Der Flugzeugträger* Shokaku *versucht, den amerikanischen Flugzeugen zu entkommen.*
Unten: *Der amerikanische Flugzeugträger* Lexington *steht in Flammen. Er ist dem Untergang geweiht.*

238
Douglas-SBD-Dauntless-Bomber überfliegen ein japanisches Kriegsschiff vor den Midway-Inseln. In der Schlacht um die Midway-Inseln, die vom 4. bis zum 7. Juni geschlagen wurde, spielten die amerikanischen Bomber, die von Flugzeugträgern aufstiegen, eine entscheidende Rolle. Sie versenkten vier feindliche Flugzeugträger und brachten der japanischen Flotte eine verheerende Niederlage bei.

239
Die Schlacht um die Midway-Inseln brachte die Wende im Pazifikkrieg.
Oben: *Der Flugzeugträger* Yorktown *ist mehrmals getroffen und unternimmt einen gewagten Versuch, sich zu retten.*
Mitte: *Der schwer getroffene japanische Flugzeugträger* Hiryu *kurz vor dem Versinken.*
Unten: *Die Besatzung der* Yorktown *muss ihr Schiff aufgeben, das japanische Bomber schwer beschädigt haben.*

Guadalcanal, Neuguinea, Birma: Die Alliierten schlagen zurück

1942–1944

Der Sieg in der Schlacht um die Midway-Inseln bestärkte Admiral Nimitz in seinem Vorhaben, den Japanern alle eroberten Gebiete abzuringen. Am 7. August 1942 leiteten die Amerikaner die Gegenoffensive ein. Nimitz setzte eine Division US-Marines auf Guadalcanal ab, der südlichsten Insel der Salomonen. Die Soldaten sollten die Insel einnehmen und Amerika auf der Karte Südostasiens wieder erscheinen lassen. Die Schlacht um Guadalcanal sollte sechs Monate dauern.

Guadalcanal ist eine 6475 km^2 große Insel. Mitte 1942 begannen die Japaner, hier einen Luftstützpunkt zu errichten. Dies wollten die Amerikaner verhindern. Am 7. August landeten 11 000 US-Marines auf Guadalcanal und 6 000 auf Tulagi. Mit Flugzeugen, die von Flugzeugträgern aufstiegen, bombardierten die Japaner die Brückenköpfe der US-Marines. Gleichzeitig errichteten die Schiffe unter Admiral Mikawa eine Seeblockade vor Guadalcanal, um den Verstärkungstruppen den Weg abzuschneiden. Ein amerikanisches Geschwader unter Admiral Robert Gormley griff das japanische Geschwader an. Der erste Erfolg der Amerikaner war die Versenkung des Flugzeugträgers *Ryuio*. Anschließend kam es zum Landkrieg zwischen amerikanischen und japanischen Truppen, der auf den Hügeln ausgetragen wurde, die unter der Bezeichnung „Blutiger Kamm“ bekannt wurden. Die Schlacht wurde erbittert geführt, denn keine Seite war bereit, zu kapitulieren. Unterdessen wurde auch auf See erbarmungslos gekämpft. Die Vereinigten Staaten verloren die Flugzeugträger *Wasp* und *Hornet*. Die *Enterprise* und die *Saratoga* wurden schwer beschädigt. Japan hatte den Verlust von 200 Flugzeugen zu verbuchen und zwei seiner Flugzeugträger wurden außer Gefecht gesetzt. Die Kämpfe dauerten vier Monate an. Verwundete japanische Soldaten lagen auf den Hügeln und an den Stränden. Sie stellten sich tot und überraschten die vorrückenden Amerikaner mit Handgranaten. Im Januar 1943 kam es zum Kontakt zwischen 25 000 Japanern und 50 000 schwer bewaffneten Amerikanern. Die Japaner standen kurz vor der Vernichtung, als das Oberkommando in Tokio entschied, die Überlebenden zu evakuieren. Am 9. Februar 1943 war die Schlacht geschlagen. Guadalcanal ging in die Annalen der amerikanischen Geschichte als militärischer Sieg ein.

Die zweite wichtige Operation der amerikanischen Gegenoffensive ereignete sich auf Neuguinea. General MacArthur war der Hauptakteur. In den Augen der Australier galt er als hervorragender militärischer Führer. Ihm gelang es, die Bevölkerung zu beschwichtigen, nachdem sie von der Landung der Japaner auf Neuguinea gehört hatten. MacArthur rief die Einwohner Sydneys auf, ihre Stadt nicht aufzugeben, sondern sie standhaft zu verteidigen und dem Beispiel von Port Moresby zu folgen, der Hauptstadt von Papua-Neuguinea. 1942 unternahmen die Japaner mehrmals den Versuch, Port Moresby einzunehmen, was ihnen jedoch nicht gelang. Am 15. September 1942 erreichten amerikanische Verstärkungstruppen die Stadt und schlugen die Japaner ins Hinterland zurück. Tausende von Soldaten starben in den Sümpfen, darunter 12 000 Japaner. Die Überlebenden, die es vorzogen, zu sterben, als sich zu ergeben, wurden von den australischen und amerikanischen Soldaten ins Meer getrieben und ertranken.

Das dritte Kapitel der Gegenoffensive der Alliierten bildete der Feldzug in Birma. Hier stoppten die Soldaten des Britischen Reichs die Invasion der Japaner in Indien. Nach der Eroberung Singapurs fühlte sich Japan unbesiegbar und mehr als bereit, Indien zu besetzen. In Birma formierte sich unter Subhas Chandra Bose, eines antibritisch gesinnten indischen Politikers, eine „Indische Nationalarmee“. Etwa 25 000 weitere Inder, die in japanische Gefangenschaft geraten waren, meldeten sich als Freiwillige, um gegen ihre einstigen Offiziere des Britischen Reichs in den Krieg zu ziehen.

Mit dem Ziel, die Pläne der Japaner zu durchkreuzen, ernannte Churchill den britischen Admiral Louis Mountbatten zum Oberbefehlshaber an der birmanischen Front. Er war kampferprobt und bei den Truppen beliebt. Stellvertretender Kommandeur war der amerikanische General Joseph Stilwell, der bei den Soldaten ebenfalls beliebt war. Mountbatten und Stilwell bildeten ein außergewöhnliches Paar. Beide besaßen die Fähigkeit, ihre Männer, die unterschiedlichen Nationen angehörten, zu vereinen und mit Enthusiasmus zu erfüllen. Ein Beispiel hierfür waren die 3 000 Soldaten unter General Wingate, die perfekt mit den amerikanischen Luftstreitkräften unter Philip Cochran zusammenarbeiteten. Gegen Ende des Jahres 1943 entfesselten die Japaner ihren Angriff auf Indien. Sie konzentrierten sich zunächst auf die Belagerung der Metropolen Imphal und Kohima. Man richtete eine Luftbrücke ein, um die Städte mit Lebensmitteln zu versorgen und die Verwundeten zu evakuieren. Darüber hinaus wurden die Japaner monatelang von den Bombern der Alliierten unter Beschuss genommen, die der japanischen Luftwaffe eindeutig überlegen waren. Im Juli 1944 endete die Belagerung mit der Niederlage der Japaner, die 65 000 Mann verloren hatten. Damit begann die Rückeroberung Birmas, an der – in einer Armee vereint – amerikanische, britische, australische, indische, französische und niederländische Soldaten beteiligt waren.

124457

241
Oben: *Nach einem Angriff auf japanische Stellungen überfliegt eine amerikanische Boeing B-17 E eine Insel der Salomonen.*
Unten: *US-Marines marschieren auf Guadalcanal durch den Dschungel, kurz vor einer Attacke auf japanische Truppen, die sich am Ufer des Matanikou verbarrikadiert haben (Oktober 1942).*

242
Links: *Ein leichter Panzer M 3 Stuart gibt den US-Marines Feuerschutz.*
Rechts: *Die US-Marines machen Boden auf Guadalcanal gut. Die Aufnahme entstand im August 1942, kurz nachdem die Offensive auf den Salomonen eingeleitet worden war.*

1942
1944

Oben: *Undurchdringliche Rauchwolken steigen von Bord eines japanischen Kriegsschiffs auf, das amerikanische Bomber schwer getroffen haben (Guadalcanal, Sommer 1942).*
Unten: *Die letzten dramatischen Augenblicke, bevor der amerikanische Flugzeugträger* Wasp *versinkt. Das Schiff wurde Anfang September 1942 vor Guadalcanal von einem japanischen U-Boot unter Beschuss genommen, das diesen Koloss mit nur zwei gut platzierten Torpedos zu Fall brachte.*

1942
1944

244
Die letzten entspannten Momente, bevor das Inferno losbricht. Die US-Marines befinden sich auf dem Weg nach Aitape (Neuguinea), wo sie das tödliche Sperrfeuer der Japaner erwartet. 40 Prozent dieser Männer werden nicht überleben.

245
Oben: *Am 30. Juni 1943 landen US-Marines auf Rendova (Salomonen).*
Unten: *Ein Sherman-Panzer macht den Weg frei für die Infanterie, die auf Bougainville, der größten Insel der Salomonen, kämpft. Der Sherman-Panzer markierte die entscheidende Wende in der Kriegführung der Amerikaner.*

1942
1944

246

Die Körper dieser getöteten Japaner belegen die Grausamkeit der Kämpfe, die auf die Landung der Amerikaner in Birma und auf Neuguinea folgten. Bei diesem Abschlachten verloren die Amerikaner fast 90 Prozent ihrer Truppen.

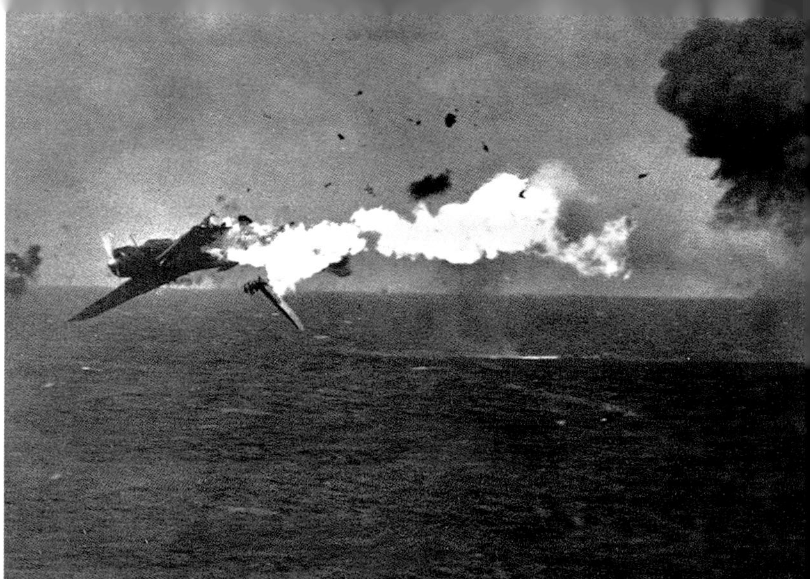

248–249

Die Alliierten leiteten auch in Birma eine Gegenoffensive ein, das seit Mai 1942 von den Japanern besetzt war.
Links: *Britische Soldaten nehmen die japanischen Stellungen im Kampf um Meiktila mit Granatwerfern unter Beschuss.*
Oben rechts: *Ein indischer Soldat des britischen Truppenkontingents, der sich im Einsatz in Arakan befindet, hat eine Handgranate geworfen.*
Unten rechts: *Amerikanische Sanitäter leisten erste Hilfe. Sie kümmern sich um ihre Kameraden der 36. Division, die in den Angriff auf Pinwe verwickelt waren.*

247

Oben: *Die Japaner und die Alliierten befehdeten sich zu Land, zu Wasser und in der Luft.*
Mitte: *Diese japanischen Soldaten haben den Tod der Gefangenschaft vorgezogen.*
Unten: *US-Marines suchen Schutz in den Kratern, die das Artilleriefeuer auf Tarawa hinterlassen hat.*

1942
1944

Das Kriegsglück verlässt Japan

1943–1945

Der Tod von Admiral Yamamoto im April 1943 schwächte die Moral der Japaner entscheidend. Die Rolle die Amerika dabei spielte, wurde erst am Ende des Kriegs offenbar. Der militärischen Führung war der exakte Terminplan Yamamotos, des Oberbefehlshabers der japanischen Flotte, in die Hände gefallen. Er befand sich auf Bougainville, der größten Insel der Salomonen, um die Moral seiner Truppen zu stärken. Die Amerikaner bereiteten einen Hinterhalt aus der Luft vor. Am 18. April 1943 nahm ein Jäger Yamamotos Flugzeug ins Visier und schoss es ab.

Bereits im März hatte Nimitz nach dem Angriff auf die Salomonen das nächste Ziel der Gegenoffensive bestimmt: die Rückeroberung der Aleuten. Diese Inseln gehören zu Alaska und befinden sich somit auf amerikanischem Territorium. Der Kampf dauerte drei Monate. Die Japanern leisteten den US-Marines erbitterten Widerstand, doch Ende Mai 1943 war die japanische Garnison besiegt.

Ab Juni 1943 startete die größte Offensive der Amerikaner mit spektakulären Seeschlachten in den Golfen von Kula, Kolombangara und Vella. Die Amerikaner errangen Sieg um Sieg. Sie nahmen die Gilbert-, die Marshall- und die Admiralitätsinseln ein. Dieses Vorgehen sollte als Strategie des „Inselspringens“ in die Militärgeschichte eingehen. Die Idee stammte von Admiral Nimitz, der verhindern wollte, dass sich der Feind im Kampf um eine Insel auf eine andere zurückziehen konnte. Während die Gefechte auf einer Insel noch tobten, zog er bereits Soldaten ab, die auf einer anderen Insel landeten.

Im Sommer 1944 erreichte die Operation ihren Höhepunkt, als die Marianen zurückerobert wurden. Am 15. Januar erfolgten die ersten Landungen auf der Inselgruppe. 130 000 amerikanische Soldaten waren im Einsatz. Am 19. Juni kam es zu einer schweren Luft- und Seeschlacht zwischen amerikanischen Geschwadern unter Admiral Mark Mitscher mit 1 000 Jagdflugzeugen und japanischen Geschwadern unter Admiral Jisaburo Ozawa mit 300 Flugzeugen. Es war ein Massaker. Die Japaner verloren 218 Flugzeuge und zwei Flugzeugträger, darunter die *Taiho*, das Flaggschiff Ozawas, das von einem U-Boot versenkt wurde. Die Amerikaner hatten den Verlust von 29 Flugzeugen zu verbuchen. Am 20. Juni erhielten die Japaner den Gnadenstoß, als der Flugzeugträger *Hiyo* und das Schlachtschiff *Haruna* versenkt wurden. Am 6. Juli war die Lage der Japaner aussichtslos. Admiral Nagumo und General Saito begingen Selbstmord, um ihre Männer zu ermutigen, das höchste Opfer zu bringen und die Insel Saipan bis zum Tod zu verteidigen. Es kam zu einem schrecklichen Blutbad. Ganze japanische Einheiten, die in den Dschungel geflüchtet waren, begingen Harakiri. Offiziere enthaupteten ihre Soldaten, bevor sie sich selbst das Leben nahmen. Etwa 22 000 Zivilisten begingen Selbstmord in unterirdischen Höhlen, in denen sie Schutz gesucht hatten. Sie konnten nicht mit der Schmach einer Niederlage leben. Der Fall Saipans hatte drastische Auswirkungen auf die Politik in Tokio. Ministerpräsident Hideki Tojo und alle Regierungsmitglieder traten zurück. Wenige Tage später fielen die Inseln Tinian und Guam. Die japanischen Truppen, die auf Tinian stationiert waren, begingen Massenselbstmord, indem sie sich von den Klippen stürzten.

Als Nächstes wendeten sich die Amerikaner den Philippinen zu. Bevor Douglas MacArthur die Inselfestung Corregidor aufgegeben hatte und nach Australien gegangen war, hatte er gesagt: „Ich werde zurückkehren.“ Im Oktober 1944 machte er dieses Versprechen war. Das Überfallkommando der 6. Armee und vier Divisionen unterstanden seinem Befehl. Roosevelt stimmte MacArthurs Ernennung zum Befehlshaber bereitwillig zu. Damit konnte er einen mächtigen Rivalen vom Wahlkampf abhalten, der Ende 1944 begann. MacArthur wählte für die erste Landung Leyte, da der weite Golf der Insel dem 3. Geschwader unter Admiral Halsey die Möglichkeit bot, den Überfallkommandos Deckung zu geben, die aus 700 Kampfverbänden und Transporteinheiten mit 200 000 Soldaten bestanden. Die Operation begann am 20. Oktober bei Tagesanbruch. Japan hatte seine Seestreitkräfte unter Admiral Kurita formiert. Sie sollten die amerikanischen Angreifer vernichten und der Welt beweisen, dass Japan noch lange nicht geschlagen war. Zwei amerikanische U-Boote, die *Dace* und die *Darter,* identifizierten jedoch das Geschwader, das mit voller Kraft Kurs auf den Golf von Leyte nahm. Die U-Boote griffen mit Torpedos an und versenkten das Flaggschiff. Kurita war gezwungen, sich auf dem Schlachtschiff *Yamato* in Sicherheit zu bringen, das als unsinkbar galt.

Inzwischen rückten die US-Marines, die auf Leyte Boden gutgemacht hatten, in den Dschungel vor und metzelten die Japaner nieder. Auf See wurden rund um die Inseln mehrere Schlachten geschlagen. Obwohl beide Seiten völlig unkoordiniert vorgingen, endeten die Kämpfe in einem Desaster für die japanischen Einheiten. Drei Schlachtschiffe, vier Flugzeugträger und neun Kreuzer wurden versenkt. Die japanische Kriegsmarine sollte sich von dieser Niederlage nicht mehr erholen.

Nun begannen die Kamikazeunternehmungen. Im Kampf um die Philippinen steuerte Admiral Amura sein mit Bomben beladenes Flugzeug in den amerikanischen Flugzeugträger *Franklin* und zerstörte ihn. Admiral Onishi, Kommandant des 1. Luftgeschwa-

ders, suchte daraufhin Freiwillige, die bereit waren, den Kamikazeflug Amuras nachzuahmen. Tausende folgten seiner Aufforderung. Im Oktober 1944 erfüllten die ersten Kamikaze ihre Mission. Vier Jagdflugzeuge, ausgestattet mit Sprengstoff, schossen in drei feindliche Flugzeugträger. 1945 sollten im Kampf um Okinawa 1 800 Kamikaze abheben, sich auf das feindliche Ziel stürzen und dabei ihr Leben lassen. Insgesamt kamen 2 159 Mann auf diese Weise ums Leben. Am 14. August 1945 beging Admiral Onishi Harakiri, nachdem er von der Kapitulation Japans erfahren hatte.

Am 9. Januar 1945 gipfelte die Schlacht auf den Philippinen im Angriff auf Luzon. Admiral Iwabuchi war bereit, die Hauptstadt Manila bis zum Tod zu verteidigen. Er schreckte nicht davor zurück, die Stadt zu opfern. 100 000 Filipinos wurden in den Trümmern begraben. Seiner Grausamkeit vielen auch die Patienten eines Krankenhauses zum Opfer. Iwabuchi ließ sie ans Bett fesseln und bei lebendigem Leib verbrennen. Als sich die Niederlage der Japaner abzeichnete, nahmen sie 5 000 Zivilisten als Geiseln, in der Hoffnung, damit den Vormarsch der Amerikaner aufzuhalten. Als MacArthur am 27. Februar 1945 in Manila einmarschierte, bot sich ihm ein Bild des Grauens: Die Japaner hatten alle Filipinos gemeuchelt und anschließend Selbstmord verübt.

251

Oben: *Im Oktober 1944 landet General MacArthur auf Leyte (Philippinen).*
Unten: *Schwimmkampfwagen der 1. Marinedivision machen auf der Insel Peleliu (Belau) Boden gut (20. September1944).*

252
Saipan, Juni 1944: US-Marines sind auf der Insel in ein schweres Gefecht verwickelt. Die Kämpfe dauerten 25 Tage. 15 000 amerikanische Soldaten fielen oder wurden verwundet.

Der Zweite Weltkrieg

253
Aufnahmen der Schlacht um Saipan.
Oben: *Ein Soldat versucht, eine japanische Familie zu beruhigen, die während der Kämpfe Schutz in einer Höhle suchte.*
Mitte: *Die Strände von Saipan sind übersät mit den Leichen japanischer Soldaten.*
Unten: *Ein amerikanischer Soldat trägt ein schwer verletztes japanisches Kind (Juni 1944).*

254–255
Oben links: *Ein amerikanischer Landungstrupp nähert sich der Insel Leyte (Philippinen), die am 20. Oktober 1944 unter schweres Bombardement geriet.*
Unten links: *Eine dicke Rauchsäule steigt von einem japanischen Bunker auf, der als Magazin für Torpedos diente. Er wurde im Zuge der Invasion auf Kwajalein von den US-Marines auf Namur zerstört (Februar 1944).*
Rechts: *Amerikanische Soldaten errichten an den Stränden von Leyte Rampen aus Sandsäcken, damit die Panzer die Kriegsschiffe verlassen können. Die Amerikaner bereiten sich auf die endgültige Eroberung der Philippinen vor (11. November 1944).*

202

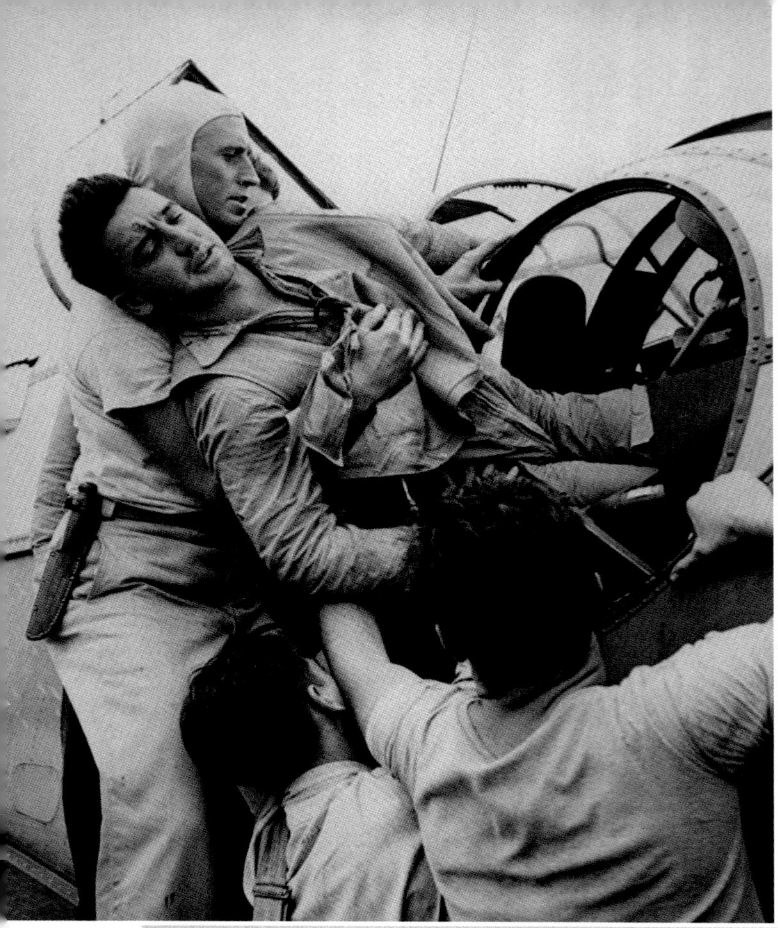

256–257
Oben links: *Soldaten befreien den MG-Schützen eines TBF-1 Avenger-Jägers auf dem Flugzeugträger* Saratoga *aus dem Cockpit.*
Unten links: *Zwei Flugzeugträger und drei Schlachtschiffe kreuzen in philippinischen Gewässern.*
Rechts: *Ein F6F Hellcat-Jäger hebt von Bord der* Yorktown II *ab.*

1943
1945

258–259
Oben links: *Nach einem Kamikazeangriff geht der amerikanische Flugzeugträger* Bunker Hill *in Flammen auf (Okinawa, Mai 1945).*
Mitte links: *Amerikanische Matrosen beobachten die Evakuierung des Flugzeugträgers* Santa Fe, *der von einem Kamikaze getroffen wurde (März 1945).*
Unten links: *Die Auswirkungen des Kamikazeflugs auf die* Bunker Hill. *372 Mann kamen bei dieser Attacke ums Leben, 264 wurden verletzt.*
Rechts: *Dieses außergewöhnliche Foto hält die letzten Sekunden eines Kamikaze fest, der seinen A6M Zero-Jäger in das Schlachtschiff* Missouri *lenkt (Mai 1945). Sein Opfer war vergebens: Am 2. September 1945 unterzeichneten die Vertreter der Regierung in der Tokio-Bucht auf diesem Schiff die Kapitulation Japans.*

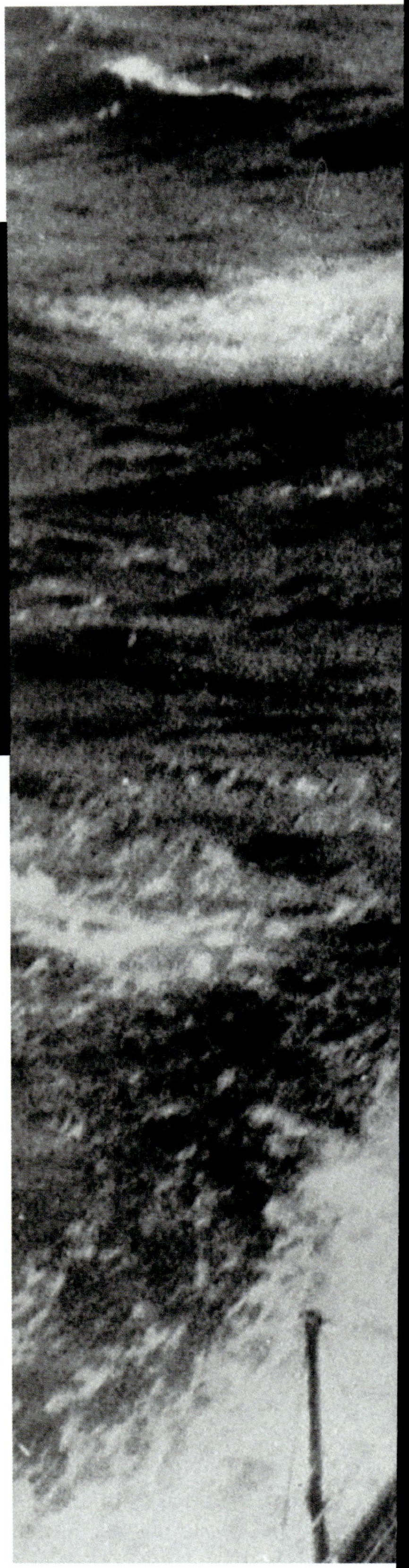

1943

1945

19

Die Schlacht um die Vulkaninseln und um Okinawa

1945

1945 trennten nur 600 Seemeilen die Angriffsspitze der amerikanischen Armee von der japanischen Küste. Die Eroberung der Vulkaninseln und Okinawas durch die Amerikaner sollte die Endphase des Pazifikkriegs markieren.

Am 19. Februar 1945 griffen die Amerikaner die Vulkaninseln an, nachdem das Gebiet bereits seit zwei Monaten aus der Luft und vom Meer aus bombardiert worden war. 30 000 US-Marines landeten auf den nur 22 km² großen Inseln, die nach dem Bombardement nur noch aus Kratern und verkohlten Baumstümpfen bestanden. 21 000 Japaner waren auf den Inseln stationiert. Sie waren bereit, bis zum Tod zu kämpfen und jeden Zentimeter Boden zu verteidigen. Alle 21 000 Mann starben, während die Amerikaner nach vier Wochen Kampf 6 800 Tote und 10 000 Verwundete zu verzeichnen hatten. Dieses Leichenfeld wurde sofort „gesäubert“, indem man die Toten in tiefen Gräben verscharrte. Die Vulkaninseln waren damit zu einem wertvollen Stützpunkt geworden, von dem aus die Amerikaner Luftangriffe auf das nahe gelegene Japan unternahmen.

Am 1. April 1945 begann der Angriff auf Okinawa. 1 300 Schiffe, unterstützt von der Luftwaffe, brachten 183 000 Mann der amerikanischen 10. Armee auf die Inseln. Sie hatten Befehl, die 100 000 Man der japanischen Garnison in das Meer zu treiben oder an Land zu töten. Am 21. Juni 1945 waren die verlustreichen Kämpfe entschieden. Die siegreichen Amerikaner hatten 12 600 Mann verloren und 6 000 Verwundete zu verzeichnen. 130 000 Japaner waren gefallen, darunter 42 000 Zivilisten. Damit war beinahe die gesamte Garnison ausgelöscht worden, die wenigen Überlebenden kapitulierten. General Ushijima, der Kommandant der Insel, und sein Generalstabschef Cho hatten sich für die Kapitulation entschieden, um das Leben der wenigen verbliebenen Soldaten zu retten. Unmittelbar nach der Unterzeichnung der Kapitulation baten sie um einen Dolch, zogen sich in ein Zelt zurück und begingen Harakiri.

Nachdem General MacArthur auf Okinawa die Aufopferungsbereitschaft der Japaner und den Selbstmord von 12 000 Mann miterlebt hatte, waren auch seine letzten Zweifel bezüglich des Einsatzes der Atombombe beseitigt. Er stimmte den amerikanischen Wissenschaftlern zu, die nicht nur einen Atombombenversuch verlangten, sondern auch den Einsatz der Atombombe im Krisengebiet. Ein weiterer Faktor, der MacArthurs Einstellung entscheidend beeinflusste, war die Tatsache, dass Japan noch immer 4 Millionen Soldaten zur Verfügung standen, die der amerikanischen Armee schwere Verluste beibringen konnten.

Der Zweite Weltkrieg

260–261
Dieses legendäre Foto symbolisiert den Sieg der Amerikaner im Pazifik. US-Marines hissen die Flagge der Vereinigten Staaten auf dem Gipfel des Suribachi (Vulkaninseln, März 1945).

262
Gemäß dem Buschido, dem Ehrenkodex der japanischen Soldaten, verteidigten die Japaner die Vulkaninseln bis zum Tod. Eine Kapitulation stand außer Frage. Die Amerikaner setzten Flammenwerfer ein, um ihre Gegner aus den Stellungen zu locken. Von den 21 000 Japanern, die auf den Vulkaninseln stationiert waren, überlebte keiner. Auf amerikanischer Seite waren 6 800 Tote und 10 000 Verwundete zu beklagen.

Oben rechts: *Kurz nach der Landung an der Küste der Vulkaninseln „begrüßt" ein schreckliches Sperrfeuer die US-Marines unter dem Kommando von General „Howlin' Mad" Smith.*
Unten rechts: *Amerikanische Soldaten befestigen ihre Stellungen an der Küste, während die Verwundeten evakuiert werden. Die erste Frontlinie hat einige hundert Meter Boden gutgemacht.*

264–265

Die erbitterten Kämpfe um Okinawa begannen am 1. April 1945 und endeten am 21. Juni.
Oben links: *Ein amerikanischer Soldat zerstört eine japanische Stellung mit einem Flammenwerfer.*
Mitte links: *Amerikanische Pioniere beobachten die Explosion einer Sprengstoffladung in einem feindlichen Bunker.*
Unten links: *Panzerkampfwagen beschießen ein japanisches Bollwerk mit Flammenwerfern.*
Rechts: *Ein amerikanischer Soldat stützt seinen schwer verletzten Kameraden. Die Amerikaner verloren in der Schlacht um Okinawa 12 600 Mann, 6 000 wurden Verwundet. Die Verluste der Japaner waren ungleich höher: 88 000 Soldaten und 42 000 Zivilisten fielen.*

1945

266–267
Links: *Mit einem Sperrfeuer antwortet die amerikanische Flotte vor Okinawa auf die Luftangriffe der Japaner.*
Oben rechts: *Die amerikanische Artillerie eröffnet das Feuer auf die feindlichen Linien im südlichen Teil Okinawas.*
Mitte rechts: *Eine F4U Corsair gibt einen Reihenwurf auf strategisch wichtige Stellungen des Feindes ab.*
Unten rechts: *Schiffe der amerikanischen Kriegsmarine verwandeln das Hinterland Okinawas in ein flammendes Inferno.*

Der Zweite Weltkrieg

Hiroshima und Nagasaki
1945

Ab 1943 begann das Oberkommando der Amerikaner, großflächig Bomben über den Städten Japans abzuwerfen. Dies sollte die furchtbarste Luftoffensive in der Geschichte werden, nicht nur weil die Amerikaner Hiroshima und Nagasaki mit Atombomben verwüsteten, sondern auch, weil die B 29 Superfortresses Tokio und Osaka, Yokohama und Kobe in Schutt und Asche legten. Am 24. November 1944 wurde der erste massive Luftangriff auf Tokio entfesselt. Am 10. März 1945 wurde der erste Bombenteppich aus geringer Höhe mit Brandbomben gelegt. 100 000 Menschen kamen dabei ums Leben. Es folgten mehrere Angriffe auf die Industriestädte des Landes. Millionen von Japanern verließen die Städte, um dem Feuersturm zu entfliehen und auf dem Land Zuflucht zu suchen. Ebenso wie die Briten, die 1940 den massiven Luftangriffen Deutschlands ausgeliefert waren, gab die japanische Bevölkerung nicht auf. Am 25. März 1945 formierte Japan eine Freiwilligenarmee, die aus Männern und Frauen im Alter zwischen 13 und 60 Jahren bestand. Sollte es zu einer Invasion kommen, sollten sie sich dem Feind mit allen zur Verfügung stehenden Waffen entgegenwerfen.

Präsident Truman, der nach Roosevelts Tod (12. April 1945) Staatsoberhaupt der Vereinigten Staaten geworden war, entschied sich für den Einsatz von Atombomben. Er gab die Erlaubnis für den ersten Atombombenversuch, der am 16. Juli in der Wüste nahe Alamogordo (New Mexico) durchgeführt wurde. Im Umkreis von 1,6 km zerstörte die Explosion jedes Leben. Zwei Männer, die entscheidend an der Entwicklung der Atombombe beteiligt waren, gehörten zu jenen, die einen Überraschungsangriff mit der neuen Waffe befürworteten: der italienische Physiker Enrico Fermi und der amerikanische Atomphysiker Julius Robert Oppenheimer. Eine B 29, die *Enola Gay*, die nach der Mutter des Piloten Oberst Tibbets benannt war, sollte die erste Atombombe über Hiroshima abwerfen.

Am 6. August lud Tibbets seine tödliche Fracht über Hiroshima ab. 70 000 Menschen verbrannten binnen Sekunden, weitere 180 000 wurden schwer verletzt. Sie sollten an den Spätfolgen sterben. Die Explosion trieb die Temperatur auf 6 000 °C. Von den 76 000 Häusern Hiroshimas wurden 70 000 dem Erdboden gleichgemacht.

Im Westen hielt sich die Presse in ihren Berichten an die Mitteilungen, die die Regierung der Vereinigten Staaten machte. Erst nach über einer Woche durchbrach das Magazin „New Yorker" die Mauer des Schweigens und berichtete über die tatsächliche Zahl der Todesopfer, die die furchtbare neue Waffe gefordert hatte. In einer Sonderausgabe wurde John Herseys Artikel veröffentlicht, der sich auf die Aussagen von Überlebenden stützte. Er sprach von Eltern, die mit ihren Kindern auf dem Arm starben, während sie sangen: „Tenno-heika, banzai, banzai!" („Wir haben unser Leben für den Kaiser gegeben!")

Die zweite Atombombe wurde am 9. August 1945 über Nagasaki abgeworfen. 40 000 Menschenleben wurden binnen Sekunden ausgelöscht, 60 000 Menschen wurden verletzt. In den darauf folgenden Jahren starben zehntausende an den Folgeschäden.

Am 8. August hatte Stalin Japan den Krieg erklärt, nachdem man ihn über das Ausmaß der Verwüstungen in Hiroshima unterrichtet hatte und er überzeugt war, dass Japan in die Knie gezwungen sei. Die sowjetischen Truppen rückten am darauf folgenden Tag in die Mandschurei ein.

Nach den Massakern von Hiroshima und Nagasaki teilte die japanische Regierung den Vereinigten Staaten am 10. August mit, dass Japan bereit sei, zu kapitulieren, falls die Vorrechte des Kaisers Hirohito gewahrt würden. Am 11. August akzeptierten die USA und am 16. August befahl Kaiser Hirohito allen japanischen Streitkräften, den Kampf einzustellen. Ungeachtet dessen ging der Vorstoß der Roten Armee weiter. Sie besetzte am 22. August Port Arthur und Dairen. Weitere sowjetische Einheiten landeten auf den Kurilen und marschierten in Nordkorea ein.

Am 2. September 1945 wurde die Kapitulation Japans auf dem amerikanischen Schlachtschiff *Missouri* in der Tokio-Bucht in Anwesenheit General MacArthurs unterzeichnet. Am 9. September kapitulierte in Nanking die japanische Armee in China.

1945

269
9. August 1945: Über der japanischen Stadt Nagasaki erhebt sich ein gigantischer Atompilz. 40 000 Menschenleben wurden innerhalb eines Moments ausgelöscht. Das Kalkül der Amerikaner sah vor, mit dem Einsatz der Atombombe den unbeugsamen Willen und den erbitterten Widerstand des japanischen Volkes zu brechen.

270–271
Links: *Ein Überlebender steht ungläubig vor den Ruinen des Landwirtschaftsministeriums von Hiroshima. Innerhalb von Sekunden tötete die Atombombe, die am 6. August 1945 über Hiroshima abgeworfen wurde, 70 000 Menschen. In den Jahrzehnten nach dem Abwurf starben tausende von Menschen an den Spätfolgen.*
Rechts: *Diese Fotos wurden in Nagasaki aufgenommen, wenige Tage nach dem Abwurf der Atombombe.*

Rekapitulation des Zweiten Weltkriegs

1945–1948

Schätzungen gehen davon aus, das der Zweite Weltkrieg bis zu 55 Millionen Tote forderte. Die Hälfte der Opfer waren Zivilisten, Kriegsgefangene und Gefangene in den Konzentrationslagern. Die größten Verluste hatte mit etwa 20 Millionen Toten die Sowjetunion zu verzeichnen. Ihr folgten China und die jüdische Bevölkerung mit jeweils 6 Millionen Gefallenen. In Deutschland fielen 5,25 Millionen Menschen dem Krieg zum Opfer, in Polen 4,5 Millionen, in Japan 1,8 Millionen und in Jugoslawien 1,7 Millionen. Die Zahl der Kriegstoten belief sich in Frankreich auf 810 000, in Ungarn auf 420 000, in Großbritannien auf 386 000, in Rumänien auf 378 000 und in Italien auf 330 000. Die Vereinigten Staaten hatten 259 000 Tote zu beklagen und Finnland 84 000. Die Zahl der übrigen Toten verteilt sich auf jene Länder, die an Nebenschauplätzen des Kriegs für oder gegen die Mittelmächte im Einsatz waren. Hinzu kommen die lebenden Toten: Jene, die im Krieg schwer verwundet und verstümmelt wurden. Auf der Potsdamer Konferenz (17. Juli bis 2. August 1945) schlossen Großbritannien, die Sowjetunion und die Vereinigten Staaten das Potsdamer Abkommen. Diese Übereinkunft regelte die Behandlung des besiegten Deutschlands und sollte die Ausrottung des deutschen Militarismus und Nazismus sicherstellen. Am 7. August stimmte Frankreich dem Abkommen unter Vorbehalten zu. Zwischen dem 26. Juni und dem 8. August trat die Londoner Konferenz zusammen, an der Großbritannien, Frankreich, die Sowjetunion und die Vereinigten Staaten teilnahmen. Im Londoner Abkommen beschlossen diese Staaten das Statut des Internationalen Militärtribunals in Nürnberg zur Aburteilung der Kriegsverbrecher, die den Achsenmächten angehört hatten.

Im Nürnberger „Prozess gegen die Hauptkriegsverbrecher" ergingen die Urteile am 30. September und am 1. Oktober 1946. Vor Gericht standen 23 führende Vertreter der NSDAP, Politiker und Militärs des Dritten Reichs. Es wurden 12 Todesurteile verhängt, von denen zehn vollstreckt wurden. Hingerichtet wurden: Joachim von Ribbentrop (Reichsaußenminister), Alfred Rosenberg (NSDAP), Arthur Seyß-Inquart (Reichskommissar für die besetzten niederländischen Gebiete), Wilhelm Frick (Reichsprotektor von Böhmen und Mähren), Hans Frank (Generalgouverneur von Polen), Ernst Kaltenbrunner (Reichssicherheit), Fritz Sauckel (Generalbevollmächtigter für den Arbeitseinsatz), Julius Streicher (Gauleiter der NSDAP in Franken), Wilhelm Keitel (Chef des Oberkommandos der Wehrmacht) und Alfred Jodl (Chef des Wehrmachtsführungsamts). Martin Bormann wurde in Abwesenheit zum Tode verurteilt und Hermann Göring beging Selbstmord. Vier Angeklagte wurden frei gesprochen, die übrigen wurden zu lebenslangen Freiheitsstrafen verurteilt, mit Ausnahme von Robert Ley, der vor der Urteilsverkündung Selbstmord beging.

In Tokio wurde das Internationale Militärtribunal für den Fernen Osten errichtet. Hauptangeklagter war Hideki Tojo, Ministerpräsident (1941 bis 1944) und Generalstabschef (bis 1945). Er versuchte, sich zu erschießen, erhielt jedoch Bluttransfusionen und überlebte. Man nahm ihn in Gewahrsam und verurteilte ihn zum Tode. Am 23. Dezember 1948 wurde Tojo hingerichtet. Andere Politiker, darunter Fürst Funimaro Konoe (Ministerpräsident von 1937 bis 1939 und von 1940 bis 1941), verübten Selbstmord. Neben Tojo wurden die Generäle Koiso, Matsui, Sato, Doihara, Araki und Muto hingerichtet sowie die Admiräle Nagano und Shimada. Außerdem verurteilten die Amerikaner den bekannten Rundfunkjournalisten Iva Toguri zu 10 Jahren Gefängnis. Einige Politiker, darunter der ehemalige Außenminister Mamoru Shigemitsu, saßen verkürzte Haftstrafen ab oder entgingen der Urteilsvollstreckung und kehrten in die Politik zurück.

Viele Personen, die mit den Achsenmächten kollaboriert hatten, sprachen die Alliierten vom Hochverrat an ihrem Land frei. Schutzklauseln in den Verträgen bewahrten viele Italiener, einige Deutsche und wenige Japaner, die mit den Alliierten kollaboriert hatten, vor der Verurteilung. Kein Erbarmen zeigten die Alliierten jedoch mit den Franzosen, Amerikanern und Briten, die auf Seiten der Achsenmächte gekämpft hatten. In Frankreich wurden hunderte von Kollaborateuren exekutiert, darunter der ehemalige Ministerpräsident Pierre Laval und der Schriftsteller Robert Brasillach. Der Schriftsteller Pierre Drieu La Rochelle beging Selbstmord. Der ehemalige Premierminister Philippe Pétain wurde im August 1945 vom Obersten Gerichtshof zunächst zum Tode verurteilt, später jedoch zu lebenslänglicher Haft begnadigt. Er starb 1951 im Exil auf der Insel Yeu. Der amerikanische Schriftsteller Ezra Pound wurde wegen antiamerikanischer Propaganda verhaftet und in eine Nervenheilanstalt in Washington eingewiesen. Nach zehn Jahren kehrte er nach Italien zurück, wo er bereits von 1924 bis 1945 gelebt hatte. Die Briten ließen sogar Major Boon hinrichten, der mit den Japanern kollaboriert hatte, um die Qualen seiner Männer zu lindern. Ein ungerechtes Schicksal ereilte auch die „Russische Befreiungsarmee" unter General Wlassow sowie die nationalserbischen und monarchistischen Partisanen (Tschetniks) unter General Mihailovic. Die Alliierten nahmen die Mitglieder dieser Militärgruppen in Österreich und Italien gefangen und lieferten sie an Stalin beziehungsweise an Tito aus. Sie wurden in ihrer Heimat hingerichtet.

Rekapitulation des Zweiten Weltkriegs

273
Oben: *Am 5. Mai 1945 unterzeichnet der deutsche General Kinzel die bedingungslose Teilkapitulation Deutschlands unter den Augen von Generalfeldmarschall Montgomery.*
Mitte: *Der Zweite Weltkrieg ist vorbei. Nun ist die Zeit der Abrechnung gekommen. Dieses Foto wurde in Nürnberg aufgenommen und zeigt Generalfeldmarschall Wilhelm Keitel sowie Rudolf Hess, den Hitler als seinen zweiten Nachfolger vorgesehen hatte.*
Unten: *In Anwesenheit von General Douglas MacArthur unterzeichnet General Yoshijiro Umezu an Bord der Missouri, die in der Tokio-Bucht vor Anker liegt, die Kapitulation Japans (2. September 1945). Am 9. September nahm Admiral Mountbatten die Kapitulation der Japaner in China an.*

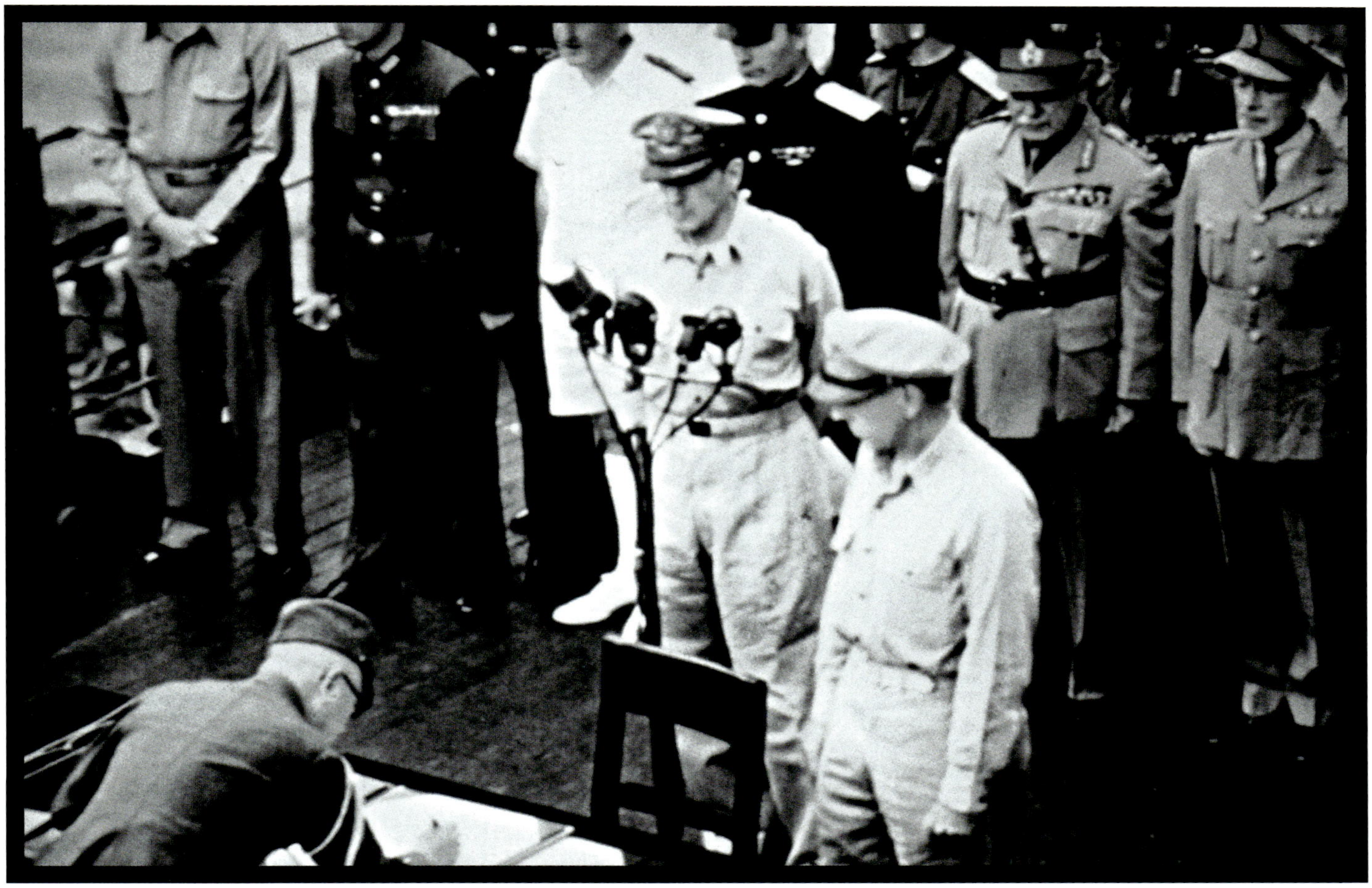

Der

Indochinakrieg

Französische Aktivität in Südostasien: Eine lange Historie.

Im 18. Jahrhundert etablierten sich französische Missionare erfolgreich in Cochinchina. Ludwig XVI. (guillotiniert 1793) unterstützte die Missionare und die Handelsbestrebungen und Frankreich erhielt beträchtliche Landkonzessionen von den Herrschern der Region. Unter Napoleon III. (1808–1873), entsandte Frankreich seine Armee nach Cochinchina und verleibte sich mehrere Gebiete ein. Selbst nach der Niederlage Napoleons III. im Deutsch-Französischen Krieg von 1870/1871 und der Etablierung der Dritten Republik dauerten die imperialistischen Expansionsbestrebungen an und erreichten ihren Höhepunkt (nicht nur in Frankreich) gegen Ende des 19. Jahrhunderts.

1887 errichtete Frankreich eine Union zwischen Cochinchina, Kambodscha, Annam und Tongking: Französisch-Indochina. 1893 kam Laos hinzu. In dem gesamten Gebiet lebten über 23 Millionen Menschen. Reis wurde extensiv angebaut und es standen ausreichend Kautschuk, Holz und Kohle zur Verfügung. Frankreich, das seit dem 18. Jahrhundert eine aufgeklärte Politik der „Emanzipierung der Massen" betrieb, entlohnte die Bauern, Bergarbeiter und Holzfäller, indem man deren Kindern erlaubte, die Schulen zu besuchen, die man überall im Land eingerichtet hatte. Wer sich besonders verdient machte, durfte die Universität von Hanoi besuchen oder sogar die Sorbonne in Paris. Die Kosten übernahm die französische Regierung.

Ab 1930 musste Frankreich jedoch erleben, dass die besten Schüler Französisch-Indochinas zu unbarmherzigen Feinden werden sollten. Nguyen Ai Quoc, der als Ho Chi Minh in die Geschichte eingehen sollte, entwickelte sich zu einem nationalistischen Kommandeur. Als Politiker unterminierte er zunächst Frankreich und später die Vereinigten Staaten. Seinen Namen sollten tausende linksgerichtete Studenten bei Demonstrationen in ganz Europa rufen. Diese Demonstrationen begannen 1968 in Paris und sollten bis weit in die 70er-Jahre andauern.

1930 hatte Ho Chi Minh sein Studium abgeschlossen. Er war ein viel versprechender junger Anwalt, verspürte jedoch nicht die geringste Neigung, die französischen Interessen zu vertreten. Im Gegenteil: Er gründete in Hongkong die Kommunistische Partei Indochinas, die von Moskau finanziert wurde. Wie ihre Counterparts in anderen Ländern, so verfolgte auch die KP Indochinas nur ein Ziel: das Land zum Kommunismus zu bekehren.

Das sozialistisch geprägte Frankreich der 30er-Jahre erlebte den Aufstieg der Volksfront. Innenpolitisch unterstützte die Volksfront die Kommunistische Partei Spaniens großzügig. In ihrer Kolonialpolitik spielte sie mit dem Gedanken, den Kolonien ihre Unabhängigkeit zu gewähren. Deshalb setzte Frankreich den Marionettenkaiser Bao Dai in Hanoi auf den Thron und rief eine Reformkommission unter dem Vorsitz von Ngo Dinh Diem, Liberaler und Katholik, ins Leben. Der Politiker war bei den Konservativen so unpopulär, dass er ins Exil in die Vereinigten Staaten gehen musste. 1954 kehrte er jedoch zurück und wurde Ministerpräsidenten von Südvietnam.

Im Zweiten Weltkrieg fiel Japan in Französisch-Indochina ein und verdrängte Frankreich zunächst aus Tongking (1940) und

274
Nam Dinh, südlich von Hanoi, Vietnam, 25. Mai 1954. Während auf der Genfer Indochinakonferenz über die Zukunft Indochinas verhandelt wird, beweint eine junge Mutter mit ihrem Kind auf einem Soldatenfriedhof den Tod ihres Mannes und ihres Vaters, die im Indochinakrieg gefallen sind.

1946
1954

Der Indochinakrieg

1946–1954

Anfang 1945 aus ganz Indochina. Nach dem Zusammenbruch Japans im August 1945 erhob General de Gaulle im Namen Frankreichs Anspruch auf Indochina und entsandte ein Expeditionskorps unter Marschall Leclerc. Mittlerweile machte sich immer stärker eine nationalistische panasiatische und antieuropäische Stimmung breit, die zum Teil schon während des Krieges durch die japanische Propaganda entfacht worden war. Alle Regionen Südostasiens gierten danach, die Ketten zu sprengen, die ihnen der europäische Kolonialismus im 19. Jahrhundert angelegt hatte.

Das Herz der Unabhängigkeitsbewegung Indochinas schlug im Norden. Ho Chi Minh beschloss daher, den kommunistischen Vietminh, jene politische Bewegung, die er 1941 gegründet hatte, in Hanoi (der alten Hauptstadt Indochinas) zu etablieren. Er verkündete die Absetzung Kaiser Bao Dais und bat die UdSSR um Schutz. Die Franzosen reagierten. Am 24. November 1946 bombardierten sie Haiphong, den Haupthafen der Tongking-Ebene im Norden Vietnams. 6 000 Menschen verloren dabei ihr Leben. Die Vietminh nahmen furchtbare Rache. Am 19. Dezember 1946 erließ Oberbefehlshaber Vo Nguyen Giap Order zum Angriff. Die französische Garnison wurde überrannt und die Vietminh massakrierten unzählige französische Zivilisten.

Die kommunistische Bewegung sollte jedoch noch andere Siege verbuchen: Mao Tse-tung brachte Tschiang Kai-schek im Bürgerkrieg die entscheidende Niederlage bei. Tschiang Kai-schek floh daraufhin nach Taiwan (1949). Stalin sagte Ho Chi Minh seine volle Unterstützung zu.

General de Gaulle, Ministerpräsident Frankreichs, unternahm einen letzten Versuch des Appeasements. Ein Treffen mit Ho Chi Minh in Paris brachte ein Agreement, in dem Frankreich offiziell die Regierung des Vietminh anerkannte. Die Vereinbarung sollte sich jedoch als wertlos erweisen. Die Regierung Bidault, die auf de Gaulle folgte, entschied eine Abstimmung im Parlament für sich, die es ihr ermöglichte, eine Militärexpedition zu organisieren, um die „Ordnung in Indochina wiederherzustellen". Die Fremdenlegion und die Wehrpflichtigen bereiteten sich auf ihren Einsatz vor. Insgesamt wurden 560 000 Mann in Indochina mobilisiert. Mao Tse-tung entsandte ebenfalls Männer und Waffen. Nach dem Ende des Bürgerkriegs in China (1949) unterstützte er Ho Chi Minh verstärkt.

Am 7. Mai 1954 war das Ende der französischen Herrschaft in Indochina besiegelt. Frankreich hatte die entscheidende Schlacht bei Dien Bien Phu verloren. Die Operation bei Dien Bien Phu begann am 20. November 1953, als französische Fallschirmjäger landeten, um einen Brückenkopf zu bilden, von dem aus der entscheidende Angriff starten sollte, der die kommunistischen Streitkräfte nach Norden zurückdrängen sollte. General Henry Navarre, der im Mai 1953 zum Oberbefehlshaber berufen worden war, arbeitete einen detaillierten Plan aus. Man legte zwei Landepisten für die C-47 an, richtete ein befestigtes Feldlager ein, errichtete Minensperren und stellte Stacheldrahtzäune auf. Im Januar 1954 waren 12 000 französische Soldaten in Dien Bien Phu stationiert, ausgestattet mit Panzern, Artillerie und Jagdbombern. Doch Vo Nguyen Giap hatte 50 000 Mann an den Hängen über dem Tal positioniert. Sie waren bis an die Zähne bewaffnet und standen über Tunnel und Gräben miteinander in Verbindung. Somit war man bestens über die genaue Zahl der Feinde und über deren Bewegungen informiert.

Am 13. März 1954 begann der Angriff auf die französischen Stellungen. Die beiden Landepisten wurden von schwerem Artilleriefeuer zerstört. Verzweifelt appellierten die Franzosen an die Amerikaner, die Stellungen der Vietminh zu bombardieren. Die Vereinigten Staaten intervenierten nicht. Gegen Ende April führten die Kommunisten den entscheidenden Schlag aus und am Nachmittag des 7. Mai wehte die Rote Flagge über den Bunkern des befestigten Feldlagers. Die Franzosen hatten 7 000 Mann verloren, die Vietminh 20 000. Insgesamt fielen 94 000 Franzosen im Indochinakrieg.

Vom 24. April bis 21. Juli 1954 wurde auf der Genfer Indochinakonferenz über die Zukunft Indochinas verhandelt. Beteiligt waren Frankreich, Großbritannien, die USA, die Volksrepublik China, die UdSSR, Kambodscha, Laos und Vietnam. Frankreich erklärte sich zum Rückzug aus Indochina bereit und es kam zur Teilung Vietnams (um den 17. Breitengrad). Indien, Kanada und Polen bildeten eine internationale Kontrollkommission zur Überwachung der Einhaltung des Abkommens.

277

Französische Fallschirmjäger landen bei Dien Bien Phu, um ihre Kameraden zu unterstützen, die von den kommunistischen Truppen unter General Vo Nguyen Giap attackiert werden. Der Angriff, der am 7. Mai mit dem entscheidenden Sieg der Vietminh endete, kostete 7 000 Franzosen das Leben.

278–279
Oben links: *Die Vietminh erwarten einen Angriff aus der Luft.*
Mitte links, unten links *und* rechts: *Ankunft der Luftlandetruppen im Gebiet von Lang Son im Juli 1953. Die Franzosen hatten hier ihre Truppen konzentriert, um wichtige Waffen- und Munitionslager der Vietminh zu zerstören.*

280–281
Oben links: *Französische Infanteristen überqueren den Mekong.*
Unten links: *Vietminh antworten auf einen Luftangriff der Franzosen mit einem Maschinengewehr.*
Rechts: *Französische Fallschirmjäger rücken in Laos vor (April 1953).*

282–283
Die Schlacht bei Dien Bien Phu, besiegelte die endgültige Niederlage der Franzosen. Dien Bien Phu galt als uneinnehmbar. Es verfügte über mehrere Landepisten, Stacheldrahtzäune und Minenfelder. Die französischen Verteidigungskräfte umfassten 12 000 Mann mit Panzern, schwerer Artillerie und Jagdflugzeugen. General Vo Nguyen schickte 50 000 Mann in die Schlacht. 7 000 Franzosen und 20 000 Soldaten des Vietminh überlebten die Schlacht nicht.
Unten rechts: *Die Flagge des Vietminh weht über einer eroberten französischen Stellung.*

Der Indochinakrieg

1946–1954

1946

1956

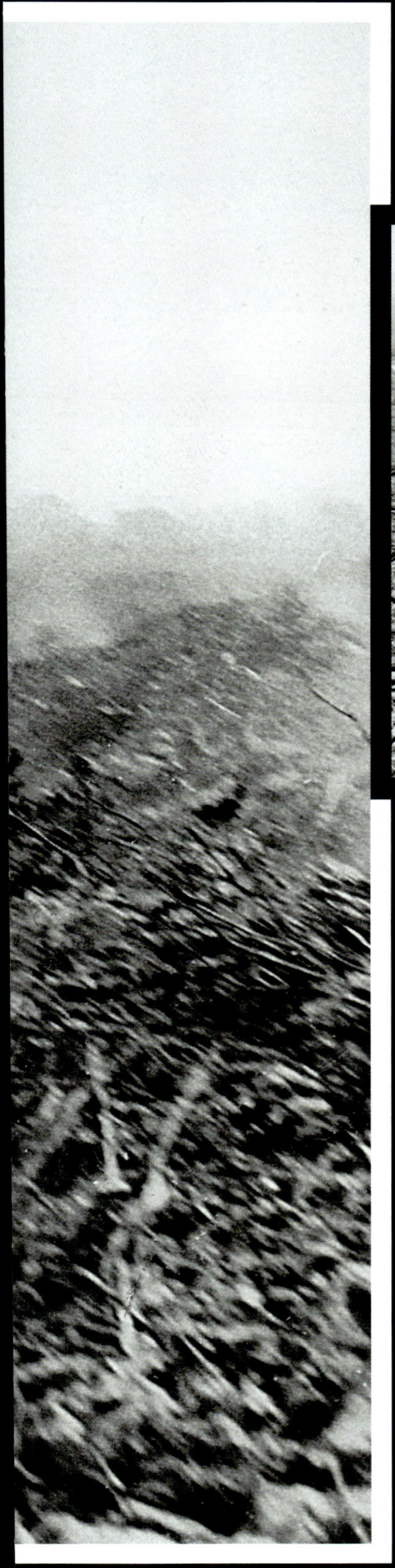

1946

1956

Die Arabisch-Israelischen Kriege

Zwei Faktoren bestimmen das Geschehen im Nahen Osten: Zum einen der jahrhundertealte Konflikt zwischen den Arabern und den Juden, zum anderen das Erdöl.

Wer auch immer die Erdölvorkommen im Nahen Osten kontrolliert, lenkt die Wirtschaft der westlichen Industrienationen, wie die Ölkrise 1973 belegte. Im Oktober 1973 beschränkten die Ölförderländer die Öllieferungen und erhöhten den Rohölpreis deutlich. Damit lösten sie eine der verheerendsten ökonomischen und industriellen Krisen des 20. Jahrhunderts aus. Die führenden Industrienationen erkannten, dass nicht ein einzelner Machtblock die Region des Nahen Ostens kontrollieren durfte. In der Vergangenheit gelang es den europäischen Staaten durch koloniale Präsenz die Region zu beeinflussen, heute versuchen sie, durch Israel ihre Machtposition zu sichern, was in erster Linie über militärische Unterstützung gelingt.

Man muss die Geschichte des jungen Staates Israel kennen, um den politischen Hintergrund in dieser Region verstehen zu können. Gegen Ende des 19. Jahrhunderts kam in Deutschland die Idee auf, die in der ganzen Welt verstreuten Juden in einem „Judenstaat" zu vereinen. In Frankreich und in Deutschland war der Antisemitismus stark ausgeprägt. Antisemitische Tendenzen wurden unter anderem von Kulturphilosophen wie Joseph Arthur Comte de Gobineau (1816–1882) und Houston Stewart Chamberlain (1855–1927) verbreitet.

1896 begründete der jüdische Schriftsteller Theodor Herzl den politischen Zionismus (benannt nach Zion, dem ältesten Teil Jerusalems), dem er 1897 auf dem 1. Zionistischen Weltkongress in Basel eine feste Form gab. Das Ziel der Bewegung war, Land in den palästinensischen Gebieten zu erwerben und darauf einen unabhängigen jüdischen Staat zu gründen.

Großbritannien, das lang und hart gegen das mit den Deutschen verbündete Osmanische Reich gekämpft hatte, unterstützte gegen Ende des Ersten Weltkriegs den Zionismus, da es darin eine Gegenbewegung zum arabischen Expansionismus sah. Am 2. November 1917 garantierte der britische Außenminister Arthur James Balfour in der Balfour-Erklärung die britische Unterstützung für die Gründung eines jüdischen Staates in Palästina.

In Palästina, dem Gelobten Land, lebten bereits lange vor der Zeit Mohammeds (um 570–632) arabische Fischer und Schafhirten. Kurz vor Ende des Ersten Weltkriegs besetzten britische Truppen den schmalen Streifen Land an der Ostküste des Mittelmeeres. Gemäß der Beschlüsse von San Remo (1920), die die Alliierten gefasst hatten, übertrug der Völkerbund 1922 Großbritannien das Mandat über Palästina.

Ab 1920 begannen die Briten mit der Umsetzung der Balfour-Erklärung, indem sie die Juden in der ganzen Welt ermutigten, sich in Palästina niederzulassen. Aufgrund der Einwanderungen verschärften sich die Spannungen zwischen Juden und Arabern zusehends. 1939 wurde auf einer Konferenz in London beschlossen, dass binnen zehn Jahren ein unabhängiger binationaler Staat errichtet werden sollte.

284–285
Links: *Ein Flüchtlingsschiff wird an der Küste vor Tel Aviv angegriffen.*
Rechts: *Eine junge osteuropäische Jüdin und ihr Sohn bei der Ankunft im Sammellager Sankt Lukas in der Nähe von Haifa. Man schreibt das Jahr 1948, das gekennzeichnet ist vom Exodus der Überlebenden des Holocaust nach Palästina.*

1948

1948

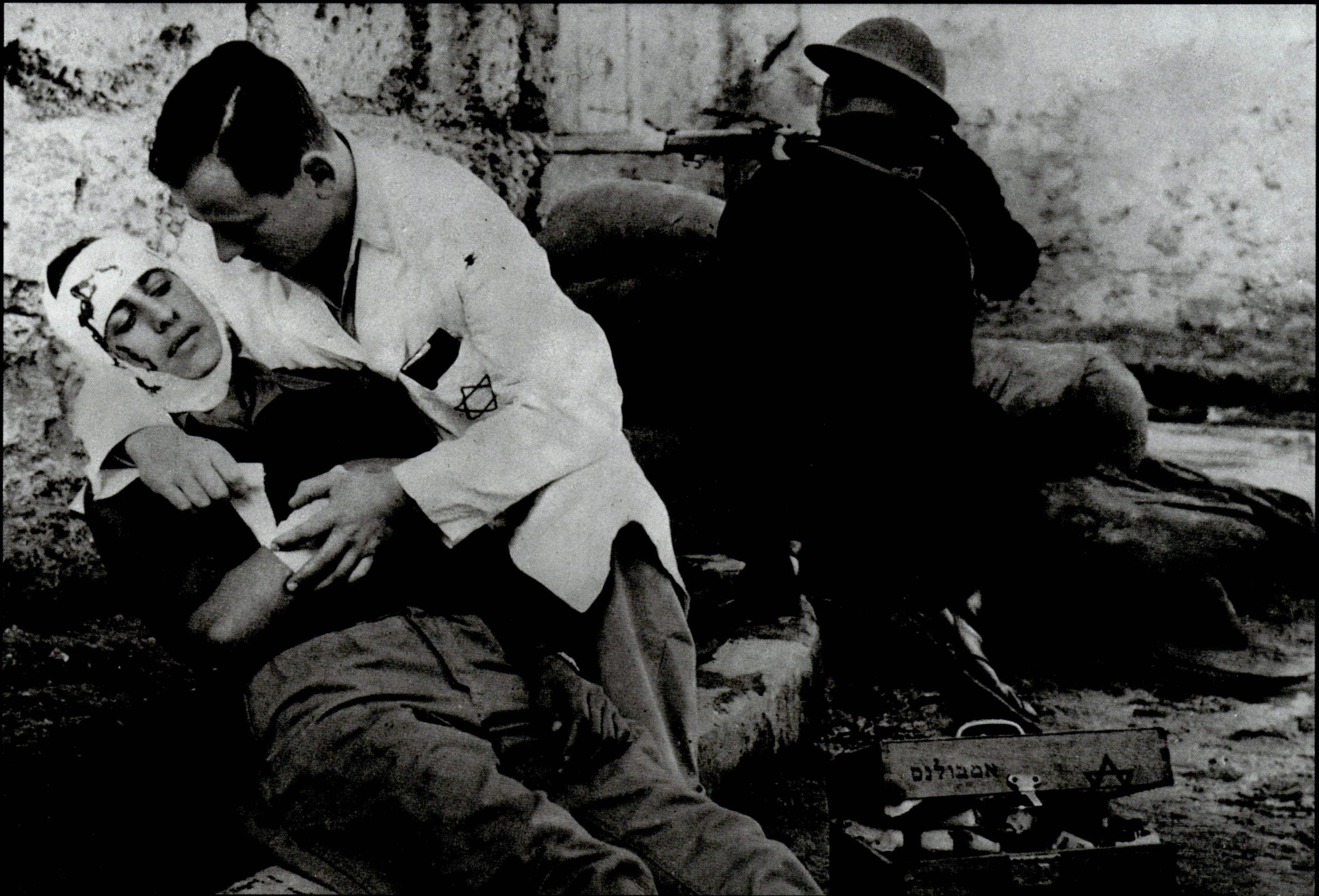

Der Palästinakrieg

1948

Gegen Ende des Zweiten Weltkriegs trafen unzählige Juden, die das Konzentrationslager überlebt hatten, in Palästina ein. Die Opfer des Holocaust, eines der größten Genozide in der Geschichte der Menschheit, setzten all ihre Hoffnungen auf ein Leben in einem Land ohne Verfolgung. Im Juli 1947 lief die *Exodus* im Hafen von Haifa ein. An Bord befanden sich 4 500 Überlebende des Holocaust. Doch die britischen Besatzer erlaubten den Juden nicht, in Palästina an Land zu gehen, und schickten sie zurück nach Europa. Diese so genannte Exodus-Affäre verdeutlichte, dass die Briten nicht mehr so prozionistisch wie vor dem Ersten Weltkrieg eingestellt waren. Sie hatten nun mit aufrührerischen palästinensischen Gruppen und Angriffen der Haganah („Selbstschutz"), der stärksten militärischen Organisation der Juden, zu kämpfen. Die Ansiedlung der Juden war zu einem ernsthaften Problem geworden, dem die Briten nicht gewachsen waren.

Gegen Ende 1947 waren über 400 000 Juden nach Palästina emigriert. Die Vereinten Nationen sahen sich erstmals gezwungen, in die Auseinandersetzungen zwischen den jüdischen und arabischen Siedlern einzugreifen. Am 29. November 1947 verabschiedete die UNO-Generalversammlung die Resolution 181, die die Teilung Palästinas in einen arabischen und einen jüdischen Staat bestimmte. Am 15. Mai 1948 gab Großbritannien sein Mandatsgebiet Palästina auf.

Die Resolution, nach der Jerusalem internationalisiert bleiben sollte, wies offensichtlich Mängel auf. Die Grenzführung zwischen den beiden Staaten verlief eher willkürlich. Das arabische Territorium war in vier einzelne Gebiete aufgeteilt worden und 500 000 Palästinenser fanden sich in jüdischen Siedlungsgebieten wieder. Der Krieg war vorprogrammiert.

Am gleichen Tag, an dem die Briten Palästina verließen, rief der Jüdische Nationalrat den unabhängigen Staat Israel aus. Chaim Weizmann wurde Staatspräsident und David Ben Gurion Ministerpräsident. Die arabischen Nachbarstaaten antworteten darauf ab dem 17. Mai mit Angriffen auf jüdische Siedlungen. Getreu dem alttestamentarischen Prinzip „Aug um Aug, Zahn um Zahn" war es bereits vor der Proklamation des Staates Israel zu Übergriffen gekommen, darunter das Massaker im Kibbuz Kfar Etzion und im palästinensischen Dorf Deir Jassin.

Schließlich erklärte die Arabische Liga, die Vereinigung aller unabhängigen arabischen Staaten, Israel den Krieg. Ägypten besetzte Gaza und Jordanien eroberte die Altstadt von Jerusalem. Doch der Tsahal, die israelische Armee, demonstrierte nicht nur seine kämpferische, sondern auch seine taktische Überlegenheit. Israel konnte weitgehend den Besitzstand, der im Teilungsplan der UNO vorgesehen war, behaupten. Am 3. Juni 1949 wurde ein von der UNO vermittelter Waffenstillstand unterzeichnet, der Israel bei der Festlegung neuer Grenzen begünstigte. Nun besetzte Israel mehr als zwei Drittel des einstigen Mandatsgebiets.

Der Gazastreifen, ein Küstenstreifen im südwestlichen Palästina kam unter ägyptische Verwaltung. Etwa 250 000 palästinensische Flüchtlinge fanden dort Unterschlupf. Ostpalästina wurde Jordanien als Westjordanien einverleibt und Jerusalem blieb geteilt. Etwa 750 000 palästinensische Araber, die aus Israel geflohenen waren oder vertriebenen wurden, suchten Zuflucht in Ägypten, Jordanien, Syrien und im Libanon. Sie waren auf die Gastfreundschaft der benachbarten Staaten angewiesen, die sie oft nur widerstrebend aufnahmen. Die Flüchtlinge konnten sich nicht in ihre Gastländern integriert, sondern versuchten ihre eigene Identität um jeden Preis aufrechtzuerhalten. Dies führte zu erheblichen politischen und sozialen Problemen.

Der Nahostkonflikt, der Kampf um die staatliche Gestaltung des ehemaligen britischen Mandatsgebiets Palästina, konnte bis heute nicht endgültig gelöst werden. Es kommt nach wie vor immer wieder zu schweren Ausschreitungen zwischen Israel und den benachbarten arabischen Staaten.

286

Oben links: *Eine Barrikade der Israelis blockiert die Straße nach Jerusalem.*
Oben rechts: *Arabische Soldaten im Einsatz im ersten arabisch-israelischen Krieg (Palästinakrieg 1948–1949).*

Unten: *Ein israelischer Arzt versorgt einen Soldaten in der Heiligen Stadt. Nach dem Sieg des Tsahal, der neu gegründeten israelischen Armee, wurde im Juni 1949 ein Waffenstillstandsabkommen unterzeichnet.*

Der Suezkrieg
1956

Das Waffenstillstandsabkommen von 1949 beendete den Palästinakrieg. Die Außenpolitik Israels wurde jedoch weiterhin vom Verhältnis zu den arabischen Nachbarstaaten bestimmt. Ägyptische Terrorgruppen operierten in Israel und schließlich kam es zur Blockade des Suezkanals und der Zufahrt zum Golf von Akaba. 1956 verstaatlichte der ägyptische Präsident Gamal Abd el-Nasser den Suezkanal und löste damit den Suezkrieg aus.

Die historischen Umstände erklären Nassers Vorgehensweise. 1882 verlor Ägypten seine Unabhängigkeit, als Großbritannien, das die Kontrolle über den 1869 eröffneten Suezkanal anstrebte, das Land besetzte. Im Ersten Weltkrieg wurde Ägypten britisches Protektorat. 1922 wurde es unter Fuad I. offiziell unabhängiges Königreich, jedoch mit britischer Besatzung. Im Zweiten Weltkrieg erwies sich Ägypten als hervorragende Ausgangsbasis für militärische Operationen: zur Verteidigung in der ersten Phase des Kriegs und später für die siegreiche Offensive der Briten gegen die Achsenmächte. 1952 wurde König Faruk I. gestürzt und ins Exil geschickt. Neuer Ministerpräsident wurde Ali Mohammed Nagib, den jedoch 1954 Gamal Abd el-Nasser verdrängte. Im gleichen Jahr kam es zum Suez-Abkommen zwischen Nagib und Nasser. Daraufhin räumten die Briten 1956 die Suezkanalzone. Im Zuge der Stärkung seiner Position unterstütze Nasser einerseits die algerische Rebellion gegen die französischen Besatzer, andererseits jedoch palästinensische Ausschreitungen gegen israelische Siedler. Er erzielte ein militärisches Abkommen zwischen Syrien und dem Irak und schuf ein Oberkommando für die Armeen aus drei Nationen. Der wichtigste Schritt war jedoch ein Abkommen mit der UdSSR, welches Nasser im September 1955 unterzeichnete. In diesem verpflichtete sich Moskau zur ökonomischen und militärischen Unterstützung Kairos im Kampf gegen Israel. Nassers Ziele waren offenkundig. Er wollte sein Land von der Kontrolle westlicher Mächte befreien und seine eigene Position auf der weltpolitischen Bühne stärken.

Mit Unterstützung der Sowjetunion verkündete er am 26. Juli 1956 die Verstaatlichung des Suezkanals und löste damit den Suezkrieg aus. Die Benutzerstaaten des Suezkanals verhandelten daraufhin auf drei Londoner Konferenzen über die Wahrung ihrer Interessen. Die SCUA („Suez Canal Users Association), der 15 Staaten angehörten, konnte sich mit Ägypten einigen. Die ägyptische Regierung zahlte den enteigneten Aktionären einen Ausgleich für die Anerkennung der Verstaatlichung: 23 Millionen ägyptische Pfund.

Nasser verschärfte die Situation, indem er den Golf von Akaba für die israelische Schifffahrt schloss und ihn zu einer ägyptischen Zone erklärte, deren Nutzung von Kairo genehmigt werden musste. Israel antwortete darauf mit der Mobilisierung seiner Truppen.

In dieser angespannten politischen Situation kam es in Ungarns Hauptstadt Budapest zu Studentenunruhen, die sich gegen die kommunistische Regierung richteten. Innerhalb weniger Tage kam es zu blutigen Ausschreitungen zwischen den ungarischen Aufständischen und sowjetischen Soldaten. 82 000 Tote, 200 000 ungarische Gefangenen, die in die UdSSR deportiert wurden, und die Zerstörung großer Teile von Budapest durch sowjetische Panzer T 34 waren die traurige Bilanz der Kämpfe.

Am 29. Oktober 1956 marschierte Israel in die Sinaihalbinsel ein und schlug die ägyptische Armee in die Flucht. Es wurden über 8 000 israelische Soldaten verwundet oder getötet und dennoch drangen israelische Panzer bis ans Rote Meer vor. Am 31. Oktober landeten 90 000 britische und französische Soldaten in Port Said. Großbritannien und Frankreich konnten davon ausgehen, dass die UdSSR durch die Aufstände in Ungarn davon abgehalten wurde, Ägypten zu Hilfe zu kommen. Entsprechend begannen sie mit der Bombardierung von ägyptischen Flughäfen und der Besetzung militärischer Einrichtungen durch Fallschirmtruppen. Ägypten war angeschlagen. Nasser musste nun schnell und entschlossen handeln. Er ließ einige Handelsschiffe versenken und machte dadurch den Suezkanal unpassierbar.

Der UNO-Sicherheitsrat trat zusammen. Doch er gelangte zu keiner Entscheidung, da Frankreich und Großbritannien von ihrem Vetorecht Gebrauch machten. Am 5. November besetzten anglofranzösische Truppen Suez. Nun meldete sich Präsident Eisenhower zu Wort, nachdem er bis dahin Stillschweigen angesichts des von den 400 000 sowjetischen Invasoren begangenen Massakers in Ungarn bewahrt hatte. Im Namen der Vereinigten Staaten forderte er die sofortige Einberufung der UNO-Generalversammlung, bei der die führenden Mächte über kein Vetorecht verfügten. Die Generalversammlung entschied sich für Sanktionen gegen die beiden Aggressoren Großbritannien und Frankreich und forderte die sofortige Einstellung der militärischen Aktionen. Am 6. November betrat die UdSSR die Szene, während sie gleichzeitig, die Unabhängigkeitsbewegungen in Ungarn auszumerzen versuchte. Moskau sandte der britischen und französischen Regierung unter Sir Robert Anthony Eden und Guy Mollet eine versteckte Drohung: Falls beide Nationen nicht sofort ihre Truppen aus Suez zurückziehen würden, liefen sie Gefahr, einen Atomkrieg zu provozieren. Großbritannien und Frankreich mussten sich beugen. Die UNO hatte bereits mit 64 zu fünf Stimmen

das britische und französische Vorgehen missbilligt. Daher kündigten die beiden Nationen unverzüglich ihren Rückzug aus der besetzten Suezkanalzone an und übergaben sie den UNO-Truppen.

Der Vorfall am Suezkanal sollte der letzte sein, bei dem es europäische Mächte auf eine militärische Machtprobe auf internationaler Ebene ankommen ließen. Der europäische Handlungsspielraum auf der weltpolitischen Bühne war von nun an eingeschränkt. Obwohl Nasser eine Niederlage gegen die Israelis hatte hinnehmen müssen, ging er als Sieger aus dem Suezkrieg hervor. Er rächte sich an Israel und seinen Verbündeten, indem er französische und britische Banken, Geschäfte und Firmen verstaatlichte und tausende von Europäern des Landes verwies.

289

Bilder vom Suezkrieg, den Israel am 29. Oktober 1956 mit der Besetzung der Sinaihalbinsel begann.
Oben: *Schwarzer Rauch steigt aus einem von den Israelis getroffenen ägyptischen Brennstofflager in Port Said auf.*
Unten links: *Israelische Sherman-Panzer rücken in Richtung jordanische Grenze vor.*
Unten rechts: *Französische und britische Truppen landen in der Nähe von Port Said, um die Suezkanalzone zu befreien.*

Der Sechstagekrieg
1967

1958 schlossen sich Syrien und Ägypten zusammen und gründeten die Vereinigte Arabische Republik (VAR). Israel, gefangen zwischen diesen beiden feindlichen Mächten, traf Gegenmaßnahmen. Es baute seine Streitkräfte aus und entwickelte eine eigene Atombombe. Die Palästinenser, die den Israelis immer noch feindlich gesinnt waren, gründeten die Widerstandsbewegung Fatah („Sieg"), die sich die Guerillataktiken der algerischen Befreiungsfront zur Nutze machte. Führer der Fatah wurde Jassir Arafat. Außerdem gründeten Georges Habasch und Wadi Haddad die Volksfront für die Befreiung Palästinas (PFLP). 1964 schlossen sich beide Bewegungen zu der von Nasser finanzierten Palästinensischen Befreiungsorganisation (PLO) zusammen.

Es folgten Jahre ständiger Auseinandersetzungen, Massaker und mysteriöser Todesfälle. Palästinensische Granaten verwüsteten israelische Grenzsiedlungen; palästinensische Flüchtlingslager im Libanon, in Syrien, in Jordanien und im Gazastreifen wurden zum Ziel israelischer Vergeltungsschläge. Im Mai 1967 erzwang Nasser den Abzug der Blauhelme und sperrte den Golf von Akaba erneut. Israel sah sich dadurch provoziert. Man reagierte sofort und rücksichtslos. Im Morgengrauen des 5. Juni zerstörte die israelische Luftwaffe in einer Serie von Luftangriffen ägyptische Flugzeuge auf feindlichen Flughäfen. Gleichzeitig griffen israelische Panzereinheiten unter dem Kommando von General Moshe Dayan Ägypten, Syrien und Jordanien an.

Die Offensive endete nach sechs Tagen (10. Juni) mit einem spektakulären Sieg Israels. Ägypten verlor die Sinaihalbinsel und den Gazastreifen, Syrien musste die Golanhöhen abtreten und Jordanien gab Westjordanien (einschließlich der Altstadt Jerusalems) auf. Der Sechstagekrieg kostete 10 000 Ägypter und 300 Israelis das Leben. Etwa 200 000 palästinensische Flüchtlinge verließen das Land. Die 1,5 Millionen verbleibenden Palästinenser in Israel begegneten den Juden mit größter Ablehnung.

Israel besiedelte die besetzten Gebiete. Landwirtschaftliche Niederlassungen verwandelten das öde und unfruchtbare Land in fruchtbare und blühende Ländereien, deren Ernteerträge in die ganze Welt exportiert wurden. Israelische Wissenschaftler und Techniker suchten ihresgleichen. Die Haltung gegenüber den Palästinensern im eigenen Land war bestimmt von einem starken Sicherheitsbestreben. Trotz des herausragenden militärischen Erfolgs im Sechstagekrieg musste Israel nun herbe Schläge von einem neuen Kontrahenten einstecken: Jassir Arafat.

Arafat wurde 1969 Vorsitzender der PLO und bildete eine voll funktionsfähige Exilregierung, die jedoch mehr Interesse an terroristischen Akten als an Diplomatie zeigte. In dieser Zeit konzentrierten sich die Aktivitäten der PLO auf die israelische Fluglinie El-Al. Sie kidnappten Flugzeuge und sprengten sie mit den Passagieren in die Luft. Der Hass der Palästinenser kostete nicht nur israelischen Passagieren das Leben, sondern vor allem Touristen aus Deutschland, Großbritannien, Italien und anderen Ländern. Das hinterhältigste Attentat unternahmen Arafats Fedajin („die, die sich opfern") 1972 während der Olympischen Spiele in München. Arafat bestreitet bis heute, etwas von diesem Anschlag gewusst zu haben, und es gibt keine Beweise für seine Mitschuld. Mithilfe der deutschen Roten-Armee-Fraktion, zu deren Mitgliedern auch prokommunistische jüdische Studenten gehörten, töteten acht Fedajin zwei israelische Athleten und kidnappten neun weitere. Der Befreiungsversuch endete mit dem Tod der israelischen Athleten. Fünf Terroristen kamen dabei ebenfalls ums Leben, die übrigen wurden gefangen genommen. Kurz darauf kidnappte eine palästinensische Terroristengruppe ein Flugzeug der deutschen Lufthansa und drohte, es zu sprengen, falls die in München gefangen genommenen Terroristen nicht freigelassen würden. Deutschland fügte sich. Der Mossad (israelischer Geheimdienst) machte die drei Terroristen nach ihrer Befreiung ausfindig und ließ sie ermorden.

Der Mossad, der sehr viele Ressourcen in die Bekämpfung des Terrorismus investierte, ging nicht weniger grausam und rücksichtslos vor als die PLO. Jedoch verliefen seine Aktionen zielgerichteter. Normalerweise galten die Angriffe der Männer des Mossad nur einzelnen Schlüsselfiguren, wohingegen die PLO ganze Gruppen von Menschen attackierte. Die PLO-freundlichen arabischen Nationen Jordanien, Syrien, Ägypten und Libyen zeigten auch Interesse an einer Schwächung der westlichen Mächte durch die PLO. Doch innerarabische Konflikte und extreme politische Spannungen eskalierten im September 1970 in Jordanien. König Hussein war die ständige Anschuldigung seiner arabischen Mitstreiter leid, er zeige zu viel Nachsicht gegenüber Israel. Deshalb befahl er seinen Truppen, in den palästinensischen Flüchtlingslagern aufzumarschieren, in denen sich der bewaffnete Widerstand gegen Israel organisierte. Tausende von Palästinenser starben im „Schwarzen September". Den hasserfüllten Überlebenden blieb keine andere Wahl, als aus Jordanien in den Libanon zu flüchten.

Es sollten 15 Jahre Bürgerkrieg folgen, in dem 15 000 Menschen starben und Beirut, das einst als Paris des Mittelmeerraums galt, in Schutt und Asche gelegt wurde.

1967

291
Israelische Infanterie und Panzerfahrzeuge unter dem Kommando von Moshe Dayan während der Operation auf der Sinaihalbinsel. Im Sechstagekrieg fielen 10 000 ägyptische und 300 israelische Soldaten.

292–293
Links: *Dieses Foto entstand am Morgen des 5. Juni 1967, als die motorisierte israelische Infanterie, angeführt von M-46-Panzern, ihre Offensive gegen die ägyptischen Stellungen auf der Sinaihalbinsel entfesselte. Damit begann der dritte arabisch-israelische Krieg.*
Oben rechts: *Ein israelischer Konvoi zieht in die Wüste Sinai.*
Mitte rechts: *Ägyptische Gefangene im Gazastreifen werden von israelischen Soldaten mit Waffengewalt gezwungen, sich in Reihen auf den Boden zu legen.*
Unten rechts: *Israelische Soldaten beten vor dem Kampf in der Wüste Sinai.*

1967

294
Vor ihrem Angriff beobachten israelische Soldaten auf dem Ölberg die jordanischen Stellungen. Der Sieg brachte Israel die Kontrolle über ganz Jerusalem ein.

295
Oben: *Israelische Soldaten bei der Einnahme des Tempelbezirks. Damit übernimmt Israel die Stadt Jerusalem.*
Mitte: *Israelische Soldaten in der Nähe des Dungtors in der Altstadt von Jerusalem.*
Unten: *Jubelnde israelische Soldaten nach der Verkündigung des israelischen Sieges.*

DER JOM-KIPPUR-KRIEG

1973

Der ägyptische Präsident Nasser starb am 28. September 1970. Sein Nachfolger als Staatspräsident wurde Mohammed Anwar as-Sadat. Außenpolitisch rückte Sadat ab etwa 1972 von der Sowjetunion ab und wandte sich dem Westen zu, vor allem den Vereinigten Staaten. Er beraumte kleinere Treffen mit dem amerikanischen Präsidenten Richard Milhous Nixon und dem sowjetischen Staatsoberhaupt Leonid Iljitsch Breschnew an. Sadat initiierte einen „kleinen Krieg", um Überzeugungsarbeit zu leisten, aber auch um einen gewissen Druck auf die beiden Supermächte auszuüben.

Sadats Plan war gerissen und zynisch zugleich. Im ersten Schritt bildete er ein Oberkommando, dem die syrischen, ägyptischen und jordanischen Armeen unterstellt waren. Am 6. Oktober 1973 startete Sadat die Jom-Kippur-Offensive. Jom Kippur, der jüdische Versöhnungstag, ist ein hoher religiöser Feiertag in Israel. Dementsprechend traf die Offensive die israelische Armee unvorbereitete und alles deutete darauf hin, dass Sadats Vorgehen Erfolg haben würde. Doch Israel konnte eine erfolgreiche Gegenoffensive einleiten.

Einerseits versuchten die Erdöl fördernden arabischen Staaten, die israelfreundlichen Staaten Europas und Nordamerikas sowie Japan zu einer Kursänderung zu zwingen, indem sie Erdöllieferungen boykottierten, andererseits weckte der Jom-Kippur-Krieg die Bereitschaft, den arabisch-israelischen Gegensatz zu entspannen. 1973 trat die Genfer Nahostkonferenz zusammen. 1974 und 1975 wurden Truppenentflechtungsabkommen zwischen Israel und Ägypten geschlossen, 1974 zwischen Israel und Syrien. Im Rahmen dieser Abkommen gab Israel Gebietsstreifen auf der Sinaihalbinsel an Ägypten zurück und auf den Golanhöhen an Syrien. Außerdem zog es seine Streitkräfte auf exakt festgelegte Linien zurück.

Im September 1978 handelten Sadat und der israelische Ministerpräsident Menachem Begin unter Vermittlung des amerikanischen Präsidenten James Carter die Rahmenbedingungen für einen Friedensvertrag aus. Am 26. März 1979 wurde der Vertrag unterzeichnet. Einerseits erfüllte Israel den Vertrag, indem es sich stufenweise von der Sinaihalbinsel zurückzog, andererseits besetzte es im Dezember 1981 die Golanhöhen.

Im Juni 1982 griffen israelische Truppen die Palästinenserstellungen im Libanon an. Die Operation endete mit den Massakern in den Flüchtlingslagern von Sabra und Chatila. Hunderte von Palästinensern wurden getötet. 150 000 Überlebende verließen den Libanon und fanden Zuflucht im Bekaatal, einem von Syrien kontrollierten libanesischen Tal. Schließlich intervenierten die Vereinten Nationen und sandten amerikanische, französische und italienische Truppen, um den Frieden im Libanon wiederherzustellen. Dafür bezahlten sie einen hohen Blutzoll.

Im Lauf der Zeit verringerte sich der Hass der Palästinenser gegenüber den Juden nicht, sondern fand im Gegenteil seinen Ausdruck in den zahlreichen antiisraelischen Aktionen. In den 90er-Jahren wurde die palästinensische Widerstandsbewegung Intifada („Aufstand") gegründet. Nach dem historischen Treffen von Jassir Arafat und Itzhak Rabin 1995 in Washington verlor die Intifada jedoch an Bedeutung. Rabin bezahlte seinen Einsatz für den Frieden mit dem Leben: Er wurde von einem jüdischen Extremisten ermordet.

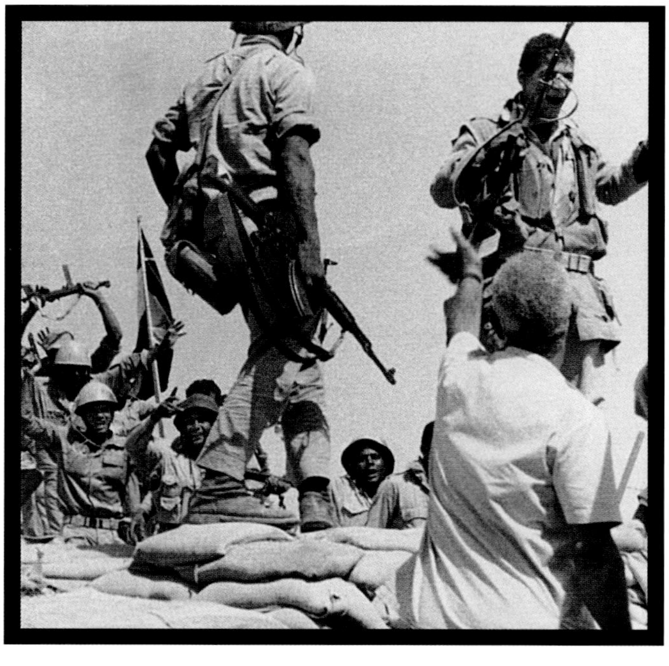

296–297
Bilder des vierten arabisch-israelischen Kriegs, des Jom-Kippur-Kriegs. Am 6. Oktober 1973, dem jüdischen Versöhnungstag (Jom Kippur), griffen syrische, ägyptische und jordanische Truppen Israel an.
Links: *Ägyptische Truppen nach der Einnahme eines israelischen Bunkers bei Bar Lev.*
Oben rechts: *Der zukünftige Verteidigungsminister Moshe Dayan auf einem Beobachtungsposten auf den Golanhöhen (Oktober 1973).*
Unten rechts: *Israelische Truppen auf dem Weg nach Damaskus (13. Oktober 1973).*

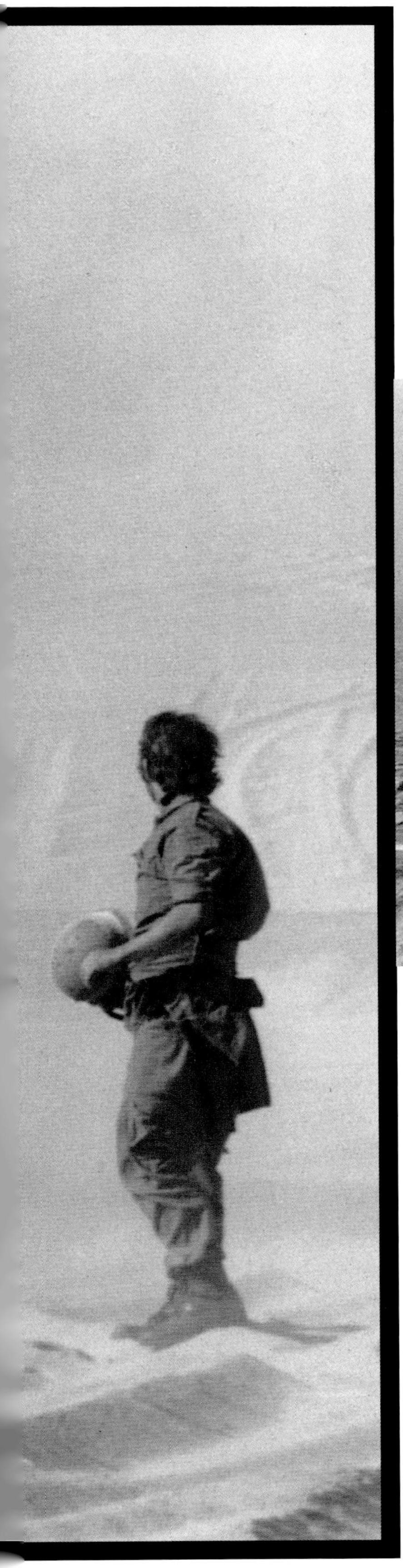

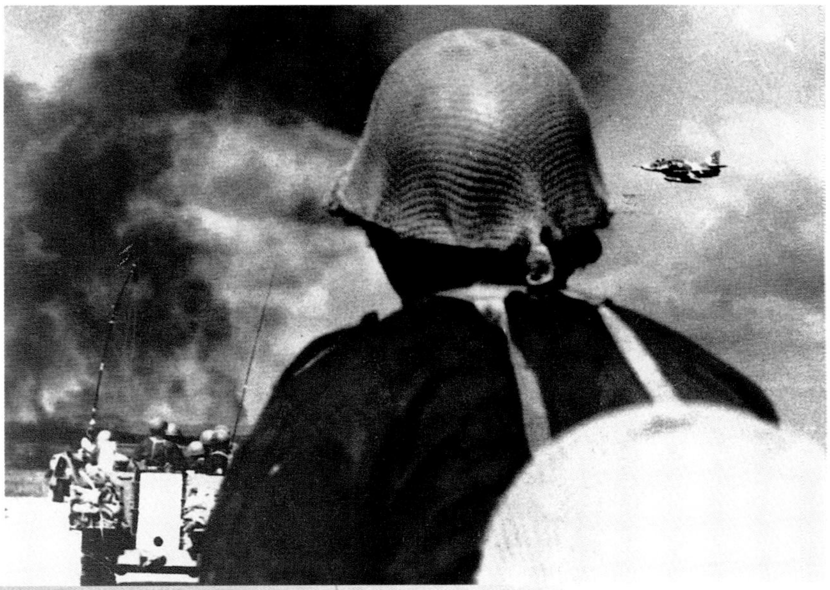

298
17. Oktober 1973, in der Nähe des Suezkanals: Ein israelische Vater und sein Sohn, beide Angehörige des Militärs, treffen sich im Jom-Kippur-Krieg.

300–301
Leben und Tod im endlosen arabisch-israelischen Konflikt.
Links: *Ein toter ägyptischer Soldat neben seinem T 62 sowjetischen Fabrikats.*
Rechts: *Ein israelischer Soldat tröstet seinen verwundeten Kameraden.*

1973

299
Oben: *Israelische Soldaten werden im Kampf auf den Golanhöhen von A 4 Skyhawks unterstützt.*
Mitte *und* unten: *Israelische Panzerfahrzeuge transportieren eine Stahlbrücke, die den Truppen das Überqueren des Suezkanals ermöglichen soll.*

1973

DER
KOREAKRIEG

DER KOREAKRIEG DAUERTE DREI JAHRE. ER KOSTETE 3 MILLIONEN MENSCHEN DAS LEBEN UND SORGTE FÜR DIE TRENNUNG VON MILLIONEN VON FAMILIEN ÜBER EIN HALBES JAHRHUNDERT HINWEG. ERST IM JUNI 2000 UNTERZEICHNETEN DER PRÄSIDENT VON SÜDKOREA, KIM DAE JUNG, UND DER PRÄSIDENT VON NORDKOREA, KIM JONG, EIN UNERWARTETES, ABER HISTORISCHES FRIEDENSABKOMMEN.

Im Jahr 1910 wurde Korea Japan als Kolonie einverleibt. Die japanischen Besatzer zwangen koreanische Soldaten im Zweiten Weltkrieg zum Fronteinsatz, koreanische Städte wurden von Amerikanern bombardiert. Nach der Kapitulation Japans erlangte Korea seine Unabhängigkeit wieder. Die Japaner mussten den Siegermächten, die bereits in Korea einmarschiert waren, ihre Waffen aushändigen. Nördlich des 38. Breitengrads übergaben sie ihre Waffen an die sowjetischen Besatzer, südlich davon an die amerikanischen Truppen. Doch obwohl die Vereinigten Staaten, Großbritannien und China 1943 auf der Kairoer Konferenz die Unabhängigkeit Koreas beschlossen hatten, wurde das Land 1948 politisch in zwei Staaten geteilt, getrennt durch die Grenze des 38. Breitengrads.

Vor allem die historischen Umstände machten die Hoffnung auf eine Wiedervereinigung Koreas zunichte. Die Vereinigten Staaten und die Sowjetunion befanden sich auf dem Höhepunkt des Kalten Kriegs. Sowjetische Truppen hatten den Norden besetzt, amerikanische Einheiten den Süden. In Nordkorea entstand eine demokratische Volksrepublik unter Ministerpräsident Kim Il Sung. Hauptstadt wurde Pyongyang. In Südkorea entstand eine Republik unter Ministerpräsident Syngman Rhee. Seoul wurde zur Hauptstadt erklärt. Beide Staaten stellten eine eigene Armee auf und die Besatzungsmächte zogen sich aus Korea zurück. Nachdem der außenpolitische Druck gewichen war, begannen Nord- und Südkorea sich gegenseitig zu bekämpfen. Die ersten Auseinandersetzungen fanden entlang der umstrittenen Demarkationslinie am 38. Breitengrad statt.

Zu dieser Zeit wankte das weltpolitische Gleichgewicht. Während Europa seine Wunden behandelte, die es sich im Zweiten Weltkriegs zugezogen hatte, versuchten die Amerikaner, die militärischen Stützpunkte in Europa, Japan und im Pazifik unterhielten, die expansionistischen Ambitionen von Stalin unter Kontrolle zu halten. Stalin galt als der wahre Sieger des Zweiten Weltkriegs. Churchill hatte die Sowjetunion in einer berühmten Rede in den USA bereits beschuldigte, einen „eisernen Vorhang" durch Europa zu ziehen.

1949 besiegte Mao Tse-tung Tschiang Kai-schek. China befand sich seit mehr als 30 Jahren im Bürgerkrieg, der nur während des Zweiten Weltkriegs unterbrochen wurde. Der Kommunismus hielt nun in China Einzug. Am 1. Oktober 1949 rief Mao Tse-tung die Volksrepublik China aus. Wie bereits 1912 die kaiserliche Qin-Dynastie, war das Regime Tschiang Kai-scheks kollabiert. Tschiang Kai-schek und seine Anhänger flohen nach Taiwan. Dort riefen sie 1950 die Nationale Republik China mit der Hauptstadt Taipei aus. Doch sie verloren niemals die Hoffnung, auf das Festland zurückzukehren und die chinesische Nation wieder für sich zu gewinnen.

Ohne Vorwarnung stießen am 25. Juni, 1950 um 4:00 Uhr sieben nordkoreanische Infanterie- und eine Panzerdivision über die Demarkationslinie nach Südkorea vor. Damit stellte sich der

302
Mit ihrem Bruder auf dem Rücken flieht ein südkoreanisches Mädchen vor dem Krieg. Hinter ihr steht ein amerikanischer Panzer M 26. Dieses Foto, das bei Hangju aufgenommen wurde, symbolisiert die Odyssee der koreanischen Zivilisten während des Kriegs.

1950
1953

Der Koreakrieg
1950–1953

schwachen südkoreanischen Armee, die nur über vier Infanteriedivisionen und keinerlei Panzer oder Flugzeuge verfügte, eine gewaltige Armee von 90 000 Mann entgegen. Doch die Nordkoreaner drangen nicht nur über den Landweg nach Südkorea ein. Gleichzeitig landeten sie über den Seeweg an der Nordostküste und bombardierten die Umgebung von Seoul aus der Luft.

Die Welt hielt den Atem an. Die kommunistischen Truppen rückten sehr schnell vor. Nach nur zwei Tagen besetzten sie Seoul. Der südkoreanischen Regierung blieb kaum Zeit für die Flucht in das weiter südlich gelegene Pusan. Eine Woche nachdem der Konflikt ausgebrochen war, durchbrachen die Invasoren die Verteidigungslinie entlang des Han und steuerten auf Pusan zu. Zu dieser Zeit befanden sich etwa 600 000 amerikanische Soldaten im Südpazifik. Zwar hatten die Amerikaner Südkorea ein Jahr zuvor verlassen, aber sie weigerten sich, Nordkoreas feindliche Operation zu akzeptieren. Präsident Truman drängte auf Einberufung des UNO-Sicherheitsrats und befahl General MacArthur, die südkoreanische Armee mit Waffen zu unterstützen. Außerdem ließ Truman die vor den Küsten Japans liegende 7. Flotte Kurs auf Taiwan nehmen.

Zwei Tage nach seinem Überfall auf Südkorea erfolgte eine scharfe Verurteilung Nordkoreas durch den UNO-Sicherheitsrat. UNO-Generalsekretär Trygve Halvdan Lie forderte Nordkorea auf, seine Truppen abzuziehen. Außerdem stimmte der gesamte Sicherheitsrat für die Unterstützung Südkoreas gegen die Aggressoren. Die UdSSR nahm an dieser Abstimmung des Sicherheitsrats nicht teil. Der sowjetische Abgesandte hatte die Sitzung aus Protest gegen den Ausschluss des chinesischen Abgeordneten verlassen. Kim Il Sung hatte keine Verbündeten. Nach nur wenigen Tagen wurde eine internationale Truppe der UNO formiert. Die Vereinigten Staaten trugen die militärische Hauptlast und stellten den Oberbefehlshaber: General Douglas MacArthur. 15 weitere Mitglieder der UNO entsandten Truppenkontingente. Am 8. Juli 1950 wurde die gesamte amerikanische 8. Armee über eine Luftbrücke von Tokio nach Südkorea transportiert. Die amerikanische Luftwaffe bombardierte nordkoreanische Luftstützpunkte, Städte, Brücken und Straßen.

In einer Rede vor dem Kongress erklärte Präsident Truman, dass er die sowjetischen Versuche, freie und unabhängige Nationen zu annektieren, unterbinden werde. Damit war Amerikas Image als Weltpolizei geboren. Tatsächlich intervenierten die USA in Korea auch aus moralischen und idealistischen Gründen. Denn Korea besaß keinerlei strategische Bedeutung für die USA, die bereits den Fernen Osten, einschließlich Japans, dominierten.

MacArthurs erklärtes Ziel war die Verteidigung von Pusan, dem letzten Bollwerk Südkoreas. Die ersten blutigen Auseinandersetzungen des Koreakriegs fanden daher in der Nähe von Pusan statt und dauerten bis September an. In der ersten Kriegsphase erwies sich MacArthur als gewitzter und entschlossener Stratege, der den Gegner überlistete und einkesselte. Entgegen der Meinung seiner Berater befahl MacArthur dem 10. Korps, etwa 300 km von der Frontlinie entfernt bei Intschön zu landen, der Hafenstadt im Süden des Handeltas. Damit ignorierte MacArthur vor allem die Bedenken von General Omar Nelson Bradley, der topographische Hindernisse – schlammige Untiefen in diesem Gebiet – zu bedenken gab.

Am 15. September 1950 landeten 262 Schiffen mit insgesamt 40 000 Mann in Intschön. Die nordkoreanische Armee wurde nun von zwei Seiten attackiert. Die UNO-Streitkräfte drängten die nordkoreanischen Truppen über den 38. Breitengrad zurück und nahmen tausende von Soldaten Kim Il Sungs gefangen.

Nun musste eine Entscheidung getroffen werden: Entweder man stellte das Feuer ein und zog die UNO-Truppen ab oder man versuchte, entsprechend der Vereinbarung der Kairoer Konferenz, Korea wieder zu vereinigen. In einer Abstimmung entschied sich der UNO-Sicherheitsrat für die zweite Möglichkeit.

Die US-Marines unternahmen zwei spektakuläre Landungen. Die 1. Division ging bei Wonsan an Land, die 7. Division bei Iwon. Am 15. Oktober 1950 trafen sich Präsident Truman und General MacArthur auf der Koralleninsel Wake im Pazifik. Truman war beunruhigt wegen eines möglichen Eingreifen Chinas. MacArthur überzeugte Truman und beteuerte, dass die Chinesen nicht intervenieren würden. Er verließ sich dabei völlig auf seine Intuition, wie er es bereits im Zweiten Weltkrieg und in der ersten Phase des Koreakriegs getan hatte. Er garantierte Truman sogar, dass alle militärischen Operationen innerhalb eines Jahres beendet sein würden.

Doch bereits am nächsten Morgen, am 16. Oktobers 1950, bezogen die ersten chinesischen Truppen Stellung, nachdem sie den nordkoreanisch-chinesischen Grenzfluss Yalu überquert hatten. Als Truman davon in Kenntnis gesetzt wurde, befahl er umgehend, jegliche militärische Aktion auf chinesischem Territorium zu vermeiden. Er wollte eine Eskalation der Situation verhindern, die mit dem Risiko eines Atomkriegs verbunden war. MacArthur geriet mit dem Präsidenten in Konflikt, da er eine Ausweitung der Kämpfe auf das Gebiet der Volksrepublik China befürwortete. Dieser Konflikt sollte 1951 zur Entlassung des Generals führen.

Der Koreakrieg
1950–1953

Die immer blutiger verlaufenden Kämpfe in Nordkorea dauerten an. Tausende von Menschen verloren ihr Leben. Am 26. Oktober befreite die südkoreanische Armee mithilfe der UNO-Streitkräfte die Stadt Chosan am Yalu. Nur 24 Stunden später eroberten nordkoreanische Truppen Chosan mit Unterstützung chinesischer Soldaten zurück. Maoisten hatten sich freiwillig gemeldet und trugen nordkoreanische Uniformen. So konnte man der Sowjetarmee nicht vorwerfen, dass sie Krieg gegen die Vereinten Nationen führte. Eine weitere Landung der amerikanischen Truppen am 21. November ermöglichte es, bis an die russische Grenze vorzustoßen. Zu dieser Zeit befanden sich mehr als 100 000 chinesische Soldaten unter den nordkoreanischen Truppen und zehn bis 20 „gelbe" Divisionen lagen in der Nähe des Grenzflusses Yalu in Bereitschaft.

Die Kommunisten starteten am 12. Dezember eine heftige Gegenoffensive: Die 2. und die 25. Infanteriedivision sowie die 1. berittene Division der Amerikaner, ferner das zweite südkoreanische Armeekorps sowie die 27. Infanteriebrigade der Briten erlitten schwere Verluste. Bei extremen Witterungsverhältnissen mit Temperaturen bis zu –40 °C traten zwei UNO-Truppen den ohnehin bereits harten Rückzug an. Der Rangälteste General Walker starb bei der Verteidigung Seouls am 23. Dezember. Man plante die Evakuierung. MacArthur ließ 193 Schiffe in der Bucht von Hung einlaufen, die als Sammelstation für die Truppen dienen sollte, die sich auf dem Rückzug befanden. Im Osten konnte man sich wirkungsvoller gegen die Offensive der Nordkoreaner zur Wehr setzen. Nachdem sich die amerikanische 8. Armee nach Osan zurückgezogen hatte, gelang es ihr, sich erneut zu formieren und ihre Positionen entlang des 38. Breitengrads zurückzuerobern.

Zu diesem Zeitpunkt war China dem Krieg bereits mehr oder weniger offiziell beigetreten. Mao Tse-tungs Ministerpräsident Tschou En-lai hatte mehrfach mit einer Intervention gedroht, falls die UNO-Truppen noch einmal den 38. Breitengrad in Richtung Norden überschreiten sollten. Der eigentliche Auslöser war der Befehl General MacArthurs an General Stratemeyer, die Brücken des Yalu mit B 29 Superfortresses zu bombardieren. Mit diesem Befehl widersetzte sich MacArthur den strikten Anweisungen von Präsident Truman.

Gegen Ende März 1951 waren die UNO-Streitkräfte bereits seit drei Monaten in heftigen und verlustreichen Auseinandersetzungen entlang des 38. Breitengrads verwickelt. MacArthur bat Präsident Truman folgende drei Aktionen zu autorisieren, um den Krieg zu beenden:

– Zerstörung der MiG-Stützpunkte in der Mandschurei durch strategische Luftangriffe.
– Seeblockade und wirtschaftliches Embargo gegen die Volksrepublik China.
– Mobilisierung der taiwanesischen Nationalarmee für Gegenangriffe auf die Sowjetarmee.

Trumans Veto stellte eine bittere Niederlage für MacArthur dar. Der Präsident fürchtete das Risiko eines Atomkriegs. Als MacArthur, der bei seinen Untergebenen äußerst beliebt war, darauf beharrte, den Krieg auf das Territorium der Volksrepublik China auszuweiten, setzte ihn Präsident Truman im April 1951 ab und ernannte General Matthew B. Ridgeway zum Oberbefehlshaber.

Die Absetzung MacArthurs verursachte großen Aufruhr in den Vereinigten Staaten. Die Mehrheit der Medien und des Kongresses stellte sich auf die Seite des Generals. Als er vom Kongress um eine Stellungnahme gebeten wurde, vertrat MacArthur vehement seinen Maßnahmenkatalog vor den Abgeordneten. Doch Truman blieb eisern. Der Präsident der Vereinigten Staaten revidierte seine Entscheidung nicht. Von nun an wurden die militärischen Aktionen in Korea eingeschränkt. Lediglich militärische Stellungen im Norden durften bombardiert werden und in Bunkern geschützte Einheiten lieferten sich entlang des 38. Breitengrads heftige Artilleriegefechte. Zu direkten Auseinandersetzungen kam es nur noch selten.

Trumans Befehl an Ridgeway war eindeutig. Er lautete, den Frieden wiederherzustellen. In einem Teehaus in Kaesong am 38. Breitengrad begannen am 10. Juli 1951 die ersten Verhandlungen über einen Waffenstillstand, die am 25. Oktober in Panmunjom fortgesetzt wurden und erst nach zwei Jahren zu einem entsprechenden Abkommen führen sollten.

In der Zwischenzeit kam es zu zwei Ereignissen, die die Korea-Frage für die beiden Supermächte lösten. Erstens wurde General Dwight David Eisenhower zum Präsidenten der Vereinigten Staaten gewählt. Er konnte auf eine erfolgreiche Karriere im Zweiten Weltkrieg zurückblicken und war Oberkommandierender der NATO-Streitkräfte. Eisenhower fühlte sich zwar dem Frieden verpflichtet, hätte jedoch nicht vor einer atomaren Drohung zurückgeschreckt, falls die Chinesen zu keiner Einigung bereit gewesen wären. Zweitens starb Stalin am 5. März 1953. Er hatte den Friedensprozess am stärksten blockiert.

Am 27. Juli 1953 wurde das Waffenstillstandsabkommen in Panmunjom unterzeichnet. Es wurde beschlossen, dass die politischen Gefangenen freigelassen werden sollten und dass entlang

Der Koreakrieg
1950–1953

des 38. Breitengrads eine demilitarisierte Zone entstehen sollte. Die Grenze zwischen Nord- und Südkorea sollte wieder etwa der 38. Breitengrad bestimmen und es wurde eine Waffenstillstandskommission eingesetzt.

Der Krieg hatte drei Jahre, einen Monat und zwei Tage gedauert. Er kostete 1,5 Millionen Chinesen und Nordkoreanern, 300 000 Südkoreanern, 142 000 Amerikanern sowie 25 000 Blauhelmen aus 15 Ländern das Leben. Außerdem starben 1 Million Zivilisten bei Luftangriffen oder durch die Zerstörung ihrer Dörfer.

Die Amerikaner nannten den Koreakrieg auch den „Jojo-Krieg", da sich die Kämpfe ständig nördlich und südlich des 38. Breitengrads hin und her bewegten. Tatsächlich jedoch war der Koreakrieg ein unbarmherziger Krieg, der auf beiden Seiten großes Leiden verursachte. Zwei Jahre lang hatten nicht nur entlang des 38. Breitengrads heftige Auseinandersetzungen und Mann-gegen-Mann-Kämpfe stattgefunden, sondern es waren auch die Artilleriefeuer und Maschinengewehre auf der gesamten Halbinsel nicht verstummt.

Die Waffen der amerikanischen Streitkräfte hatten verheerende Auswirkungen. In den ersten 70 Tagen des Kriegs wurden 70 Prozent der nordkoreanischen Rüstungsindustrie ausgelöscht. Die Besatzungen der B 26 und B 29 Superfortresses folgten ihren Anweisung und zerstörten das Schienennetz sowie Häfen und Fabriken. Obwohl es in Nordkorea von Seiten der Amerikaner nicht zu Bombardierungen der Zivilbevölkerung wie im Zweiten Weltkrieg gekommen war, war die Aussage von General Bradley unmissverständlich: „Wir wollen die Zivilbevölkerung nicht angreifen, doch für uns sind Arbeiter in Waffenfabriken gleichbedeutend mit feindlichen Soldaten."

Im Januar 1952 meldete der nordkoreanische Rundfunk den Einsatz von chemischen und biologischen Waffen seitens der amerikanischen Truppen. Gemäß den Angaben der Nordkoreaner verursachten diese Waffen Enzephalitis, Cholera und Pest. Doch die Amerikaner widersprachen dem Vorwurf und stimmten der Untersuchung der Angelegenheit durch eine internationale Ärztekommission zu. Die Vorfälle konnten jedoch nicht geklärt werden und die Zweifel an der Unschuld der Amerikaner blieben bestehen. Nicht weniger schrecklich schienen die Verbrechen der Kommunisten, denen man die Massenexekution von Kriegsgefangenen vorwarf. Zumindest zwei Fälle konnten nachgewiesen werden. In einem Eisenbahntunnel in Wonsan wurden 800 amerikanische Soldaten erschossen und 430 UNO-Soldaten wurden mit einem Stahlseil aneinander gefesselt und durch elektrischen Strom getötet.

Ein weiteres trauriges Kapitel im Koreakrieg waren die Flüchtlinge. Die Angst vor Luftangriffen und politischen Repressalien trieb tausende von Familien in die Flucht. Oft fanden sie Unterschlupf in riesigen Hallen, die später als „Klein Korea" bekannt wurden.

Doch das erstaunlichste und unerwartetse Geheimnis des Koreakriegs wurde erst über 50 Jahre später von dem sowjetischen Fliegerass Sergei Kramarenko gelüftet. Er beschrieb, dass in der frühen Phase des Kriegs die MiGs tatsächlich von sowjetischen Piloten geflogen wurden. Getarnt mit chinesischen Uniformen, lieferten sie sich in der Luft erbitterte Duelle mit amerikanischen Piloten. Diese Information hätte zum Zeitpunkt des Koreakriegs eine ernsthafte Bedrohung des Weltfriedens bedeutet. Auch konnte der Einsatz der sowjetischen Piloten offiziell nicht vom Kreml gewürdigt werden, denn die direkte Beteiligung am Koreakrieg musste jahrzehntelang geheim gehalten werden. Bei einer freundschaftlichen Zusammenkunft ehemaliger sowjetischer und amerikanischer Piloten, die mittlerweile um die 80 Jahre alt waren, kam ans Licht, dass die sowjetischen MiG-15 den amerikanischen F-86-Sabre weit überlegen waren. Die sowjetischen Piloten gingen eindeutig als Sieger aus den Luftkämpfen hervor. Sie schossen 1 300 amerikanische Flugzeuge ab und verloren selbst nur 335 Flugzeuge und 135 Piloten.

Es mussten fast 50 Jahre vergehen, bis es Anzeichen für eine mögliche friedliche Koexistenz Nord- und Südkoreas gab. Am 14. Juni 2000 unterzeichneten die Präsidenten beider Staaten ein Abkommen, in dem sich beide Nationen verpflichteten, auf eine zukünftige Versöhnung hinzuarbeiten. Dieser Tag bedeutete Hoffnung für 70 Millionen Koreaner auf beiden Seiten des 38. Breitengrads, Hoffnung vor allem aber auch für 10 Millionen Menschen, die seit dem Koreakrieg von ihren Familien getrennt leben.

307

Oben: *Truppen des amerikanischen 24. Infanterieregiments befinden sich auf dem Weg an die Front (Juli 1950).*
Unten: *Zwei US-Marines bei einer Säuberungsaktion in einem südkoreanischen Dorf.*

1950
1953

308–309

Links: *Einen Tag nach der Landung bei Intschön greifen US-Marines am 15. September 1950 nordkoreanische Stellungen an.* Oben rechts: *Die amerikanische Luftwaffe bombardiert südwestlich von Seoul eine Brücke über den Han, um das Vorrücken der kommunistischen Truppen zu verhindern.* Unten rechts: *US-Marines versuchen, in einem lang andauernden Kampf, die von den Nordkoreanern belagerte Stadt Pusan zu befreien.*

310–311

Oben links: *Mit einem Fernglas beobachtet General MacArthur die Landung der Truppen bei Intschön. Links neben ihm ist Generalmajor James H. Doyle zu erkennen.*
Unten links: *Die zweite Offensive der Kommunisten im Dezember 1950, als die USA ernsthaft an die Evakuierung Koreas dachten und 193 Schiffe für den Transport der amerikanischen Truppen bereithielten. Das Kriegsschiff* Begor *liegt in der Bucht von Hung vor Anker, als eine gewaltige Explosion den Hafen zerstört.*
Oben rechts: *Die Landung bei Intschön.*
Unten rechts: *Während der Landung von UNO-Truppen bombardiert ein amerikanischer Kreuzer die nordkoreanische Küste (September 1950).*

1950
1953

127

1950
1953

1950–1953

Der Koreakrieg

312–313

Amerikanische Flugzeuge bombardieren Nordkorea.
Links: *Eine Eisenbahnbrücke über den Kum wird in die Luft gesprengt.*
Oben rechts: *Eine B 29 Superfortress beim Abwurf von Bomben auf militärische Ziele.*
Unten rechts: *Napalm zerstört militärische Nachschublager in Hasen Ni, Nordkorea.*

314–315

Im Herbst 1951 beginnt der Stellungskrieg.
Oben links: *Ein amerikanischer Infanterist wird von einem chinesischen Soldaten gefangen genommen.*
Mitte links: *US-Marines nehmen nordkoreanische Soldaten fest.*
Unten links: *Die erste Kompanie des 35. Regiments der amerikanischen Infanterie nimmt das Tal Hun Dung-ni unter Beschuss.*
Rechts: *Amerikanische Soldaten nehmen feindliche Stellungen unter Beschuss.*

316–317
Dramatische Aufnahmen der Offensive im Winter 1950/1951, die von der nordkoreanischen Armee und chinesischen Freiwilligen eingeleitet wurde. Zu diesem Zeitpunkt hatten die UNO-Streitkräfte nicht nur mit den feindlichen Truppen, sondern auch mit den extremen Witterungsbedingungen zu kämpfen.
Links: *Ein amerikanischer Soldat kämpft sich durch einen Schneesturm.*
Mitte: *Amerikanische Soldaten erwidern das Feuer.*
Oben rechts: *US-Marines des 5. und 7. Regiments pausieren auf einem Transfermarsch im Schnee.*
Unten rechts: *Ein Panzer des 89. Bataillons der amerikanischen 25. Division feuert mit einem Flammenwerfer auf eine chinesische Strohhütte am Han.*

1950–1953

Der Koreakrieg

318–319
Diese Aufnahmen dokumentieren das Leiden der Soldaten und Zivilisten im Koreakrieg.
Oben links: *Ein Panzer eskortiert nordkoreanische Gefangene.*
Unten links: *Der Exodus, der insgesamt 10 Millionen nord- und südkoreanische Zivilisten betraf.*
Rechts: *Ein amerikanisches Konzentrationslager mit hunderten von chinesischen und nordkoreanischen Inhaftierten. Die Wahl Dwight David Eisenhowers zum Präsidenten der Vereinigten Staaten und der Tod Stalins im März 1953 beschleunigten die Friedensverhandlungen. Am 27. Juli 1953 wurde in Panmunjom das Waffenstillstandsabkommen unterzeichnet. Im Koreakrieg fielen 1,5 Millionen Chinesen und Nordkoreaner, 300 000 Südkoreaner, 142 000 Amerikaner sowie 25 000 Blauhelme aus 15 Ländern.*

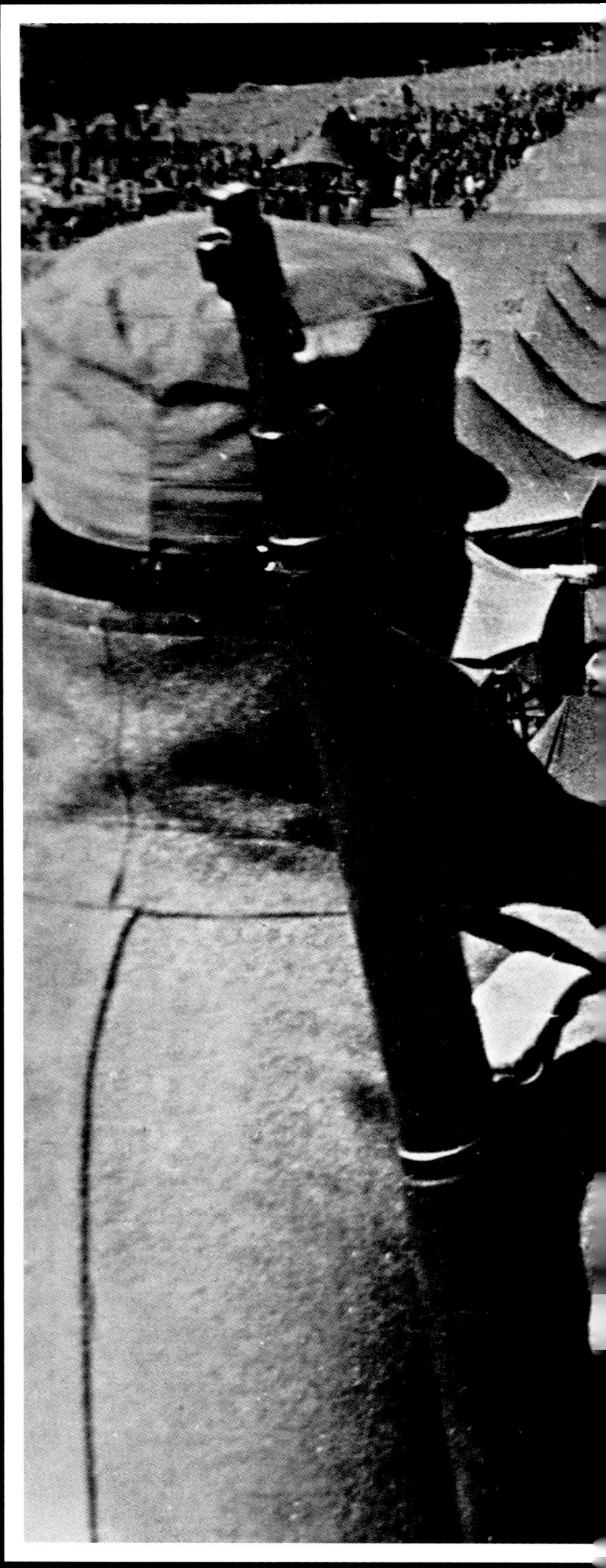

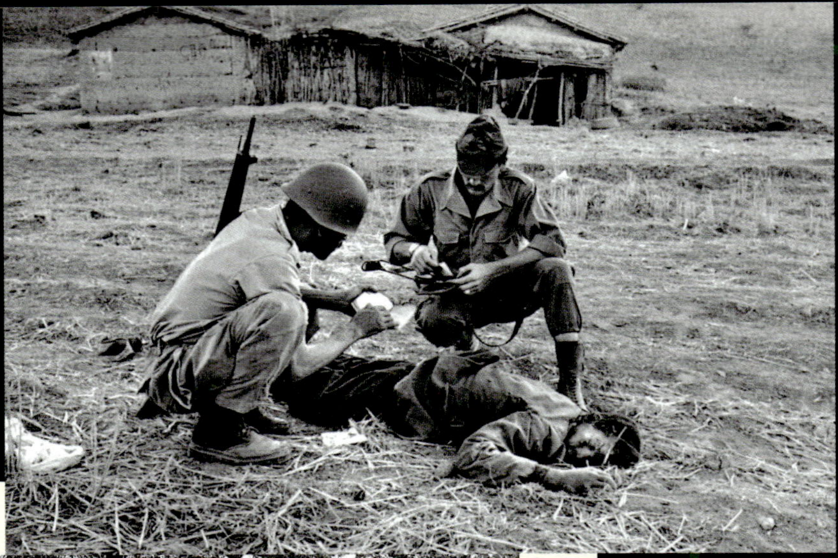

1954
1962

Der

Algerienkrieg

Als am 10. November 1954 der algerische Aufstand gegen die französische Regierung begann, lebten 9 Millionen Algerier und 1 Million Europäer in diesem französisch-afrikanischen Territorium.

Im Jahr 1830 wurde Algerien französische Kolonie, die später noch stärker an Frankreich gebunden wurde, als sie ein unbeschränktes Departement Frankreichs wurde. Im Gegensatz dazu standen Tunesien und Marokko, die zunächst Kolonien waren und nach dem Zweiten Weltkrieg französische Protektorate wurden, bis sie ihre Unabhängigkeit erhielten. Die Nationale Befreiungsfront (FLN) war eine algerische Untergrundorganisation, die nach Unabhängigkeit strebte. Diese radikale Gruppe hatte sich um Mohammed Ahmed Ben Bella organisierte: 3 000 Guerillas, die zu allem bereit waren, um sich von den Europäern, vor allem von den Franzosen, zu befreien. Im Lauf der Zeit hatten sich nicht nur Franzosen, sondern auch Italiener, Belgier und Spanier in Algerien niedergelassen, die nach und nach die französische Staatsbürgerschaft angenommen hatten. Die Guerillas, die in der 70er-Jahren terroristische Organisationen in Deutschland (Rote-Armee-Fraktion) und Italien (Rote Brigaden) inspirieren sollten, waren selbst vom ideologischen Fanatismus und der Skrupellosigkeit Mao Tse-tungs angestachelt.

Der 10. November 1954 war der Beginn eines Kriegs, der sieben blutige Jahre dauern sollte. An diesem Tag fanden in ganz Algerien 30 Angriffe statt. Ein Offizier, zwei Soldaten und zwei Polizisten wurden getötet. Die französischen Autoritäten wurden überrumpelt und die Nationale Befreiungsfront trieb die Offensive voran. Ihre Anschläge waren genau geplant. Die Armee ging härter gegen die Europäer vor als gegen die weißen Algerier, um eine innere Spaltung zu erzielen. Das Vorgehen der Franzosen war vergleichbar. General Massus Fallschirmjäger verbreiteten ebenfalls Terror: Folter, nächtliche Raids und Massenexekutionen. Entlang der Grenzen zu Tunesien und Marokko wurde ein unüberwindbarer elektrische Stacheldrahtzaun aufgestellt, um die Rebellen von den Versorgungswegen abzuschneiden. Ben Bella fiel in die Hände der Franzosen. Massus Agenten entführten das Flugzeug, in dem sich Ben Bella auf dem Weg von Tunesien nach Marokko befand. Das Flugzeug landete in Algier und Ben Bella wurde inhaftiert. Er verbrachte sechs Jahre in einem französischen Gefängnis, kehrte 1962 in seine Heimat zurück, nachdem sein Land die Unabhängigkeit erlangt hatte, und wurde noch im selben Jahr Ministerpräsident. 1965 geriet er in Konflikt mit der militärischen Führung, wurde gestürzt und kam unter mysteriösen Umständen ums Leben.

In der Zwischenzeit vergrößerten sich die Reihen der Nationalen Befreiungsfront und es wurde eine strikte Militärorganisation gegründet. Ehemalige algerische Offiziere der französischen Armee leiteten die verschiedenen Einheiten. Viele hatten bereits als Leutnants oder Hauptleute in Indochina gekämpft und die Guerillataktiken übernommen, die sie vom Vietminh erlernt hatten. Die Soldaten in Uniform nannten sich Mudschahedin („Glaubenskämpfer"), die Irregulären, die eigens für terroristische Anschläge ausgebildet wurden, nannten sich Fedajin („die, die sich opfern"). Jede Einheit verfügte neben einem militärischen Kommandeur über einen politischen Kommissar, in Anlehnung an die Rote Armee Mao Tse-tungs, die wiederum die Sowjetarmee kopiert hatte. Die Kommissare hatten zwei Aufgaben: sicherstellen, dass die Soldaten die orthodoxe Doktrin anerkannten, und die

320

Oben: *Zwei französische Soldaten studieren die Papiere eines toten Algeriers, der ein Opfer der Nationalen Befreiungsfront (FLN) wurde.*

Mitte: *Angehörige der FLN bei einem Manöver in den Amesbergen.*
Unten: *Französische Soldaten erkundet ein Gelände in der Wüste (November 1954).*

Der Algerienkrieg
1954–1962

„Erziehung der Massen“. Der Aufstand in Algerien vereinte somit kommunistische und islamische Elemente und erwies sich für Bewegungen in Frankreich als attraktiv, die Verbindungen zur Kommunistischen Partei hatten. In Frankreich reagierte man auf die permanente terroristische Offensive der Nationalen Befreiungsfront sehr unterschiedlich. Die verschiedenen Regierungen, beginnend mit Mendès-France, weigerten sich, auch nur über eine Abtrennung Algeriens von Frankreich nachzudenken. Schließlich handelte es sich um „ein Territorium, das sich von Flandern bis zum Kongo erstreckt“, wie Mendès-France betonte. Die französische Opposition dagegen schürte die inneren Zerrissenheit bezüglich einer Situation, die sich kaum noch kontrollieren ließ. Die Familien der Soldaten fragten sich, weshalb ihre Söhne in einem Krieg sterben mussten, der lediglich dazu diente, die Interessen der „pieds noirs“ (Algerienfranzosen) zu wahren. Letztendlich waren 500 000 Soldaten in Algerien stationiert, um den Guerillakrieg zu beenden.

Die innenpolitische Lage Frankreichs hatte nach dem Zweiten Weltkrieg zur Entstehung der Vierten Republik (1946) geführt. Die Kommunisten wurden aus der Regierungsverantwortung ausgeschlossen und die Parteien der Mitte bildeten die Regierung. Frankreich versuchte vergeblich, die Nationale Befreiungsfront niederzuringen, und am 13. Mai 1958 kam es zum Putsch. In Algerien vereinten sich die französische Armee und die französischen Siedler gegen Paris. Die verfassungsmäßigen Institutionen beriefen de Gaulle zum Ministerpräsidenten, um der Staatskrise Herr zu werden.

Mit der Verfassung der Fünften Republik (1958) ordnete de Gaulle die Beziehungen zwischen Frankreich und seinen Kolonien neu. Im Zuge dieser Neuordnung wurde unter anderem die Lösung Algeriens aus der französischen Republik beschlossen. Diese Entscheidung zog schwere Auseinandersetzungen und blutige Gefechte nach sich. Die Algerienfranzosen und Angehörige der französischen Algerienarmee gründeten die „Organisation de l’Armée Secrète“ (OAS), die mit Terroranschlägen und Attentaten (unter anderem auf de Gaulle) Angst und Schrecken verbreitete. Ein 1961 in Algier angezettelter Putschversuch des Militärs scheiterte jedoch. General Salan, der die Organisation de l’Armée Secrète leitete, wurde in Abwesenheit zum Tode und nach seiner Verhaftung zu lebenslänglichem Gefängnis verurteilt. 1968 wurde er begnadigt.

Den endgültigen Showdown löste im April 1961 ein Appell de Gaulles aus, bei dem er die „treulosen Generäle, die ihr Land verraten haben“ verurteilte. Die Gefängnis- und Todesurteile für die Rebellen lagen bereits auf den Schreibtischen des Militärgerichts. Die Fremdenlegion erstickte schließlich die letzte Glut der Rebellion. Der Krieg endete am 18. März 1962 mit dem Abkommen von Evian.

Die Algerier hatten 158 000 Mann verloren, die Franzosen 330 00. Am 1. Juli 1962 stimmte ein Referendum mit 99,72 Prozent für die Unabhängigkeit Algeriens. 1 Million Algerienfranzosen mussten ihre Häuser, ihr Land, ihre Schulen und ihre Arbeit aufgeben und sich in einem feindlich gesinnten Frankreich eine neue Existenz aufbauen.

322

Dieses Foto wurde 1961 in Algerien aufgenommen. Es zeigt Zivilisten, die von französischen Soldaten verhaftet werden. Die Soldaten wurden von rebellischen Generälen aus Paris geführt, die den blutigen Krieg aufrecht erhielten, dem de Gaulle seit 1959 ein Ende bereiten wollte.

323

Zwei dramatische Aufnahmen von den Unruhen in Algerien, die am 13. Mai 1958 ausbrachen.
Oben: *Polizisten im Einsatz gegen Aufständische.*
Unten: *Soldaten blockieren mit Panzerfahrzeugen eine Straße, um einer Parade der „pieds noirs“ (Algerienfranzosen) den Weg zu versperren.*

Der Vietnamkrieg

1953 beendete der Frieden in Korea vorübergehend die blutigen Auseinandersetzungen zwischen den Weltmächten: dem westlichen Kapitalismus und dem östlichen Kommunismus. Drei Jahre später sollte es erneut zu einer tragischen Konfrontation kommen.

Die Ursache für diesen Krieg, der jahrelang tobte, lag einmal mehr in dem Machtkampf zwischen den beiden Supermächten. Genau wie in Korea begann der Vietnamkrieg mit der Teilung des Landes: in Nord- und Südvietnam. Diese Teilung war am 21. Juli 1954 auf der Genfer Indochinakonferenz beschlossen worden, die auch zum Waffenstillstand in Indochina führte.

Die Konferenz teilte Indochina auf: Laos und Kambodscha wurden unabhängige Staaten, Vietnam entlang des 17. Breitengrads zweigeteilt. Im Norden regierte Ho Chi Minh einen kommunistischen Staat, in dem der Vietminh die Regierungsmehrheit bildete. Diese Partei, die„ Liga der Verbände für die Unabhängigkeit Vietnams", hatte für die Vertreibung der Franzosen aus Indochina gekämpft. Im Süden dagegen formierte Bao Dai einen Staat, dessen Bürger ebenfalls für die Unabhängigkeit von der französischen Kolonialmacht gekämpft hatten und die wie ihr Staatschef die kommunistische Ideologie nicht akzeptierten. Am 1. Juli 1949 gründete Bao Dai, unterstützt von den Franzosen, den Staat Vietnam mit der Hauptstadt Saigon. Nachdem die Vereinigten Staaten diesen Staat unter Präsident Truman anerkannt hatten, leisteten sie ab 1957 militärische Unterstützung.

Die Vorgaben der Genfer Indochinakonferenz sahen vor, dass innerhalb der folgenden beiden Jahre Wahlen stattfinden sollten, damit das Land unter einer frei gewählten Regierung wieder vereinigt würde. Dieser Wunsch sollte jedoch niemals in Erfüllung gehen.

Kurz vor dem letzten Angriff des kommunistischen Generals Vo Nguyen Giap gegen die in Dien Bien Phu eingekesselten Franzosen schlug der amerikanische Außenminister John Foster Dulles Präsident Dwight David Eisenhower vor, die Franzosen zu unterstützen. Eisenhower lehnte kategorisch ab. Trotzdem beschlossen die USA nach der Genfer Indochinakonferenz, die neu gegründete Republik Südvietnam (1955) anzuerkennen, vor allem, um ein Regierungssystem zu etablieren, das sich vom kommunistischen Nordvietnam unterschied.

Zuerst veranlasste Washington, dass ein Regierungschef ernannt wurde, der den Vorstellungen der USA entsprach. Nach der Absetzung Bao Dais wurde Ngo Dinh Diem, der Ende der 30er-Jahre ins amerikanische Exil gegangen war, zum Ministerpräsidenten ernannt. Er galt als ehrenhafter Politiker mit einem paternalistischen Machtverständnis und erfüllte somit die amerikanischen Anforderungen. Zeitgleich wurden die ersten amerikanischen Militärberater in Südvietnam eingesetzt. Im Sommer 1964 trafen 225 Offiziere sowie 60 Unteroffiziere und Mannschaften in Saigon ein, um die lokalen Streitkräfte auszubilden. Gemäß den Vereinbarungen der Genfer Indochinakonferenz durften weder Nord- noch Südvietnam eigene Streitkräfte aufbauen oder Militärbündnisse eingehen. Nordvietnam verurteilte die Präsenz der amerikanischen Truppen und reagierte darauf mit der Entsendung von Beratern und Waffen an die kommunistische Guerillabewegung Pathet Lao, die versuchte, den erst 1954 unabhängig gewordenen Staat Laos zu erobern.

Ein typischer Mechanismus des Kalten Kriegs war in Gang gesetzt. Die Vereinigten Staaten reagierten auf die Provokation durch Nordvietnam in Laos mit dem Südostasiatischen Sicherheitsvertrag (SEATO), einem der NATO vergleichbaren Verteidigungsbündnis, der von den USA, Großbritannien, Frankreich,

1964
1975

324
Südvietnamesische Bauern bei der Feldarbeit. Nur wenige Kilometer entfernt wird ein vermeintliches Versteck des Vietcong mit Napalm bombardiert. Eine Aufnahme, die den grausamsten Krieg der zweiten Hälfte des 20. Jahrhunderts symbolisiert.

Der Vietnamkrieg 1964–1975

Australien, Neuseeland, Thailand, Pakistan und den Philippinen unterzeichnet wurde. China, die UdSSR, die westlichen kommunistischen Parteien und die fünfte Kolonne legten daraufhin Protest ein. Die geplante Wiedervereinigung des geteilten Vietnams scheiterte am Widerstand der beiden Regierungen. Ngo Dinh Diem war der Ansicht, dass in Nordvietnam keine politische Freiheit existiere und es daher keine freien Wahlen geben könne. Ho Chi Minh konterte, dass er nicht an freie Wahlen glaube, solange Saigon als Interessengebiet in die SEATO einbezogen sei. In der Realität sah es jedoch so aus, dass die Lao Dong, die kommunistische Partei Nordvietnams, viele Anhänger verlor, nachdem Bodenreformen durchgeführt worden waren. Diese brachten die Landwirtschaft unter staatliche Kontrolle und eliminierten so jeglichen Privatbesitz.

Am 28. April 1956 verließen die Franzosen endgültig Saigon. Die Amerikanisierung Südvietnams war zu diesem Zeitpunkt bereits fortgeschritten. Der amerikanischer Dollar hatte den französischen Franc als Währung ersetzt und Englisch wurde allmählich zur zweiten Amtssprache. Als Staatspräsident Ngo Dinh Diem auch den Rang des Oberbefehlshabers der Streitkräfte für sich beanspruchte, stellte sich ihm niemand in den Weg. Ngo Dinh Diem führte weit reichende diktatorische Maßnahmen durch. Korruption war an der Tagesordnung und der politische Einfluss von Familienangehörigen wuchs zusehends. Vor allem Ngo Dinh Nhu, die Schwägerin Ngo Dinh Diems, eine schöne, aber skrupellose Frau, beeinflusste den Staatspräsidenten. Die fanatische Katholikin war intolerant gegenüber dem Buddhismus und gleichzeitig eine Todfeindin des Kommunismus. Von Anfang an zeigte sich Ngo Dinh Diem unbarmherzig gegenüber dem Feind seines Regimes: dem Vietcong. Viel schlimmer traf es jedoch Teile der Landbevölkerung in Nordvietnam. Dort ließ Ho Chi Minh jeden erbarmungslos verfolgen, der versuchte, den Bodenreformen durch Flucht in den Süden zu entgehen.

Der Vietcong entwickelte sich mithilfe seiner Überzeugung, seines Kampfgeistes und der Indoktrination seiner politischen Führer zu einer wahren Untergrundarmee. Die Repressionen Ngo Dinh Diems und seiner Polizeikräfte beantwortete er mit Terroranschlägen. Eine Taktik, die sich bereits gegen die französischen Besatzer bewährt hatte. Zu Beginn des Jahres 1959 verschwanden Tag für Tag Dorfälteste. Ihre grausam verstümmelten Leichen fand man im Unterholz, an Flussufern und in Höhlen. Sie trugen einen Zettel um den Hals mit der Aufschrift „Volksfeind". Gegen Ende des Jahres 1959 zählte man bereits etwa zehn politisch motivierte Verbrechen pro Tag, gegen Ende des Jahres 1969 über 25.

Die Repressionen seitens der Regierung waren ähnlich verheerend. Sonderkommandos der Polizei gingen jedem noch so vagen Verdacht nach. Sie töteten gefangen genommene Vietcong ebenso wie deren Familien und Freunde. Allein zwischen 1960 und 1961 wurden 18 000 Vietcong hingerichtet, 14 000 inhaftierte Vietcong erwarteten ihr Todesurteil. Zahlen, die die Brutalität dieses Bürgerkriegs verdeutlichen, in den die USA zunächst unter Eisenhower und unter Kennedy verwickelt waren. John Fitzgerald Kennedy war im November 1960 mit knapper Mehrheit zum Präsidenten gewählt worden. Im Dezember des darauf folgenden Jahres begann er, Südvietnam gegen die ständigen Angriffe durch den Vietcong zu unterstützen. Die Lage war äußerst angespannt. Bereits ein Jahr zuvor hatte die Regierung Nordvietnams offen bekundet, sie wolle Südvietnam vom imperialistischen Joch der USA befreien – eine Kriegserklärung an die Vereinigten Staaten. Als erster amerikanischer Präsident sandte Kennedy nicht nur Waffen und Militärberater nach Saigon. Auf seinen Befehl landeten 400 Soldaten Ende Dezember 1961 in Saigon. Innerhalb eines Jahres wurde diese Truppe auf 11 200 Soldaten erweitert.

Nordvietnam unterstützte den kommunistisch geführten Vietcong, dessen Kämpfer seit 1960 in der Nationalen Befreiungfront Südvietnam zusammengefasst waren. Diese Unterstützung werteten die USA als Einmischung in die inneren Angelegenheiten Südvietnams. Auf ein Hilfegesuch Südvietnams sahen sich die Vereinigten Staaten berechtigt, und im Rahmen des SEATO auch verpflichtet, einzugreifen. Im Jahr 1963 stieg die Zahl der amerikanischen Militärberater auf 15 000, darunter 27 Generäle. Zusätzlich wurden Flugzeuge und Helikopter in Südvietnam stationiert. Bei den ersten Antiterroreinsätzen erlitten die USA nur geringe Verluste: 1962 waren 31 Gefallene zu beklagen, 77 im Jahr darauf. Doch dies sollte nur der Anfang sein. 1964 meldeten die Amerikaner bereits 146 Kriegsopfer, 1965 waren es 1 365 und 1966 war die Zahl auf 4 896 angestiegen. Die Verluste der Vietnamesen waren ungleich höher. Zwischen 1960 und 1966 verloren 50 000 südvietnamesische Soldaten, Polizisten und Beamte sowie 157 000 Vietcong ihr Leben.

Die alarmierendsten Konsequenzen des bitteren Kriegs zeigten sich jedoch zum einen in der wachsenden Angst der Bevölkerung Südvietnams vor der Rache der Vietcong und zum anderen in der zunehmende Willkür des Regimes Ngo Dinh Diems. Er weigerte sich, die von den amerikanischen Beratern vorgeschlagenen Reformen durchzuführen, obwohl sich dadurch die Situation der Arbeiter verbessert hätte und die Position der Buddhisten religiös wie politisch gestärkt worden wäre.

Der Vietnamkrieg

1964–1975

Ngo Dinh Diem war überzeugt, dass die buddhistische Opposition in Verbindung mit den Vietcong stand, daher verbot er die nationale Beflaggung zu Ehren des Geburtstags von Buddha. Dieses Verbot führte im Juni 1963 zu gewalttätigen Demonstrationen, bei denen die Polizei das Feuer auf die Demonstranten eröffnete. Gleichzeitig verbrannten sich die ersten buddhistischen Mönche auf den Straßen Saigons, um ihren Protest kundzutun. Die schrecklichen Bilder der brennenden Mönche wurden weltweit im Fernsehen übertragen. Die Situation war derart angespannt, dass der amerikanische Geheimdienst (CIA) einem Komplott zum Sturz Ngo Dinh Diems zustimmte. Am 2. November 1963 schlug eine Gruppe südvietnamesischer Generäle zu. Ngo Dinh Diem und sein Bruder Nho wurden ermordet und eine Militärjunta übernahm die Macht, die unverzüglich die Situation der Buddhisten in Südvietnam verbesserte. Am 22. November 1963 fiel Präsident Kennedy einem Attentat in Dallas zum Opfer. Ein Anschlag, der in keiner Verbindung zu den Auseinandersetzungen in Vietnam stand. Vizepräsident Lyndon Baines Johnson wurde zum Präsidenten ernannt. Er trat ein schweres Erbe an.

Die Vietcong dehnten ihren Machtbereich weiter aus. Die Guerillas versteckten Sprengladungen an den Straßen und lockten Polizeieinheiten und südvietnamesische Truppen in diese Fallen. Sie hoben bis zu 5 km lange Tunnel aus, über die sie sich zurückzogen, um anschließend dem Feind in den Rücken zu fallen. Die südvietnamesische Armee war in großen Schwierigkeiten. Präsident Johnson entschied, das amerikanische Truppenkontingent in Südvietnam auszubauen. Eine offene Auseinandersetzung zeichnet sich ab.

1964 waren 24 000 amerikanische Soldaten in Südvietnam stationiert. Ihre Zahl stieg stetig und im Februar 1967 waren 450 000 Infanteristen, Matrosen, Flieger und US-Marines mobilisiert. Hinzu kamen B-52-Geschwader, die vom Militärstützpunkt Guam im Pazifik aus Angriffe gegen Nordvietnam flogen, sowie 50 000 Matrosen der 7. Flotte, die vor den Küsten Vietnams ankerte.

Am 2. und 4. August meldeten zwei amerikanische Zerstörer, sie seien von nordvietnamesischen Torpedobooten angegriffen worden (Tongking-Zwischenfall). Daraufhin sah sich Präsident Johnson zu Vergeltungsmaßnahmen gezwungen und ließ sich vom Kongress umfassende Handlungsvollmachten für den Einsatz amerikanischer Truppen erteilen. Später sollte die „New York Times“ einen Bericht veröffentlichen mit Schriftstücken des Pentagons, die bewiesen, dass die Versenkung der amerikanischen Zerstörer fingiert war, um die massiven Angriffe auf Nordvietnam zu rechtfertigen, bei denen auch die Zivilbevölkerung bombardiert wurde.

Obwohl die Militärregierung in Saigon über 200 000 Soldaten mobilisiert hatte, kontrollierten die Vietcong Ende 1964 zwei Drittel der Fläche Südvietnams. Nordvietnam klagte Amerika vor der Weltöffentlichkeit für den Einsatz von Napalm bei Luftangriffen an. Diese Anklage schürte weltweit die antiamerikanische Feindseligkeit bei prokommunistischen Gruppen. Vor allem in Europa fiel die kommunistische Propaganda auf fruchtbaren Boden. Amerikanische Familien mit Söhnen im wehrpflichtigen Alter durchlebten Stunden der Angst. Ende 1965 belief sich die Zahl der amerikanischen Bodentruppen in Vietnam auf 165 000. Doch nicht nur in den Vereinigten Staaten, sondern weltweit wuchs der Widerstand gegen den Vietnamkrieg. Das 1. Russell-Tribunal, benannt nach dem englischen Philosophen Bertrand Arthur William Russell, sollte 1967 über die Kriegsverbrechen der amerikanischen Truppen in Vietnam verhandeln. 1967 verbreitete Ernesto Guevara Serna, genannt „Che“ Guevara, den Slogan: „Schafft zwei, schafft drei, schafft tausend Vietnams.“ Die USA sahen sich mit großen Antikriegsdemonstrationen konfrontiert, die ein Ende der Bombardierungen forderten.

1965 kämpften 600 000 Südvietnamesen, 165 000 Amerikaner, 20 000 Südkoreanern sowie australische und neuseeländische Soldaten der SEATO gegen etwa 180 000 Vietcong und Nordvietnamesen. Die Bombenangriffe brachten nicht die gewünschten Ergebnissen. Amerikanische Flugzeuge wurden von sowjetischen Raketen der Vietcong abgeschossen und im Frühjahr 1967, nach endlosen Monaten erfolgloser Angriffe auf Nordvietnam, waren 500 amerikanische Flugzeuge verloren.

1965 fanden außerdem erstmals größere Landgefechte statt, an denen amerikanische Divisionen beteiligt waren, während die schnellsten Bomber der Welt, die Phantom-Jagdbomber, weiterhin erfolglos Nordvietnam bombardierten. Die Bevölkerung hatte die Städte verlassen, obwohl die amerikanischen Luftangriffe nur selten dicht besiedelten Gebieten oder Städten galten. Auch wenn diese Taktik ein Zugeständnis an die Bevölkerung war, schützte sie die Amerikaner nicht vor der schonungslosen Verurteilung durch die gesamte Welt, insbesondere durch europäische Studenten.

Die Vietcong gingen äußerst brutal vor. John Steinbeck berichtete von Vorfällen, bei denen vermeintliche Abtrünnige auf hölzerne Pfähle gespießt wurden oder mit aufgeschlitzten Bäuchen durch die Dorfstraßen getrieben wurden. Scheinbare Gegner der Vietcong wurden vor den Dorfbewohnern, ihren Kindern, Ehefrauen und Eltern Stück für Stück zerhackt. Doch die Medien, einschließlich der amerikanischen, berichteten nur selten von diesen Greueltaten. Stattdessen konzentrierte sich die Berichterstattung auf die Verbrechen der amerikanischen Befehlshaber zum Beispiel auf das Massaker von My Lai. Man vermutet, das in diesem Weiler am 16. März 1968 über 300 Vietnamesen von amerikanischen Soldaten niedergemetzelt wurden.

Die prosowjetischen Nationen schickten militärische Ausrüstung an Nordvietnam, die diese wiederum an die kämpfenden Vietcong weiterleiteten. Die UdSSR lieferten Lastwagen, MiG-21-Flugzeuge, Raketen und Helikopter. China sandte unter anderem Tretminen und Mörser. Die Tschechoslowakei und Polen lieferten schwere Geschütze und Boote, die DDR Autos, Motorräder und Fahrräder und Rumänien sandte medizinisches Gerät. Die amerikanische Bevölkerung blickte einem endlosen Krieg und immer größeren Verlusten entgegen und spaltete sich in zwei Lager, bestehend aus den wenigen „Adler", den kämpferischen Patrioten, und den zahlreicheren „Tauben", den Pazifisten.

Darüber hinaus sah sich Amerika mit enormen Kriegskosten in Höhe von 30 Milliarden Dollar pro Jahr konfrontiert. An der Wallstreet befürchtete man einen Einbruch der Aktienkurse vergleichbar mit jenem von 1929. Einige Washingtoner Strategen hofften, dass die Spannungen zwischen China und der Sowjetunion Hanoi schaden würden. Doch das Gegenteil trat ein: Die UdSSR versorgte die Vietminh mit militärischer Ausrüstung, was China dazu veranlasste, in einen Wettstreit mit der UdSSR zu treten und Ho Chi Minh ebenfalls massiv zu unterstützen.

In Saigon löste eine unfähige Militärregierung die andere ab. 1965 bis 1967 war General Nguyen Cao Ky, Ministerpräsident Südvietnams. Nguyen Cao Ky trat stets in einem ledernen Fliegerkombi auf und unterstrich ausgiebig und lautstark seine antikommunistische Haltung. Doch die Achillesferse der antikommunistischen Front war die zögerliche Haltung des Generals William Childs Westmoreland, Oberbefehlshaber der amerikanischen Streitkräfte. Der Veteran des Zweiten Weltkriegs und des Koreakriegs war von seiner leitenden Position an der Militärakademie West Point an die südvietnamesische Front versetzt worden. Westmoreland verlor wertvolle Zeit mit dem Ausarbeiten von Taktiken, darunter der Abwurf von 1 Milliarde Flugblättern mit antikommunistischen Parolen über den Lagern der Vietcong, statt einen erbarmungslosen Angriff zu wagen, den die Situation forderte. Nach der Flugblattaktion täuschten 2 000 Vietcong vor, zur südvietnamesisches Armee überzulaufen. Tatsächlich kollaborierten sie jedoch nicht, sondern spionierten und sabotierten.

Von den vielen Jahren des Vietnamkriegs war das Jahr 1969 das grausamste. Das Blutvergießen in Vietnam hatte weltweit zur Entwicklung einer revolutionären Bewegung geführt. Diese ging als die „68er-Generation" in die Geschichte ein.

1968 widerfuhr der amerikanischen Nation eine ihrer größten Niederlagen. Sie begann mit der „Tet-Offensive". Anlässlich der buddhistischen Neujahrsfeier (Tet) gegen Ende Januar, verkündete der südvietnamesische Staatspräsident Nguyen Van Thieu einen 48-stündigen Waffenstillstand. Zur selben Zeit, am 27. Januar, begann ein einwöchiger Waffenstillstand der Vietcong. Am 30. Januar leiteten jedoch die Vietcong und die nordvietnamesische Armee ohne jede Vorankündigung und unter Missachtung des Waffenstillstands eine gigantische Offensive ein. Der größte Teil des amerikanischen Expeditionskorps versuchte, entlang des 17. Breitengrads und der laotischen und kambodschanischen Grenze die Nachschubtruppen der Guerillas aufzuhalten. Mehr als 50 000 Vietcong und Vietminh griffen zeitgleich mehrere Schauplätze von unterschiedlicher strategischer Bedeutung an: die Hauptkommandozentrale der südvietnamesischen Armee in Saigon, acht von elf Divisionskommandozentralen, 30 Provinzhauptstädte und 14 Luftstützpunkte. Dies war die größte Offensive im Vietnamkrieg. Ein Teil Saigons geriet unter feindliche Kontrolle, der es gelang, eine Provisorische Revolutionsregierung zu bilden. Einige Vietcong, die in die amerikanische Botschaft eingedrungen waren, konnten nur unter großen Verlusten zurückgedrängt werden. General Westmoreland ließ alle verfügbaren Truppen mobilisieren. Er konnte die Kontrolle über Saigon und einige andere Städte zurückzugewinnen. Diese Unternehmungen kosteten mehr als 30 000 Vietcong das Leben.

Die „Tet-Offensive" war zwar von großer symbolischer Bedeutung, scheiterte jedoch auf militärischem Gebiet. Den amerikanischen Truppen war es gelungen, die verlorenen Stellungen zurückzuerobern, einschließlich der ehemaligen Kaiserstadt Huê. Den ganzen März über dauerten heftige Kämpfe an. Die amerikanischen Truppen unternahmen einen Gegenangriff im Mekongdelta, womit sie den „Krieg der Reisfelder" einleiteten. In der Zwischenzeit griffen die Vietcong das amerikanische Lager bei Khe Sanh an. Doch dann ereignete sich einer der tragischsten Zwischenfälle während des gesamten Kriegs: das Massaker von My Lai. Am frühen Morgen des 16. März 1968 erreichte die Charlie Company der amerikanischen 11. Division den Weiler My Lai im nördlichen Südvietnam. Die Kompanie wurde angeführt von dem 24-jährigen Leutnant William L. Calley. Sein direkter Vorgesetzter, Hauptmann Ernest Medina, gab Calley den

Befehl, den Feind „durch Tötung zu neutralisieren“. Doch es gab keinen Feind in My Lai. In dem Weiler hielten sich nur einige Frauen, alte Männer und Kinder auf. Calley führte den Befehl ordnungsgemäß aus. Er selbst eröffnete das Feuer auf eine der Hütten mit den traumatisierten Bewohnern und befahl seinen Männern, seinem Vorbild zu folgen. Monatelang drang keine Nachricht von dem Massaker an die Öffentlichkeit, bis Ronald Ridenhour von seinen Kameraden davon hörte. Ridenhour schrieb einen Brief an einige Kongressabgeordnete in Washington. Dieser Brief gelangte in die Hände des Journalisten Seymour M. Hersh, der den Fall untersuchte und veröffentlichte. Später erhielt er für diese Reportage den Pulitzerpreis. Im Juni 1969 wurde Leutnant Calley in die USA zurückbeordert und vor ein Militärgericht gestellt. Am 29. März endete der Prozess mit der Verurteilung Calleys zu einer lebenslangen Freiheitsstrafe. Während des Prozesses ergriff der Journalist John Sack Partei für den Angeklagten und schrieb ein Buch mit dem Titel „Lieutenant Calley“. Darin beteuert Calley, dass er lediglich den Befehl seines Vorgesetzten ausgeführt habe. Doch dieser Exekutionsbefehl galt den Vietcong und nicht wehrlosen Frauen und Kindern. Präsident Nixon begnadigte Calley zu 20 Jahren Gefängnis. Calley wurde Ende 1974 vorzeitig aus der Haft entlassen. Hauptmann Medina schied auf sein Gesuch aus der Armee aus, ebenso wie General Samuel Koster, Befehlshaber der American Division.

In der Kompanie, die My Lai dem Erdboden gleichmachte, waren drei Soldaten, die versuchten, dass Massaker zu verhindern. Sie wurden erst 1988 im Rahmen einer wissenschaftlichen Untersuchung des Massakers durch Professor David Egan am Clemson College in South Carolina ausfindig gemacht. Die drei Soldaten hießen Hugh Thompson, Lawrence Colburn und Glenn Andreotta. Unter dem Kommando von Thompson, der wie Calley 24 Jahre alt war, befanden sich die drei an Bord eines Helikopters. Sie hatten den Befehl, My Lai aus der Luft zu überwachen. Am Vormittag beobachteten sie, wie ein amerikanischer Offizier ein am Boden liegendes Mädchen mit einem Genickschuss tötete. Daraufhin entschied Thompson zu landen. Nach der Landung entdeckten er und seine Leute einen Graben, in dem die Leichen von Frauen, alten Männern und Kindern lagen. Sie sahen auch eine Gruppe von amerikanischen Offizieren, die mit ihren Gewehren auf eine Hütte zielten, vor der eine vor Angst gelähmte alte Frau mit einem Neugeborenen und einem Kleinkind stand. Daraufhin zogen Thompson und seine Männer ihre Pistolen, um die Dorfbewohner zu verteidigen. Sie konnten etwa ein Dutzend Menschen retten. Glenn Andreotta, der ein zweijähriges Kind aus den Armen seiner toten Mutter rettete, starb drei Wochen später bei einem Helikopterabsturz. Thompson und Colburn, die ihren Vorgesetzten von dem Vorfall berichteten hatten, wurden für ihr heldenhaftes Verhalten ausgezeichnet.

Das Massaker von My Lai wurde zwar nicht von einer Sondereinheit ausgeführt, doch die Geschichte des Vietnamkriegs wäre unvollständig ohne die Erwähnung der „Green Berets“. Dieses Elitekorps wurde von den rechtsextremen Gruppierungen in den USA ebenso bewundert, wie es von den Beatniks und liberalen Geistern in der ganzen Welt gehasst wurde. Die Green Berets waren Freiwillige, spezialisiert auf Antiguerillaeinsätze und Dschungelkämpfe. Sie agierten eigenständig oder mit dem MACV-SOG („Military Assistance Command Vietnam/Studies and Observations Group“) und waren auch als SOG („Special Operations Group“) bekannt. Ursprünglich sollte die 1964 gegründete SOG lediglich die südvietnamesische Armee durch Training und strategische Beratung unterstützen. Doch nach und nach unternahm die SOG eigene geheime militärische Aktionen. Sie führte sowohl Spionageeinsätze aus, bei denen sie die Verstecke der kommunistischen Guerillatruppen aufspürte, als auch so genannte schwarze Aktionen, die illegale Tötungen, Sabotage, psychologische Kriegführung und gezielte Fehlinformationen einschlossen. Den Green Berets der SOG standen Helikopter und Flottengeschwader zur Verfügung, die sie von ihren Stützpunkten in die feindlichen Gebiete transportierten. Die SOG formierte sich aus 2 000 Amerikanern und 8 000 Südvietnamesen, die nach strengen Kriterien ausgewählt wurden. Ihr Hauptquartier befand sich in der Nähe von Saigon, bei der Stadt Than Nut. Sie startete ihre Sondereinsätze von so genannten FOB-Stützpunkten aus („Forward Observer Bases“), die bei Ban Me Thuot, Kontum, Khe Sanh und Da Nang lagen. Ab Dezember 1967 operierten die Green Berets von drei Orten aus: Da Nang für Einsätze im Norden, Kontum für Operationen im Zentrum und entlang der laotischen und kambodschanischen Grenzen sowie Ban Me Thuot für Unternehmungen im Süden. Eine Standardeinheit („Spike Recon Team“) der Green Berets, bestand aus drei Angehörigen des amerikanischen Sonderkommandos und neun Vietnamesen. Diese Einheiten waren darauf spezialisiert, die Vietcong im Dschungel zu bekämpfen und die nordvietnamesischen Truppen zurückzuschlagen, die den 17. Breitengrad überschritten hatten. Die Vietcong mussten erfahren, dass es beinahe unmöglich war, den Green Berets zu entkommen, die ihnen mit eiserner Entschlossenheit und einem unbeugsamen Siegeswillen plötzlich im Dschungel entgegentraten.

Der Vietnamkrieg
1964–1975

Nach der „Tet-Offensive" 1968 und den amerikanischen Gegenangriffen lastete der Krieg hauptsächlich auf den regulären Truppen Nordvietnams. Das politische und militärische Ansehen der USA hatte stark gelitten. Die Regierung sah sich massiven Anschuldigungen ausgesetzt und Präsident Johnson verzichtete auf eine erneute Präsidentschaftskandidatur. Richard Milhous Nixon, der 1960 eine Wahlniederlage gegen Kennedy hatte hinnehmen müssen, wurde neuer Präsident.

Die USA erkannten, dass es unmöglich war, in Vietnam einen militärischen Sieg zu erringen. Doch die Regierung Nixon hatte nicht nur unter den Niederlagen in Südostasien zu leiden, sondern sah sich auch zu Eingeständnissen gegenüber dem wachsenden Unmut innerhalb der amerikanischen Bevölkerung gezwungen. Es kam zu Aufsehen erregenden Protesten, unter anderem verweigerte Muhammad Ali, Boxweltmeister im Schwergewicht, den Kriegsdienst. Im Zuge der landesweit aufkommenden Studentenunruhen wurden vier Studenten der Kent State University von der Nationalgarde getötet. Die Unruhen griffen auf die europäischen Universitäten über. 1968 begannen die Proteste an der Universität von Paris und breiteten sich weiter nach Deutschland und Italien aus. Der Begriff „68er" wurde zum Synonym für die Protestbewegungen. Unterstützt wurden die „68er" von intellektuellen Organisationen und vom KGB, dem sowjetischen Geheimdienst.

1970 weitete sich der Krieg auf Kambodscha und 1971 auf Laos aus. In Kambodscha wurde der Staatschef Norodom Sihanouk von General Lon Nol gestürzt. Die Regierung von Laos stellte sich den kommunistischen Guerillas auch weiterhin in den Weg.

Bereits nach dem Scheitern der „Tet-Offensive" zeigten beide Seiten Verhandlungsbereitschaft. Am 13. Mai 1968 trat die Pariser Friedenskonferenz zusammen. Anwesend waren die USA, die Republik Südvietnam, die Demokratische Republik Nordvietnam und Vertreter der Provisorischen Revolutionsregierung Südvietnams. Man verhandelte über einen Waffenstillstand. In Südvietnam gingen die Kämpfe jedoch weiter. 1969 legte Präsident Nixon das Programm einer „Vietnamisierung" des Kriegs vor. Es enthielt den stufenweisen Abzug der amerikanischen Truppen und die Übertragung der Kriegführung an die südvietnamesische Armee. Es bedurfte jedoch langwieriger Geheimverhandlungen zwischen Henry Alfred Kissinger, dem Sonderbeauftragten Präsident Nixons und seinem nordvietnamesischen Verhandlungspartner Le Duc Tho, bis ein endgültiger Waffenstillstand zustande kam. Am 27. Januar 1973 unterzeichneten schließlich die Teilnehmer der Pariser Vietnam-Konferenz den in den Geheimgesprächen ausgehandelten Waffenstillstandsvertrag.

Nachdem sich die amerikanischen Streitkräfte zurückgezogen hatten, starteten die kommunistischen Truppen ab Dezember 1974 eine Großoffensive. Diese führte nachdem die Vereinigten Staaten Vietnam auch finanziell keine Unterstützung mehr leisteten 1975 zur Eroberung ganz Südvietnams, das am 30. April 1975 kapitulierte. An diesem Tag marschierten die Soldaten Ho Chi Minhs in Saigon ein und die Welt sah mit Entsetzten, wie auch die letzten Amerikaner mit einem Helikopter vom Dach der amerikanischen Botschaft flohen. Der Krieg, der begonnen hatte, um Indochina vor dem Kommunismus zu bewahren, endete damit, dass ganz Südostasien unter dem Einfluss von Moskau und Peking stand.

Tausende Flüchtlinge verließen in den darauf folgenden Jahren Vietnam. Es etablierte sich der Begriff „boat people", der Familien bezeichnet, die in kleinen Booten über den Pazifik flüchteten, in der Hoffnung, von amerikanischen Schiffen aufgenommen zu werden. Insgesamt verloren 2 Millionen Vietnamesen im Vietnamkrieg ihr Leben, 3 Millionen wurden verwundet und 12 Millionen flohen aus ihrer Heimat. Amerika hatte 57 685 Tote und 153 000 Verletzte zu beklagen.

Zu Beginn des dritten Jahrtausends herrscht Frieden in Vietnam. Saigon, die einstige Hauptstadt von Südvietnam heißt seit 1976 in Erinnerung an den 1969 verstorbenen Staatsmann Ho-Chi-Minh-Stadt.

331

Das Foto eines Kriegsberichterstatters offenbart die Grausamkeit des Kriegs. Ein amerikanischer Soldat trauert um seinen toten Kameraden, der sein Leben im Vietnamkrieg verloren hat. Der Krieg zwischen Nord- und Südvietnam verwickelte die USA mehr und mehr, zunächst unter den Präsidenten Truman, Eisenhower und Kennedy. Im Dezember 1961 hatte Kennedy feierlich versprochen, die Unabhängigkeit Südvietnams gegen die Vietcong zu verteidigen.

Der Vietnamkrieg

1964–1975

332–333

Oben links: *Amerikanische Soldaten überqueren einen Fluss bei Phuo Vinh, um einen Angriff der Vietcong abzuwehren (13. Juni 1965).*
Mitte links, unten links *und* rechts: *Das zweite Bataillon der 173. Airborne Division bei einer Operation gegen die Vietcong nahe Ben Cat. Der Angriff findet bei heftigen Regenfällen statt und die amerikanischen Infanteristen sind gezwungen, ihre Selbstladewaffen und Bazookas vor dem Wasser zu schützen.*

334–335

Links: *Vietcong marschieren in ein „befreites“ Dorf ein.*
Oben rechts: *Vietcong bedienen eine Flak, die vermutlich aus der Sowjetunion stammt. Obwohl die Militärregierung in Saigon über 200 000 Soldaten mobilisiert hatte, kontrollierten die Vietcong Ende 1964 zwei Drittel des südvietnamesischen Territoriums.*
Unten rechts: *Vietcong liegen auf Booten im Hinterhalt.*

1964
1975

Der Vietnamkrieg

1964–1975

336–337
Links: *Fallschirmjäger der amerikanischen Luftwaffe auf dem Hügel An Thi, während der Operation „Masher" im Winter 1965/1966 im Zentrum Südvietnams.*
Oben rechts: *Amerikanische Einheiten warten im Oktober 1966 in Long Khan darauf, dass sie von Helikoptern in Sicherheit gebracht werden. Ein schwer verwundeter Soldat benötigt dringend Hilfe.*
Unten rechts: *Für einen der Soldaten, die auf Rettung warten, kommt jede Hilfe zu spät.*

Der Vietnamkrieg

1964–1975

338–339

Tote, Verwundete, Verstümmelte. Diese dramatischen Aufnahmen machte ein Kriegsberichterstatter im Januar 1966 während einer der unzähligen grausamen Schlachten zwischen Nordvietnamesen und Vietcong und den amerikanischen Streitkräften. Diese Aufnahmen sind von solcher Expressivität, dass sie keiner der später gedrehten Filme über den Vietnamkrieg nachstellen konnte: „The Green Berets" (1968), „Die durch die Hölle gehen" (1979), „Platoon" (1986) und „Geboren am 4. Juli" (1989).

340–341

Links: *US-Marines überqueren einen von Napalm versengten Hügel bei Da Nang. Das Foto entstand im März 1968 während des Vergeltungsangriffs für die „Tet-Offensive", bei der die Nordvietnamesen unter Missachtung des Waffenstillstands anlässlich der buddhistischen Neujahrsfeier angegriffen hatten.*
Rechts: *Amerikanische Soldaten brennen mit Flammenwerfern die Überreste eines feindlichen Lagers bei Binh Duong nieder.*

342–343

Links: *Eine verzweifelte Mutter hält ihr Kind in den Armen, das bei dem Angriff am 8. Juni 1972 in Trang Bang furchtbare Verbrennungen erlitten hat.*
Rechts: *Dieses Bild wurde bei demselben Angriff aufgenommen und erschütterte die ganze Welt. Die neunjährige Phan Thi Puc flieht schreiend. Sie hat sich ihre Kleider vom Leib gerissen, die durch Napalm in Flammen aufgegangen waren. Mit sehr viel Glück überlebte sie einen versehentlichen Angriff der Südvietnamesen auf ihr Dorf. Im Vordergrund erkennt man ihren Bruder Phan Yhan Tam. Phan Thi Puc lebt heute unter dem Namen Kim in den USA, ist verheiratet und Mutter eines Sohnes, den sie Huan („Hoffnung") genannt hat.*

1964
1975

346–347
Oben links *und* unten links: *Der Militärarzt James E. Callaghan hilft einem Kameraden, der von einer Kugel am Kopf getroffen wurde, und versucht, einen anderen mit Mund-zu-Mund-Beatmung wiederzubeleben.*
Mitte links: *Ein amerikanischer Soldat tröstet einen Kameraden.*
Rechts: *Ein amerikanischer Soldat hilft einem Kameraden während der Verteidigungsschlacht des Osttors von Saigon (Februar 1968).*

344–345
Aufnahmen der „Tet-Offensive", die 1968 von den Vietcong unternommen wurde. Amerikanische Soldaten der 101. Airborne Division warten auf Helikopter, die die Verletzten der Schlacht um die alte Kaiserstadt Huê evakuieren sollen. Die „Tet-Offensive" hatte zwar große symbolische Bedeutung, führte jedoch zu keinem militärischen Erfolg. Den angreifenden Vietcong gelang es weder, die eroberten Stellungen zu halten noch den erhofften Aufruhr in den Städten zu entfachen.

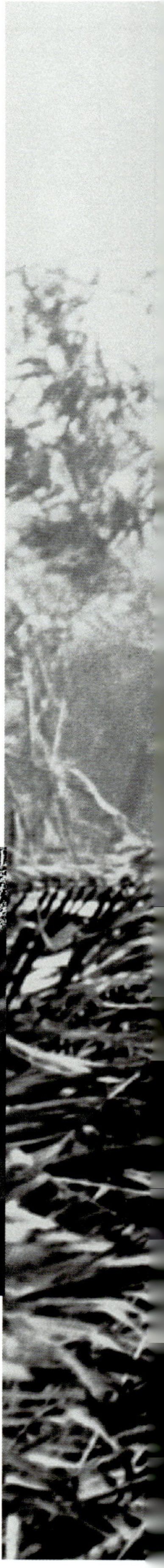

1964
1975

19*64*

1975

348–349

Links: *Ein südvietnamesischer Soldat hält Totenwache bei seinen Kameraden in einem Reisfeld auf der Insel Tan Dinh. Er wartet auf die Helikopter, die die Leichen fortbringen werden.*

Rechts: *Überlebende amerikanische Soldaten nach einem Schusswechsel. Die Verluste auf amerikanischer Seite während der ersten sechs Kriegsjahre waren hoch, doch auf vietnamesischer Seite waren sie ungleich höher.*

350–351

Diese Aufnahmen zeigen den Krieg aus Sicht der Vietcong.

Oben links: *Ein amerikanisches Flugzeug wird auf dem Rückflug von einem Einsatz gegen die Vietcong aus Versehen von einer amerikanischen Flak abgeschossen.*

Unten links: *Eine Flugabwehrstellung der Vietcong.*

Rechts: *Ein Mädchen und ein Mann in einem unterirdischen Versteck.*

352–353

Diese Aufnahmen zeigen tragische Situationen, denen die vietnamesische Zivilbevölkerung während des Kriegs ausgesetzt war: flüchtende Mütter mit ihren Kindern während eines Luftangriffs der Amerikaner im Mekongdelta. Im März 1968 starteten die Vereinigten Staaten in diesem Delta eine Gegenoffensive. Damit begann der „Krieg der Reisfelder“.

19 64

1975

19*64*
1975

354–355
Oben links: *Amerikanische Soldaten zerren einen verletzten Nordvietnamesen aus einem Bunker (Bong Son)*
Unten links: *Ein vietnamesischer Polizist befragt einen Vietcong, den man an den Füßen aufgehängt hat.*
Rechts: *Amerikanische Soldaten bedrohen mit ihren Waffen vermeintliche Vietcong, die sie aus dem Dschungel getrieben haben.*

356–357

Oben links: *Ein Südvietnamese zerrt eine Gefangene an den Haaren durch den Mekong.*
Unten links: *Ein amerikanischer Soldat hält einer Gefangenen den Lauf seines Gewehrs an den Kopf.*
Rechts: *Ein südvietnamesischer Offizier befragte einen Vietcong (Tan Dinh).*

Der Vietnamkrieg

1964–1975

358–359
Links: *Eines der schrecklichsten Bilder des Vietnamkriegs. General Nguyen Ngoc Loan, südvietnamesischer Polizeichef, exekutiert einen gefangenen Vietcong (Saigon 1968). Der Fotograf Edward T. Adams erhielt für diese Aufnahme den Pulitzerpreis. Weder die südvietnamesische Regierung noch das amerikanische Kommando waren über diese Aufnahme erfreut, die in Europa und den USA zu groß angelegten Friedensdemonstrationen führte.*
Rechts: *Amerikanische Militärberater blicken auf die Leichen exekutierter Vietcong (Mekongdelta).*

1964
1975

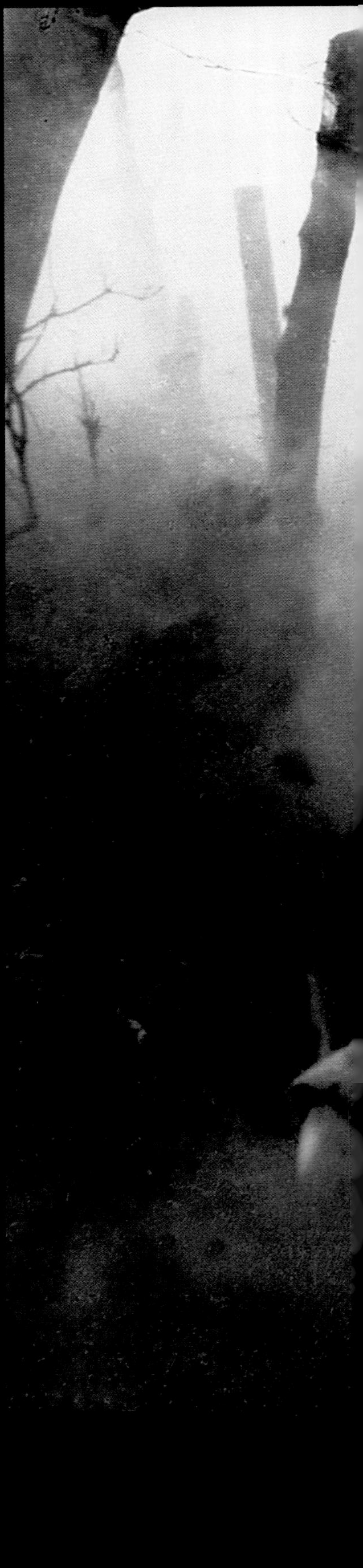

1964
1975

360–361
Diese Aufnahmen stammen aus Beständen der Vietcong. Sie zeigen nordvietnamesische Soldaten, darunter eine Frau, beim Transport von Nachschub und im Kampf. Auch die kommunistischen Streitkräfte betrieben tatkräftig Propaganda, die ihre Wirkung auf den Krieg und die weltweite Meinung nicht verfehlte. Am stärksten aber wurde die Position der Amerikaner durch die Berichterstattung in den eigenen Medien geschwächt. Dokumentarfilme und Berichte zeigten schonungslos die entmenschlichende Rekrutenausbildung und die Grausamkeiten, die vor allem gegen die Zivilbevölkerung begangen wurden.

362–363
Der Helikopter: Sowohl für die südvietnamesischen als auch später für die amerikanischen Streitkräfte war der Helikopter ein entscheidendes Transportmittel. Fehlende Straßen, unzählige Sümpfe, Fallen und Hinterhalte erschwerten es den Truppen, mit Fahrzeugen oder zu Fuß in den Dschungel zu gelangen. Jede militärische Operation und jede Evakuierung erforderte den Einsatz von Helikoptern.

Der Vietnamkrieg

1964–1975

Der Vietnamkrieg

1964–1975

364–365
Helikopter eskortieren und schützen amerikanische Infanteristen in unwegsamem und unübersichtlichem Gelände, das dem Feind hervorragende Deckung liefert.

366–367
Diese Fotos wurden von Larry Burrows geschossen, einem der bekanntesten Kriegsberichterstatter.
Oben links: *Der Soldat James Farley schießt mit einem M 60 Maschinengewehr auf den Feind.*
Rechts: *Farley ist fassungslos und verzweifelt. Eine Flak der Vietcong hat zwei seiner Kameraden niedergemetzelt.*
Unten links: *Zurück in der Basis trauert Farley um seine Kameraden.*

1964
1975

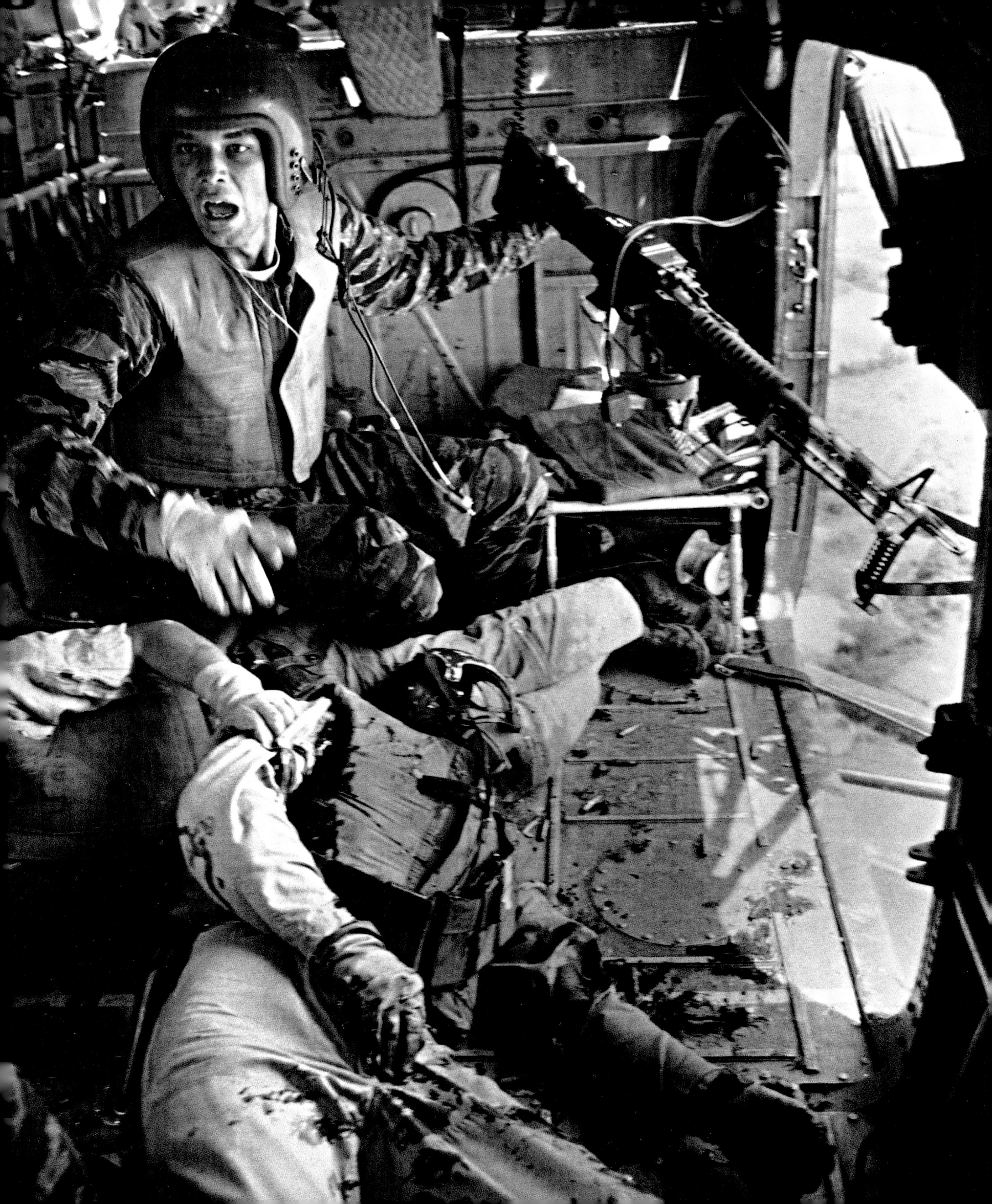

1964
1975

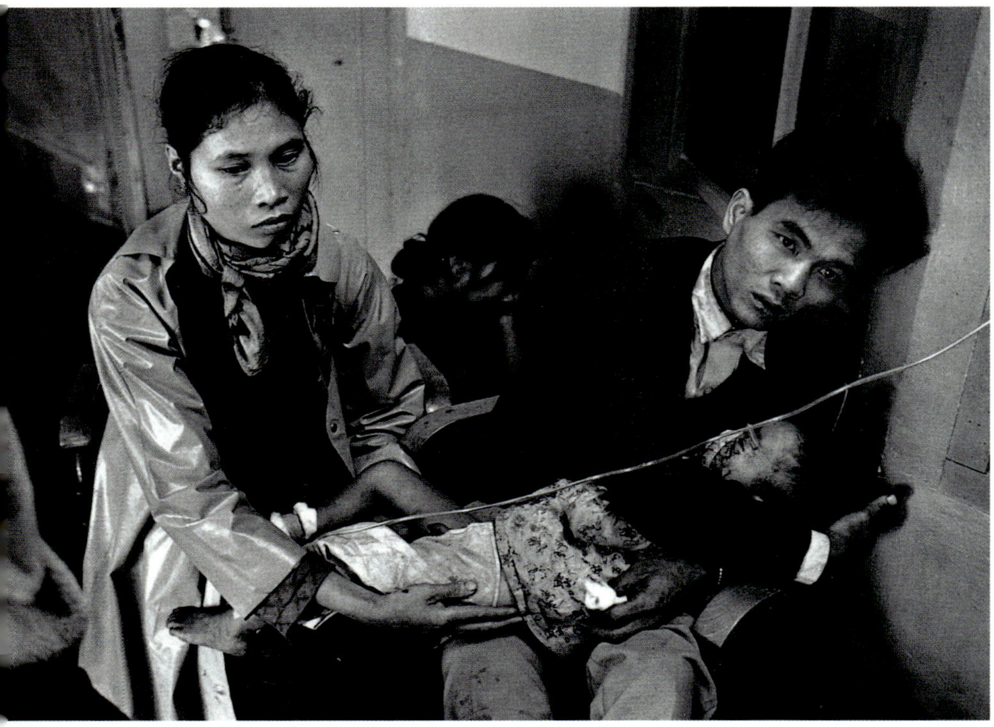

Der Vietnamkrieg

1964–1975

368–369

1969 fiel eine amerikanische Einheit einem Hinterhalt in der Nähe von Saigon zum Opfer. Während die Soldaten auf Helikopter warten, werden die Leichen auf einen Panzer geladen.

370–371

Dramatische Aufnahmen der „Schlacht um die Zitadelle", die geschlagen wurde, um die Kontrolle über Huê zu erlangen (1968).
Oben links, Mitte links *und* rechts: *Einheiten der amerikanischen Infanterie suchen Schutz in zerstörten Häusern, hinter Panzern und hinter Bäumen.*
Unten links: *Die Zivilbevölkerung musste während der Schlacht um Huê unsäglich leiden.*

372–373

Diese Aufnahmen entstanden während der Evakuierung Saigons („Tet-Offensive“). Nach monatelangen Kämpfen, die tausende von Todesopfern forderten, hatten die amerikanischen Streitkräfte fast alle verlorenen Stellungen zurückerobert. Die „Tet-Offensive“ machte jedoch deutlich, dass die Amerikaner keinen endgültigen militärischen Sieg erringen konnten.

374–375

Diese schrecklichen Aufnahmen belegen, welches Leid die Zivilbevölkerung im Vietnamkrieg erdulden musste. Am härtesten traf es die wehrlosen Kinder. Sie fielen den schweren Bombardements ihrer Dörfer zum Opfer, in denen die Amerikaner Vietcong vermuteten. Wenn die Kinder die Napalm- und Bombenangriffe überlebten, waren sie meist völlig auf sich gestellt. Sie hatten ihre Familien und ihre Heimat verloren.

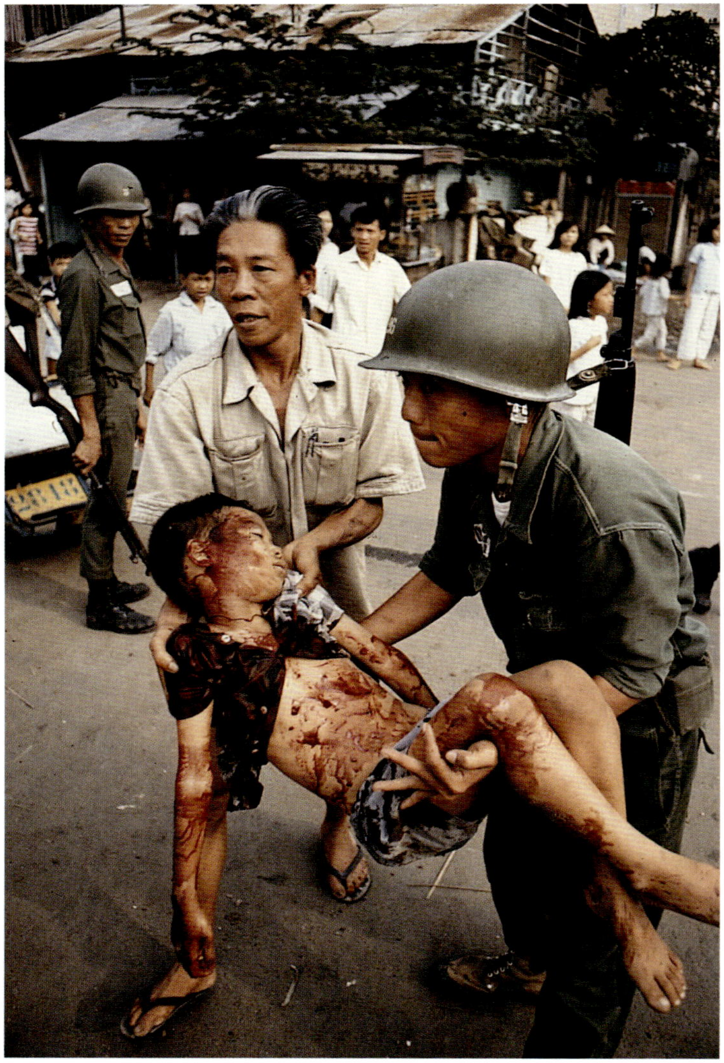

1964
1975

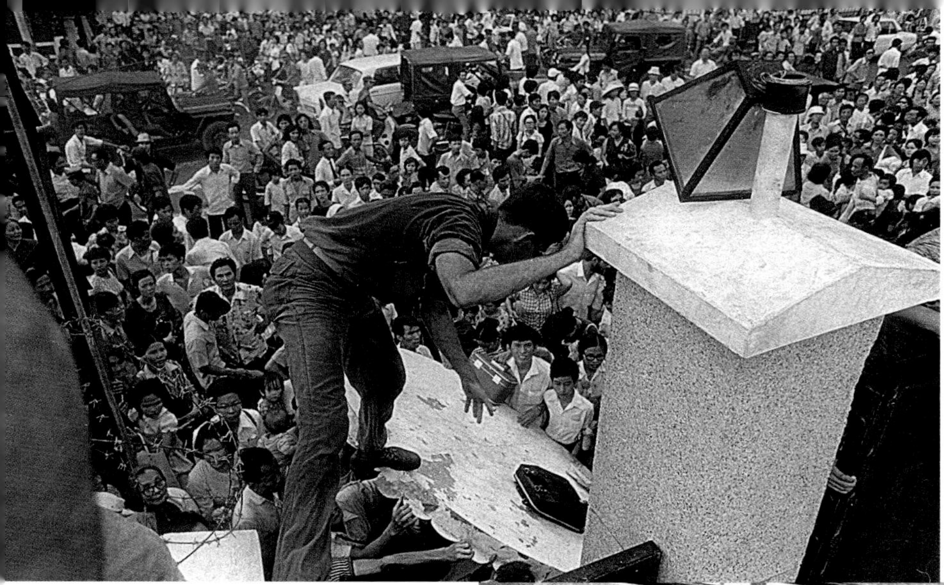

376–377
Diese Fotos vom 30. April 1975 zeigen das Ende des Vietnamkriegs und die Evakuierung der Vertreter der amerikanischen Botschaft. An diesem Tag hatten die Truppen aus Hanoi den Widerstand der südvietnamesischen Streitkräfte gebrochen und marschierten in Saigon ein. Die Stadt wurde später in Ho-Chi-Minh-Stadt umbenannt.

378–379
Das Ergebnis eines sinnlosen Kriegs: zehntausende von Menschen getötet, hunderttausende verwundet und verstümmelt, das Land zerstört von Kämpfen und Napalm, die amerikanische Nation geplagt von Gewissensbissen und Scham. Der Welt bleibt nur, mit anzusehen, wie die Überlebenden mit ihrem Schmerz kämpfen.

Der Vietnamkrieg

1964–1975

1964
1975

DER AFGHANISTANKRIEG

MEHR ALS EIN JAHRZEHNT, VON DEZEMBER 1979 BIS FEBRUAR 1989, WAR AFGHANISTAN DAS „VIETNAM RUSSLANDS“. DIE JAHRHUNDERTEALTE MUSLIMISCHE NATION IN VORDERASIEN HATTE BEREITS ZUR ZEIT ALEXANDERS DES GROSSEN STRATEGISCHE BEDEUTUNG.

Im Afghanistankrieg verloren 14 000 sowjetische Soldaten ihr Leben. Weit mehr Afghanen, mindestens eine halbe Million, wurden getötet. Der Krieg markierte die unüberwindbaren Unterschiede zwischen dem Islam und der sowjetischen Weltmacht. Verehrt in den Erzählungen des englischen Schriftstellers und Journalisten Rudyard Kipling, stellte sich Afghanistan während des gesamten 19. und in den ersten Jahren des 20. Jahrhunderts unbeugsam dem britischen Imperialismus entgegen. Nach der Eroberung Indiens war Großbritannien davon ausgegangen, dass die Einnahme des rauen Landes in Vorderasien ähnlich einfach verlaufen würde. Doch der Khyberpass, der Gebirgspass zwischen Pakistan und Afghanistan bot nur einen beschwerlichen Zugang.

Im 16. und 17. Jahrhundert war Afghanistan zwischen dem indischen Mogulreich und Persien geteilt. 1747 machte Ahmed Schah Durrani das Land zu einem mächtigen unabhängigen Emirat mit der Hauptstadt Kabul. Doch die Afghanen waren nicht so unterwürfig wie die Inder. Sie weigerten sich, Befehle von Fremden entgegenzunehmen. Im 18. Jahrhundert griffen sie immer wieder zu den Waffen und wendeten Guerillataktiken gegen die zaristischen Unterwerfungsversuche an. In den drei afghanischen Kriegen 1839–1842, 1878–1880 und 1919 gewährten sie auch den Briten gegenüber kein Pardon.

Nach dem Staatsstreich der Bolschewisten 1917 erkannte Afghanistan als erste Nation die neue Sowjetrepublik an. Doch als Stalin in den 30er-Jahren mit Repressalien gegen die Völker Zentralasiens wütete, bot Afghanistan den Flüchtlingen Gastfreundschaft und Hilfe und bewahrte so tausende von Menschen vor den bolschewistischen Massakern. Auch schreckten die Afghanen nicht vor einem Zusammenstoß mit der Vorhut der Roten Armee entlang der Grenzrouten zurück.

Das Ende der britischen Herrschaft in Indien 1947 zog auch einen Schlussstrich unter den Einfluss Großbritanniens im Norden Zentralasiens. Begierig darauf, seine Unabhängigkeit zu bewahren, einigte sich Afghanistan im Grenzkonflikt mit der Sowjetunion und unterzeichnete 1955 ein militärisches Beistandsabkommen mit der UdSSR. Die islamischen Geistlichen und Gelehrten, die Mullahs, hatten bis dahin den unabhängigen Geist der Bevölkerung bewahrt. Nun weiteten sie ihren Einfluss auch auf die Regierung in Kabul aus. 1973 rief General Mohammed Daud die Republik aus und ernannte sich zum Staatsoberhaupt. Er fiel jedoch am 27. April 1978 einem Militärputsch zum Opfer. Regierungschef wurde Mohammed Taraki, ein starker politischer Führer, der jedoch nicht die Billigung der religiösen Führer fand. Die lange Zeit der politischen Stabilität in Afghanistan fand so ihr Ende. Es kam zu den ersten großen Zusammenstöße zwischen den islamischen Gruppierungen.

Zu dieser Zeit regierte Leonid Iljitsch Breschnew im Kreml. Er rückte die afghanische Frage in der sowjetischen Politik erneut in den Vordergrund. Breschnew hatte bisher eine aggressive Expansionspolitik am Horn von Afrika verfolgt (unterstützt vom dortigen Diktator Haile Mariam Mengistu). In Mosambik und einigen ehemaligen portugiesischen Kolonien förderte die UdSSR mehrere

380
Ein vielleicht 13-jähriger Mudschaheddin („Glaubenskämpfer“) überprüft seinen Revolver. Unter den Guerillakämpfern des afghanischen Widerstands gegen die sowjetischen Invasoren kämpften Jugendliche Seite an Seite mit Veteranen des Afghanistankriegs von 1919.

1979
1989

Der Afghanistankrieg
1979–1989

Marionettenregierungen, deren militärische Unterstützung den kubanischen Söldnertruppen Fidel Castros oblag. Breschnew befand sich in einer starken Ausgangsposition, da die Vereinigten Staaten, intensiv mit der Watergate-Affäre Präsident Nixons beschäftigt waren. Die USA waren geschwächt, die UdSSR wurde stärker.

Angesichts der weltpolitischen Lage entschloss sich Breschnew zu einer Intervention in Kabul. 1978 schloss er einen Freundschaftsvertrag mit der Regierung Taraki. Im September 1979 gelangte Hafizullah Amin durch eine Palastrevolte in Afghanistan an die Macht. Er sollte im Dezember 1979 durch die sowjetischen Truppen beseitigt werden, die unter Berufung auf den Freundschaftsvertrag in Afghanistan einmarschierten.

Im Morgengrauen des 27. Dezember 1979 besetzte eine bewaffnete sowjetische Division die öffentlichen Gebäude Kabuls. Unbarmherzig töten die Soldaten Präsident Amin und die Sowjetunion setzte Babrak Karmal, der bisher in der Tschechoslowakei im Exil gelebt hatte, als Staats-, Regierungs- und Parteichef ein. Karmal blieb bis Mai 1986 an der Macht. Die sowjetischen Besatzer machten keinen Unterschied zwischen afghanischen Soldaten und Zivilisten. Wer es wagte, auch nur den leisesten Widerstand zu leisten, wurde exekutiert. Die unbeschreibliche Brutalität entsetzte die Völker Zentralasiens und des Kaukasus. Hoffnungsvoll beobachteten sie die Ereignisse im Iran, wo Khomeini und seine Ajatollahs den Schah ins Exil getrieben hatten. Der Iran und Pakistan entwickelten sich zu bedeutenden Stützpunkten der afghanischen Mudschaheddin („Glaubenskämpfer"), die sich für den Kampf gegen die sowjetische Tyrannei entschieden hatten.

Innerhalb weniger Tage wuchsen die Streitkräfte der sowjetischen Invasoren auf 90 000 Mann an. Nach der Besetzung Kabuls und weiterer wichtiger Städte des Landes rückten die Truppen zum legendären Khyberpass und den anderen Verbindungsrouten zwischen Afghanistan und Pakistan vor, denn in Peshawar und Rawalpindi hatte Pakistan Stützpunkte für die Mudschaheddin eingerichtet. Doch der Plan der UdSSR, die Pässe zu schließen und so eine undurchlässige Grenze zu bilden, schlug fehl. Viele sowjetische Soldaten muslimischen Glaubens weigerten sich, das Feuer auf ihre Glaubensbrüder zu eröffnen. Die afghanischen Soldaten, die die Pässe bewachten und auf Verstärkungstruppen aus der Sowjetunion warteten, erwiesen sich als leichtes Ziel für die Angriffe der Guerillas. Die erste von neun Offensiven der sowjetischen Truppen und der Loyalisten der Regierung in Kabul scheiterte. Die Rebellen kämpften geschickt und skrupellos. Sie stahlen unter anderem AK-47 Kalaschnikows aus Armeebeständen. Bei Herat zersprengten sie ein sowjetisches Panzerregiment. Nach einigen Monaten beschränkten sich die Guerillas nicht länger auf die Verteidigung der Pässe nach Pakistan, sondern sie griffen unter Führung von Ahmed Schah Massoud den Salangpass im Hindukusch an.

Nun ging die Sowjetunion zur chemischen Kriegführung gegen die Mudschaheddin und ihre Anhänger über. Neben Gift- und Nervengas setzte sie Mykotoxine und tödlichen „Gelben Regen" ein. Gleichzeitig lösten in den USA Berichte über den Napalmeinsatz der amerikanischen Streitkräfte in Vietnam Demonstrationen und Proteste unter den Studenten aus. Der moralische Hintergrund militärischer Aktionen wurde heftig diskutiert. Doch die Grausamkeiten der Sowjetarmee hatten nicht den gleichen Effekt. Es wurde ihnen weder in der Sowjetunion Beachtung geschenkt, noch von den westlichen Studenten, die eher mit dem „wahren Kommunismus" sympathisierten. Diese Tendenz wurde durch propagandistische Berichterstattung von Journalisten verstärkt, die vom KGB entsprechend entlohnt wurden.

Doch wie den USA in Vietnam, sollte es auch der UdSSR in Afghanistan ergehen. Der Konflikt entwickelte sich zu einem nervenaufreibenden Zermürbungskrieg. Typisch für die sowjetischen Militärprobleme waren der Sieg der Mudschaheddin in der Schlacht bei Paghman (20 km südlich von Kabul) und das Scheitern der sowjetischen Offensiven im Juni und September 1981. Im darauf folgenden Jahr betrat der sowjetische Verteidigungsminister Sergej Sokolow die Szene. Er entsandte frische Truppen die mehrere große Operationen durchführten, die von Flugzeugen und Helikoptern unterstützt wurden. Doch vier weitere sowjetische Offensiven schlugen fehl. Die UdSSR war machtlos gegen die Überraschungsangriffe eines beinahe unsichtbaren Gegners, der sich ebenso schnell zurückzog, wie er aufgetaucht war.

Die Mudschaheddin schienen weder zu schlafen noch zu essen. Sie lebten in abgeschiedenen Höhlen in den Bergen und setzten Dolche und Handgranaten ein. Die Sowjetarmee griff zu brutalen Mitteln: Luftangriffe und die Ausradierung ganzer Dörfer, die den Massenexodus des Volkes nach sich zogen. Der Versuch, die feindliche Front zu zersplittern, indem man Massoud, dem erbittertsten der Mudschaheddinführer, einen Waffenstillstand anbot, war nur wenige Monate von Erfolg gekrönt. Das Abkommen wurde nur bis zum Frühjahr 1984 respektiert, als der Druck anderer Mudschaheddin Massoud zur Wiederaufnahme des Kampfes zwang. Es folgten zwei Jahre der konstanten Niederlagen für die Sowjetunion. Ihre Fallschirmjäger konnten zwar

Der Afghanistankrieg 1979–1989

viele Angriffe der Guerillas auf die Hauptstadt Kabul abwehren, doch nur unter großen Verlusten. Hinzu kam die geringe Kollaborationsbereitschaft der lokalen Regierungstruppen, die 1986 zur Absetzung Karmals führte. Neuer Präsident wurde der dynamischere Nadschibullah.

Das Herzstück der sowjetischen Streitkräfte bildete die 40. Armee, zunächst unter dem Kommando von Generalleutnant Michailow, ab 1985 unter General Zaitsew. Seine Strategie lautete, die Verluste möglichst gering zu halten. Somit führte die Sowjetarmee einen Widerstandskampf gegen die eigentlichen Widerständler, die ihrerseits ständig die sowjetischen Stellungen angriffen. Die Mudschaheddin beherrschten etwa 80 Prozent Afghanistans, während die Besatzer die Straßen und vor allem die Flughäfen kontrollierten. Gerüchten zufolge sollte damit ein Rückzug unter geringstmöglichen Verlusten sichergestellt werden. Die Einschränkungen des sowjetischen Militärs manifestierten sich auch in den Kriegsausgaben, die sich auf 4 Milliarden Dollar pro Jahr beliefen.

Eine entscheidende Rolle im Afghanistankrieg spielte der Hind Helicopter, eine für die Sowjetunion bedeutende Waffe, wichtiger noch als die MiG 27 und die SU 25. Die MI-24-Kampfhubschrauber warfen Giftgas ab, dessen Wirkung die Reihen der Guerillas dezimierte und die Gesundheit der Überlebenden zugrunde richtete. Soldaten aus allen Gebieten der sowjetischen Weltmacht – aus Kuba, Ostdeutschland, Bulgarien, Vietnam und Syrien – kamen nach Afghanistan, um an der Seite ihrer Kameraden zu kämpfen.

Die prosowjetischen Regierungstruppen erlitten schwere Verluste. Jedes Jahr wurden mindestens 10 000 Mann getötet oder verwundet. Viele desertierten, denn sie mussten nicht nur ihre Glaubensbrüder erschießen, sondern es fehlte ihnen auch die notwendige Ausbildung für ihren Einsatz. Sie hatten nicht an den von der Sowjetunion angebotenen Ausbildungskursen teilgenommen, da es ihnen ihre innere Hemmschwelle untersagte, gemeinsam mit den Ungläubigen eine effiziente Kampfdivision aufzustellen. Viele afghanische Jugendliche wurden deshalb in die UdSSR deportiert und musste sich dort einem marxistisch-leninistischen Training unterziehen. Doch auch dieser Plan scheiterte. Die Ideen des Marxismus-Leninismus waren unvereinbar mit den seit Generationen in die afghanische Familientradition integrierten Glaubensgrundsätzen des Islam.

Anders als in der afghanischen Armee einte der Hass gegen die UdSSR die sieben Parteien des Widerstands, die sich aus politischen Gruppierungen von Traditionalisten bis zu Fundamentalisten formierten. Nicht nur wegen seiner militärischen Fähigkeiten war wiederum Ahmed Schah Massoud die herausragende Figur des Widerstands. Der Kopf der Mudschaheddin wurde auch „Löwe von Panischar“ genannt, nach dem Tal, in dem er Dutzende sowjetische Offensiven abgewehrt hatte.

Unter den Guerillas kämpften Jugendliche Seite an Seite mit den Veteranen, die sich bereits 1919 erfolgreich gegen die Briten behauptet hatten. Die Widerstandskämpfer repräsentierten einen Nationalstolz, der seinesgleichen suchte. Sie erlitten große Verluste. Etwa 500 000 ihrer Kämpfer fielen in den zehn Jahren des Kriegs. Hinzu kamen unzählige Verwundete und Verstümmelte. Außerdem waren etwa 3 Millionen Zivilisten gezwungen, ihr Land zu verlassen. Sie fanden in Pakistan (2 Millionen) und im Iran (1 Million) Zuflucht.

Ab 1985, als Michail Sergejewitsch Gorbatschow in der Sowjetunion die Macht übernahm, waren die Ereignisse des Kriegs in Afghanistan eng mit den historischen Veränderungen in der UdSSR verknüpft. Als Nachfolger Nikita Sergejewitsch Chruschtschows regierte Breschnew mit Aleksej Nikolajewitsch Kossygin und Nikolaj Wiktorowitsch Podgornyj bis zu seinem Tod am 10. November 1982 die UdSSR. Nachfolger Breschnews wurde Jurji Wladimirowitsch Andropow. Der ehemalige Leiter des KGB war zwar an Afghanistan interessiert, konnte jedoch keine weiteren Waffen und Männer entsenden. Michail Gorbatschow, der nach dem Tod Andropows am 11. März 1985 das Amt des Generalsekretärs der Kommunistischen Partei der Sowjetunion (KPdSU) übernahm, sah sich mit politischer Korruption und dem wirtschaftlichen Bankrott des Landes konfrontiert. Diese Faktoren beeinflussten unter anderem den Fall der Berliner Mauer im November 1989 und führten am 31. Dezember 1991 zur Auflösung der Sowjetunion.

Nach intensiver Analyse der Situation der Sowjetunion leitete Gorbatschow in der Innen- und Außenpolitik eine Wende ein. Die von ihm festgelegten Reformen führten letztendlich zu einem völligen Wandel des Ostblocks. Auf dem XXVII. Parteitag der KPdSU, der vom 26. Februar bis zum 6. März 1986 zusammentrat, verkündete Gorbatschow seine Politik der Perestroika („Umbau“) und der Glasnost („Offenheit“).

Im Zuge der Perestroika entließ Gorbatschow 70 Prozent des Führungsstabs, den er durch demokratische Persönlichkeiten ersetzte. Gorbatschow erlaubte Dissidenten wie zum Beispiel Andrej Dimitrijewitsch Sacharow, der in die russische Stadt Gorkij verbannt worden war, die Rückkehr in die Sowjetunion und er machte den Staat für die Reaktorkatastrophe in Tschernobyl ver-

Der
Afghanistankrieg
1979–1989

antwortlich. 1987 rief er einen Ausschuss ins Leben, der die Verbrechen Stalins untersuchen sollte.

Außenpolitisch näherte sich Gorbatschow von Anfang an dem Westen an. Es fanden drei Treffen zwischen Gorbatschow und dem amerikanischen Präsidenten Reagan statt: in Genf (November 1985), in Reykjavík (Oktober 1986) und schließlich in Washington (Dezember 1987). Am 8. Dezember 1987 unterzeichneten Gorbatschow und Reagan in Washington den INF-Vertrag über den vollständigen Abbau nuklearer Mittelstreckenkräfte mit Reichweiten von 150 bis 5 500 km. Der Vertrag trat am 1. Juni 1988 in Kraft.

Eduard Amrossijewitsch Schewardnadse löste im Juni 1985 Andrej Andrejewitsch Gromyko als sowjetischen Außenminister ab, der bis 1988 Staatsoberhaupt der UdSSR blieb. Im Oktober 1988 übernahm dieses Amt Gorbatschow, der ab 15. März 1990 bis zur Auflösung der Sowjetunion als Staatspräsident fungierte.

Gorbatschow verurteilte während eines offiziellen Besuchs in Belgrad öffentlich die „beschränkte Souveränität" der Länder, die nach der Jalta-Konferenz (1945) unter sowjetischen Einfluss geraten waren. Im Dezember 1988 bestätigte Gorbatschow den neuen politischen Kurs offiziell vor den Vereinten Nationen, indem er verkündete, dass die Sowjetunion von nun an ausländischen kommunistischen Regimen keine militärische Unterstützung mehr gewähren werde. Das bedeutete nicht nur das Ende der „Breschnew-Doktrin", die 1968 den Einmarsch der Truppen des Warschauer Paktes in die Tschechoslowakei gerechtfertigt hatte, sondern auch das Ende der sowjetischen Einmischung in die inneren Angelegenheiten kommunistischer Länder außerhalb der Sowjetunion. Tatsächlich war damit das Ende des sowjetischen Imperialismus eingeläutet.

Der neue Kurs in der Außenpolitik wirkte sich auch auf den Krieg in Afghanistan aus. 1988 unterzeichneten die Sowjetunion und die Vereinigten Staaten einen Afghanistan-Vertragspakt, in dem der Abzug der sowjetischen Streitkräfte vereinbart wurde, der bis Februar 1989 vollzogen war.

Erst im April 1992 gelang es den Milizen der Mudschaheddin, die Hauptstadt Kabul zurückerobern. Präsident Nadschibullah wurde gestürzt und im Juni 1992 wurde Burhanuddin Rabbani neuer Präsident von Afghanistan.

Die Weltöffentlichkeit reagierte auf den Einmarsch der Sowjetunion in Afghanistan mit Empörung und Protesten, die sich unter anderem 1980 im Olympia-Boykott manifestierten.

384–385

Ein Bild, das den von starkem Glauben geprägten Kampfgeist der Mudschaheddin symbolisiert. Nationalstolz und der Glaube an den Islam stärkten den Widerstandswillen des afghanischen Volkes.

386–387

Die Gebirgszüge Afghanistans boten den gegen die sowjetischen Invasoren kämpfenden Mudschaheddin ideale Unterschlupfmöglichkeiten. Von dort organisierten die Guerillas ihre Angriffe aus dem Hinterhalt.

388–389

Oben links *und* rechts: *Mudschaheddin eröffnen mit erbeuteten BM-13-Raketenwerfern und Maschinengewehren das Feuer auf feindliche Stellungen.*

Unten links: *Sowjetische Panzer räumen ein ehemals von Mudschaheddin gehaltenes Gelände von Minen.*

1979

1989

1979
1989

390–391
Links: *Zwei Mudschaheddin beobachten von ihrem Versteck aus eine motorisierte sowjetische Kolonne.*
Rechts: *Islamische Kämpfer pausieren nach einem Angriff.*

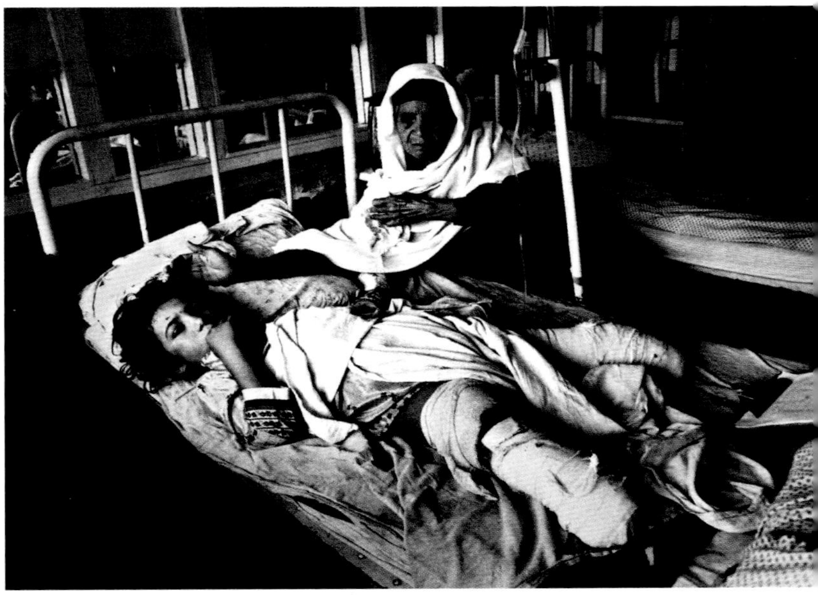

391
Oben: *Mudschaheddin bilden Kinder an Waffen aus. Während des Kriegs waren tausende von Jugendlichen in die Sowjetunion deportiert worden, um sich dort politischen Indoktrinations-Programmen zu unterziehen, die jedoch völlig fehlschlugen. Ein sinnvoller Dialog zwischen Islam und Marxismus-Leninismus erwies sich als unmöglich.*
Unten: *Eine Mutter sitzt am Krankenbett ihrer 12-jährigen Tochter, der von einer sowjetischen Tretmine nahe ihres Dorfes beide Beine abgerissen wurden.*

1982

Der Falklandkrieg

Dieser Krieg war die letzte Chance für Grossbritannien, im 20. Jahrhundert noch einmal seine Macht unter Beweis zu stellen.

Dies sollte im April 1982 geschehen, als General Galtieri, der argentinische Präsident, beschloss, die Falklandinseln zu besetzen, eine Inselgruppe im südlichen Atlantik, die südöstlich von Argentinien liegt. Die Inseln, die auch Malwinen genannt werden, waren seit 1833 britische Kronkolonie, doch die Souveränität der Briten wurde lange Zeit angefochten.

Am 2. April 1982 landeten mehrere tausend argentinische Soldaten auf Ostfalkland und zwangen die britischen Kommandoeinheiten zur Kapitulation. Der einzige Grund, der Galtieri zu diesem aggressiven Vorgehen veranlasst haben könnte, lag vermutlich darin, dass er die Kontrolle über die Seewege am Kap Horn erlangen wollte. Dies war ursprünglich auch der Grund für Großbritannien, sich die weitgehend unbewohnten Inseln einzuverleiben. Während die Stoßtrupps die entlegenen Inseln nach und nach okkupierten, versuchten zunächst Pérez de Cuellar, Generalsekretär der UNO, und später der amerikanische Präsident Ronald Reagan, Argentinien zur Vernunft zu bringen. Galtieri weigerte sich jedoch strikt, irgendjemandes Rat anzunehmen.

Großbritannien sah sich genötigt, der Welt zu zeigen, wozu es noch immer fähig war. Premierministerin Margaret Thatcher entsandte einen Kampfverband unter Admiral John Woodward auf die Falklandinseln, der die Argentinier vertreiben sollte. Innerhalb weniger Tage waren die Streitkräfte einsatzbereit: zwei Flugzeugträger *(Hermes* und *Invincible)*, zwei Kreuzer, sechs Fregatten, sechs Schnellboote, zwei Amphibienfahrzeuge, vier Atom-U-Boote, 38 Jagdbomber und 52 Helikopter. Das Waffenarsenal umfasste Schnellfeuergeschütze, Flugkörpergeschosse, Flugkörper und Antiraketen. Unter den Streitkräften befanden sich unzählige Freiwillige: Veteranen, Staatsbeamte und einfache Bürger, die ihre Familien verließen, um ihr Land zu verteidigen.

Am 25. April landeten die ersten Briten auf Südgeorgien. Die argentinischen Einheiten, die die Insel eingenommen hatten, kapitulierten. Am 2. Mai versenkte ein britisches Atom-U-Boot den argentinischen Kreuzer *General Belgrano*. 368 Seeleute kamen dabei ums Leben. Am 21. Mai griffen britische Kampfverbände und Fallschirmjäger unter General Jeremy Moore Porto San Carlos an. 1 500 argentinische Soldaten ergaben sich widerstandslos. Am 25. Mai rächten sich die Argentinier für die *General Belgrano*, indem die Luftwaffe zwei britische Zerstörer versenkte. Dabei wurden etwa 40 Mann getötet. Am 28. und 29. Mai entbrannte die brutalste Schlacht. Unter Oberst Herbert Jones besetzten 450 britische Fallschirmjäger Port Darwin und Goose Green. Die Briten siegten und machten 1 400 Gefangene. Die Argentinier verloren 250 Mann, die Briten 17, darunter Oberst Jones.

Am 8. Juni startete die argentinische Luftwaffe einen gewaltigen Angriff auf die britische Flotte. Zwei Fregatten wurden versenkt und viele Flugzeuge schwer beschädigt. Die Briten verloren über 50 Mann. Dies sollte die letzte Offensive der Argentinier sein. Am 11. Juni rückten die Briten in Richtung Port Stanley vor und nahmen hunderte argentinische Soldaten gefangen. Am 14. Juni zeichnete sich ab, dass die Schlacht in einem Blutbad enden würde. Am 15. Juni kapitulierte General Menendez, der argentinische Kommandeur. Die argentinischen Truppen erklärten sich bereit, von den Malwinen abzuziehen. Die geschätzten Verluste betrugen auf Seiten der Argentinier 700 Mann, auf Seiten der Briten 256. Präsident Galtieri trat zurück.

392–393
Oben links: *Britische Kampfverbände landen auf den Falklandinseln.*
Unten links: *Angriff auf den Mount Kent.*
Rechts: *Der Union Jack weht über einem besetzten Hügel.*

394
Harrier GR.Mk3-RAF-Jagdflugzeuge steigen vom Flugzeugträger Invincible *auf. Trotz ihrer technischen Überlegenheit verloren die Briten zwei Schnellboote zwei Fregatten, zehn Jagdbomber, 24 Helikopter und weitere kleinere Einheiten.*

1982

Oben links: *Ein argentinisches Massengrab.*
Oben rechts: *Ein argentinischer Soldat hat kapituliert.*
Unten: *Der britische Zerstörer* Antelope *wird von den Argentiniern in der Bucht von San Carlos getroffen (Ostfalkland).*

Der

Golfkrieg

Glasnost und Perestroika, Abrüstungsverhandlungen und das Ende des Kalten Kriegs. Die Sowjetunion und die Vereinigten Staaten kommen sich näher, doch andere Krisenherde entflammen und führen zu neuen Kriegen.

Der russische Imperialismus war im Niedergang begriffen. Chruschtschow und Breschnew waren denunziert. Die Weltmacht Sowjetunion hatte mit dem Disengagement begonnen und befürwortete die Abrüstung. Auf der anderen Seite der Erde kämpften die Vereinigten Staaten darum, ihr Prestige wiederherzustellen, das sie unter anderem durch den Vietnamkrieg eingebüßt hatten.

Am 4. November 1979 besetzten die Anhänger Khomeinis die amerikanische Botschaft in Teheran. Sie nahmen die Botschaftsangehörigen als Geißeln und hielten sie über ein Jahr gefangen. Der Versuch Präsident Carters, die Botschaft zu stürmen, misslang. Der Präsident hatte versagt und musste nun über die Freilassung der Amerikaner verhandeln. Die Weigerung einiger Demokraten, militärische Schritte einzuleiten, um gegen die Angriffe auf das amerikanische Prestige und die Würde der Nation vorzugehen, führte schließlich dazu, dass die Amerikaner sich für die Republikaner entschieden. Nixons Präsidentschaft, die wegen der Watergate-Affäre ein jähes Ende fand, währte nicht lange genug, um die Außenpolitik der USA wieder ins rechte Licht zu rücken. Ronald Reagan, sein Nachfolger, sollte hingegen keine Schwierigkeiten haben, das Ansehen Amerikas in der Welt wiederherzustellen. Im März 1986 zögerte er nicht, einen Luftangriff auf das Hauptquartier des libyschen Führers Gaddhaffi zu starten, den man beschuldigte, eine Schlüsselrolle im internationalen Terrorismus des Islam zu spielen. Bei diesem Angriff kam eine Tochter Gaddhaffis ums Leben. Am 23. März 1983 offenbarte Reagan in seiner berühmten Rede über die Strategische Verteidigungsinitiative die neue Militärstrategie der Vereinigten Staaten. Die Zeitungen prägten zu dieser Zeit den Begriff „Starwars", ein passender Begriff für die bedeutende Rolle, die Computer von nun an in der Kriegführung spielen sollten. Traditionelle Strategien und Taktiken schienen plötzlich hoffnungslos veraltet. Im Krieg der Zukunft sollte die Führung der Streitkräfte nur noch die Aufgabe erfüllen, einen der Pläne auswählen, die in den Hauptquartieren ausgearbeitet wurden. Sobald man sich für einen Plan entschieden hatte, sollte die Computersoftware übernehmen und sich um die Ausführung kümmern. Computer sollten die Waffen kontrollieren. Mit dieser Technik war es auch möglich, einen Raketenabwehrschild aufzubauen. Die feindlichen Flugkörper sollten abgefangen und mit Laserstrahlen über Satelliten zerstört werden. Das Vorhaben verschlang Unsummen. Zwischen 1984 und 1990 investierten die Vereinigten Staaten Milliarden Dollar in die militärische Hightech-Forschung. Die Rüstungsindustrie wurde zu einem bedeutenden Arbeitgeber und ihre Geschäfte liefen auf Hochtouren. Das Kräfteverhältnis zwischen Amerika, Europa und der Sowjetunion stand in Kontrast zu jenem, das sukzessiv auf die Jalta-Konferenz (1945) gefolgt war. Zur Erhaltung des neuen Gleichgewichts wurde immer weiter aufgerüstet und es musste immer mehr Geld investiert werden. Nach dem Fall der Berliner Mauer (1989) und dem Ende des Kommunismus hoffte die Welt auf eine Zeit des Friedens und der Prosperität. Diese Hoffnung sollte jedoch bald zerstört werden. Nach den Vereinbarungen in Camp David zwischen dem ägyptischen Ministerpräsidenten Mohammed Anwar as-Sadat und dem israelischen Ministerpräsidenten Menachem Begin, gab Ägypten seine Führungsposition in der arabischen Welt auf. Diese Rolle übernahm nun der irakische Staatschef: Saddam Hussein. Solange er die

396
4 Millionen irakische Männer und Frauen dienten als Freiwillige in der Armee Saddam Husseins, dessen Porträt stets präsent war. Der Irak bezahlte einen hohen Preis für den Krieg: 150 000 Tote. Die Alliierten hatten nur 165 Tote zu beklagen.

1991

Der Golfkrieg

1991

islamischen Fundamentalisten bekämpfte, die den Iran unterstützten, gewährten im die westlichen Mächte Waffen und Kredite. Der Iran war ein strategisch wichtiges Land, nicht nur aufgrund seiner Mineralvorkommen, sondern auch, weil er die Kontrolle über das schwarze Gold hatte. Nachdem Schah Resa Pahlewi, ein wichtiger Verbündeter der USA, gezwungen war, abzudanken und ins Exil zu gehen (Januar 1979), fiel der Iran dem Fanatismus des Imam zum Opfer, des religiösen Führers der Schiiten. Ayatollah („Zeichen Allahs") Ruhollah Khomeini ergriff die Macht. Seine Einstellung war antiwestlich und er hielt sich strikt an die wörtliche Auslegung des Koran. Ehebrecher mussten gesteinigt werden, Frauen hatten den Tschador zu tragen, Dieben wurden die Hände abgehackt und Staatsfeinde öffentlich exekutiert. Der Fanatismus Khomeinis und seiner Imams konnte sich jedoch nicht behaupten, insbesondere gegenüber den weltlichen arabischen Staaten, für die Saddam Hussein als Sprecher auftrat. Er war der Erste, der die iranischen Fundamentalisten herausforderte. 1980 ließ er Basra und die umliegenden Ölfelder besetzen. Im September 1980 steigerte sich der Grenzkonflikt um den Schatt el-Arab zum irakisch-iranischen Krieg. Hussein war überzeugt, diesen Krieg mit ökonomischer und militärischer Unterstützung der Emirate und des Westens rasch beenden zu können. Dies sollte sich jedoch als fataler Irrtum herausstellen. Der Golfkrieg zwischen dem Iran und dem Irak entwickelte sich zu einem aufreibenden Zermürbungskrieg, der bis 1988 dauern sollte. Man hatte eine Front am Schatt el-Arab eingerichtet und die irakischen Stellungen wurden ununterbrochen von den Pasdaran attackiert, jenen jungen iranischen Fundamentalisten, die bereit waren, ihr Leben im Namen Allahs zu opfern, um im Paradies ihren ewigen Lohn zu erhalten. Als im August 1988 ein von UNO-Truppen überwachter Waffenstillstand vereinbart wurde, war mehr als 1 Million Menschen getötet worden, die meisten stammten aus dem Iran. Der Westen hatte sich weitgehend vom Kriegsgeschehen distanziert, lediglich das Geschäft mit den Waffen florierte.

Am Ende des Ersten Golfkriegs, war der Irak bis an die Zähne bewaffnet und verfügte über modernste Waffen wie zum Beispiel Scudraketen. Die Nation drohte jedoch, in einem Schuldenberg zu ersticken. Aufgrund der ökonomischen Lage setzte Hussein seine Zeichen im benachbarten Kuwait. Am 2. August 1990 befahl er – im Vertrauen auf die Neutralität Amerikas – den Einmarsch in Kuwait. Er beschuldigte den Emir von Kuwait, illegal die Ölquellen angezapft zu haben, die an der Grenze zwischen Kuwait und dem Irak liegen. Seinen Anspruch auf das Territorium entlang der alten Grenzen begründete er mit dem traditionellen Recht des Irak. Der Name, den er der Operation gab, sollte zur Legende werden: „Die Mutter aller Kriege". Mit der Invasion hoffte Saddam Hussein, ein fähiger, gerissener und skrupelloser Mann, alle wirtschaftlichen Probleme seines Landes zu lösen. Er würde Zugang zu den Ölquellen Kuwaits haben, seine Schulden begleichen und seinem Volk einen gewissen Lebensstandard garantieren können. Am 3. August, einen Tag nach der Invasion, gaben die USA und die UdSSR ein gemeinsames Statement ab, in dem sie Hussein aufforderten, seine Truppen unverzüglich abzuziehen. Am 5. August warnte Präsident Bush („die Invasion wird nicht toleriert") jenen Mann, der bis vor kurzem sein engster Verbündeter im Nahen Osten war. Außerdem entsandte er seinen Verteidigungsminister Richard Cheney, nach Saudi-Arabien, um König Fahd die Berichte des Geheimdienstes zu überreichen, die belegten, dass der Irak beabsichtigte, in sein Land einzumarschieren. Der König erteilte daraufhin die Genehmigung zur Stationierung amerikanischer und alliierter Truppen und Flugzeuge in Saudi-Arabien. In kürzester Zeit formierten die Vereinigten Staaten eine Koalition aus 33 Ländern, darunter die Vertreter der Arabischen Liga wie Syrien, Ägypten und Marokko. Innerhalb von sechs Monaten wurden 300 000 amerikanische Soldaten sowie 200 000 Briten und gemäßigte Araber entlang der Grenze zwischen dem Irak und Saudi-Arabien postiert, ausgestattet mit den modernsten und effektivsten Waffen. Inzwischen berichtete die internationale Presse über die Dämonie der irakischen Führung. Bushs Anklage („Saddam ist schlimmer als Hitler.") veranlasste Hussein, seine Grenzen zu schließen, 10 000 Abendländer gefangen zu nehmen und die arabische Welt aufzurufen, seinen Dschihad zu unterstützen. Die Situation eskalierte noch im August. Hussein hatte ein schnelles und unerwartetes Agreement mit dem Iran getroffen, das es ihm ermöglichte, 300 000 Mann entlang der Grenze zu Saudi-Arabien zu stationieren. Er gab Befehl, die Ausländer, die Angehörige feindlicher Nationen waren, an strategisch wichtigen Zielen als menschliche Schilde zu positionieren. Gleichzeitig entsandten jedoch Deutschland, Italien, Spanien, Griechenland, die Niederlande und Belgien Kriegsschiffe in den Golf, ebenso wie Flugzeuge und Soldaten, um die amerikanischen und britischen Streitkräfte zu unterstützen. Hussein ging ein hohes Risiko ein. In einer Fernsehübertragung strich er britischen Kindern in Gefangenschaft über das Haar (die Briten und der Rest der Welt interpretierten diese Darstellung als Drohung, dass westliche Familien in Gefangenschaft getötet würden). Am gleichen Tag ließ er 15 französische Gefangene frei, ein eindeutiges Zeichen des Wohlwollens gegenüber jenem westlichen Land,

Der Golfkrieg
1991

das sich neutral verhielt. Doch auch dieses Vorgehen sollte Hussein letztendlich nicht weiterhelfen.

Am 25. August genehmigte der Sicherheitsrat der Vereinten Nationen den Einsatz der Streitkräfte im Golf. Wenige Tage später gaben Bush und Gorbatschow ein weiteres Statement ab, in dem sie Hussein aufforderten, seine Truppen bedingungslos aus Kuwait abzuziehen. Der irakische Diktator verkündete daraufhin zunächst, er werde die ausländischen Frauen und Kinder freilassen. Dann gab er bekannt, er werde alle Gefangenen freilassen, falls man ihm garantierte, sein Land nicht anzugreifen. Die Amerikaner antworteten, indem sie 100 000 Soldaten entsandten, die Briten, indem sie eine zweite Brigade schickten. Am 12. Januar 1991 autorisierte der amerikanische Kongress Präsident Bush „alle erforderlichen Mittel" einzusetzen, um Kuwait von Hussein zu befreien. Mit dem Scheitern der Mission des UNO-Generalsekretärs Pérez de Cuellar in Bagdad, war auch der letzte Versuch gescheitert, einen Krieg zu vermeiden.

Am 17. Januar kam es zum ersten Angriff auf den Irak. In fünf aufeinander folgenden Wellen wurden das Zentrum und die Peripherie Bagdads bombardiert. Hunderte von Menschen kamen ums Leben. Die Tomahawkraketen, die auf die irakischen Schiffe abgefeuert wurden, richteten verheerende Verwüstungen an. Das Oberkommando über die multinationale Koalition hatte Norman Schwarzkopf, amerikanischer General und Vietnamveteran. Er sollte Hussein zurückschlagen, unter Vermeidung hoher Verluste seitens der Alliierten und der amerikanischen Streitkräfte. General Schwarzkopf erfüllte seinen Auftrag.

Ebenfalls am 17. Januar warfen die Iraker Scudraketen über Tel Aviv und Haifa ab. Hussein hatte eine guten Grund für diese offensichtliche Provokation Israels, das sich bisher neutral verhalten hatte. Er rechnete damit, dass die israelische Regierung reagieren und auf Seiten der Koalition in den Krieg eintreten würde, die unter dem Kommando der USA stand. In diesem Fall hoffte er, im Hinblick auf den Hass zwischen Arabern und Juden, die gesamte islamische Welt dazu bewegen zu können, seinen Dschihad zu unterstützen. Der Plan schlug jedoch fehl. Die Israelis setzten Antiraketen ein und zerstörten die Scudraketen im Flug. Die israelische Führung verhielt sich besonnen, reagierte nicht auf die Provokation und zog nicht gegen den Irak in den Krieg.

Am 23. Januar ließ Hussein drei kuwaitische Ölquellen in Brand setzten. Mehrere hunderttausend Tonnen brennendes Öl ergossen sich in den Persischen Golf – ein ökologisches Desaster. Damit erregte Hussein das Missfallen der ganze Welt. Nun war der Moment für den Westen gekommen, seine letzte Schlacht gegen den Irak zu schlagen. Am 30. Januar begann an der Grenze zwischen Saudi-Arabien und Kuwait bei Khafji der erste Landkrieg zwischen den Alliierten und den Irakern. Darauf folgte eine kurze Waffenruhe, die Jewgenii Primakov, dem stellvertretenden Außenminister Gorbatschows, die Möglichkeit zu einer letzten Mediation geben sollte. Bush entschied, dass die Verhandlungen zu lange dauerten und trat in Aktion. Am 21. Februar stellte er Hussein ein Ultimatum. Er sollte seine Truppen innerhalb von zwei Tagen aus Kuwait abziehen oder man würde im Irak einfallen. Am 24. Februar überquerten die Streitkräfte der Koalition die Grenze und nahmen die irakischen Stellungen unter Beschuss. In kürzester Zeit forderte der Angriff 100 000 Menschenleben und eine nicht kalkulierbare Zahl Verwundete. 90 000 Personen wurden gefangen genommen. Kriegsberichterstatter durften das Kriegsgeschehen nicht filmen, sondern nur die kläglichen Überreste tausender Lastwagen und Panzer, die die multinationalen Truppen in Schutt und Asche gelegt hatten. Am 26. Februar nahmen die Alliierten die Hauptstadt Kuwait ein.

Die Verluste auf irakischer Seite waren immens: 150 000 Gefallene, 175 000 Gefangene, 141 Flugzeugabschüsse, 3 700 zerstörte Panzer und 73 versenkte Schiffe. Die Alliierten hatten 175 gefallene Soldaten und 106 Gefangene zu verzeichnen. Außerdem waren 37 Flugzeuge und zwei Panzer verloren.

Immer wieder wurde kritisiert, dass die USA nach diesem Krieg Saddam Hussein nicht entmachteten, gefangen nahmen und vor ein internationales Kriegsgericht stellten. Hussein vergeudete keine Zeit, die Liberalität der Amerikaner zu seinem Vorteil zu nutzen. Er ordnete die blutige Niederschlagung der Aufstände an, die am 3. März 1991 in Basra ausbrachen. Innerhalb weniger Tage ermordeten die Soldaten Husseins 60 000 Zivilisten.

Operation „Wüstensturm" markierte eine neue Weltanschauung. Es sollte künftig nur eine Supermacht geben, eine Macht, die ihr Militär zur Unterdrückung jeden Staates einsetzen würde, der versuchte, die Weltordnung zu verändern. Alle anderen Staaten hätten sich dieser Macht unterzuordnen. Der Fall Peter Arnett (der berühmteste amerikanische Kriegsberichterstatter) belegt, wie eine solche Macht missbraucht werden kann. Arnett blieb während des Angriffs der Alliierten als einziger westlicher Journalist in Bagdad und ermöglichte dem CNN die Ausstrahlung von Bildern, die Bombenabwürfe zeigten. Als Arnett Aufnahmen einer Molkerei veröffentlichte, die von Tomahawkraketen zerstört worden war, beschuldigte ihn das Oberkommando der Alliierten, falsche Informationen zu verbreiten und behauptete, es habe sich um ein Testzentrum für biologische Waffen gehandelt.

Der Golfkrieg

1991

Neue Waffen verfehlen oft ihr Ziel. Diese Binsenwahrheit belegt beinahe jeder Krieg. Gelegentlich versuchen Militärmächte deshalb, Waffensysteme unter realen Bedingungen zu testen. Weit verbreitet ist die Meinung, dass militärische Präsenz notwendig ist, um den Wohlstand der kultivierten Welt zu sichern und auszuweiten. Folglich müssen Waffen stets dem neuesten Stand der Technik entsprechen. Sobald man ein Ziel gefunden hat, betrachtet man einen Einsatz als gerechtfertigt, um die Effektivität neuer Waffen zu testen. Saddam Hussein identifizierte sich selbst als ein solches Ziel. In den zehn Jahren seit dem Ende des Golfkriegs hat er kaum eine Gelegenheit verstreichen lassen, um die Vereinbarungen des Waffenstillstands zu brechen. Er provozierte die Vereinten Nationen und die Vereinigten Staaten ständig. Mehrmals hat er den Inspekteuren der UNO die Einreise in den Irak verweigert, um die Zerstörung seiner Waffenfabriken zu verhindern.

Am 16. Dezember 1998 bombardierten die Vereinigten Staaten und Großbritannien den Irak ein weiteres Mal, um Hussein in Schranken zu halten. Dieser Schlag traf jedoch nicht Hussein, sondern die Zivilbevölkerung. Offensichtlich spielen Diktatoren wie Hussein eine wichtige Rolle in der Strategie der neuen Weltordnung. Im September 2000 beschuldigte Hussein Kuwait erneut, die Ölquellen entlang der Grenze angezapft zu haben. William Cohen, Verteidigungsminister der Vereinigten Staaten, antwortete darauf: „Vorsicht! Wir sind bereit, jederzeit zu reagieren." Daran zweifelt vermutlich niemand …

400–401

Ein Flammenmeer erhebt sich über einer Ölquelle in Kuwait, die die Iraker in Brand gesetzt haben. Im Vordergrund ist ein außer Gefecht gesetzter irakischer Panzer zu sehen. In der entscheidenden Phase des Kriegs befahl Saddam Hussein die kuwaitischen Ölquellen in Brand zu setzen. Er hoffte, damit die Wirtschaft Kuwaits zu ruinieren und die Alliierten von weiteren Luftangriffen abzuhalten.

402–403

Kriegführung auf dem neusten Stand der Technik.
Oben links: *Eine amerikanische F 15 feuert eine Sparrowrakete ab.*
Unten links: *Ein Raketenwerfer (MLRS) feuert eine Rakete ab.*
Rechts: *Die Alliierten bereiten sich auf den Krieg vor, nachdem Hussein in Kuwait einmarschiert ist. In kürzester Zeit stationierten die Alliierten 500 000 Soldaten im benachbarten Saudi-Arabien.*

1991

Der Golfkrieg
1991

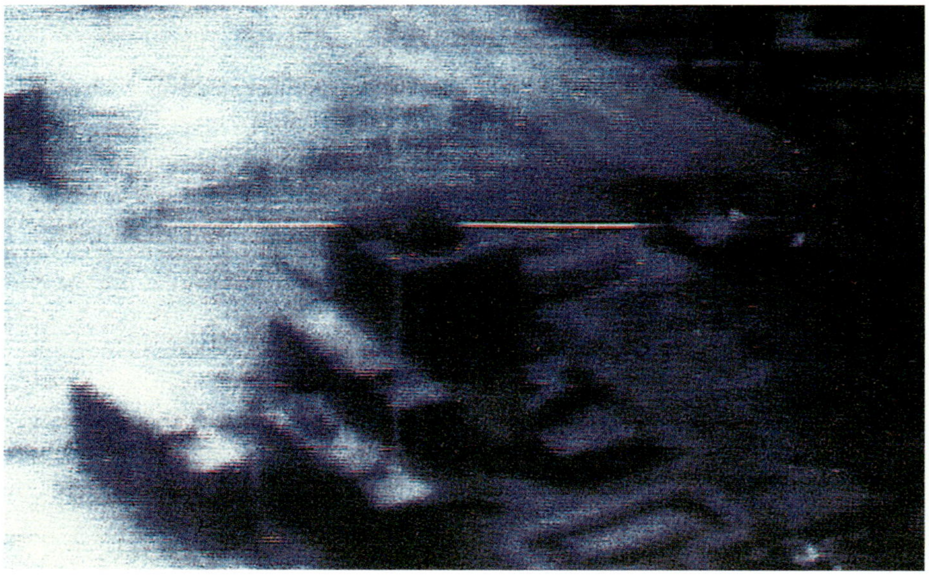

404–405

Am 17. Januar 1991 begannen die Luftangriffe der Alliierten auf Bagdad. Sie waren von Anfang an intensiv und mehrmals wurde die irakische Hauptstadt von Feuerstürmen heimgesucht. An der Operation „Wüstensturm" waren sechs westliche Ländern beteiligt, die von einer Koalition aus 33 Staaten unterstützt wurden, die die USA organisiert hatten.

Unten links: *Diese Aufnahme wurde mit einer Infrarotkamera gemacht. In wenigen Sekunden wird das Telekommunikationsgebäude explodieren.*

Rechts: *Das unverwechselbare Profil eines F-117-Jagdbombers.*

406–407

Der Luftkrieg gegen den Irak wurde von den Medien als erster „Starwar" der Geschichte bezeichnet.
Links: *Ein Techniker gönnt sich auf dem amerikanischen Flugzeugträger* Saratoga *eine kurze Pause. Im Hintergrund sind startbereite Jagdbomber A 7 Corsair II zu erkennen.*

Oben rechts: *Ein Tornado-Jet der italienischen Luftwaffe, der sich auf dem Weg in das Kriegsgebiet befindet, wird in der Luft betankt.*
Mitte rechts: *Jagdbomber auf der* Saratoga *warten auf ihren Einsatz.*
Unten rechts: *Zwei britische Helikopter Westland Sea King sind von einem Flugzeugträger aufgestiegen.*

Der Golfkrieg
1991

408–409
Links: *Das amerikanische Schlachtschiff* Missouri, *ein Veteran aus dem Zweiten Weltkrieg, nimmt irakische Stellungen in Kuwait unter Beschuss.*
Oben rechts: *Diese Aufnahme zeigt den Abschuss einer Tomahawkrakete von einem Zerstörer.*
Unten rechts: *Das amerikanische Schlachtschiff* Wisconsin *feuert zu Beginn der Operation „Wüstensturm“ eine Salve ab.*

1991

410–411
Diese beiden Seiten zeigen Szenen der blutigen Endphase des Golfkriegs. Diese Phase begann am 24. Februar 1991, als Panzer, Helikopter und Jagdbomber der Alliierten die kuwaitische Grenze durchbrachen, die bis zu diesem Zeitpunkt von irakischen Truppen kontrolliert wurde. Innerhalb weniger Tage tötete die multinationale Koalition 100 000 feindliche Soldaten und nahm 90 000 weitere gefangen. Bei dieser Operation testeten die Alliierten hoch entwickelte Munitionen mit verheerender Wirkung.

Der Golfkrieg

1991

1991

412–413
Dramatische Bilder vom Massenmord an irakischen Soldaten während der letzten Offensive, die am 24. Februar 1991 begann.
Oben links: *Zwei US-Marines in der Schlacht um Khafji.*
Unten links: *Ein saudi-arabischer Soldat der multinationalen Koalition blickt auf die verkohlte Leiche eines irakischen Panzerfahrers, der in seinem brennenden Fahrzeug ums Leben gekommen ist.*
Rechts: *US-Marines nehmen irakische Soldaten auf einer Straße nach Kuwait gefangen. Die Stadt wurde am 26. Februar 1991 nach nur zwei Tagen befreit.*

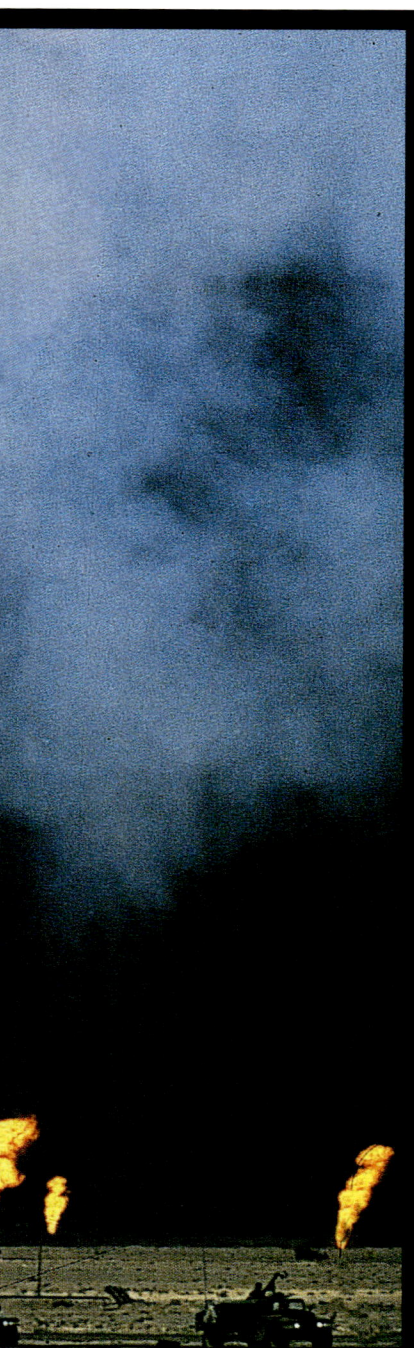

Der Golfkrieg

1991

414–415

Nach dem Angriff der Alliierten auf das von den Irakern besetzte Kuwait wurden innerhalb weniger Stunden Militärbasen nahe der irakischen Grenze errichtet.

Links: *Das Foto zeigt einen improvisierten Heliport. Gepanzerte Fahrzeuge bilden einen Ring zur Verteidigung der amerikanischen Helikopter.*

Rechts: *Diese beiden Fotos vermitteln einen Eindruck von der apokalyptischen Atmosphäre, die nach dem Rückzug der Iraker aus Kuwait herrschte. Die Straße nach Basra ist mit Fahrzeugen gepflastert, die zerstört oder verlassen wurden. Die Luft wird vom undurchdringlichen Rauch der brennenden Ölquellen kontaminiert, die Saddam Hussein in Brand setzen ließ.*

416–417

Der Krieg ist vorbei.

Unten links: *Der amerikanische General Norman Schwarzkopf, Kommandeur der alliierten Streitkräfte, ist umringt von seinen feiernden, siegreichen Männern. Schwarzkopf, der von seinen Soldaten hoch geschätzt wurde, plante und gewann den Krieg, wobei er stets darauf bedacht war, die eigenen Verluste möglichst gering zu halten. Die Zahlen sprechen für sich: 3 700 irakische Panzer wurden zerstört, aber nur zwei der Alliierten. 73 irakische Schiffe wurden versenkt, die Alliierten verloren kein einziges.*

Mitte: *Das Foto zeigt einige der 175 000 irakischen Gefangenen, die den Alliierten in die Hände fielen.*

Oben rechts: *Husseins Soldaten, besiegt resigniert und erschöpft, liefern sich den Truppen der Koalition aus.*

Unten rechts: *Arabische Alliierte feiern den Sieg. Tausende von Soldaten der Arabischen Liga kämpften an der Seite der europäischen und amerikanischen Truppen gegen Saddam Hussein, der vergeblich zum Dschihad, dem „heiligen Krieg", gegen den Westen aufgerufen hatte.*

420–421

Diese beiden Fotos verdeutlichen die unvorstellbare Härte des Kriegs. Sie belegen die sinnlose Grausamkeit und das Ausmaß der Zerstörung moderner Kriege.

418–419

Diese dramatischen Bilder vom Golfkrieg dokumentieren die Konsequenzen der Entscheidung Husseins, kuwaitische Ölquellen in Brand zu setzen und 2 Milliarden Liter Rohöl in das Meer fließen zu lassen. Ein gigantischer Ölteppich breitete sich im Persischen Golf aus, der ein ökologisches Desaster von beispiellosem Ausmaß nach sich zog. Das Bild des ölverschmierten Kormorans wird wohl noch lange als Sinnbild für diese Katastrophe stehen.

Der Golfkrieg
1991

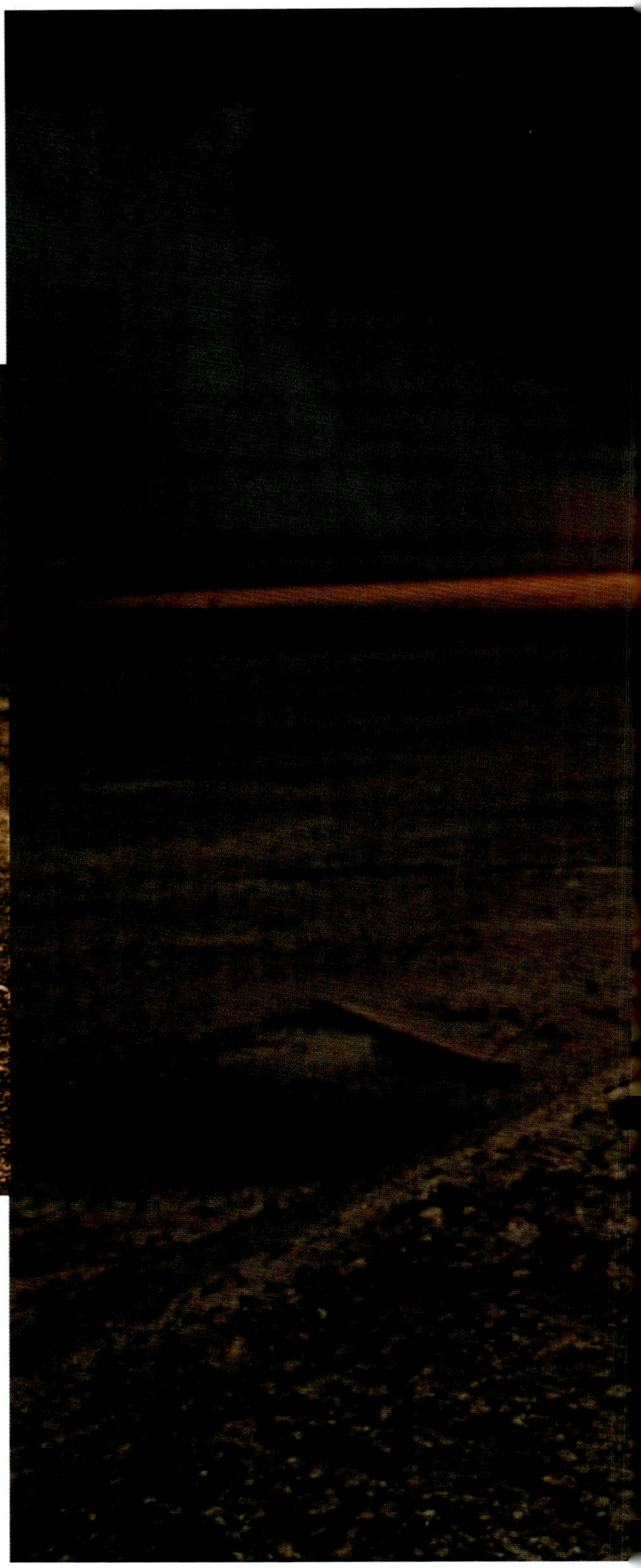

1991

1991

1991
1994

Der
Krieg am Horn von Afrika

Die ehemaligen italienischen Kolonien erlebten in der zweiten Hälfte des 20. Jahrhunderts keine Zeit des Friedens.

1962 hob Äthiopien die Autonomie Eritreas auf, das ihm 1952 zugesprochen worden war. Eritrea akzeptierte die äthiopische Domination niemals, wie der schwelende Grenzkonflikt belegt, der im Mai 1998 in einen offenen Krieg umschlug.

Am 13. Dezember 1960 unternahm ein junger Beamter namens Haile Mariam Mengistu, der eine Gruppe von Verschwörern anführte, in Abwesenheit Kaiser Haile Selassies einen Militärputsch, der jedoch von der Air Force niedergeschlagen wurde. Nach seiner Rückkehr ließ der Kaiser 475 Mann der kaiserlichen Garde hängen. Mengistu konnte fliehen. Eritrea wurde zu einem ständigen Krisenherd. Der Guerillakrieg hielt ununterbrochen an. Die 1962 beginnenden Angriffe der Dissidenten beantwortete der Kaiser mit grausamer Unterdrückung. In den frühen 70er-Jahren war Äthiopien extrem rückständig. Die Hungersnot, die 1973 ausbrach, forderte 100 000 Menschenleben und löste eine Rebellion gegen den Kaiser aus. Mengistu verließ sein Versteck und nahm den Kampf mit Unterstützung sowjetischer Berater wieder auf. Am 12. September 1974 wurde Haile Selassie abgesetzt und inhaftiert. Der Kaiser starb am 27. August 1974 im Alter von 83 Jahren in einem kleinen Refugium über den Bergen von Addis Abeba. Dorthin hatte in der Diktator Mengistu verbannt und unter Hausarrest gestellt. Der Oberst, der mit Moskau sympathisierte, entwickelte sich zu einem skrupellosen Diktator, der das Land bis 1991 regierte. In diesem Jahr okkupierte die Eritreische Volksbefreiungsfront Asmara und drohte, nach Addis Abeba vorzurücken und Mengistu zu vertreiben. Mengistu floh nach Kenia, doch der Guerillakrieg sollte sich noch Jahre hinziehen.

Die UdSSR unterstütze auch Siad Barre, den Diktator, der über Somalia herrschte. Er breitete sich auf dem Horn von Afrika (Somalihalbinsel) aus. Außerdem erhielt Barre von der italienischen Regierung unter anderem finanzielle Unterstützung. Nach dem Kollaps der UdSSR 1991 und der Erklärung, dass die GUS nicht an Afrika interessiert sei, eskalierte der Bürgerkrieg zwischen unzähligen somalischen Klans. Siad Barre verlor die Kontrolle über die Situation und floh nach Kenia. Tausende wurden im Guerillakrieg getötet. Die Vereinten Nationen entsandten im Dezember 1992 ein Expeditionskorps in das Krisengebiet.

Somalia gehört auch im dritten Jahrtausend zu den ärmsten Ländern der Welt. Hungersnöte, Überschwemmungen und Epidemien töten tausende von Kindern und alten Menschen. Die Macht liegt in der Hand der Klanführer. Nach 12 Jahren Bürgerkrieg ist über 1 Million Menschen aus dem Land geflohen. Etwa 400 000 Somalier ziehen heimatlos durch das Land. Die Weltgesundheitsorganisation entsendet ständig Ärzte und Helfer für den Notfall, die Vakzine gegen Polio und Cholera in das Land bringen.

Äthiopien und Eritrea sind noch immer in Grenzkonflikte verstrickt. Im Jahr 2000 wurde erbittert um die Hauptstraße zwischen Barentu und Mendefera sowie um die Stadt Zalambessa gekämpft. Hunderte von Menschen fanden den Tod. Ausländische Journalisten durften nicht in das Kriegsgebiet reisen, so dass die genaue Zahl der Opfer nicht ermittelt werden konnte. Lokalzeitungen von geringer Glaubwürdigkeit berichteten von absurd vielen Todesfällen. Addis Abeba verkündete, innerhalb weniger Monate 60 000 Eritreer ermordet zu haben. Asmara sprach davon 25 000 äthiopische Soldaten in derselben Zeit getötet zu haben. Zuverlässigere Schätzungen gehen davon aus, dass zwischen dem Ausbruch des Kriegs im Mai 1998 und dem Ende des Jahres 2000 beide Seiten insgesamt 50 000 Soldaten verloren haben.

Melles Zenawi, der Ministerpräsident Äthiopiens, kritisierte die USA und Großbritannien, weil sie die Behauptung nicht unterstützten, Äthiopien sei das Opfer eritreischer Aggression. Gebu Maskel, der Sprecher der eritreischen Regierung, verkündete genau das Gegenteil: Aggressor sei Äthiopien.

422
Szenen des endlosen Kriegs zwischen Eritrea und Äthiopien. Oben *und* Mitte: *Eritreische Soldaten in Aktion.*

Unten: *Äthiopische Soldaten in einem Versteck bei Tsorona an der eritreisch-äthiopischen Grenze.*

424

Die Leichen äthiopischer Soldaten liegen neben ausgebrannten Panzern bei Tsorona, etwa 100 km von Asmara entfernt, der Hauptstadt Eritreas. Das Foto wurde am 18. März 1999 aufgenommen im neunten Jahr eines festgefahrenen Kriegs.

425
Weitere Bilder des Kriegs und der Greuel in Eritrea: zurückgelassene Leichen auf den Straßen und in feindlichen Stellungen. In Somalia ist die Situation nicht besser. Der verheerende Bürgerkrieg zwischen somalischen Klans dauert seit Jahren an. Streitkräfte der Vereinten Nationen haben erfolglos versucht, diesen Konflikt zu beenden. Hungersnöte und Gewalt breiten sich immer weiter aus.

Der Krieg am Horn von Afrika 1991–1994

DER KOSOVOKRIEG

TITOS TOD IM JAHR 1980 MARKIERTE DEN BEGINN DER DESINTEGRATION JUGOSLAWIENS. IN DER REALITÄT WAR JUGOSLAWIEN NIE EIN WAHRER STAAT, SONDERN EINE KÜNSTLICHE KREATION, DIE VON DER MÄCHTIGEN PERSÖNLICHKEIT DES KOMMUNISTISCHEN DIKTATORS UND DESSEN STRENGEM REGIME ZUSAMMENGEHALTEN WURDE.

Nach Titos Tod hofften die serbischen Kommunisten unter Slobodan Milosevic, eine führende Rolle unter den ethnischen Gruppen einnehmen zu können, die Jugoslawien bildeten. Der Kommunistischen Partei gelang es jedoch nicht, die Unabhängigkeitsbestrebungen in den anderen Staaten der Föderation zu unterdrücken. Slowenien, Kroatien, Mazedonien sowie Bosnien und Herzegowina erklärten ihre Unabhängigkeit. Milosevic blieb mit Montenegro zurück, das er in die Bundesrepublik Jugoslawien integrierte, die im April 1992 ausgerufen wurde.

Von Belgrad aus konnte Milosevic nur wenig in Slowenien und Kroatien ausrichten. Er finanzierte und bewaffnete jedoch die bosnischen Serben. Dies führte zum Ausbruch eines erbitterten ethnischen Kriegs, der von 1992 bis 1994 in Sarajevo, der Hauptstadt Bosniens, und in anderen bosnischen Städten wütete. Der alte Streit zwischen den christlich-orthodoxen Serben und den vorwiegend muslimischen Bosniern kam wieder zum Tragen.

Im August 1995 beschloss die NATO, dem Abschlachten ein Ende zu bereiten. Man bombardierte die bosnisch-serbischen Armeen unter General Ratko Mladic und seinem politischen Verbündeten Radovan Karadzic. Gleichzeitig erließ das Internationale Kriegsverbrechertribunal in Den Haag Haftbefehl für diese beiden Männer. Bis heute ist es nicht gelungen, eine Verhaftung vorzunehmen. Die militärische Intervention der NATO in Jugoslawien erfolgte erstmals im ausgehenden 20. Jahrhundert auf Eigeninitiative, indem die NATO ihre Friedenstruppen (KFOR) in ein Krisengebiet entsandte.

Milosevic hatte den Nationalismus wieder entdeckt und realisiert, dass dieser den gescheiterten Kommunismus als Instrument zur Kontrolle der Massen ersetzen konnte. Er beschloss jene Strategie beizubehalten, die er bereits in Bosnien angewandt hatte. Anstelle der geballten linken Faust konnten die demonstrierenden Arbeiter und Studenten ebenso gut ihre rechte Hand zum traditionellen christlichen und monarchistischen Gruß erheben: ausgestreckter Daumen, Zeigefinger und Mittelfinger. Möglicherweise wussten sie noch nicht einmal, was die drei ausgestreckten Finger verkörperten: Gott, Land und König. Für Milosevic zählte nur die Macht. Er schuf ein Feindbild (die bosnischen Muslime), das er seinen serbischen Landsleuten präsentierte. Nachdem er mit Bosnien fertig war, wandte sich Milosevic dem Kosovo zu. Jahrhundertelang bildete diese Pufferzone zwischen Serbien und Albanien eine Enklave für den orthodoxen Glauben. Es war aber auch ein Gebiet nie endender Gefechte zwischen den Serben und ihren historischen Feinden, den türkischen Muslimen. Im Verlauf des 20. Jahrhunderts kamen immer mehr illegale Auswanderer von Albanien in den Kosovo. Die Kosovo-Albaner verhielten sich bis zu Titos Tod weitgehend friedlich und unterwürfig. Mit dem langsamen Niedergang der Bundesrepublik Jugoslawien wurden sie jedoch immer unruhiger. Sie strebten nach Unabhängigkeit und forderten die gleichen Rechte wie Bosnier und Mazedonier. Dies führte zu erbitterten Auseinandersetzungen mit grausamen Episoden und Masseninhaftierungen der Opponenten der Regierung Milosevic, mit Prozessen und Gerichtsurteilen. Schließlich brach ein Bürgerkrieg zwischen den jugoslawischen Regierungstruppen und den Albanern der Befreiungsarmee UCK aus.

Am 16. Januar 1999 nahmen die Auseinandersetzungen plötzlich ein neues Gesicht an, als man in Racak die sterblichen Über-

426
Sarajevo 1992: Ein bosnisches Mädchen hält die Reste einer serbischen Granate in der Hand, die ihr Zuhause zerstört hat. Dies war nur der Beginn eines grausamen ethnisch-religiösen Kriegs, der bis 1999 in Jugoslawien wüten sollte.

1992
2000

reste von 44 Albanern entdeckte. William Walker, der amerikanische OSZE-Missionsleiter (Organisation für Sicherheit und Zusammenarbeit in Europa), befand sich zu diesem Zeitpunkt im Kosovo. Er bat das Internationale Kriegsverbrechertribunal in Den Haag, seine Inspekteure in den Kosovo zu schicken. Milosevic Reaktion war gnadenlos. Am 18. Januar bombardierten serbische Truppen aufständische Dörfer der Kosovaren. Die Regierung in Belgrad erließ ein Dekret, in dem man die Beobachter der OSZE des Landes verwies und die Grenzpolizei anwies, die Inspekteure aus Den Haag nicht in das Land zu lassen. Anschließend weigerte sich der jugoslawische Präsident, General Wesley Clark zu treffen, den Oberbefehlshaber der NATO-Truppen. Milosevic verdächtigte den General, mit der UCK zu sympathisieren. Belgrad ging davon aus, dass die Supermächte zu sehr mit ihren eigenen Angelegenheiten zu tun hatten, als dass sie sich um das Geschehen im Kosovo hätten kümmern können.

Belgrad weigerte sich, nachzugeben. Vielleicht erlagen die Berater Milosevic der Illusion, dass die Bosse der bedeutenden amerikanischen Rüstungsindustrie sorgfältig reflektieren würden, bevor sie die neuen Flugzeuge zum Test freigaben. Der Slogan, der in diesen Tagen in Belgrad zu hören war, lautete: „Wenn Serbien in den Krieg zieht, zieht die ganze Welt in den Krieg." Damit erwies man den Ereignissen aus dem Jahr 1914 eindeutig Reverenz. Doch im Jahr 1999 konnte Russland die Politik Serbiens, seines traditionellen Verbündeten, nicht mehr unterstützen. Am 29. Januar wurden nach Beendigung eines Gefechts zwischen Einheiten der UCK und jugoslawischen Truppen 24 UCK-Separatisten getötet. Dieses Ereignis veranlasste Präsident Clinton, ein Ultimatum an Serbien zu stellen: Ein Agreement war zu treffen, um den Frieden im Kosovo zu sichern, andernfalls würden Kampfmaßnahmen ergriffen. In der Vergangenheit hätte eine solche Forderung einen neuen Weltkrieg auslösen können. 1999 war jedoch ein anderes Zeitalter mit den Vereinigten Staaten als unangefochtene Supermacht und mit der NATO, die sich im Hinblick auf ihre Flugzeuge und Waffensysteme hauptsächlich auf die amerikanische Rüstungsindustrie stützte. Außerdem tendierten die meisten Regierungen in Europa zur linken Mitte (Schröder in Deutschland, D'Alema in Italien, Jospin in Frankreich, Blair in Großbritannien). Diese Staaten unterhielten enge Beziehungen zu den Vereinigten Staaten. Die NATO unterstützte Clintons Ultimatum mit einer offiziellen Einladung an Milosevic, an der Friedenskonferenz teilzunehmen. Diese wurde im Château de Rambouillet (nahe Paris) abgehalten. Ziel war es, dem Kosovo eine Art Autonomie zu gewähren, die Serben und Albaner gleichermaßen respektieren sollte. Am 30 Januar 2000 übertrugen die Gesandten der 16 NATO-Staaten dem Generalsekretär Javier Solana, die Autorität, Luftangriffe auf jugoslawisches Territorium zu befehlen, für den Fall, dass kein Friedensabkommen zustande käme. Dies war eine weitere provokative Maßnahme, die einen weitsichtigen Präsidenten vermutlich veranlasst hätte, klüger vorzugehen und ein Agreement anzustreben.

Die UCK schlug ein Referendum im Kosovo vor, doch die jugoslawische Delegation wies diesen Vorschlag zurück. Man begründete dies damit, dass hunderttausende illegale Immigranten die albanische Grenze überquert hätten und so im Kosovo eine Majorität der Albaner und Muslime herrsche. Die Jugoslawen stellten außerdem eine Bedingung, die für die UCK unannehmbar war: Die territoriale Integrität der Bundesrepublik Jugoslawien müsse bewahrt werden. In der Zwischenzeit versammelten sich 20 000 Albaner vor dem Château de Rambouillet und forderten die Unabhängigkeit des Kosovo. Es wurde die Frage laut, wer die Reise der Demonstranten finanziert habe und für deren Verpflegung aufkam. Einige Journalisten verdächtigten die amerikanische Rüstungsindustrie, man fand dafür jedoch keine Beweise. Die Zusammenkünfte hatten bereits begonnen, als Madeleine Albright, die amerikanische Außenministerin, im Château de Rambouillet erschien. Die beiden Delegationen trafen erstmals in Albrights Beisein zusammen. Doch die Fronten waren verhärtet. Die UCK, die einen unabhängigen Kosovo anstrebte, bestand auf ein Referendum mit dem Wissen, sie konnte auf die Mehrheit der Bevölkerung zählen. Die Serben, die ihre Niederlage vorhersahen, lehnten ein Referendum ab. Außerdem akzeptierten sie die Anwesenheit von NATO-Truppen nicht auf dem Territorium der Bundesrepublik. Die internationale Presse berichtete weiterhin von Massakern, die die Serben an muslimischen Kosovaren verübten.

Die ersten Verhandlungen verliefen ergebnislos. Weitere Treffen wurden auf den 15. März verschoben. Die Spannungen verstärkten sich auf internationaler Ebenen und die Medien in Amerika und den NATO-Staaten bereiteten die Öffentlichkeit auf die Unvermeidbarkeit eines Kriegs vor. Als die Gespräche wieder aufgenommen wurden, waren die Fronten noch mehr verhärtet. Am 20. März wurde die Farce im Château de Rambouillet beendet. Die serbische Armee griff im gesamten Kosovo Stellungen der UCK an. Präsident Clinton berief ein Treffen des UNO-Sicherheitsrats ein und am 22. März flog Richard Holbrooke, der amerikanische Sonderbotschafter, nach Belgrad, um einen letzten Versuch zur Vermeidung eines Kriegs zu unternehmen.

Der Kosovokrieg
1992–2000

Am 23. März erließ Javier Solana Befehl an die NATO-Truppen, am folgenden Tag anzugreifen. Wenige Stunden später rief die Regierung in Belgrad den Notstand aus und bereitete die Gesamtmobilmachung vor. Montenegro distanzierte sich daraufhin von Serbien. Der russische Präsident Jewgenij Primakov befand sich zu diesem Zeitpunkt auf dem Weg nach Washington, um sich mit Präsident Clinton zu treffen. Er änderte jedoch seine Pläne und kehrte nach Moskau zurück.

Am 24. März 1999 wurden die ersten Cruisemissiles in Stellung gebracht. Diese Aufgabe übernahmen B-52-Geschwader der Amerikaner, die in Italien stationiert waren, und amerikanische Schlachtschiffe, die in der Adria kreuzten. Ziel waren die wichtigsten Städte der Bundesrepublik Jugoslawien, darunter Belgrad, Pristina und Podgorica. Deshalb beteiligten sich weder der Kosovo noch Montenegro am Kampf. Man nahm Flughäfen, Radarstationen, Militärbunker und Leitungsmasten ins Visier. Unter den Opfern befanden sich viele Zivilisten, denn der Beginn des Luftangriffs fiel mit dem Feierabend zusammen. Als Präsident Jelzin über den Angriff informiert wurde, führte er ein 20-minütiges Telefongespräch mit Präsident Clinton. Jelzin konnte jedoch nicht mehr tun, als offiziell Protest erheben, da die beiden Staatsoberhäupter bereits im Vorfeld ihre jeweilige Position deutlich gemacht hatten. Jelzin musste um eine Zusammenkunft des UNO-Sicherheitsrats ersuchen und die russischen Gesandten von der OSZE-Delegation in Jugoslawien zurückbeordern, um das Gesicht zu wahren. Am 25. März wurden die Angriffe verstärkt. Die NATO-Streitkräfte waren technisch und militärisch weit überlegen. Jeder Gegenangriff serbischer MiGs wurde vereitelt. Wenn es einem Flugzeug gelang, aufzusteigen, wurde es ohne Erbarmen abgeschossen. Im Schutz eines unterirdischen Bunkers verkündete die Regierung in Belgrad, dass es die diplomatischen Beziehungen zu den Vereinigten Staaten, Frankreich, Großbritannien und Deutschland für beendet betrachte. Kurioserweise wurde Italien nicht genannt, obwohl dort die B 52 vom NATO-Luftwaffenstützpunkt in Aviano aufstiegen. Für Jugoslawien waren die Rohstoff und Nahrungsmittelimporte aus Italien so bedeutsam, dass man sich das Land nicht zum Feind machen konnte.

Wenn Milosevic einen gewissen Commonsense gehabt und die Situation realistisch eingeschätzt hätte, wäre er bereit gewesen, nachzugeben. Tatsächlich passierte jedoch genau das Gegenteil. Während die Regierung in Belgrad die Armee und die Bevölkerung aufrief, Widerstand zu leisten, ließ die NATO weiterhin Berichte von schrecklichen Massakern der Serben an unschuldigen Zivilisten im Kosovo verbreiten. Am Ende des Kriegs fand man jedoch kaum Spuren, die auf derartige Massenmorde hindeuteten. Als wahr stellte sich hingegen heraus, dass die meisten Kosovo-Albaner nach Albanien geflohen waren, da sie grausame Repressalien seitens der Serben fürchteten. Die Regierung in Belgrad bat um Ostern um einen Waffenstillstand. Präsident Clinton lehnte ab. In Anbetracht des katastrophalen Zustands der Infrastruktur in Jugoslawien und der hohen menschlichen und ökonomischen Verluste blieb Milosevic, realistisch betrachtet, keine andere Möglichkeit, als zu kapitulieren. Papst Johannes Paul II. hatte den vatikanischen „Außenminister" Jean-Louis Tauran nach Belgrad entsandt, um Milosevic zur Aufgabe zu bewegen. Am 2. April griff die NATO das Parlament und die Regierungsgebäude in Belgrad an. Das Innenministerium und das Hauptquartier der Streitkräfte wurden getroffen. Unter den Opfern waren weder Minister noch Generäle. Sie befanden sich in Sicherheit in unterirdischen Bunkern oder auf ihren Landsitzen. Der Angriff am 2. April sollte lediglich weitere grausame Raids einleiten. In den folgenden Tagen wurden Brücken, Tunnel und Eisenbahnlinien zerstört. Am 12. April traf ein Flugkörper bei Bistrica einen Zug auf der Strecke zwischen Belgrad und Saloniki. Dutzende Zivilisten kamen dabei ums Leben. Wenige Tage später wurden zwei Züge bei Giakova im Kosovo zerstört. Sie beförderten Kosovo-Albaner, die sich auf der Flucht befanden. 75 Menschen wurden getötet.

Die NATO sprach aufgrund dieser Vorfälle „Entschuldigungen" aus und drückte ihr „tiefes Bedauern" aus. Die neuen elektronischen Zielsysteme der Flugkörper hatten die beiden Züge fälschlicherweise für Militärtransporter gehalten. Wieder einmal diente ein Krieg dazu, neue militärische Technologien zu testen und deren Effizienz zu verbessern. Als die Stadt Aleksinac getroffen wurde (wobei 60 Häuser zerstört und Dutzende von Menschen getötet wurden), sprach das Militärkommando von einem „Irrtum". Die Bombardierung der chinesischen Botschaft in Belgrad (vier Tote, darunter zwei Journalisten, und 20 Verwundete) am 8. Mai 1999 wurde ebenfalls als „Irrtum" bezeichnet. Das einzige Volk, das bereit war, dies zu glauben, waren die Chinesen selbst. Sie hätten sonst Schritte einleiten müssen, die sie nicht wollten und auf die sie nicht vorbereitet waren. Man könnte vermuten, dass die Bombardierung der chinesischen Botschaft Peking davon abhalten sollte, die Serben zu unterstützen.

Im April trafen Cruisemissiles die Zentrale des serbischen Fernsehens, das als „Instrument der Propaganda und Repression" deklariert wurde. An diesem Punkt schritt Boris Jelzin ein und drohte: „Nehmt euch in Acht, Amerikaner! Ihr riskiert einen drit-

Der Kosovokrieg
1992–2000

ten Weltkrieg!" Glücklicherweise maßen die Amerikaner und die Europäer nicht allzu viel Gewicht bei. Am 13. April bat General Wesley Clark um weitere 300 Bombenflugzeuge und am 16. April riefen die Vereinigten Staaten 33 000 Reserven auf, sich für einen eventuellen Feldzug in Serbien bereit zu halten. Am 19. April führten Präsident Clinton und Jelzin ein einstündiges Gespräch, mit dem jedoch nichts erreicht wurde. Die NATO verstärkte den Druck. Während die ersten Apachen (amerikanische Kampfhubschrauber) in Tirana, der Hauptstadt Albaniens, landeten, kam es zu weiteren bedeutenden Ereignissen. An der Grenze zwischen dem Kosovo und Albanien kam es zur ersten Schlacht zwischen serbischen und albanischen Berufssoldaten. Der Kampf dauerte sieben Stunden. Auf beiden Seiten waren schwere Verluste zu verzeichnen. Der Konflikt drohte erstmals, zu eskalieren. Die NATO verhängte, autorisiert von der Europäischen Union, das Ölembargo und verstärkte die Bombardierung Belgrads. In folgender Reihenfolge wurden Gebäude zerstört: der Wolkenkratzer in Belgrad, der als Sitz der politischen Partei Milosevic diente, das Haus des Ministerpräsidenten und das sechsstöckige Gebäude der serbischen Rundfunk- und Fernsehanstalt. Bei diesem Angriff kamen 31 Journalisten und Techniker ums Leben, 20 weitere Personen wurden verletzt. Am 23. und 24. April zerstörte die NATO alle Brücken über die Donau sowie alle serbischen Kraftwerke. Außerdem wurde die Wasser- und Elektrizitätsversorgung unterbrochen. Mit der Zerstörung der Eisenbahn- und Straßenbrücken, die über die Donau führten, wurde Serbien in zwei Gebiete geteilt, zwischen denen kaum Verbindungsmöglichkeiten bestanden. Serbien zeigte nun erste Anzeichen von Schwäche und von Problemen in der Führung. Der serbische Ministerpräsident ließ sein Volk massakrieren, ohne dieses Vorgehen zu rechtfertigen.

Die serbische Regierung erlaubte dem Internationalen Roten Kreuz in den Kosovo zu reisen, um zu verifizieren, dass keine Massenmassaker stattgefunden hatten. Gleichzeitig zog Draskovic, der Vizepräsident, in Betracht, NATO-Truppen in Begleitung von UNO-Soldaten den Zugang zum Kosovo zu gewähren. Damit ging Draskovic zu weit. Milosevic zwang ihn zum Rücktritt. Milo Djukanovic, der Präsident Montenegros, distanzierte sich von Milosevic und drohte, sich der NATO anzuschließen, falls Milosevic seinen Widerstand nicht aufgab. Zwischenzeitlich kam es zu weiteren „Irrtümern" der NATO-Luftwaffe. Im südlichen Serbien wurde das Dorf Surdulica zerstört, dabei kamen 20 Schulkinder ums Leben. Ein Bus auf der Straße zwischen Pristina und Nis wurde getroffen und brannte aus (47 Tote). Das Gleiche geschah in Pec im Kosovo (17 Tote). Das Krankenhaus von Nis wurde bombardiert (15 Tote und 70 Verwundete). Ein Flüchtlingslager in Koriza wurde getroffen (87 Tote). Das Gefängnis von Istok im Kosovo wurde beschossen (19 Tote und 10 Verwundete). Am 10. Mai entschuldigte sich Präsident Clinton in einer offiziellen Stellungnahme bei der chinesischen Regierung für die Bombardierung der chinesischen Botschaft.

Möglicherweise förderte gerade diese Bombardierung die Beendigung des Konflikts zwischen der NATO und Serbien. Etwa um diese Zeit trafen erstmals Kofi Annan (der UNO-Generalsekretär) und Viktor Chernomyrdin (Sonderbotschafter Jelzins) zusammen. Man diskutierte die Frage, ob UNO-Friedenstruppen in das Krisengebiet geschickt werden sollten. Am 19. Mai erhielt Chernomyrdin nach einem 18-stündigen Gespräch mit Milosevic, dessen Zustimmung zu einer politischen Lösung des Konflikts. Unter Aufsicht der Vereinten Nationen wurden NATO-Friedenstruppen (KFOR) formiert. 60 000 Mann, darunter russische Truppenkontingente, sollten im Kosovo zum Einsatz kommen. Als Gegenleistung zur Einstellung der Kampfhandlungen in Jugoslawien würde Serbien sich zurückziehen und die Friedenstruppen würden die Rückkehr der albanischen Flüchtlinge (über 1 Million Menschen) in ihre Heimat beaufsichtigen. Am 9. Juni 1999 wurde in Kumanovo (Mazedonien) das Agreement unterzeichnet, das den Rückzug der serbischen Truppen aus dem Kosovo und den Einzug der Friedenstruppen in das vom Krieg verwüstete Gebiet beinhaltete. Das Agreement kam nach einer 79-tägigen Bombardierung zustande, die schreckliche Verwüstungen angerichtet und eine unbekannte Zahl Todesopfer gefordert hatte. Am folgenden Tag gebot Javier Solana den Angriffen auf Serbien Einhalt. Ein Zwischenfall befleckte die Besetzung des Kosovo durch die Friedenstruppen. Das russische Truppenkontingent, das in Bosnien stationiert war, betrat serbisches Territorium und marschierte am 11. Juni in Pristina ein. Die Weigerung General Jacksons (Großbritannien), den Vormarsch der russischen Panzer und Lastwagen aufzuhalten, kostete ihn seinen Posten.

Der Kosovokrieg beendete die Diktatur Milosevics. Am 19. August 1999 marschierten 200 000 Serben durch Belgrad und riefen: „Slobo raus!" Dies war der Beginn eines Machtkampfes, der im Herbst 2000 letztendlich zur Niederlage der Partei Milosevics führte und Vojislav Kostunica begünstigte. Obgleich die Friedenstruppen im Kosovo die verbrannten Leichen von Serben und Albanern entdeckten, konnte die Behauptung der NATO, dass Massenmassaker verübt worden seien, nicht belegt werden. Das Internationale Kriegsverbrechertribunal in Den Haag erließ Haftbefehl gegen Milosevic, seine Generäle und seine Minister.

431
30. März 1999: eine weinende Frau in den Ruinen eines Hauses in Montenegro. Am 24. März um 17:00 Uhr bombardierten B-52-Bomber erstmals Belgrad, Pristina und acht weitere Städte in Serbien, Montenegro und im Kosovo mit Cruisemissiles. Die Flugzeuge starteten von Luftstützpunkten in Italien sowie von amerikanischen Schiffen in der Adria und griffen diese Regionen beinahe täglich an.

432–433

1991: In der ersten Phase des Bürgerkriegs auf dem Balkan, kämpfte das neu formierte kroatische Militär gegen die föderativen Truppen Belgrads, um die Unabhängigkeit Kroatiens zu verteidigen. Belgrad hingegen wollte die Einheit Jugoslawiens unter Milosevic erhalten.
Links: *Szenen der Verwüstung in Kroatien* (oben: *Vukovar;* unten: *Lipik).*
Rechts: *Blick auf Nustar nach einem Gefecht zwischen Serben und Kroaten.*

434–435

Der Bürgerkrieg zwischen Kroatien und Serbien.
Links: *Kroatische Antiterroreinheit.*
Mitte *und* oben rechts: *Zwei Soldaten beantworten einen serbischen Luftangriff mit Maschinengewehren (Bjelovar, Kroatien).*
Unten rechts: *Dieser serbischer Soldat wurde bei einem erfolgreichen Angriff der Kroaten auf die Bunker in Vojnovic getötet. 1992 rief Milosevic eine neue Bundesrepublik Jugoslawien aus, nachdem sich Kroatien, Slowenien, Mazedonien sowie Bosnien und Herzegowina vom übrigen Jugoslawien getrennt hatten. Die neue Bundesrepublik bildeten Serbien und Montenegro.*

Der Kosovokrieg

1992–2000

436–437

Ein wechselhaftes Szenarium.
Oben links *und* unten links: *Serbische Soldaten greifen Stellungen der KLA („Kosovo Liberation Army") mit Artillerie und Panzern an.*
Mitte links: *Mit der Stationierung von Blauhelmen sowie amerikanischer und russischer Panzer wurde der Kosovokrieg 1997 zu einem internationalen Krieg. Bei diesem Konflikt zogen das amerikanische und das russische Militär erstmals seit dem Zweiten Weltkrieg Seite an Seite in die Schlacht.*
Rechts: *Ein britischer Challenger Panzer bei Skopje (Mazedonien) während einer militärischen Übung.*

SFOR
SFOR 9416

439
Die Grausamkeit des Kosovokriegs: Die zerfetzten Körper einer Bauersfamilie liegen auf der Straße neben den Karren, die ihre wenigen Habseligkeiten bergen. Die Familie wurde bei einem Bombenangriff der NATO auf Gjakova getötet.

440–441
Albanier fliehen aus dem Kosovo nach Albanien und Mazedonien, in der Hoffnung, den furchtbaren Bombenangriffen zu entkommen.

442–443
An der Grenze zwischen Albanien und Mazedonien finden vertriebene Kosovaren in einem Flüchtlingslager des Internationalen Roten Kreuzes Unterkunft und Verpflegung.

438
Auswirkungen des Bombardements in Jugoslawien.
Oben *und* unten: *Das Innenministerium und der Polizeikomplex stehen in Flammen.*
Rechts: *Serbisches Gegenfeuer während eines Raketenangriffs am 13. April 1999.*

1992
2000

1992
2000

BOSS

Register

BILDNACHWEIS

Abbas/ Magnum/ Contrasto: 297 oben, 414–415, 418–419
E. Adams/ AP: 358
AISA, Barcelona: 40–41, 56, 58–59, 102 oben, 102 Mitte, 102 unten, 108 oben, 108 Mitte, 109 oben, 110–111, 111 oben rechts, 111 Mitte, 115 oben, 115 Mitte, 170 Mitte, 178–179, 184–185, 273 unten, 402–403
AKG, Berlin: 35 Mitte, 44 oben, 48–49, 49 Mitte, 55 oben, 58 unten, 70–71, 75 unten, 76–77, 77 oben, 87 oben, 87 unten links, 91 oben, 91 unten, 94, 98, 101 Mitte, 122, 128 oben, 134 oben, 134–135, 140, 141 Mitte, 170 unten, 207, 258 Mitte, 271 oben, 286 oben links
Anglo Boer War Museum: 12
AP: 18 unten, 82, 82–83, 84 unten, 85, 88, 92 unten, 118–119, 120–121, 136–137, 144, 146 unten, 149 oben rechts, 149 Mitte, 158 oben, 184 Mitte, 192 oben, 192 unten, 192–193, 203, 204 unten, 208, 216–217, 225 unten, 234–235, 235 oben rechts, 241 unten, 242–243, 243 Mitte, 251 unten, 252–253, 254–255, 262–263, 264 oben links, 264 Mitte rechts, 277, 280–281, 332 oben, 332 Mitte, 332 unten, 334 unten, 334–335, 338 unten, 340–341, 341 oben, 344 oben links, 344 Mitte oben, 346 Mitte, 346–347, 356 unten, 363 unten, 364 oben, 364 unten, 364–365, 368, 370 Mitte, 371 unten rechts, 376 oben, 376 unten, 376–377, 390–391, 409 oben, 410 Mitte, 424–425, 425 unten, 436 Mitte
Archive Photo Collection: 2–3
P. Arnett/AP: 344 unten
Art Greenspon/AP: 344–345
ASAP: 294–295, 295 oben rechts
B. Barbey/Magnum/Contrasto: 400–401, 415 oben, 415 unten
B. Barry/Magnum/Contrasto: 324
Bettman-Corbis/Grazia Neri: 72–73, 73 oben
J. Brabazon/Gamma/Contrasto: 422 oben
A. Buu-N. Quidu/Gamma/Contrasto: 441 unten
L. Burrows/Timepix/Masi: 332–333, 338–339, 344 Mitte unten, 358–359, 362–363, 366 oben, 366 unten, 367, 378
Romano Cagnoni: 334 Mitte, 350 unten, 350–351, 426, 432 oben, 432 unten, 432–433
Woodfin Camp/Grazia Neri: 404–405
Cornel Capa/Magnum/Contrasto: 293 unten
Robert Capa/Magnum/Contrasto: 112–113, 114–115, 191 oben, 191 unten, 194, 197 unten, 204 oben, 274, 284, 285
G. Caron/Grazia Neri: 331
H. Cartier-Bresson/Magnum/Contrasto: 197 oben, 197 Mitte
Corbis/Grazia Neri: 17 Mitte, 391 unten, 393
Loomis Dean/Timepix/Masi: 323 oben
Double's: 49 oben, 54, 65
P. Durand/Sygma/G. Neri: 412–413
Alfred Eisenstaedt/Timepix/Masi: 143
Robert Ellison/Black Star: 8–9, 348–349
L.P. Epley/AP: 337 unten
H. Faas/ AP: 352, 341 unten
Farabolafoto: 30, 43, 51 oben, 52–53, 60 Mitte, 60 unten, 68 unten, 75 Mitte, 89, 335 oben, 434–435, 435 Mitte, 435 unten, 436 oben
Fototeca Storica Nazionale: 45, 55 unten links, 55 unten rechts, 64 oben links, 64 unten, 139, 158 unten, 175 unten, 206 oben rechts
Gamma/Contrasto: 4–5, 438 oben, 438 Mitte, 438 unten
A. Garanin/Novosti: 174–175
M. Goki/Katz/Contrasto: 439
P.J. Griffiths/Magnum/Contrasto: 300, 300–301, 370 unten, 372 oben, 372 Mitte, 372–373, 374, 374–375
P. Grover/Gamma/Contrasto: 436–437
Ron Haviv/Saba/Contrasto: 431, 441 oben, 441 Mitte,
Heinrich Hoffmann/Timepix/Masi: 124–125, 125
H. Hudson/Sygma/G. Neri: 416–417
H. Huet/AP: 336–337, 338 oben, 346 oben, 346 unten, 362 unten, 378–379
Hulton-Deutsch Collection/Corbis/Grazia Neri: 17 unten
ICP, Mailand: 22 Mitte, 27, 58 Mitte, 115 unten, 116, 147, 158–159, 212, 314 oben, 314–315
U. Ilka/ Sygma/G. Neri: 422 Mitte, 425 oben
Impact Photos/G. Neri: 407 unten
Imperial War Museum, London: 152–153, 153 oben, 153 unten, 170–171, 177, 179 oben, 184 unten, 186–187, 187 Mitte rechts, 187 unten, 188–189, 246–247, 247 oben, 247 Mitte, 248–249, 249 oben, 258 unten
Hugo Jaeger/Timepix/Masi: 126 oben, 126 unten, 127, 128 Mitte, 128 unten
A. Keler/ Sygma/G. Neri: 406–407
Keystone/Contrasto: 80 oben, 80 Mitte, 80 unten
Boris Kudoyarov/Novosti: 172–173
J. Langevin/ Sygma/G. Neri: 417 oben, 417 unten
Roger Lemoyne/Gamma/Contrasto: 442 oben
Fred Mayer/Magnum/Contrasto: 1, 407 Mitte
Mansell/Timepix/Masi: 92 oben
Mary Evans Picture Library: 78–79
B. Mc Burney/Gamma/Contrasto: 442 unten
D. Mc Cullin/Magnum/Contrasto: 295 unten
S. Mc Curry/Magnum/Contrasto: 386–387, 387 unten, 388–389, 390 unten, 391 oben, 418, 420–421, 421
Meledin Collection/Mary Evans Picture Library: 168–169
Micha-Bar-Am/Magnum/Contrasto: 291 oben
H. Mine/Corbis/G. Neri: 350 oben
C. Morris/Black Star/G. Neri: 412 oben, 412 unten
Huynh Thanh My/AP: 348, 356 oben, 356–357
J. Nachtwey/Magnum/Contrasto: 384–385, 387 oben, 388 oben
J. Nance/AP: 337 oben
National Archives: 46–47, 170 oben, 200, 202 Mitte, 204–205, 218, 222 oben, 222 unten, 222–223, 224–225, 225 Mitte, 228 oben links, 228 unten, 229, 232 oben links, 232–233, 235 Mitte, 237 oben, 237 Mitte, 238–239, 239 oben, 239 unten, 245 Mitte, 249 unten, 253 oben links, 256 oben, 258 oben links, 267 oben rechts, 267 Mitte links, 269, 271 unten, 302, 312–313, 313 oben, 313 unten, 316 unten links
O. Noonan/AP: 368–369
Novosti: 388 unten
A. Nusca/Gamma/Contrasto: 442–443
Orban/Sygma/G. Neri: 410–411
John Phillips/Timepix/Masi: 216 unten, 320 oben
Pool/Sygma/G. Neri: 402 oben
Olympia-Publifoto: 13 unten, 20, 21 oben, 22 oben, 23, 25 unten, 26 oben, 26 unten, 35 oben, 36 oben, 36 unten, 60 oben, 66 oben, 66 unten, 66–67, 75 oben, 87 unten rechts, 97 unten, 99, 101 oben, 121 Mitte, 141 unten, 142, 146 oben, 149 unten, 156, 158 Mitte, 164 oben, 173 unten, 179 Mitte, 179 unten, 187 oben links, 189 oben rechts, 189 oben links, 189 unten, 196–197, 198, 206 oben links, 216 oben, 226 unten, 227, 237 unten, 270–271, 278–279, 289 unten links, 293 Mitte, 307 unten, 309 Mitte, 311 unten, 318 unten, 318–319, 320 unten, 372 unten
Noel Quidu/Gamma/Contrasto: 440–441
M. Riboud/Magnum/Contrasto: 380
Robert Hunt Library, London: 21 Mitte, 44 unten, 49 unten, 69, 71, 73 unten, 77 Mitte, 95, 101 unten, 134 Mitte, 134 unten, 137, 160, 184 oben, 202 oben links, 209, 219 oben links, 226 oben links, 226 rechts, 228 oben rechts, 232 Mitte rechts, 232 unten, 241 oben, 242 unten, 247 unten, 254 unten, 278 oben, 317 Mitte
George Rodger/Timepix/Masi: 148, 219 oben rechts
Roger-Viollet/Contrasto: 13 oben, 14 oben, 14 Mitte, 17 oben, 18 oben, 19, 21 unten, 22 unten, 24, 25 oben, 35 unten, 36 Mitte, 39, 40 oben, 40 unten, 51 unten, 57, 64 Mitte rechts, 68 oben, 78, 84 oben, 96, 97 oben, 97 Mitte, 108 unten, 108–109, 111 unten, 113, 121 unten, 155 oben, 155 Mitte, 155 unten, 163 oben, 164 unten links, 164 unten rechts, 175 Mitte, 202 unten, 231, 244–245, 245 oben, 251 oben, 253 Mitte, 254 oben, 256 unten, 256–257, 258–259, 263 Mitte, 267 unten, 273 oben, 273 Mitte, 283 Mitte, 289 unten rechts, 307 oben, 317 oben
J. Rosenthal/National Archives: 260–261
Kyoichi Sawada/Corbis/G. Neri: 352–353, 354 oben, 354 unten, 370 oben, 370–371
Ivan Shagin/Magnum/Contrasto: 210 unten, 210–211
Shone/Gamma/Contrasto: 436 unten
Eugene W. Smith/Magnum/Contrasto: 253 unten, 262 unten, 263 unten, 264 unten, 265, 266
Courtesy of the Italian Air Force: 407 oben
D. Stone/Corbis/G. Neri: 354–355
D. Stone/AP: 363 oben
Sygma/G. Neri: 28, 29 oben, 29 unten, 299 unten, 404 oben, 404 unten,408–409, 410 unten
K. Taconis/Magnum/Contrasto: 320 Mitte
V. Tarasevich/Novosti: 173 oben, 175 oben
N. Tikhomeroff/Magnum/Contrasto: 322, 323 unten
V. Tiomin/Magnum/Contrasto: 210 oben
D. Tornley/G. Neri: 416 unten
TRH Pictures, London: 10 oben, 10 Mitte, 10 unten, 11, 120 unten, 163 Mitte, 163 unten, 278 Mitte, 278 unten, 280 unten, 282–283, 283 unten, 286 Mitte rechts, 286 unten, 289 oben, 291 unten, 292–293, 293 oben, 295 Mitte, 296, 297 unten, 298–299, 299 oben, 299 Mitte, 308–309, 309 unten, 310 oben links, 310–311, 311 oben, 314 Mitte, 314 unten, 316–317, 318 oben, 392 oben, 392 unten, 394–395, 395 oben links, 395 oben rechts, 395 unten, 402 unten, 409 unten, 410 oben
N. Ulevich/AP: 376 Mitte
Ullstein Bild: 161
Underwood & Underwood/Corbis/Grazia Neri: 14 unten, 15
U.S. Navy: 223 oben rechts, 243 unten
U.S. Naval Historical Center: 239 Mitte
N.Ut/AP: 342, 342–343
W. Vandivert/Timepix/Masi: 219 unten
Vietnam News Agency, Ha Noi: 360 oben, 360 unten, 360–361
Popper/Vision: 58 oben, 141 oben links, 194–195, 224 unten links, 280 oben, 283 oben rechts
Canada Wide/Sygma/G. Neri: 396
Y. Yamahata/Magnum/Contrasto: 271 Mitte links
Emmanuil Yevzerikhin/Novosti: 7
G. Zelma/Novosti: 173 Mitte
F. Zizola/Contrasto: 422 unten

Der Herausgeber dankt dem Generalstab der italienischen Luftwaffe für die freundliche Unterstützung.
Besonderer Dank geht an Barbara Verduci von der Bildagentur Contrasto und an Gianna Manferto für ihre unermüdliche Hilfe.

Via Candido Sassone 22/24,
13100 Vercelli, Italien
www.whitestar.it

Verlag Karl Müller GmbH
Venloer Str. 1271
50829 Köln
www.karl-müller-verlag.de

Titel der Originalausgabe: Un secolo di guerre
Satz: Verlagsservice Kattenbeck, Nittendorf

ISBN 3-89893-035-1

2. Auflage 2003 Herausgegeben in Deutschland von

Gedruckt in China